国家出版基金资助项目

中宣部“学习宣传贯彻党的十八大精神主题出版项目”

全国高校出版社主题出版项目

国家哲学社会科学基金重大招标课题“新形势下党的建设科学化研究”项目（编号：09&ZD005）成果（首席专家：丁俊萍教授）

国家哲学社会科学基金重大招标课题“中国特色社会主义政治发展道路研究”项目（编号：11&ZD071）成果（首席专家：宋俭教授）

国家哲学社会科学基金重大招标课题“实施中国特色社会主义理论体系普及计划的途径、载体和方法研究”项目（编号：12&ZD037）成果（首席专家：佘双好教授）

国家哲学社会科学基金重大招标课题“实现中华民族伟大复兴中国梦的基本问题研究”项目（编号：13&ZD006）成果（首席专家：孙来斌教授）

国家出版基金项目
NATIONAL PUBLICATION FOUNDATION

GZC 高校主题出版
GAOXIAO ZHUTI CHUBAN

中国梦

之 中国力量

主　编　丁俊萍
副主编　李向勇

武汉大学出版社
WUHAN UNIVERSITY PRESS

图书在版编目(CIP)数据

中国梦之中国力量/丁俊萍主编. —武汉：武汉大学出版社，2015.9(2016.4 重印)

ISBN 978-7-307-15578-7

Ⅰ.中… Ⅱ.丁… Ⅲ.中国特色社会主义—社会主义建设模式—学习参考资料 Ⅳ.D616

中国版本图书馆 CIP 数据核字(2015)第 072446 号

责任编辑:朱凌云　　责任校对:李孟潇　　版式设计:马　佳

出版发行：**武汉大学出版社**　(430072　武昌　珞珈山)

(电子邮件：cbs22@whu.edu.cn　网址：www.wdp.com.cn)

印刷:武汉中远印务有限公司

开本：720×1000　1/16　印张:25.5　字数:366 千字　插页:4

版次:2015 年 9 月第 1 版　2016 年 4 月第 2 次印刷

ISBN 978-7-307-15578-7　定价:56.00 元

目　录

导　论

梦，是一个可以作多重解释的字眼，其本义是指人在睡眠时身体内外各种刺激或残留在大脑里的外界刺激引起的景象活动，其引申之义，则有梦想、幻想、理想等。人人都会做梦，人人也都喜欢做美好的梦，并希望美梦成真。这种美梦并不都只是在睡眠时出现的，更多时候是人们在现实生活中对未来美好生活的一种愿望，是人们在一定时段内希望实现的理想。在现实生活中，人们美好的梦想实际上就是希望能够实现的理想，而美好的梦想则是人生理想的文学表达。作为理想的梦想，它代表着人们对未来的选择和追求。为实现这种选择和追求，人们为之不懈奋斗。人们通过奋斗，使这种理想变成现实。因此，作为理想的梦想，不是虚无缥缈的空想，也不是不着边际的幻想，而是激励着人们为之奋斗的精神动力。

人是具有社会性的，居住在一个国家的整个区域的人群有自己的集体梦想。与此相联系，作为历史上形成的、处于不同社会发展阶段的各种人的共同体——民族，同样有自己的集体梦想。一定国家或民族的集体梦想是对其自身生存意义与生存方式的宏大叙事和构想，体现着一定时空下的文明体系或文明方式，是一个国家或民族前行奋进的灯塔和精神动力。各个国家和民族都有自己的梦想，只是内涵不一样。同一个国家或民族的集体梦想也不是固定不变的，而是动态的、发展的、变化的。随着社会的进步，人们的期望也会改变，梦想也会有所不同。当代中国人的集体梦想，就是实现中华民族伟大复兴的中国梦。

一、中国梦的提出及其重大意义

具有悠久历史的中国自古以来就是一个有梦想的国家，在五千多年发展的历史长河中，中华儿女始终有梦、勇于追梦、艰辛筑梦、不断圆梦，成就了一部不断铸就新辉煌、成就新梦想的历史篇章。中国古代哲人中，墨家有“无为而治”的向往，儒家有“天下大同”和“小康”的社会政治理想；南宋诗人郑思肖在《德祐二年岁旦》中，亦有“一心中国梦，万古下泉诗”①的诗句，表达了对收复河山、实现祖国统一的强烈渴望和光荣梦想。鸦片战争以后，中国逐步演变为一个半殖民地半封建的国家。面对“长夜难明赤县天，百年魔怪舞翩跹，人民五亿不团圆”②的悲惨境遇，中国人民最伟大的梦想，就是实现国家独立和富强，人民解放和富裕，实现中华民族伟大复兴。

为了完成中华民族救亡图存的民族使命，为了实现强国富民和民族复兴，无数仁人志士筚路蓝缕，艰苦探寻救国救民的出路，进行了不屈不挠的斗争，付出了巨大努力，作出了巨大牺牲。从“睁眼看世界”和“师夷长技以制夷”的呐喊，到不触动封建根基的自强运动和改良主义；从旧式的农民战争，到资产阶级革命派领导的革命，不甘屈服的中国人民一次次抗争，但又一次次失败。以孙中山为代表的资产阶级革命派，喊出“振兴中华”的口号和心声，并领导了伟大的辛亥革命，结束了统治中国几千年的封建君主专制制度，对推动中国社会进步具有重大意义，但也未能改变中国半殖民地半封建的社会性质和中国人民的悲惨命运。

---

① （南宋）郑思肖：《德祐二年岁旦》。

② 毛泽东：《浣溪沙 · 和柳亚子先生》（1950 年 10 月）。

事实说明，“要解决中国发展进步问题，必须找到能够指导中国人民进行反帝反封建革命的先进理论，必须找到能够领导中国社会变革的先进社会力量”。① 在第一次世界大战和俄国十月社会主义革命的影响下，经过五四运动和五四时期马克思主义在中国的广泛传播及其与中国工人运动的结合，1921 年，中国共产党应运而生。“中国共产党的诞生，是近现代中国历史发展的必然产物，是中国人民在救亡图存斗争中顽强求索的必然产物。从此，中国革命有了正确前进方向，中国人民有了强大精神力量，中国命运有了光明发展前景。”②

中国共产党成立以来，团结带领人民，紧紧依靠人民，在中国这片古老的土地上，书写了人类发展史上惊天地、泣鬼神的壮丽史诗，集中体现为完成和推进了三件大事：一是完成了新民主主义革命，实现了民族独立、人民解放，中国人从此站立起来了，中华民族发展进步从此开启了新的历史纪元。二是完成了社会主义革命，确立了社会主义基本制度，建立起独立的比较完整的工业体系和国民经济体系，积累了在中国这样一个社会生产力水平十分落后的东方大国进行社会主义建设的重要经验。三是进行了改革开放新的伟大革命，开创、坚持、发展了中国特色社会主义，推动社会主义现代化建设取得举世瞩目的伟大成就。“这三件大事，从根本上改变了中国人民和中华民族的前途命运，不可逆转地结束了近代以后中国内忧外患、积贫积弱的悲惨命运，不可逆转地开启了中华民族不断发展壮大、走向伟大复兴的历史进军，使具有 5000 多年文明历史的中国面貌焕然一新，中华民族伟大复兴展现出前所未有的光明前景。”③

---

① 胡锦涛：《在庆祝中国共产党成立 90 周年大会上的讲话》，人民出版社 2011 年版，第 3 页。

② 胡锦涛：《在庆祝中国共产党成立 90 周年大会上的讲话》，人民出版社 2011 年版，第 3 页。

③ 胡锦涛：《在庆祝中国共产党成立 90 周年大会上的讲话》，人民出版社 2011 年版，第 4~5 页。

“我欲因之梦寥廓，芙蓉国里尽朝晖。”①中国共产党团结带领人民历尽磨难、艰苦奋斗、顽强奋斗、不懈奋斗，大大加快了实现中华民族伟大复兴的历史进程。而支撑中国共产党和中国人民奋斗的，正是信仰的力量，是民族独立和人民解放、国家富强和人民幸福、实现中华民族伟大复兴的光荣与梦想。

在当代中国，坚持和发展中国特色社会主义，在中国特色社会主义道路上实现中华民族伟大复兴的中国梦，是时代的召唤、人民的期盼、历史的必然。

2012 年 11 月 29 日，党的十八大闭幕不久，中共中央总书记习近平在带领新一届中央领导集体参观中国国家博物馆举办的《复兴之路》展览时指出：每个人都有理想和追求，都有自己的梦想。现在，大家都在讨论中国梦，我以为，实现中华民族伟大复兴，就是中华民族近代以来最伟大的梦想。这个梦想，凝聚了几代中国人的夙愿，体现了中华民族和中国人民的整体利益，是每一个中华儿女的共同期盼。② 从而在中国共产党主要领导人的讲话中，在中国国家博物馆这一中华民族缅怀历史的“祖庙”和“宗祠”的神圣地方，首次明确提出“中国梦”的概念。

自 2012 年 11 月 29 日参观《复兴之路》展览，到 2013 年 10 月 23 日同全国总工会新一届领导班子成员集体谈话，习近平在国内国际多个重要场合，先后多次阐述中国梦。除了 2012 年 11 月 29 日在参观《复兴之路》展览的讲话之外，还有 2012 年 12 月 8 日和 10 日，在广州战区考察工作时的讲话；2013 年 3 月 1 日在中央党校建校 80 周年庆祝大会暨 2013 年春季学期开学典礼上的讲话；2013 年 3 月 17 日，在人民大会堂举行的第十二届全国人民代表大会第一次会议上的讲话；2013 年 3 月 19 日，在接受金砖国家媒体联合采访时的讲话；2013 年 3 月 23 日，在莫斯科国际关系学院的演讲；2013 年 3 月 25 日，在坦桑尼亚尼雷尔国际会议中心的演

---

① 毛泽东：《答友人》(1961 年)。

② 习近平：《承前启后　继往开来　继续朝着中华民族伟大复兴目标奋勇前进——在参观〈复兴之路〉展览时的讲话》，《人民日报》2012 年 11 月 30 日。

讲；2013 年 3 月 27 日，在金砖国家领导人第五次会晤时的主旨讲话；2013 年 4 月 7 日，在博鳌亚洲论坛 2013 年年会上的主旨演讲；2013 年 4 月 28 日，在同全国劳动模范代表座谈时的讲话；2013 年 5 月 4 日，在同各界优秀青年代表座谈时的讲话；2013 年 5 月 5 日，给北京大学学生的回信；2013 年 5 月 31 日，接受拉美三国媒体联合书面采访；2013 年 6 月 5 日，在墨西哥参议院的演讲；2013 年 6 月 7 日，在同美国总统奥巴马共同会见记者时的讲话；2013 年 6 月 11 日，在酒泉卫星发射中心观看发射和接见天宫一号与神舟十号载人飞行任务参研参试单位代表的讲话；2013 年 7 月 18 日，致生态文明贵阳国际论坛 2013 年年会的贺信；2013 年 10 月 23 日，在同全国总工会新一届领导班子成员集体谈话时的讲话，等等。

在上述谈话中，有两次讲话尤为重要，一次是 2012 年 11 月 29 日在参观《复兴之路》展览的讲话，习近平首次明确提出中国梦；一次是 2013 年 3 月 17 日，习近平在人民大会堂举行的第十二届全国人民代表大会第一次会议上的讲话，首次对中国梦的深刻内涵及其实现途径作了集中阐释，即：实现中华民族伟大复兴的中国梦，就是要实现国家富强、民族振兴、人民幸福；实现中国梦必须走中国道路，必须弘扬中国精神，必须凝聚中国力量。从而在中国各族人民共商国是的庄严时刻和神圣殿堂系统阐释了中国梦。

习近平首次提出中国梦和系统阐释中国梦，处在两个重要时间节点上：一个是党的十八大结束，一个是第十二届全国人大第一次会议胜利闭幕；也位于两个重要地点：一个是国家博物馆，相当于中华民族缅怀历史的“祖庙”和“宗祠”，一个是人民大会堂，是中国各族人民共商国是的庄严殿堂。显然，提出实现中华民族伟大复兴的中国梦具有特殊重要意义，它是新一届中央领导集体对全体人民的庄重承诺，是中国共产党和当代中国未来发展的政治宣言。

提出实现中华民族伟大复兴的中国梦，决不是偶然的，它是时代的召唤、人民的期盼、历史的必然。它顺应当今中国的发展大势，昭示党和国家走向未来的宏伟图景。它顺应全国各族人民创造美好未来的热切期盼，反映全体中华儿女梦寐以求的共同心愿。它顺应世界发展进步的潮流，展示中国人民为人类文明作出更大贡献的良好意愿。

中国梦的提出，为当代中国人民的奋斗赋予了新的意义。“中国梦是一种形象的表达，是一个最大公约数，是一种为群众易于接受的表述，核心内涵是中华民族伟大复兴，可以适当拓展。”①它将每个人每天的奋斗与国家未来要实现的宏伟目标联系在一起，使其成为一个整体。中国梦的话语表达，对原本比较严肃的意识形态话语进行了创造性的转换，使其可亲可爱、更接地气，具有很大的亲和力、感召力，从而更为人民大众喜闻乐见，易于为人民大众所接受。

中国梦的提出，进一步揭示了中华民族的前途命运和当代中国的发展走向，升华了中国共产党的执政理念，为坚持和发展中国特色社会主义注入了新的内涵，为新的历史条件下改革创新发展树立了高扬的精神旗帜，提供了巨大的精神动力，对团结动员全体人民开辟党和国家事业发展新境界具有重大而深远的意义。

中国梦的提出及其系统阐述，迅速引起国内外巨大关注和热烈反响：亿万老百姓热议中国梦，各种社会舆论聚焦中国梦，海外华人述说中国梦，国际社会关注中国梦。在中国特色社会主义道路上实现中华民族伟大复兴的中国梦，成为当今中国的高昂旋律，成为各族人民万众一心、同心同德、为之共同奋斗的共同目标。它激励着当代中国人努力拼搏、勤奋工作，让中国更加繁荣富强，让人民生活更为美好。

二、中国梦的深刻内涵和主要特点

中国梦具有丰富的内涵。2013 年 3 月 17 日，习近平在第十二

---

① 习近平：《在同中华全国总工会新一届领导班子成员集体谈话时的讲话》(2013 年 10 月 23 日)，转引自中共中央文献研究室编：《习近平关于实现中华民族伟大复兴的中国梦论述摘编》，中央文献出版社 2013 年版，第 10 页。

届全国人民代表大会第一次会议上的讲话中指出："实现全面建成小康社会、建成富强民主文明和谐的社会主义现代化国家的奋斗目标，实现中华民族伟大复兴的中国梦，就是要实现国家富强、民族振兴、人民幸福，既深深体现了今天中国人的理想，也深深反映了我们先人们不懈追求进步的光荣传统。"①2013 年 3 月 23 日，习近平在莫斯科国际关系学院的演讲中，又一次谈道："实现中华民族伟大复兴，是近代以来中国人民最伟大的梦想，我们称之为'中国梦'，基本内涵是实现国家富强、民族振兴、人民幸福。""我们要实现的中国梦，不仅造福中国人民，而且造福各国人民。"②习近平的这两次讲话，都明确阐述了中国梦的深刻内涵。

显然，中国梦具有丰富的内涵，其基本内涵是国家富强、民族振兴、人民幸福。实现中华民族伟大复兴的中国梦，就是要实现国家富强、民族振兴、人民幸福。"国家富强"就是国家的经济富足、政治强大；"民族振兴"就是既要使中华民族回归历史上的荣光，更要使中华民族屹立于当今世界民族之林；"人民幸福"就是广大人民群众的物质文化生活需要得到充分满足，幸福指数持续提升，生活得舒心、安心、放心，对未来充满信心。中国梦凝结着近代以来无数志士仁人的理想、当代中国的追求和未来中国的走向，是连接中国历史、现实和未来的民族复兴之梦。

中国梦是国家的梦，是国家发展之梦。中国人民希望通过一代又一代不懈努力、接续奋斗，为建设一个繁荣富强的中国、民主法治的中国、文明昌盛的中国、和谐有序的中国、绿色美丽的中国而奋斗，在这一奋斗的历史进程中实现自己的光荣与梦想。

中国梦是中华民族的梦，是中华民族复兴之梦。中华儿女希望通过一代又一代不懈努力、接续奋斗，进一步维护民族尊严，进一步自立于世界民族之林，不断增强民族自信，永远自强不息。

---

① 习近平：《在第十二届全国人民代表大会第一次会议上的讲话》，《人民日报》2013 年 3 月 18 日。

② 习近平：《顺应时代前进潮流，促进世界和平发展——在莫斯科国际关系学院的演讲》，《人民日报》2013 年 3 月 24 日。

中国梦是人民的梦，是人民幸福生活之梦。勤劳勇敢的中国人民通过自己的不懈努力、接续奋斗，创造自己幸福美好生活，物质生活富裕、精神生活丰富多彩，政治上当家做主，拥有个人尊严、体面、事业成功，家庭温暖幸福，从而使人生出彩、自我实现。

中国梦是世界的梦，是与世界和平相处、共谋发展、合作、共赢之梦。中华民族历来爱好和平。近代以来，中国人民蒙受了外国侵略和内部战乱的百年苦难，深知和平的宝贵，最需要在和平环境中进行国家建设，以不断改善人民生活。中国将坚定不移走和平发展道路，致力于促进开放的发展、合作的发展、共赢的发展，同时呼吁各国共同走和平发展道路。中国始终奉行防御性的国防政策，不搞军备竞赛，不对任何国家构成军事威胁。中国发展壮大，带给世界的是更多机遇而不是什么威胁。“中国梦与中国人民追求美好生活的梦想是相连的，也是与各国人民追求和平与发展的美好梦想相通的。”①我们要实现的中国梦，不仅造福中国人民，而且造福各国人民。因为中国是一个最大的发展中国家，中国人口占世界人口的五分之一，中国梦的实现必将有利于世界梦的实现。

中国梦与其他国家和人民的梦想是相通的，但又是不相同的。它有自己的鲜明特点。

中国梦将中国的昨天、今天、明天联系起来。中国梦是历史的、现实的，也是未来的。中国梦凝结着无数仁人志士的不懈努力，承载着全体中华儿女的共同向往，昭示着国家富强、民族振兴、人民幸福的美好前景。

中国梦将国家、民族、人民联系起来。中国梦是国家的、民族的，也是每一个中国人的，更是青年一代的。国家好、民族好，大家才会好。只有每个人都为美好梦想而奋斗，才能汇聚起实现中国梦的磅礴力量。

中国梦将中国、世界、人类联系起来。中国梦是和平、发展、合作、共赢的梦，绝不是霸权梦，不威胁到任何国家和民族。一个

---

① 习近平：《在会见二十一世纪理事会北京会议外方代表时的谈话》，《人民日报》2013 年 11 月 3 日。

13 亿人口的中国，其发展只会在造福本国人民的同时，也造福世界、造福人类。

中国梦的三大特点，体现了当代中国共产党人洞察历史的深邃眼光、面向世界的宽广胸襟、发展和完善中国特色社会主义的坚定自信、实现中华民族伟大复兴的责任担当。

三、中国梦的本质属性和精神实质

中国梦的本质属性在于它归根结底是人民的梦，只有依靠人民、为了人民才能实现。而中国梦之所以归根结底是人民的梦，主要有以下原因：

首先，中国梦凝聚着中国人民共同坚守的理想信念。中国大地是中国人民生于斯、长于斯的永久家园，统一的国家是各族人民国家认同、民族自尊、戮力同心的强大根基，中华民族绵延不绝、永续发展是每一个中华儿女的内心愿望和现实要求，盼望国家好、民族好是中国人民普遍的爱国主义情怀，这些成为中国人民共同的理想信念。就此而言，中国梦的动力来自广大人民，是凝聚全民族全社会、凝聚全体中华儿女至高无上的旗帜。

其次，中国梦包含着每个中国人的梦。民为邦本，本固邦宁。国家的强盛、民族的兴旺，都要以人民的权利得到保障、人民的利益得到实现、人民的幸福得到满足为条件和目的。人民不是空洞抽象的虚无体，而是由无数个体的人构成的整体。个人的发展和命运，既是社会发展和历史命运的映照，同时也汇成了社会发展的主流，构成了历史命运的基调。因此，国家梦、民族梦必须同个人梦融合起来、统一起来，梦想才有生命、才有根基、才有力量。从这个意义上说，无数的个人梦也就成了中国梦。

再次，中国梦的实现要依靠人民的力量。中国梦是亿万人民的梦，没有全社会的共同参与、各阶层的同心同德，任何梦想都是不能实现的。广大工人、农民、知识分子，是经济社会发展的主力军和生力军，是实现中国梦的基石。党和政府的各级领导干部，是实现中国梦的领头人和中坚力量，为中国梦扬起风帆；人民军队是国家安全的坚强柱石，为中国梦筑牢屏障；一切非公有制经济人士和其他新的社会阶层人士，是中国特色社会主义事业的建设者，是中国梦的重要力量；广大青少年是祖国的未来、民族的希望，在实现中国梦的征程上接续奋斗，为中国梦续写辉煌。总之，要实现中国梦，就必须凝聚13亿中国人民的力量，依靠人民来实现。

实现中华民族伟大复兴是每一个中国人的内在愿望，只有国家富强、民族振兴才能带来人民幸福。而国家富强、民族振兴的最后落脚点一定是人民的幸福，这种幸福既包括物质生活的充裕，也包括精神上的充实、政治上的当家做主、人生的价值和尊严、环境的安全与美好，这是中国梦的终极目的。也正是从这个意义上说，中国梦是中国的国家梦，是中华民族的民族梦，归根结底是人民的梦。因此，实现中国梦，就需要将个人的奋斗与民族的发展有机统一起来，充分尊重人民群众的主体地位，充分发挥人民群众的积极性、主动性、创造性，让人民群众共享经济社会发展的物质成果和精神成果。

实现中国梦，最根本的是要坚持和发展中国特色社会主义。中国梦的精神实质，就是坚持和发展中国特色社会主义。

中国特色社会主义，是凝聚全党全国各族人民团结奋斗的旗帜。它把社会主义发展与中华民族伟大复兴的历史任务紧密联系在一起，把实现社会主义现代化与人民共同富裕紧密联系在一起，把国家的安危荣辱和个人的幸福紧密联系在一起，代表了中国最广大人民的意愿和利益，是激励全党全国各族人民的强大精神力量。只有在中国特色社会主义伟大旗帜下，才能最大限度地团结和凝聚不同社会阶层、不同利益群体的人们，为实现中华民族伟大复兴而共同奋斗。

中国特色社会主义，是引领中国走向繁荣富强的旗帜。改革开放30多年来，在中国特色社会主义旗帜指引下，中国获得了自近代以来从未有过的长期快速稳定发展，取得了举世瞩目的伟大成就。中国的经济实力、综合国力不断增强，经济建设、政治建设、文化建设、社会建设、生态文明建设和党的建设取得显著成就，人民生活总体上达到小康水平，并正在向更高水平的小康社会迈进。

中国人民的面貌、社会主义中国的面貌、中国共产党的面貌发生了历史性变化。历史将证明，高举中国特色社会主义伟大旗帜，中国一定会迎来更加光明灿烂的发展前景。

中国特色社会主义之所以能够成为引领中国发展进步的旗帜，关键在于它既坚持了科学社会主义的基本原则，又根据中国实际和时代特征赋予其鲜明的中国特色。中国特色社会主义在实践中产生和发展，有着深厚的实践基础，具有鲜明的实践特色；系统回答了中国建设社会主义的一系列重大问题，丰富和发展了科学社会主义理论，具有鲜明的理论特色；立足中国基本国情，汲取中华民族优秀文化传统的丰富营养，具有鲜明的民族特色；顺应时代潮流、体现时代要求，学习借鉴现代文明的一切有益成果，始终与世界发展和人类文明进步紧密联系在一起，具有鲜明的时代特色。

把握好中国梦的本质属性、终极目的和根本要求，我们才能更好地汇聚起推动社会发展进步、实现中国梦的强大正能量。

四、中国梦的实现途径和根本要求

中国梦寄托着近代以来中华民族的集体梦想，实现中国梦是每一个中华儿女的热切期盼。中国梦的实现，需要我们遵循正确途径，把握根本要求。习近平总书记在不同场合，深刻而全面地阐述了实现中国梦的途径和根本要求。

（一）实现中国梦的根本途径

首先，“实现中国梦必须走中国道路。这就是中国特色社会主义道路”。①

党的十八大指出：中国特色社会主义道路，就是在中国共产党领导下，立足基本国情，以经济建设为中心，坚持四项基本原则，

① 习近平：《在第十二届全国人民代表大会第一次会议上的讲话》，《人民日报》2013年3月18日。

坚持改革开放，解放和发展社会生产力，建设社会主义市场经济、社会主义民主政治、社会主义先进文化、社会主义和谐社会、社会主义生态文明，促进人的全面发展，逐步实现全体人民共同富裕，建设富强民主文明和谐的社会主义现代化国家。

中国特色社会主义道路，明确了中国特色社会主义的领导力量、现实依据、基本路线、主要任务、总体布局和奋斗目标，指明了当代中国的前进方向。

道路关乎政党的命脉，关乎国家前途、民族命运、人民幸福，中国特色社会主义道路是中国共产党将科学社会主义基本原则同当代中国国情和时代特征相结合而探索出的一条中国独有的道路，是根植中国大地、反映中国人民意愿、适应中国和时代发展进步要求的光明道路，也是国家富强、民族振兴、人民幸福的必由之路。道路意味着方向，也意味着目标，中国特色社会主义道路是国家前进的基本方向，这是历史的选择、人民的选择、时代的选择。

中国特色社会主义“这条道路来之不易，它是在改革开放30多年的伟大实践中走出来的，是在中华人民共和国成立60多年的持续探索中走出来的，是在对近代以来170多年中华民族发展历程的深刻总结中走出来的，是在对中华民族5000多年悠久文明的传承中走出来的，具有深厚的历史渊源和广泛的现实基础”。①

生活的常识告诉我们，一双鞋子合不合脚，只有穿着才知道。同样，一个国家的发展道路正不正确，只有这个国家的人民才知道。中国道路就如同为中国人民量身定做的一双鞋子，只有穿上它才舒适，才轻快，才青春焕发，才健步如飞。我们生活在中国，就专心做自己的梦，通过实干来实现自己的梦想。

中华民族是具有非凡创造力的民族，我们创造了伟大的中华文明，我们也能够继续拓展和走好适合中国国情的发展道路。全国各族人民一定要增强对中国特色社会主义的理论自信、道路自信、制度自信，坚定不移沿着正确的中国道路奋勇前进。只要我们顽强奋

---

① 习近平：《在第十二届全国人民代表大会第一次会议上的讲话》，《人民日报》2013年3月18日。

斗、艰苦奋斗、不懈奋斗，就一定能在中国共产党领导下，在坚定自信、增强自觉、奋力自强中实现自己的光荣与梦想。

其次，“实现中国梦必须弘扬中国精神。这就是以爱国主义为核心的民族精神，以改革创新为核心的时代精神。这种精神是凝心聚力的兴国之魂、强国之魂”。①

由民族精神和时代精神构成的中国精神，是中华民族共同创造、共同依托、共同传承的文化精神和价值观念的总和，是中华民族赖以生存和发展的精神财富，是中华民族发展壮大的内在力量。

中华民族精神是中华民族在漫长的社会历史发展过程中逐步形成的，它是中华各族人民社会生活的反映，是中华文化最本质、最集中的体现，是各民族生活方式、理想信仰、价值观念的文化浓缩，是中华民族赖以生存和发展的精神纽带、支撑和动力，是创新社会主义先进文化的民族灵魂。中华民族精神的内涵极为丰富，基本内涵包括团结统一、爱好和平、勤劳勇敢、自强不息等，其核心是爱国主义。中国梦的实现需要凝聚民族共识，其关键因素便是每一个中国人内心的爱国主义精神。爱国主义是指个人或集体对祖国的一种积极和支持的态度，是每一个人所应该具有的公民道德之一。爱国主义始终是把中华民族坚强团结在一起的精神力量，凝聚着中国特色社会主义的共同理想。

时代精神是一个时代的人们在文明创建活动中体现出来的精神风貌和优良品格，是激励一个民族奋发图强、振兴祖国的强大精神动力，构成同时代精神文明建设的重要内容。任何社会都要弘扬适合本国国情顺应社会发展要求的时代精神，以此来引领人们的思想和行为，形成强有力的精神支柱和精神力量。中国的时代精神缘起于鸦片战争之后先进的中国人向西方寻找真理，探索救国救民的新路，开始了现代化进程的艰难探索。在历史的沉淀和传承中，改革开放之风吹遍大江南北，创新成为一个民族进步的灵魂，成为一个国家发展的动力。中华民族依靠改革取得发展，通过创新不断进

---

① 习近平：《在第十二届全国人民代表大会第一次会议上的讲话》，《人民日报》2013 年 3 月 18 日。

取，改革创新成为中华民族的思维习惯和解决问题的方式，作为中华民族价值观的时代精神，改革创新也成为实现中华民族伟大复兴的强大助推力。

时代精神的核心是改革创新，改革创新始终是鞭策我们在改革开放中与时俱进的精神力量。中国特色社会主义的发展正是依靠不断的改革与创新，改革创新的时代精神是解决中国特色社会主义建设过程中问题的关键。

民族精神与时代精神相辅相承，相得益彰。民族精神是时代精神的基础。对于中华民族来说，没有民族精神就难以承载时代精神；时代精神是民族精神在新的历史条件下的发扬光大。没有时代精神，民族精神就难以在新的历史条件下发扬光大、焕发青春活力。民族精神和时代精神相辅相成，二者共同构成中华民族自立自强的精神品格，同时也为伟大中国梦的实现提供不竭的精神动力和思想资源。全国各族人民一定要弘扬伟大的民族精神和时代精神，用以爱国主义为核心的民族精神和以改革创新为核心的时代精神振奋起全民族的“精气神”，不断增强团结一心的精神纽带、自强不息的精神动力，永远朝气蓬勃迈向未来。

“实现中国梦必须凝聚中国力量。这就是中国各族人民大团结的力量。”①亿万人民万众一心、积极投身于中国特色社会主义伟大实践，为实现共同梦想而努力奋斗。中国力量的基础来源于中国人每个个体的力量。每一个人的奋斗努力，都是中国梦的组成部分。中国梦是民族复兴之梦，也是在复兴过程中每个个体自我实现之梦。每个人的自由发展是一切人自由发展的条件，个体梦想的实现，正是国家梦想实现的重要前提和必备条件。因此，凝聚中国力量，应激发每个个体积极向上的力量，让每个人都享有人生出彩的机会，享有梦想成真的机会，享有同祖国和时代一起成长与进步的机会。同时，中国梦是 13 亿中国人的共同理想信念，中国力量是来自中国特色社会主义事业各个领域、各条战线、各行各业的共同

---

① 习近平：《在第十二届全国人民代表大会第一次会议上的讲话》，《人民日报》2013 年 3 月 18 日。

力量。广大工人、农民、知识分子以及新的社会阶层人士等，都是推动中国经济社会发展的主体。凝聚中国力量，必须把每一个中国人的力量汇聚成一个整体，使所有中国人心往一处想、劲往一处使，汇聚起不可战胜的磅礴力量。

中国力量来自对全国各党派、各团体、各民族、各阶层、各界人士思想和行为的整合，来自港澳台同胞和海外侨胞的团结一心、奋力拼搏。实现中华民族伟大复兴的中国梦，不仅要依靠国内力量，即国内各族人民在理想、目标、利益一致基础上所聚合起来的强大而深厚的力量，同时也需要凝聚全体中华儿女的力量，实现国内各族人民大团结与全体中华儿女大团结的有机结合。中国梦是不同阶层、团体、岗位、身份的人们，包括港澳台同胞、海外侨胞的共同理想，他们是中国梦的共同力量源泉。

中国梦是民族的梦，也是每个中国人的梦。只要我们紧密团结，万众一心，为实现共同梦想而奋斗，实现梦想的力量就无比强大，我们每个人为实现自己梦想的努力就拥有广阔的空间。生活在我们伟大祖国和伟大时代的中国人民，共同享有人生出彩的机会，共同享有梦想成真的机会，共同享有同祖国和时代一起成长与进步的机会。有梦想，有机会，有奋斗，一切美好的东西都能够创造出来。“全国各族人民一定要牢记使命，心往一处想，劲往一处使，用 13 亿人的智慧和力量汇集起不可战胜的磅礴力量。”①

“实现中国梦，必须坚持和平发展。”②无论是作为一个国家，还是作为一个地区，不同国家和地区的人民都有各自的梦想。非洲人民致力于实现联合自强、发展振兴的非洲梦；拉美和加勒比国家共同体人民致力于团结合作、共同发展的拉美梦；美国梦强调经济增长、个人财富的积累和独立自主；新的欧洲梦则更加关注可持续发展、生活质量和相互依赖；俄罗斯人希望摆脱困境，重振雄风；

---

① 习近平：《在第十二届全国人民代表大会第一次会议上的讲话》，《人民日报》2013 年 3 月 18 日。

② 《习近平接受拉美三国媒体联合书面采访》，《人民日报》2013 年 6 月 1 日。

东盟各国寻求国家发展振兴、人民富裕幸福；等等，而当代中国人的梦想和追求即中国梦，“中国梦要实现国家富强、民族复兴、人民幸福，是和平、发展、合作、共赢的梦，与包括美国梦在内的世界各国人民的美好梦想相通”。① 中国梦同周边国家人们的梦想是相通的，同东盟各国寻求国家发展振兴、人民富裕幸福的追求和梦想息息相通。“中国梦与中国人民追求美好生活的梦想是相连的，也是与各国人民追求和平与发展的美好梦想相通的。”②

中国人自古就主张和而不同。当代中国人希望，国与国之间、不同文明之间能够平等交流、相互借鉴、共同进步，各国人民都能够共享世界经济科技发展的成果，各国人民的意愿都能够得到尊重，各国能够齐心协力推动建设持久和平、共同繁荣的和谐世界。我们将始终不渝走和平发展道路，始终不渝奉行互利共赢的开放战略，不仅致力于中国自身发展，也强调对世界的责任和贡献；实现中国梦给世界带来的是和平而不是动荡，是更多的机遇而不是威胁。我们要实现的中国梦，首先是要造福中国人民，但不仅造福中国人民，而且造福各国人民。我们还要同国际社会一道，推动实现持久和平、共同繁荣的世界梦，为人类和平与发展的崇高事业作出新的更大的贡献！

（二）实现中国梦的根本要求

实现中国梦的根本要求，是在中国共产党的领导下，经过全党和全国各族人民的团结奋斗、顽强奋斗、艰苦奋斗、不懈奋斗，依靠中国人民自己的智慧和力量来真正实现中国梦。

1. 团结奋斗、实干兴邦

奋斗是成就事业的基石，是梦想成真之路，如果纸上谈兵而不

---

① 《习近平同奥巴马总统共同会见记者》，《人民日报》2013 年 6 月 9 日。

② 《习近平会见 21 世纪理事会北京会议外方代表》，《人民日报》2013 年 11 月 3 日。

真抓实干，再美好的梦想也只能是空想，而不可能美梦成真。革命时期，中国共产党唤起工农千百万，同心干革命，才赢得了革命的胜利，建立了新中国，建立了社会主义基本制度。社会主义建设时期，亿万群众自力更生，艰苦奋斗，奋发图强，才建立了独立的比较完整的工业体系和国民经济体系，初步改变了一穷二白的落后面貌。改革开放以来，中国人民敢闯敢干，大胆创新，在实践中“杀出一条血路来”。① 1992 年，邓小平在视察南方时的谈话中明确提出了“空谈误国，实干兴邦”的口号，我国改革开放三十多年的实践充分证明了这个真理。

党的十八大以来，习近平发表一系列重要讲话，提出了许多治国理政的新观点、新论断、新要求，其中包括实干这一贯穿始终的重要思想。他高度认同邓小平提出的“空谈误国，实干兴邦”口号，强调“面向未来，全面建成小康社会要靠实干，基本实现现代化要靠实干，实现中华民族伟大复兴要靠实干”。② 习近平多次指出，永远要有“逢山开路、遇河架桥”的精神，锐意进取；要以“踏石留印、抓铁有痕”的劲头抓下去，善始善终，善做善成。真抓实干、开拓进取，对于推动改革发展具有极端重要性。“道理很简单，任何事情都是人干的。”③中国革命、建设和改革的事业是干出来的，不是说出来的，一切难题，只有在实干中才能破解；一切办法，只有在实干中才能见效；一切机遇，只有在实干中才能抓住和用好。

“空谈误国，实干兴邦”，这既是千百年来人们从历史经验教训中总结出来的治国理政的一个重要结论，也是全面贯彻落实党的十八大精神、实现中华民族伟大复兴中国梦的根本途径。习近平在参观《复兴之路》展览时强调：“实现中华民族伟大复兴是一项光荣而艰巨的事业，需要一代又一代中国人共同为之努力。空谈误国，

---

① 《邓小平年谱》(1975—1991)上，中央文献出版社 2004 年版，第 510 页。

② 习近平：《增强改革的系统性整体性协同性　做到改革不停顿开放不止步》，《人民日报》2012 年 12 月 12 日。

③ 《邓小平文选》第 2 卷，人民出版社 1994 年版，第 221 页。

实干兴邦。”从国家角度看，实现中国梦需要凝聚中国力量，需要中华儿女万众一心、团结奋斗；从个人角度看，每个中国人都是“梦之队”的一员，都应成为实现中国梦的参与者、书写者。空谈误国，实干兴邦。我们要用13亿中国人的智慧和力量，一代又一代中国人的不懈努力，把我们的国家建设好，把我们的民族发展好。

2. 紧紧依靠人民实现中国梦

中国梦归根结底是人民的梦，必须紧紧依靠人民才能实现。“功崇惟志，业广惟勤。”我国仍处于并将长期处于社会主义初级阶段，实现中国梦，创造全体人民更加美好的生活，任重而道远，需要我们每一个人继续付出辛勤劳动和艰苦努力。

2013年4月28日，习近平在同全国劳动模范代表座谈时的讲话中指出：人民创造历史，劳动开创未来。劳动是推动人类社会进步的根本力量。幸福不会从天而降，梦想不会自动成真。实现我们的奋斗目标，开创我们的美好未来，必须紧紧依靠人民、始终为了人民，必须依靠辛勤劳动、诚实劳动、创造性劳动。我们说“空谈误国，实干兴邦”，实干首先就要脚踏实地劳动。

工人阶级是实现中国梦的主力军。在迈向未来的征程上，我们必须充分发挥工人阶级的重要作用，焕发他们的历史主动精神，调动他们的劳动和创造的积极性。必须紧紧依靠工人阶级发展中国特色社会主义。为此，我们要坚持崇尚劳动、造福劳动者；弘扬劳模精神、发挥劳模作用；坚持和拓展中国特色社会主义工会发展道路。

农民阶级是现代化建设中人数最多的基本依靠力量。习近平多次强调：“小康不小康，关键看老乡。”必须团结带领农民致富；切实保障农民的合法权益；教育、引导、支持农民；建设社会主义新农村；推动城乡发展一体化。

知识分子是中国工人阶级的一部分，在科技、经济发展和社会进步中具有特殊重要作用。必须依靠知识分子，充分发挥知识分子的作用；知识分子要发扬热爱祖国、求实创新、拼搏奉献、团结协作的精神，为实现中国梦多做贡献。

在国家机关中从事公务的人员，包括在各级国家权力机关、行政机关、司法机关和军事机关中从事公务的人员，是国家管理和建设中的骨干。一切国家机关工作人员都要克己奉公，勤政廉政，关心人民疾苦，为人民办实事。

新的社会阶层是中国特色社会主义事业的建设者。要支持新的社会阶层发挥中国特色社会主义事业建设者的作用；坚持尊重劳动、尊重知识、尊重人才、尊重创造。一切非公有制经济人士和其他新的社会阶层人士，要发扬劳动创造精神和创业精神，回馈社会，造福人民，做合格的中国特色社会主义事业的建设者。

民族问题始终是建设中国特色社会主义必须处理好的一个重大问题，各族人民的大团结是实现中国梦的中国力量。因此，实现中国梦必须加强和巩固各族人民大团结；不断推进少数民族和少数民族地区的经济社会发展。

统一战线是凝聚中国力量实现中国梦的一个重要法宝。我们要明确新时期爱国统一战线的内容和基本任务，加强党对统一战线的领导，全面贯彻党的民族宗教政策，不断发展和壮大新时期爱国统一战线。

人民解放军是实现中国梦的重要力量。建立巩固的国防是国家现代化建设的战略任务。我们要明确新世纪新阶段人民军队的历史使命，积极推进中国特色军事变革，推进国防和军队现代化建设。人民军队要按照听党指挥、能打胜仗、作风优良的强军目标，提高履行使命能力，坚决捍卫国家主权、安全、发展利益，坚决保卫人民生命财产安全。

港澳台同胞和海外侨胞在实现中国梦的历史进程中具有不可替代的作用。

香港同胞、澳门同胞不仅有智慧、有能力、有办法把特别行政区管理好、建设好，也一定能在国家事务中发挥积极作用，同全国各族人民一道共享做中国人的尊严和荣耀。香港特别行政区同胞、澳门特别行政区同胞，要以国家和香港、澳门整体利益为重，共同维护和促进香港、澳门长期繁荣稳定。

两岸同胞同属中华民族，是血脉相连的命运共同体，我们要努力促进两岸同胞团结奋斗，相互关爱信赖，共同推进两岸关系，共同享有发展成果，建设好中华民族共同家园。广大台湾同胞和大陆同胞要携起手来，支持、维护、推动两岸关系和平发展，增进两岸同胞福祉，共同开创中华民族新的前程。

海外侨胞是中华民族的组成部分，是发展我国同世界各国人民友谊的桥梁。我们要坚决执行党和国家对归侨、侨眷的政策，充分发挥他们对祖国统一和国家现代化建设的推动作用，关心和帮助他们，使他们能够共享祖国发展的尊严和荣耀。广大海外侨胞，要弘扬中华民族勤劳善良的优良传统，努力为促进祖国发展、促进中国人民同当地人民的友谊作出贡献。

全体中华儿女携手努力，就一定能在同心实现中华民族伟大复兴进程中完成祖国统一大业。

青年最富有朝气、最富有梦想。中国梦是我们的，更是青年一代的。为实现中国梦而奋斗是中国青年运动的时代主题。少年强则中国强。广大青年要勇敢肩负起时代赋予的重任，志存高远，脚踏实地，努力在实现中华民族伟大复兴的中国梦的生动实践中放飞青春梦想。

3. 中国共产党是领导实现中国梦的领导核心

中国共产党是马克思主义与中国工人运动相结合的产物，是中国工人阶级的先锋队，同时是中国人民和中华民族的先锋队。党在领导中国革命、建设和改革过程中也犯过许多错误甚至是严重错误，但从总体上说，不愧为领导中国人民不断开创事业发展新局面的核心力量，不愧为伟大、光荣、正确的马克思主义政党。中国共产党在中国特色社会主义事业中的领导核心地位，是历史和人民的选择，是在长期的中国革命、建设、改革实践中逐步形成并巩固起来的。正是在中国共产党成立并担负起救亡图存的民族使命以后，中国人民才踏上了争取民族独立、人民解放的光明道路，开启了实现国家富强、人民富裕的壮丽征程，并不断夺取中国革命、建设、改革的重大胜利。

回顾中国共产党成立以来中国的发展进步，可以得出一个基本结论：办好中国的事情，关键在中国共产党。在新的历史条件下，实现最广大人民群众的根本利益，就要不断解放和发展生产力，建设富强民主文明和谐的社会主义现代化国家，实现人民的共同富裕，实现中华民族伟大复兴的中国梦。在中国，能够团结和带领全国各族人民实现这个宏伟目标的政治力量，只有中国共产党。党的领导是改革开放和社会主义现代化建设取得成功的根本保证。党具有巨大的政治优势、思想优势和组织优势，有能力正确处理各种复杂的社会矛盾，把亿万人民团结凝聚起来，共同建设美好未来；有能力应对复杂的国际环境的挑战，保证中国走独立自主的和平发展道路。坚持和发展中国特色社会主义，实现中华民族伟大复兴的中国梦，必须毫不动摇地坚持中国共产党的领导。

在实现中国梦的历程中必须坚持中国共产党的领导，一是因为实现中国梦必须坚持走中国道路，而中国共产党正是中国特色社会主义道路的开拓者和领路人，是中国特色社会主义事业的领导核心；二是因为实现中国梦必须弘扬中国精神，而中国共产党是中国精神的继承者、弘扬者、铸造者和实践者，是弘扬与发展当代中华民族精神的杰出实践者、主导力量和保障力量；三是因为实现中国梦必须凝聚中国力量，而中国共产党是中国力量的中坚与核心，是中国人民的主心骨和中流砥柱；四是因为实现中国梦必须坚持和平发展，而中国共产党是当今世界上最大的马克思主义执政党，其关于治党治国治军、内政外交国防的理念、路线、方针和政策，顺应了世界和平发展的潮流，是维护世界和平稳定的重要政治力量。总之，实现中国梦必须坚持中国共产党的领导。

中国共产党是中国特色社会主义事业的领导核心，是凝聚中国人民在中国特色社会主义道路上实现中华民族伟大复兴的中国梦的核心力量。中国梦能否实现，人民梦能否圆满，关键在中国共产党，在于我们党能不能肩负起历史重任，能不能经受住时代考验。

实现中国梦是历代中国共产党人的历史责任。党成立后就担当起完成两大历史任务、实现中华民族伟大复兴的使命。90 多年来，中国共产党经历了艰苦卓绝的逐梦历程。党紧紧依靠人民完成和推进了三件大事，使中华民族伟大复兴展现出前所未有的光明前景。

中国共产党是中国特色社会主义事业的坚强领导核心，共产党员是托起中国梦的脊梁。鲁迅曾经说过，我们自古以来，就有埋头苦干的人，有拼命硬干的人，有舍身求法的人……这就是中国的脊梁。回顾中华民族的历史，一次次面临危亡忧患，却一次次重新崛起，就是因为有了一批批前仆后继、生生不息的中国脊梁。中国共产党诞生以来，一代又一代的共产党人就成为中华民族中最坚挺的脊梁。正是有了中国共产党的领航引路，有了广大共产党员的先锋模范作用、基层党组织的战斗堡垒作用，实现中国梦才有了坚强的领导和坚实的保障。

当代中国共产党人肩负着重大责任，这个重大责任，就是对民族的责任，就是对人民的责任，就是对党的责任。“我们这一代共产党人一定要承前启后、继往开来，把我们的党建设好，团结全体中华儿女把我们国家建设好，把我们民族发展好，继续朝着中华民族伟大复兴的目标奋勇前进。”①

4. 全面从严治党，铸就实现中国梦的坚强领导核心

今天的中国共产党，正担负着团结带领人民全面建成小康社会、推进社会主义现代化、实现中华民族伟大复兴的重任。党坚强有力，党同人民保持血肉联系，国家就繁荣稳定，人民就幸福安康。形势的发展、事业的开拓、人民的期待，都要求我们以改革创新精神全面推进党的建设新的伟大工程，全面提高党的建设科学化水平。

在世情、国情、党情发生深刻变化的情况下，提高党的领导水平和执政水平、提高拒腐防变和抵御风险能力，面临许多前所未有的新情况、新问题、新挑战，执政考验、改革开放考验、市场经济考验、外部环境考验是长期的、复杂的、严峻的。精神懈怠的危险，能力不足的危险，脱离群众的危险，消极腐败的危险，更加尖

---

① 习近平：《承前启后　继往开来　继续朝着中华民族伟大复兴目标奋勇前进——在参观〈复兴之路〉展览时的讲话》，《人民日报》2012年11月30日。

锐地摆在全党面前。

面对“四大考验”和“四大危险”，“全党要增强紧迫感和责任感，牢牢把握加强党的执政能力建设、先进性和纯洁性建设这条主线，坚持解放思想、改革创新，坚持党要管党、从严治党，全面加强党的思想建设、组织建设、作风建设、反腐倡廉建设、制度建设，增强自我净化、自我完善、自我革新、自我提高能力，建设学习型、服务型、创新型的马克思主义执政党，确保党始终成为中国特色社会主义事业的坚强领导核心”。① 以习近平为总书记的党中央强调，打铁还需自身硬。“我们的责任，就是同全党同志一道，坚持党要管党、从严治党，切实解决自身存在的突出问题，切实改进工作作风，密切联系群众，使我们党始终成为中国特色社会主义事业的坚强领导核心。”②只有这样，才能切实担负起领导人民实现中国梦的历史重任。

党成立以来就承担着实现中华民族伟大复兴的使命。我们从来没有任何一个时候像今天这样离实现中华民族伟大复兴梦想这么接近过，但同时也说明我们还有相当长的一段路要走。“我们的责任，就是要团结带领全党全国各族人民，接过历史的接力棒，继续为实现中华民族伟大复兴而努力奋斗，使中华民族更加坚强有力地自立于世界民族之林，为人类作出新的更大的贡献。”③

党的宗旨就是全心全意为人民服务，党的任务就是要实现好维护好发展好人民利益。人民对美好生活的向往，就是我们的奋斗目标。“我们的责任，就是要团结带领全党全国各族人民，继续解放思想，坚持改革开放，不断解放和发展社会生产力，努力解决群众的生产生活困难，坚定不移走共同富裕的道路。”④

在实现中华民族伟大复兴最伟大梦想的历史进程中，以习近平

---

① 胡锦涛：《坚定不移沿着中国特色社会主义道路前进　为全面建成小康社会而奋斗——在中国共产党第十八次全国代表大会上的报告》，人民出版社 2012 年版，第 49~50 页。

② 习近平：《习近平谈治国理政》，外文出版社 2014 年版，第 4~5 页。

③ 习近平：《习近平谈治国理政》，外文出版社 2014 年版，第 4 页。

④ 习近平：《习近平谈治国理政》，外文出版社 2014 年版，第 4 页。

为总书记的党中央提出了“四个全面”的战略布局。在“四个全面”战略布局中，全面建成小康社会是战略目标，全面深化改革、全面依法治国、全面从严治党是三大战略举措。“四个全面”战略布局的提出，让实现中华民族伟大复兴这一最伟大梦想的路径更加清晰，步伐更加稳健。

全面从严治党是“四个全面”战略布局的重要组成部分。在“四个全面”战略布局中，全面从严治党体现了伟大事业与伟大工程的统一，体现了党的建设与治国理政的统一。协调推进“四个全面”，最根本的是坚持党的领导不动摇。党的领导是“四个全面”之魂、战略中军帐之帅。全面从严治党，锻造坚强领导核心，就能为协调推进“四个全面”提供方向指引，防止在大的问题上出现颠覆性错误；就能不断加强和改善党的领导，使党始终成为全国人民的主心骨，为协调推进“四个全面”提供政治保证，为实现“两个一百年”奋斗目标凝聚共识、凝聚力量。

中国共产党自成立以来，不断加强和改进自身建设，使党保持先进性和纯洁性，经受住各种风险和挑战考验并不断发展壮大，进而领导中国人民取得革命建设改革的伟大胜利。实践证明，没有中国共产党就没有新中国，就没有中国特色社会主义。坚持党的领导，是凝聚中国力量、实现中国梦的必然选择。只要我们党始终坚持立党为公、执政为民，始终把人民放在心中最高的位置，不断为人民造福，中国梦就一定能够梦想成真。

总之，我们要在把握坚持和发展中国特色社会主义的精神实质，在坚定自信、增强自觉、奋力自强中实现中国梦；要在把握中国梦是人民的梦的本质属性，在依靠人民、造福人民中实现中国梦；要在把握好顽强奋斗、艰苦奋斗、不懈奋斗的根本要求，在求真务实、真抓实干中实现中国梦；要在中国共产党的领导下沿着中国特色社会主义道路实现中国梦，共同创造中国人民和中华民族更加幸福美好的未来！

第一章
中国梦与中国工人阶级

中国工人阶级，无论是在社会主义革命、建设还是改革开放的不同历史时期，始终是国家的领导阶级，中国先进生产力和生产关系的代表，中国共产党最坚实最可靠的阶级基础，坚持和发展中国特色社会主义的主力军。在实现中国梦的征程上，必须充分发挥工人阶级的主力军作用，紧紧依靠工人阶级发展中国特色社会主义，坚持崇尚劳动、造福劳动者，大力弘扬劳模精神，充分发挥劳模作用。

一、工人阶级是实现中国梦的主力军

（一）工人阶级是中国革命、建设和改革事业的领导阶级

自 1840 年鸦片战争之后，无数仁人志士前仆后继寻找救亡图存的革命道路。无论是以农民阶级为主的太平天国运动、义和团运动，还是以资产阶级为主的戊戌变法、辛亥革命，都不能领导中国革命取得胜利。产生于 19 世纪中叶的中国工人阶级，在艰难的环境中逐步发展壮大起来，以五四运动为标志，作为独立的政治力量

登上了历史舞台，由自在的阶级变成自为的阶级。因此，领导中国革命的历史重任落到了工人阶级及其政党的肩上。工人阶级坚持以马克思主义为指导思想，在其先锋队中国共产党领导下，在反帝反封建的革命斗争中逐步掌握了新民主主义革命的领导权，最终取得了新民主主义革命的胜利。毛泽东指出："离开了工人阶级的领导，要完成反帝反封建的民主革命是不可能的。"①"整个革命历史证明，没有工人阶级的领导，革命就要失败，有了工人阶级的领导，革命就胜利了。"②

新中国成立后，中国建立了以工人阶级为领导、工农联盟为基础的人民民主专政的国家政权。"人民民主专政需要工人阶级的领导"③，作为最有远见、大公无私、最富于革命彻底性的中国工人阶级，同社会其他阶级一道，以巨大的热情和全部的精力投入到国家的建设中间去，贯彻落实党在过渡时期的总路线和全面建设社会主义的方针政策，进行了社会主义工业化建设和对农业、手工业、资本主义工商业的社会主义改造，建立了独立的、较为完备的工业体系和国民经济体系，顺利实现了新民主主义向社会主义的过渡，推动了社会主义建设事业的初步发展。

党的十一届三中全会以来，随着经济体制、政治体制、文化体制、社会体制改革的深化和社会转型的加快，工人阶级队伍发生了深刻变化，作为工人阶级一部分的知识分子比重大大增长，科技文化素质明显提高；数以亿万的农民工已成为工人阶级的重要组成部分，正在成为工业化、城镇化、现代化的重要推动力量；多种所有制形式快速发展，在各类非公有制经济组织中就业的职工已占全部职工的一半左右。今天的中国工人阶级已经成为一个包括产业工人、其他工人、知识分子、管理干部等在内的彼此不可分割的强大的统一体。中国工人阶级作为劳动大军的主体和现代化建设的主力军的地位更加突出，工人阶级依然是人民民主专政国家的领导阶

---

① 《毛泽东选集》第2卷，人民出版社1991年版，第559页。
② 《毛泽东选集》第4卷，人民出版社1991年版，第1479页。
③ 《毛泽东选集》第4卷，人民出版社1991年版，第1479页。

级。对此，习近平指出："改革开放以来，我国工人阶级队伍不断壮大，素质全面提高，结构更加优化，面貌焕然一新，先进性不断增强。展望未来，坚持和发展中国特色社会主义，必须全心全意依靠工人阶级、巩固工人阶级的领导阶级地位，充分发挥工人阶级的主力军作用。"①

(二)工人阶级是中国先进生产力和生产关系的代表

生产力是人类社会发展的最终决定力量，在不断发展中，随着新的发现、新的发明和新的创新积累到一定程度和阶段，逐步形成整体上新的生产力，即先进生产力。先进生产力是高素质的劳动者、最新的劳动资料、精确的劳动对象三者的最佳结合，是智能化的生产力、社会化的生产力、市场化的生产力，现代科技和知识含量越来越高的生产力。生产力决定生产关系，新的、先进的生产力决定着新的生产关系的形成，产生新的阶级状况和构成。新的、先进的生产力需要有占主导地位的阶级来驾驭和发展，这一阶级就成为新的、先进生产力的代表。生产力和生产关系是社会生产不可分割的两个方面，生产力决定生产关系，在一定的生产关系下发展；而生产关系反作用于生产力，又总是以一定生产力为基础的；新的、先进的生产力要求新的生产关系与其相适应，因此，代表先进生产力的阶级必然同时代表先进生产关系。马克思、恩格斯在《共产党宣言》中指出："资产阶级在它的不到一百年的阶级统治中所创造的生产力，比过去一切世代创造的全部生产力还要多，还要大。自然力的征服，机器的采用，化学在工业和农业中的应用，轮船的行驶，铁路的通行，电报的使用，整个整个大陆的开垦，河川的通航，仿佛用法术从地下呼唤出来的大量人口——过去哪一个世纪料想到在社会劳动里蕴藏有这样的生产力呢?"②随着社会主义运

---

① 习近平:《在同全国劳动模范代表座谈时的讲话》,《人民日报》2013年4月29日。

② 《马克思恩格斯选集》第1卷，人民出版社2012年版，第405页。

动的兴起和资本主义走向衰落，工人阶级必将取代资产阶级成为先进生产力和生产关系的代表。“无产阶级将利用自己的政治统治，一步一步地夺取资产阶级的全部资本，把一切生产工具集中在国家即组织成为统治阶级的无产阶级手里，并且尽可能快地增加生产力的总量。”①

“工人阶级最重要的特点之一就是同社会化的大生产相联系，因此它的觉悟最高，纪律性最强，能在现时代的经济进步和社会政治进步中起领导作用。”②在现实社会化大生产中，工人阶级是作为第一生产力——科学技术的创造者和运用者，尤其是作为工人阶级一部分的知识分子直接创造了科学技术。工人阶级成为生产力诸要素中最积极、最活跃的因素，直接从事着社会化大生产。在物质资料生产过程中形成的社会关系里，工人阶级作为领导阶级，代表中国先进生产力和先进生产关系，具备其他阶级、阶层所不具备的先进性，以自身的地位和素质调解不适应生产力发展的某些因素，化解生产力与生产关系之间的矛盾，以保证生产关系发生正作用，推动着生产力的发展。尤其是“在改革开放的历史进程中，中国工人阶级在党的坚强领导下，胸怀全局、锐意进取，自觉做解放思想、改革创新的时代先锋，积极主动地推动科学发展、促进社会和谐，表现出高度的政治觉悟、不懈的奋斗精神，为中国特色社会主义事业建立了卓越功勋”③。

据2013年初国家统计局资料显示，工人阶级在国家发展建设中作出了巨大贡献。具体表现为：在整个国民经济的份额中，从1952年占全部国民收入的26.8%上升到1978年占国民生产总值的57.3%，直至1999年的72.1%，提供了90%以上的财政收入。2012年国内生产总值为519322亿元，其中第一产业增加值为52377亿元，占国内生产总值的比重为10.1%；第二产业增加值

① 《马克思恩格斯选集》第1卷，人民出版社2012年版，第421页。

② 《邓小平文选》第2卷，人民出版社1994年版，第136页。

③ 刘云山：《在为实现中国梦不懈奋斗中铸就工人阶级新辉煌——在中国工会第十六次全国代表大会上的祝词》，《人民日报》2013年10月19日。

235319亿元，增加值比重为45.3%；第三产业增加值231626亿元，增加值比重为44.6%。① 2012年全国就业人员76704万人，其中城镇人员37102万人。全国就业人员，第一产业占33.6%，第二产业占30.3%，第三产业占36.1%。② 此数据表明，第二、第三产业就业人员已占到就业总数的66.4%，而其所创造产值则占GDP总量的89.9%，也就是说，占就业人口三分之二的工人阶级，所创造产值占GDP的90%。随着农村精壮劳动力不断向城镇流动，同时随着工人阶级队伍不断扩大与素质不断提升，工人阶级所创造产值占GDP的比重还会进一步提高，他们在推动经济社会发展上的作用还会进一步凸显。

（三）工人阶级是中国共产党最坚实最可靠的阶级基础

中国共产党是中国工人阶级的先锋队，同时也是中国人民和中华民族的先锋队。中国共产党从成立之日起，就是中国工人阶级的政党，以工人阶级为阶级基础，是马克思主义与中国工人运动相结合的产物，是由工人阶级中具有共产主义觉悟的先进分子组成的。中国共产党代表着工人阶级和全国各族人民的根本利益，是中国人民和中华民族的主心骨，以工人阶级先锋队的政治胆识和胸襟，把全民族、全社会的力量高度凝聚起来，以实现中华民族振兴为己任。实现中华民族伟大复兴的中国梦，归根结底是人民的梦。

在近代中国，作为中国革命最基本动力的工人阶级联合农民阶级、城市小资产阶级和民族资产阶级结成广泛的革命联盟，最终取得新民主主义革命和社会主义革命的胜利，实现了民族的独立和人民的解放。在当代中国，工人阶级、农民阶级、知识分子、民营科

---

① 《2012年国内生产总值519322亿元　同比增长7.8%》，参见2013年1月18日人民网：http://finance.people.com.cn/n/2013/0118/c1004-20247617.html。

② 《2012年国内生产总值519322亿元　同比增长7.8%》，参见2013年1月18日人民网：http://finance.people.com.cn/n/2013/0118/c1004-20247617.html。

技企业的创业人员和技术人员、受聘于外资企业的管理技术人员、个体户、私营企业主、中介组织从业人员、自由职业者在内的新的社会阶层，一切拥护社会主义和拥护祖国统一的爱国者、中国人民解放军等都属于人民的范畴，都是建设中国特色社会主义事业的依靠力量，都是实现中国梦的正能量。其中，工人阶级作为中国共产党最坚实最可靠的阶级基础，是实现中国梦的主力军，这是由工人阶级的领导地位、先进性及所处的历史地位决定的。

九十多年来，中国共产党领导下的中国工人阶级，在革命、建设和改革的长期奋斗实践中，经受无数风险考验、战胜无数艰难险阻，铸就了"信念坚定、立场鲜明，艰苦奋斗、勇于奉献，胸怀大局、纪律严明，开拓创新、自强不息"的伟大品格。尤其是在改革开放和社会主义现代化建设中，"包括广大知识分子在内的，由各种所有制企业、各种机关事业单位的全体体力劳动者和脑力劳动者构成的统一整体"①的工人阶级，与时代发展同步伐，积极进取、开拓创新，日益壮大阶级队伍，不断提高整体素质，领导阶级地位更加巩固，仍然是同社会化大生产相联系的最先进的阶级，仍然保持着原有的阶级特征和优秀品质，为中国特色社会主义事业作出了不可磨灭的贡献。新世纪新阶段，中国工人阶级正以主力军的姿态承担着全面建成小康社会、坚持和发展中国特色社会主义的重大历史使命。因此，"实现中华民族伟大复兴的中国梦，根本上要靠包括工人阶级在内的全体人民的劳动、创造、奉献。要把广大职工群众充分调动起来，满怀信心投身于为实现中国梦而奋斗的火热实践，形成万众一心、众志成城的磅礴力量"②。"实现中华民族伟大复兴的中国梦，更加需要我们充分发挥工人阶级主力军作用，焕发工人阶级历史主动精神，调动劳动和创造的积极性，用劳动和实

---

① 《十六大以来重要文献选编》上，中央文献出版社 2005 年版，第 449 页。

② 《习近平同中华全国总工会新一届领导班子集体谈话》，参见新华网：http://news.xinhuanet.com/politics/2013-10/23/c_117844453.htm。

干筑牢中国梦的大厦。”①

二、紧紧依靠工人阶级发展中国特色社会主义

习近平指出：“坚持和发展中国特色社会主义，必须全心全意依靠工人阶级、巩固工人阶级的领导阶级地位，充分发挥工人阶级的主力军作用。”②这就要求工人阶级在中国特色社会主义建设中，坚持走中国道路，弘扬中国精神，凝聚中国力量。

（一）坚定理想信念，做坚持中国道路的基石

理想是人们对美好生活的向往和追求，是一个国家和民族奋勇前进的精神动力。一个民族、一个国家，缺乏共同的理想和信念，就丧失了精神支柱，失去了凝聚力，迷失了前进的方向。理想信念，是一个政党治国理政的旗帜，是一个民族奋力前行的向导。发展中国特色社会主义，实现中华民族伟大复兴的梦想，必须凝聚工人阶级的思想共识，使其牢固树立中国特色社会主义理想信念，发挥主力军的作用，做坚持中国道路的基石。

一是坚定对中国特色社会主义共同理想的忠诚信仰。中国特色社会主义共同理想，就是在中国共产党领导下，走中国特色社会主义道路，实现中华民族的伟大复兴。这是一个凝聚各方面智慧和力量、代表广大人民根本利益、为社会各个阶层广泛认可和接受的共同理想，是全国人民实现中华民族伟大复兴的思想基础，也是工人阶级团结奋斗的强大精神动力。在经济体制、社会结构、利益关系发生深刻变化，社会思潮日益多元化多样化多变化的情况下，内部结构日趋多样、内涵和外延不断扩大的中国工人阶级，必须更加坚

---

① 倪豪梅：《全心全意依靠工人阶级是实现中国梦的必然要求》，《工人日报》2013 年 12 月 3 日。

② 习近平：《在同全国劳动模范代表座谈时的讲话》，《人民日报》2013 年 4 月 29 日。

定中国特色社会主义的共同理想，不断增强对中国特色社会主义伟大事业的思想认同、理论认同、情感认同，努力做中国特色社会主义的领跑者、开拓者、捍卫者。

二是坚决拥护中国共产党的领导，坚定永远跟党走的信念。作为中国特色社会主义事业领导核心的中国共产党，始终全心全意依靠工人阶级，把工人阶级作为最坚实最可靠的阶级基础，密切联系包括工人阶级在内的广大人民群众。在中国革命、建设和改革的不同历史时期，中国工人阶级始终站在时代的最前列，以彻底的革命精神和伟大的创造力，推动着历史发展和社会进步，始终同中国共产党同呼吸共命运。在全面建成小康社会、全面深化改革，全面依法治国、全面从严治党、实现中华民族伟大复兴的关键历史时期，当代中国工人阶级更要坚定永远跟党走的信念，坚决拥护社会主义制度和拥护改革开放的基本国策，在以习近平为总书记的党中央领导下，继续发挥先锋模范作用，做进一步增强党的阶级基础、扩大党的群众基础、巩固党的执政地位的重要力量。

三是做坚持中国道路的柱石，坚定不移地走中国道路。中国特色社会主义道路，就是在中国共产党领导下，立足基本国情，以经济建设为中心，坚持四项基本原则，坚持改革开放，解放和发展社会生产力，建设社会主义市场经济、社会主义民主政治、社会主义先进文化、社会主义和谐社会、社会主义生态文明，促进人的全面发展，逐步实现全体人民共同富裕，建设富强民主文明和谐的社会主义现代化国家。这是一条适合中国国情、符合中国特点、顺应时代发展要求的道路，是创造人民美好生活、实现中华民族伟大复兴中国梦的必由之路。这条道路来之不易，我们必须倍加珍惜、始终坚持、不断发展。这条道路的坚持和发展，凝聚着工人阶级的智慧与力量，彰显着工人阶级的责任与担当。只有积极践行这条道路，中国工人阶级的前途才更加光明，舞台才更加广阔。因此，工人阶级一定要高举中国特色社会主义伟大旗帜，深刻认识中国特色社会主义道路的内涵和实质，认真学习中国特色社会主义理论，充分认识中国特色社会主义事业取得的伟大成就，自觉用中国特色社会主义理论体系武装头脑，不断增强道路自信、理论自信、制度自信，既不走封闭僵化的老路，也不走改旗易帜的邪路，而是坚定不移地沿着中国特色社会主义道路奋勇前进。

(二)践行社会主义核心价值观，做弘扬中国精神的楷模

社会主义核心价值观，就是富强、民主、文明、和谐，自由、平等、公正、法治，爱国、敬业、诚信、友善。工人阶级作为国家的领导阶级和先进生产力、先进生产关系的代表，在经济社会发展的新形势下，必须融国家层面的价值目标、社会层面的价值取向、公民个人层面的价值准则三位为一体，自觉培育和践行社会主义核心价值观，发扬工人阶级的伟大品格，用先进思想、模范行动影响和带动全社会，不断为中国精神注入新能量，始终做弘扬中国精神的楷模。

一是承载中国精神。中国精神，就是以爱国主义为核心的民族精神和以改革创新为核心的时代精神。工人阶级是先进生产力和先进生产关系的代表，在不断与时俱进、开拓创新中承载中国精神，以辛勤劳动、诚实劳动、创新劳动铸就中国梦，托起中国精神的脊梁。因此，工人阶级必须要大力弘扬以爱国主义为核心的民族精神和以改革创新为核心的时代精神，构筑中华民族自立自强的精神品格，成为推动中华民族伟大复兴的精神动力。大力弘扬爱岗敬业、争创一流，艰苦奋斗、勇于创新，淡泊名利、甘于奉献的劳模精神，大力弘扬中国工人阶级的优秀品质，大力宣传劳动模范和其他典型的先进事迹，以时代先锋勇担历史使命，聚集团结奋进的正能量。

二是践行伟大品格。自民主革命时期以来，中国工人阶级秉承优良传统，与时俱进，开拓创新，形成了“信念坚定、立场鲜明，艰苦奋斗、勇于奉献，胸怀大局、纪律严明，开拓创新、自强不息”的伟大品格。① 这是中国工人阶级的突出优点和本质属性，是

---

① 胡锦涛:《在2010年全国劳动模范和先进工作者表彰大会上的讲话》,《人民日报》2010年4月28日。

我们时代的宝贵财富，也是社会主义核心价值观的内在表现。面对复杂多变的国际形势和艰巨繁杂的国内改革发展稳定任务的双重挑战，在新的历史起点上，当代中国工人阶级要始终坚守信念坚定、立场鲜明的政治本色，始终秉持艰苦奋斗、勇于奉献的价值取向，始终发扬胸怀大局、纪律严明的光荣传统，始终激发开拓创新、自强不息的进取精神，在推进中国特色社会主义事业中为实现中华民族伟大复兴绽放光芒。

三是引领社会新风。工人阶级是社会新风的培育者和引领者，必须坚持用马克思主义中国化最新理论成果武装自己，用社会主义核心价值观等先进思想引领社会思潮和社会风尚，不断提升全民族思想道德素质和科学文化素质，在全社会牢固树立劳动最光荣、劳动最崇高、劳动最伟大、劳动最美丽的观念，以高尚的职业精神、优秀的职业品质、良好的职业风尚和精湛的职业技能造福社会、彰显人生价值，以本阶级的先锋模范行动影响和带动全社会向前发展。

（三）不断创造，做凝聚中国力量的中坚

马克思主义认为，人民是创造历史的主体。在不同历史时期，人民的范畴在不断变化发展。作为人民主体的工人阶级不断创造、日益发展，为中国的发展进步作出了杰出的贡献，逐步成为中国力量的中坚。早在新民主主义革命时期，毛泽东就指出：“工业无产阶级人数虽不多，却是中国新的生产力的代表者，是近代中国最进步的阶级，做了革命运动的领导力量。”①“没有近代工业工人阶级，革命就不能胜利。”②在毛泽东看来，工人阶级特别能战斗，他们最有远见，大公无私，最富有革命的彻底性。无论是在革命、建设还是改革开放新时期，中国工人阶级始终走在时代的前列，是实现中国梦的主体力量。当前，中国工人阶级要做好凝聚中国力量的

---

① 《毛泽东选集》第1卷，人民出版社1991年版，第8页。

② 《毛泽东选集》第2卷，人民出版社1991年版，第692页。

中坚。

一是在推动科学发展中彰显工人力量。当代中国工人阶级始终是推动我国先进生产力、生产关系和社会全面进步的根本力量，是实现和发展最广大人民根本利益、实现中国梦的中坚力量。在推动经济社会科学发展的过程中，工人阶级要继承和发扬光荣传统，引领群众科学解读中国梦，用优异的劳动成绩共创中国梦。要立足当前，爱岗敬业，争创一流，自觉把人生理想、家庭幸福融入国家富强、民族复兴的伟业之中，把个人梦与中国梦紧密联系起来，在推动祖国发展和时代前进中展现风采。

二是在劳动创造中释放工人力量。工人阶级具有彻底的革命精神和蓬勃的创造力量，勇敢地肩负着实现中国梦的历史使命，坚定地走在全民族伟大奋斗的前列。要坚持以振兴中华为己任，充分发挥伟大创造力量，用辛勤的劳动和汗水，书写劳动者的精彩篇章。要激发对劳动的积极性、主动性和创造性，脚踏实地，埋头苦干，在发展实践中用劳动筑梦，以实干圆梦，在社会主义经济建设、政治建设、文化建设、社会建设、生态文明建设中贡献智慧和力量。要充分发挥工人阶级的首创精神和创造活力，通过创新劳动激发创造活力，努力形成创新智慧竞相迸发、创新能量充分释放、创新成果大量涌现、创新人才层出不穷的生动局面，带领全体人民进一步焕发劳动热情、释放创造潜能，通过劳动创造更加美好的生活。

三是在维护社会稳定中凸显工人力量。当今的中国正处于一个黄金发展期，同时也是一个矛盾凸显期。工人阶级作为维护社会安定团结的坚定力量，对促进社会和谐、维护安定团结的政治局面具有义不容辞的责任。在协调推进“四个全面”的战略布局的过程中，工人阶级要继续坚持其严格的组织性、纪律性和革命的坚定性、彻底性等品格，加强自身队伍建设和团结，加强与其他劳动群众的团结，加强同各民族的团结；要充分发扬工人阶级识大体、顾大局的光荣传统，正确认识和处理改革发展中呈现出的新情况新问题，正确对待各种利益关系和利益格局调整，自觉拥护党和政府在改革发展中制定的路线方针政策；要自觉遵守国家的法律法规，积极主动参与社会事务的建设和管理，建立积极和谐的劳动关系，为维护社会稳定打下坚实的基础。

三、坚持崇尚劳动，造福劳动者

劳动是推动人类社会进步的根本力量。工人阶级只有在不断劳动中开拓发展的新境界，才能达到实现中华民族伟大复兴梦想的新高度。

（一）崇尚劳动

建设中国特色社会主义和实现中国梦，就必须在全社会大力树立崇尚劳动、尊重劳动的舆论氛围和价值理念。习近平在同全国劳动模范代表座谈时指出："全社会都要贯彻尊重劳动、尊重知识、尊重人才、尊重创造的重大方针，维护和发展劳动者的利益，保障劳动者的权利。"①尊重劳动是核心。知识只有通过劳动者、劳动资料，才能形成实际的财富；人才只有通过劳动，为社会创造出巨大的物质和精神财富，才能体现出自身的价值；创造本身就是一种劳动，创造过程即是劳动者最大限度地发挥聪明才干的过程。在全社会认真贯彻执行"四个尊重"的方针，其目的就是要通过全社会最广泛最充分地调动一切积极因素，使党获得取之不尽的力量源泉，为中华民族的伟大复兴不断增添新动力和正能量；在全社会形成与社会主义初级阶段基本经济制度相适应的思想观念和创业机制，营造鼓励和支持人们干成事业的社会氛围，让一切创造社会财富的源泉充分涌流，以造福于人民。在全社会认真贯彻执行"四个尊重"方针，这就要求我们要充分发挥人民群众的首创精神，使全社会创造能量充分释放、创新成果不断涌现、创业活动蓬勃开展；要不断深化改革，努力创造一个平等竞争的社会环境；要严格执法，依法保护劳动者的权益，建立激励和保护创造的社会机制，对成功创造

---

① 习近平：《在同全国劳动模范代表座谈时的讲话》，《人民日报》2013年4月29日。

者给予奖励，对创造成果给予保护，正如党的十六大报告中所指出的："要尊重和保护一切有益于人民和社会的劳动。不论是体力劳动还是脑力劳动，不论是简单劳动还是复杂劳动，一切为我国社会主义现代化建设作出贡献的劳动，都是光荣的，都应该得到承认和尊重。海内外各类投资者在我国建设中的创业活动都应该受到鼓励，一切合法的劳动收入和合法的非劳动收入，都应该得到保护。"①

1. 劳动是财富的源泉，也是幸福的源泉

马克思在《资本论》中写道："劳动首先是人和自然之间的过程，是人以自身的活动来引起、调整和控制人和自然之间的物质变换的过程。"②"劳动是有目的的活动"③，"劳动是积极的、创造性的活动"④。劳动作为人类基本的实践活动，进化人类，改造自然，积累创造物质财富和精神财富。建立在科学正确劳动观基础上的劳动，幸福随之而生、伴之而行，最终实现人类经济社会发展的终极价值目标。因此，习近平在2013年同全国劳动模范代表座谈时指出："劳动是财富的源泉，也是幸福的源泉。"⑤

2. 劳动创造了中华民族

"劳动创造了中华民族，造就了中华民族的辉煌历史，也必将创造出中华民族的光明未来。"⑥"人民创造历史，劳动开创未来。

---

① 《十六大以来重要文献选编》上，中央文献出版社2005年版，第12页。

② 《马克思恩格斯全集》第23卷，人民出版社1972年版，第201~202页。

③ 《马克思恩格斯全集》第47卷，人民出版社1979年版，第74页。

④ 《马克思恩格斯全集》第46卷下册，人民出版社1980年版，第116页。

⑤ 习近平：《在同全国劳动模范代表座谈时的讲话》，《人民日报》2013年4月29日。

⑥ 习近平：《在同全国劳动模范代表座谈时的讲话》，《人民日报》2013年4月29日。

劳动是推动人类社会进步的根本力量。幸福不会从天而降，梦想不会自动成真。”①中国，从过去的贫穷到今日的富强，从建设三峡工程、青藏铁路等世纪工程，到北京奥运会、上海世博会的成功举办，从20世纪末实现总体达到小康水平，到今日一跃成为世界第二大经济体……中华民族在埋头苦干艰苦奋斗中铸就了辉煌的成就，在挥汗如雨中实现了豪迈的跨越，在不懈奋斗中实现了一系列伟大的梦想，在求得民族独立和人民解放的基础上向实现国家繁荣富强和人民共同富裕奋进。正是劳动，成就了这样一个充满生机活力与魅力的现代中国；也正是劳动，让我们今天比过去任何时候都接近中华民族伟大复兴的梦想。可以说，劳动也是实现中国梦的根本力量。只有依靠永不止息的劳动、脚踏实地的劳动、精益求精的劳动、科学求实的劳动，中国梦才能走进生活、成为现实。无论当今时代科学技术如何日新月异，知识经济发展如何凸显，生产要素如何创造组合，都只是劳动形式、劳动对象、劳动内涵的现代演变，都不能改变马克思主义关于人类依靠生产劳动、劳动标志人的本质、劳动创造价值的基本观点。任何淡化、轻视、贬低劳动的观念，都是无益于社会发展的。

3. 劳动是一切成功的必经之路

“劳动是一切成功的必经之路。”②古往今来，人类社会发展所取得的辉煌成就，都是由无数劳动者用辛勤劳动换来的。劳动创造了人类及人类所需要的物质财富和精神财富，人类通过劳动实现其自我价值和梦想，并最终走向成功，推动了人类文明的发展。劳动是推动人类社会进步的根本力量。新世纪新阶段为实现“两个一百年”奋斗目标，实现中国民族伟大复兴的梦想，开创中国的美好未来，“必须紧紧依靠人民、始终为了人民，必须依靠辛勤劳动、诚

---

① 习近平:《在同全国劳动模范代表座谈时的讲话》,《人民日报》2013年4月29日。

② 《习近平在乌鲁木齐接见劳动模范和先进工作者、先进人物代表 向全国广大劳动者致以“五一”节问候》,《人民日报》2014年5月1日。

实劳动、创造性劳动”①。

辛勤劳动。“一勤天下无难事。”“全社会都要热爱劳动，以辛勤劳动为荣，以好逸恶劳为耻。”②实现中华民族伟大复兴的中国梦，离不开全体中国人民的辛勤劳动。辛勤劳动创造了中华民族的辉煌历史，铸就了新中国成立60多年来的伟大成就。中华民族代代相传热爱劳动、辛勤劳动的优秀品质。新中国成立以来，在中国共产党领导下，我国工人阶级和广大劳动群众焕发主人翁精神，用自己的辛勤劳动创造了一个又一个奇迹。比如，“两弹一星”的成功发射就是这一时期中国人民用辛勤劳动创造伟大事业的真实写照。在“两弹一星”伟大事业的背后，有着多少令人难以想象的艰辛和考验，折射出中国人民为了实现中华民族伟大复兴光荣梦想的豪情和信心、奋斗和艰辛。党的十八大描绘的全面建成小康社会、加快推进社会主义现代化、夺取中国特色社会主义新胜利的宏伟蓝图，是我们实现中华民族伟大复兴光荣梦想的行动纲领。但也应该看到，要早日实现中国梦并非易事，必定要依靠全国各行各业的人们付出辛勤的汗水和不懈的努力。2012年11月，习近平在新一届中央政治局常委与媒体记者见面会上说：“人世间的一切幸福都是要靠辛勤的劳动来创造的。”这话启示我们，无论是实现国家富强、民族复兴，还是个人真正享受到亲手创造的幸福人生，都只有辛勤劳动才能达到。正如习近平在十二届全国人大一次会议闭幕会上的讲话所指出的：“‘功崇惟志，业广惟勤。’我国仍处于并将长期处于社会主义初级阶段，实现中国梦，创造全体人民更加美好的生活，任重而道远，需要我们每一个人继续付出辛勤劳动和艰苦努力。”③

诚实劳动。它要求劳动者在工作中要爱岗敬业，诚实守信；

---

① 习近平：《在同全国劳动模范代表座谈时的讲话》，《人民日报》2013年4月29日。

② 习近平：《在同全国劳动模范代表座谈时的讲话》，《人民日报》2013年4月29日。

③ 习近平：《在第十二届全国人民代表大会第一次会议上的讲话》，《人民日报》2013年3月18日。

要有高度的责任心和奉献精神；要在法律允许的范围内精益求精，而非弄虚作假。习近平指出："人世间的美好梦想，只有通过诚实劳动才能实现；发展中的各种难题，只有通过诚实劳动才能破解；生命里的一切辉煌，只有通过诚实劳动才能铸就。"① "我们说'空谈误国，实干兴邦'，实干首先就要脚踏实地劳动。"② 不管社会如何发展、时代怎样变迁，诚实劳动是实现中国梦的重要前提。

创造性劳动。创新是一个民族进步的灵魂，是一个国家兴旺发达的不竭动力，也是一个政党永葆生机的源泉。回首中国的现代化历程，我们看到，中国能取得举世瞩目的伟大成就，关键之一就在于不断地创新。当今世界，科学技术日新月异，尤其是以信息技术为先导的高新技术不断创新、飞速发展。作为创造性劳动之一部分的科学劳动，是直接用于科学技术发明创造和把科学技术运用于生产过程的创造性劳动，是潜在生产力向现实生产力转化的过程。随着社会的进步、生产力的发展，社会分工日益精细，人类在实际生产生活劳动中对科技的创造和运用日趋突出，劳动者科学劳动素质和能力要求也在不断提高。因此，在中华民族伟大复兴梦想奋进的新的历史征途中，我们不仅提倡辛勤劳动，而且也要鼓励创新、尊重创造。我们必须坚持创新、勇于创新，用创造性劳动托起中国梦，用科学劳动的标准将圆梦的目标转化为实实在在的行动，汇聚起实干兴邦的正能量。正如习近平所说："必须牢固树立劳动最光荣、劳动最崇高、劳动最伟大、劳动最美丽的观念，让全体人民进一步焕发劳动热情、释放创造潜能，通过劳动创造更加美好的生活。"③

---

① 习近平：《在同全国劳动模范代表座谈时的讲话》，《人民日报》2013年4月29日。

② 习近平：《在同全国劳动模范代表座谈时的讲话》，《人民日报》2013年4月29日。

③ 习近平：《在同全国劳动模范代表座谈时的讲话》，《人民日报》2013年4月29日。

(二)造福劳动者

建设中国特色社会主义，实现中国梦，既要全心全意依靠工人阶级，又要让工人阶级共享改革发展成果，保障工人阶级的合法权益。

1. 保障劳动者的权益

劳动没有高低贵贱之分，在社会关系中，每一位劳动者都应该得到承认、受到尊重。当前，我国正处于经济社会转型时期，劳动关系的主体及其利益诉求越来越多元化，劳动关系矛盾已进入凸显期和多发期，劳动争议案件居高不下，有的地方拖欠农民工工资等损害职工利益的现象仍较突出，集体停工和群体性事件时有发生。为此，我们必须在全社会尊重劳动，构建和谐劳动关系，维护和发展劳动者的利益，保障劳动者的权利，尤其是依法保障职工基本权益。

一是切实保障职工取得劳动报酬的权利。完善并落实工资支付规定，健全工资支付监控、工资保证金和欠薪应急周转金制度，探索建立欠薪保障金制度，落实清偿欠薪的施工总承包企业负责制，依法惩处拒不支付劳动报酬等违法犯罪行为，保障职工特别是农民工按时足额领到工资报酬。努力实现农民工与城镇就业人员同工同酬。

二是切实保障职工休息休假的权利。完善并落实国家关于职工工作时间、法定节假日、带薪年休假等规定，规范企业实行特殊工时制度的审批管理，督促企业依法安排职工休息休假。企业因生产经营需要安排职工延长工作时间的，应与工会和职工协商，并依法足额支付加班加点工资。加强劳动定额定员标准化工作，推动劳动定额定员国家标准、行业标准的制定修订，指导企业制定实施科学合理的劳动定额定员标准，保障职工的休息权利。

三是切实保障职工获得劳动安全卫生保护的权利。加强劳动安全卫生执法监督，督促企业健全并落实劳动安全卫生责任制，严格执行国家劳动安全卫生保护标准，加大安全生产投入，强化安全生产和职业卫生教育培训，提供符合国家规定的劳动安全卫生条件和劳动保护用品，对从事有职业危害作业的职工按照国家规定进行上岗前、在岗期间和离岗时的职业健康检查，加强女职工和未成年工特殊劳动保护，最大限度地减少生产安全事故和职业病危害。

四是切实保障职工享受社会保险和接受职业技能培训的权利。认真贯彻实施社会保险法，继续完善社会保险关系转移接续办法，努力实现社会保险全面覆盖，落实广大职工特别是农民工和劳务派遣工的社会保险权益。督促企业依法为职工缴纳各项社会保险费，鼓励有条件的企业按照法律法规和有关规定为职工建立补充保险。引导职工自觉履行法定义务，积极参加社会保险。加强对职工的职业技能培训，鼓励职工参加学历教育和继续教育，提高职工文化知识水平和技能水平。

此外，还应健全劳动关系协调机制，全面实行劳动合同制度，加强企业民主管理制度和健全劳动关系矛盾调处机制等方面的建设，为进一步切实维护劳动者权益提供重要的制度保障。

2. 坚持社会公平正义

2008 年 1 月，胡锦涛在北京“2008 经济全球化与工会”国际论坛开幕式的致辞中，首次提出中国将同世界各国共同努力，让广大劳动者实现体面劳动，让广大劳动者特别是发展中国家广大劳动者更多分享经济社会发展成果。这是中国共产党和中国政府对世界做出造福劳动者的庄严承诺，也为经济全球化条件下中国工会指明了奋力开拓创新公平正义的方向。

2013 年，习近平在同全国劳动模范代表座谈时进一步强调指出：“要坚持社会公平正义，排除阻碍劳动者参与发展、分享发展成果的障碍，努力让劳动者实现体面劳动、全面发展。”①

公平正义，就是社会各方面的利益关系得到妥善协调，人民内

---

① 习近平：《在同全国劳动模范代表座谈时的讲话》，《人民日报》2013 年 4 月 29 日。

部矛盾和其他社会矛盾得到正确处理，社会公平和正义得到切实维护和实现。在社会主义市场经济中，公平就是力求起点平等公平，为个人创造平等的竞争条件，给人们提供平等竞争机会，初次分配，多劳多得，合理拉开收入差距，以调动劳动者积极性和创造性，尽可能多地增加生产总量。同时通过政府对国民收入再分配，利用税收杠杆和社会保障制度，缩小收入差距，使社会成员的生活水平都有所改善，以实现社会主义初级阶段生产力水平条件下的平等。

当前，中国改革步入深水区，一些法律制度仍不完善，社会出现了教育资源不平衡、公共服务不均等，由此造成机会不均等、社会不公正现象日益增多，引起一些群众的不满。劳动者要求平等，并非要求平均主义，而是对机会不均等的不满。因此，在当代中国，社会公平正义已经成为全社会普遍关注的重大问题。要有效凝聚起中国力量实现中国梦，就必须坚持大力维护和实现社会公平正义。只有把公平正义的阳光普洒给每个人，劳动者得以共享公共财富的效益，共享公共权力的服务，共享公共资源的使用，共享公共职位的开放，社会赏罚奖惩机制公平地运用于每一个人，大家有着公平竞争的机会和舞台，才能够创造出来一切美好的东西，实现一切美好的梦想。

四、弘扬劳模精神、发挥劳模作用

在时代进步发展的步伐中，劳模们通过自己不懈地努力与奋斗，为人民群众树立了榜样。

（一）榜样的力量是无穷的

劳模即劳动模范和先进工作者的简称。劳模是工人阶级的优秀代表，劳模是时代的永远领跑者。① 2013 年，习近平在同全国劳

---

① 艾君：《劳模永远是时代的领跑者》，《工会博览》2005 年第 10 期。

动模范代表座谈时指出："劳动模范是民族的精英、人民的楷模。""在中国共产党团结带领人民进行革命、建设、改革各个历史时期，劳动模范始终是我国工人阶级中一个闪光的群体，享有崇高声誉，备受人民尊敬。"①

习近平在讲话中概要回顾了不同历史时期劳动模范的光辉业绩指出："在革命战争年代，'边区工人一面旗帜'赵占魁、'兵工事业开拓者'吴运铎、'新劳动运动旗手'甄荣典等劳动模范，以'新的劳动态度对待新的劳动'，积极参加义务劳动，全力支援前线斗争，带动群众投身中国共产党领导的人民解放事业。新中国成立后，'高炉卫士'孟泰、'铁人'王进喜、'两弹元勋'邓稼先、'知识分子的杰出代表'蒋筑英、'宁肯一人脏、换来万人净'的时传祥等一大批先进模范，响应党的号召，带动广大群众自力更生、奋发图强。王进喜以'宁肯少活 20 年，拼命也要拿下大油田'的气概，带领石油工人为我国石油工业发展顽强拼搏，'铁人精神'、'大庆精神'成为激励各族人民意气风发投身社会主义建设的强大精神力量。在改革开放历史新时期，'蓝领专家'孔祥瑞、'金牌工人'窦铁成、'新时期铁人'王启明、'新时代雷锋'徐虎、'知识工人'邓建军、'马班邮路'王顺友、'白衣圣人'吴登云、'中国航空发动机之父'吴大观等一大批劳动模范和先进工作者，干一行、爱一行，专一行、精一行，带动群众锐意进取、积极投身改革开放和社会主义现代化建设，为国家和人民建立了杰出功勋。"②近几年，在汶川地震、玉树地震、芦山地震等重大自然灾害面前，灾区广大职工同全国各族人民一道，携手并肩、同心协力，积极开展各种救援行动，为夺取抗震救灾斗争全面胜利作出重大贡献。

习近平指出："长期以来，广大劳模以高度的主人翁责任感、卓越的劳动创造、忘我的拼搏奉献，谱写出一曲曲可歌可泣的动人

---

① 习近平：《在同全国劳动模范代表座谈时的讲话》，《人民日报》2013 年 4 月 29 日。

② 习近平：《在同全国劳动模范代表座谈时的讲话》，《人民日报》2013 年 4 月 29 日。

赞歌，为全国各族人民树立了光辉的学习榜样。”①

“劳模精神”的内涵丰富，主要体现在三方面：一是强烈的主人翁责任感。这就是把国家利益和人民利益放在首位、勇于承担历史使命的责任意识。在改革开放和社会主义现代化进程中，无论是实行公有制为主体、多种所有制经济共同发展的基本经济制度，还是实行按劳分配为主体、多种分配方式并存的分配制度，都需要工人阶级站在时代的高度，以强烈的主人翁责任感承担起自己的历史使命，充分发挥主力军作用。

二是爱岗敬业、争创一流，艰苦奋斗、勇于创新，淡泊名利、甘于奉献的精神。爱岗敬业、争创一流，艰苦奋斗、勇于创新，淡泊名利、甘于奉献，是“劳模精神”的精髓。尽管时代变迁，但以劳动模范为代表的几代工人阶级始终保持和发扬了这一光荣传统，为我国社会主义建设做出了卓越贡献。目前，我国社会主义市场经济深入发展，但“爱岗敬业、争创一流，艰苦奋斗、勇于创新，淡泊名利、甘于奉献”的“劳模精神”不会过时，无论处于何种所有制形式之下，它们都是推动生产力向前发展的强大精神力量。

三是与时俱进、刻苦学习的优秀品格。与时俱进、刻苦学习，是工人阶级先进性的重要体现，也是工人阶级担当主力军的重要保障。从涌现于我国社会主义建设各个历史时期的劳动模范身上，我们可以清晰地看到，“劳模精神”总是代表着一个时代的思想光辉，与时代发展同步，成为强大动力推动着时代向前发展。② 当前，我国进入了全面建成小康社会、实现中华民族伟大复兴的关键发展时期，在新一代的劳动模范身上，我们欣喜地看到了与时代同步的新的精神气质。

无论是过去、现在还是未来，劳模精神都是我们时代的宝贵财富，是激励我们应对各种挑战和困难，团结奋斗、勇往直前的强大

---

① 习近平：《在同全国劳动模范代表座谈时的讲话》，《人民日报》2013年4月29日。

② 参见王宏伟：《论“劳模精神”的内涵和弘扬》，《北京市工会干部学院学报》2007年第2期。

精神力量，是民族精神和时代精神内涵的丰富，是我们极为宝贵的精神财富。弘扬劳模精神是实现中华民族伟大复兴的中国梦的强大精神动力，是坚持中国道路、弘扬中国精神、凝聚中国力量极为宝贵的财富。

(二)以劳模为榜样，投身宏伟事业

习近平在同全国劳动模范代表座谈时指出："实现我们的发展目标，不仅要在物质上强大起来，而且要在精神上强大起来。全国各族人民都要向劳模学习，以劳模为榜样，发挥只争朝夕的奋斗精神，共同投身实现中华民族伟大复兴的宏伟事业。"①这就为广大工人阶级投身伟大事业，实现中国梦指明了学习对象和前进目标。

1. 更新观念，不断丰富发展"劳模精神"的思想内涵

随着我国社会主义现代化建设的不断深入发展，尤其是通过中国工人阶级的伟大实践，"劳模精神"思想内涵不断丰富，在与时俱进中保持着旺盛的生命力，始终走在时代前列、引领着时代潮流。改革开放新时期，社会上曾出现一股矮化"劳模精神"的思潮，简单地把"劳模精神"概括为过去苦干实干的层次，而未能紧随时代发展对新时期"劳模精神"进行正确的总结和认识。实际上，近些年来，新一代劳动模范人物呈现出一些新的特点。他们所涉行业分布越来越广泛、代表的阶层越来越丰富、社会影响力越来越深远，从新一代劳模身上，我们越来越能够感受到与时代脉搏一致的精神风范。比如，2005 年姚明当选全国先进工作者，似乎与人们印象中的传统的劳动模范形象"格格不入"。我们应该看到，随着我国加速开展社会主义现代化建设，劳动的概念已经发生了根本性转变，在为社会创造财富和价值的活动中，人们的劳动形式已经呈现出巨大的差异，不论什么方式的劳动，其佼佼者都应当被作为模

---

① 习近平：《在同全国劳动模范代表座谈时的讲话》，《人民日报》2013 年 4 月 29 日。

范受到全社会的敬重，成为学习的榜样。只有这样，劳动模范才能继续受到全社会的爱慕，“劳模精神”才能继续发挥对全社会特别是对青年一代的感召力量。因此，在继承传统的同时，我们应该转变观念，从引领时代进步的先进模范人物身上更加深入地总结和丰富“劳模精神”的时代内涵，大力弘扬“劳模精神”，更好地保持“劳模精神”的生命力和感染力。

2. 创新工作方法，充分发挥劳动模范的榜样力量

劳模在我国社会主义建设的各个历史时期都具有强大的感染力和号召力，他们是时代精神的集中体现。在新的历史时期，我们在劳动模范的评选上，要不断创新工作方法，更新劳动模范的评选标准，选出与时代发展同步，能闪烁新时代的思想光辉的先进人物。比如，中央电视台每年举行的“感动中国”人物评选活动，全民参与，评选出的人物得到了全社会的认同和赞誉，收到了很好的效果。事实证明，只要我们评选出的先进人物确实体现了时代精神，就一定会得到群众的认可。

劳动模范的评选，意义在于以榜样的力量带领广大职工群众积极投身于中国特色社会主义的伟大实践之中。因此，我们要打破旧的仅限于张贴光荣榜、作报告、开展学习活动的工作方法，根据新的历史条件和环境，找到真正能够让“劳模精神”深入人心、真正能够让劳动模范发挥榜样作用的新的工作方法，尤其是各级领导干部要带头发扬劳模精神，出实策、鼓实劲、办实事，不图虚名，不务虚功，坚决反对干部群众反映强烈的形式主义、官僚主义、享乐主义和奢靡之风“四风”，以身作则带领群众把各项工作落到实处，把劳模精神植根于广大人民群众的心中，激发他们实现中华民族伟大复兴的创造热情。

3. 营造良好氛围，树立劳动模范的美好形象

营造良好的社会氛围，树立劳动模范的美好形象，首先就是要进一步扩大对劳动模范先进事迹和“劳模精神”的宣传，使劳动模范的先进事迹和“劳模精神”深入人心。改变过去对劳模事迹短暂

性的、季节性的舆论造势宣传，而要大张旗鼓地运用报纸、电视、广播等多种形式，贴近群众、贴近生活、贴近实际，以群众喜闻乐见的方式开展对劳动模范先进事迹的宣传工作。同时，还要注意全面准确地宣传劳动模范的事迹和“劳模精神”。不能片面、偏狭地宣传劳动模范先进事迹，从实际出发，实事求是、全面准确地向广大群众塑造一个真实、可爱的劳动模范的形象，保持“劳模精神”对广大群众的感召力量，激发广大群众比学劳动模范的热情。

五、坚持和拓展中国特色社会主义工会发展道路

坚持和发展中国特色社会主义，实现中华民族伟大复兴，必须创造性地开展工会工作，坚持和拓展中国特色社会主义工会发展道路，为充分发挥工人阶级的领导作用提供重要保障。

（一）中国特色社会主义工会发展道路是中国道路的重要组成部分

1. 中国特色社会主义工会发展道路的科学内涵和精神实质

2012年1月8日，中华全国总工会第十五届执行委员会第六次全体会议通过的《中华全国总工会关于学习宣传实践中国特色社会主义工会发展道路的决议》，提出了“中国特色社会主义工会发展道路”的概念，深刻阐述和高度概括了中国特色社会主义工会发展道路的丰富内涵。

一是坚持自觉接受中国共产党的领导。这是中国工会的根本政治原则，也是中国工会区别于西方工会的显著标志。必须坚持以中国特色社会主义理论体系为指导，贯彻落实党的路线方针政策，服从服务于党和国家工作大局。坚持对党负责和对职工群众负责相统一，把坚持党的领导与独立自主创造性开展工作结合起来。坚决维护工人阶级团结和工会组织统一，坚持全国建立统一的中华全国总工会，绝不允许出现“第二工会”，始终做密切党和职工群众联系的桥梁和纽带。

二是坚持中国工会的社会主义性质。我国社会主义制度决定了中国工会的社会主义性质。必须坚持中国特色社会主义道路、理论体系和制度，坚持工会鲜明的阶级性、广泛的群众性和高度的政治性的统一。认清中国工会与西方工会的本质区别，增强政治敏锐性和政治鉴别力，保持清醒头脑和正确方向。在支持改革开放、推动科学发展，参与加强和创新社会管理、保持社会和谐，维护职工合法权益、促进社会公平正义等方面发挥积极作用，坚持和不断发展社会主义性质，始终做社会主义国家政权的重要社会支柱。

三是坚持发展工人阶级先进性。我国工人阶级是先进生产力和生产关系的代表，是推进中国特色社会主义伟大事业的主力军。必须推动党的全心全意依靠工人阶级根本方针的贯彻落实，倡导勤奋劳动、诚实劳动、创新劳动，弘扬工人阶级伟大品格和劳模精神，在全社会形成依靠主力军、建设主力军、发展主力军的浓厚氛围。充分发挥工会“大学校”作用，全面提高职工队伍的思想道德素质、科学文化素质和技术技能素质。保护好、调动好、发挥好职工群众的积极性、主动性、创造性，组织引导广大职工自觉投身全面建设小康社会的伟大实践，始终做团结动员广大职工、充分发挥工人阶级主力军作用的重要人民团体。

四是坚持构建和谐劳动关系。工会是发展和谐劳动关系的重要推动力量，承担着重要的社会责任。必须正确认识我国劳动关系的性质和特点，以规范有序、公正合理、互利共赢、和谐稳定为目标，把劳动关系的建立、运行、监督、调处都纳入法制轨道。坚持党政主导的和谐劳动关系构建格局，主动站在协调劳动关系第一线，坚持依照法律通过协商、协调、沟通的办法化解劳动关系矛盾，不采取过激手段解决劳动纠纷。充分发挥工会与政府联席会议制度、协调劳动关系三方机制等作用，加强劳动合同、集体合同和职工代表大会制度建设，着力推进“两个普遍”，即依法推动企业普遍建立工会组织，普遍开展工资集体协商，即深化创新厂务公开民主管理工作，促进企业与职工协商共事、机制共建、效益共创、利益共享，始终做发展社会主义新型劳动关系的重要社会力量。

五是坚持维护职工群众合法权益。维护职工合法权益是工会的神圣职责，代表和维护职工群众利益是工会一切工作的出发点和落脚点。必须贯彻落实“组织起来、切实维权”工作方针，把广大职工组织到党领导的工会中来，团结动员广大职工为实现党和国家的中心任务发挥主力军作用；切实维护职工群众的经济、政治、文化、社会权益，使广大职工共享改革发展成果。牢固树立“以职工为本，主动依法科学维权”的工会维权观，坚持维权工作的根本宗旨、重要原则、核心理念、途径方法和总体格局，主动了解和帮助解决职工的实际困难和问题，变事后介入为事前参与，做到主动维权；监督企业依法经营，引导职工理性合法表达利益诉求，把维权纳入规范化、制度化、法制化轨道，做到依法维权；维权诉求应符合经济社会发展总体水平和企业生产经营状况，有利于扩大就业和提高职工工资收入，不简单照搬西方发达国家标准，做到科学维权。坚持“促进企业发展、维护职工权益”的企业工会工作原则，组织引导职工做企业发展的主人，推动企业主动保障职工的合法权益，把企业建设成为企业和职工的利益共同体、事业共同体、命运共同体。推动党政主导的维护职工群众权益机制建设，促进利益协调机制、诉求表达机制、矛盾调处机制、权益保障机制的建立和完善，把维护全国人民总体利益与维护职工群众具体利益结合起来，把维权工作贯穿于推动改革、促进发展、积极参与、大力帮扶的全过程，始终做职工合法权益的代表者和维护者。

六是坚持完善社会主义劳动法律体系。我国劳动法律法规是中国特色社会主义法律体系的重要组成部分，《工会法》《劳动法》《劳动合同法》等一系列劳动法律法规为履行工会各项职能、实现职工全面发展提供了法制保障。必须立足我国国情和工会工作实践，代表和组织职工加强立法参与，积极推动劳动法律法规的制定实施，从制度上、源头上维护职工各项权益，保障职工当家做主权利。主动加大工会劳动法律监督力度，积极配合人大、政府、政协加强劳动法律执法检查、监察和视察工作，推动实现有法必依、执法必严、违法必究。大力开展法制宣传教育，使职工群众和工会干部增强法制观念，学会运用法律；充分运用法律武器履行工会职责，加强法律援助工作，把法律赋予的权利用好用足，使工会始终成为组织职工参与社会主义民主法制建设的重要渠道。

七是坚持推动形成国际工运新秩序。工会对外工作是工会全局工作的重要组成部分，是国家民间外交的重要方面。必须高举和平、发展、合作、工人权益的旗帜，遵循独立自主、互相尊重、求同存异、加强合作、增进友谊的方针，加强与国际、地区和各国工会的交往、交流与合作，切实维护我国国家利益和职工权益。服从服务于国家总体外交和工会全局工作，坚持学习不照搬、借鉴不接轨，拓展中国工会国际舞台，扩大中国工会国际影响，提高中国工会国际地位，始终做推动形成公正合理、民主和谐国际工运新秩序的积极力量。

八是坚持以改革创新精神加强自身建设。加强自身建设是工会工作创新发展的强大动力。必须加强工会思想建设、组织建设、作风建设、反腐倡廉建设和制度建设，充分激发工会组织特别是基层工会生机活力，提高工会服务科学发展、服务社会和谐、服务职工群众的能力本领。结合实际创新工会组织体制、运行机制和活动方式，建设学习型、服务型、创新型工会，使工会工作更好地体现时代性、把握规律性、富于创造性，始终做广大职工信赖的“职工之家”。

以上八个方面相互联系、有机结合，构成中国特色社会主义工会发展道路的完整体系，是一个不可分割的整体，其核心是坚持自觉接受党的领导，根本是坚持中国工会的社会主义性质，关键是坚持维护职工群众合法权益。

2. 坚持和拓展中国特色社会主义工会发展道路的意义

中国特色社会主义工会发展道路顺应时代潮流，符合中国国情，体现工会性质，科学回答了“走什么样的工会发展道路、建设什么样的工会”这一重大时代课题，使我们对新时期中国工会运动的认识升华到新的高度。中国特色社会主义工会发展道路是中国特色社会主义道路的重要组成部分，是中国特色社会主义道路在工会工作领域的具体体现，关系工人阶级利益，关系工会工作全局，关系工运事业发展，是中国工会的生命。工会在推进中国特色社会主义事业中要切实履行职责、充分发挥作用，就必须坚持和拓展中国特色社会主义工会发展道路。

中国特色社会主义工会发展道路是中国工会 80 多年、新中国成立 60 多年特别是改革开放 30 多年来工会工作理论成果与实践经验的科学总结，是中国共产党关于工人阶级和工会工作重要思想的集中体现，是新世纪新阶段党的工运理论、方针、政策和经验的高度概括，是对马克思主义工运理论的丰富和发展。在长期实践探索中，在改革开放新时期特别是在新世纪新阶段逐步形成的中国特色社会主义工会发展道路，凝结着工会历届领导和广大工会干部的集体智慧和艰辛探索，是中国工会最可宝贵的精神财富，来之不易，弥足珍贵，必须倍加珍惜、始终坚持、不断发展。对此，习近平在同全国劳动模范代表座谈时指出："中国工会是中国共产党领导的工人阶级群众组织，是党联系职工群众的桥梁和纽带，是社会主义国家政权的重要社会支柱。中国特色社会主义工会发展道路是中国特色社会主义道路的重要组成部分，深刻反映了中国工会的性质和特点，是工会组织和工会工作始终沿着正确方向前进的重要保证。要始终坚持这条道路，不断拓展这条道路，努力使这条道路越走越宽广。"①

（二）顺应时代要求，创新工会工作

2013 年 4 月 28 日，习近平在同全国劳动模范代表座谈时指出："时代在发展，事业在创新，工会工作也要发展、也要创新。要顺应时代要求、适应社会变化，善于创造科学有效的工作方法，让职工群众真正感受到工会是'职工之家'，工会干部是最可信赖的'娘家人'。要把竭诚为职工群众服务作为工会一切工作的出发点和落脚点，全心全意为广大职工群众服务，认真倾听职工群众呼声，维护好广大职工群众包括农民工合法权益，扎扎实实为职工群

① 习近平：《在同全国劳动模范代表座谈时的讲话》，《人民日报》2013 年 4 月 29 日。

众做好事、办实事、解难事，不断促进社会主义和谐劳动关系。要高度重视广大职工的多样化需求，不断拓展职工成长成才空间，着力培养造就一大批知识型、技术型、创新型的高素质职工。各级党委和政府要加强和改善对工会的领导，支持工会开展工作，为工会工作提供更多资源和手段，为工会履职创造更好条件。”①这标志着党中央对新形势下的工会工作提出了更高要求，是我们做好当前工会工作的重要指南。

其一，必须牢牢抓住中国工人运动的时代主题。

为实现中华民族伟大复兴的中国梦而奋斗，这是当代中国工人运动的时代主题。习近平指出：“工会要牢牢抓住这个主题，把推动科学发展、实现稳中求进作为发挥作用的主战场，把做好新形势下职工群众工作、调动职工群众积极性和创造性作为中心任务，把巩固党执政的阶级基础和群众基础作为政治责任，竭诚为职工群众服务，切实维护职工群众权益，不断焕发工会组织的生机活力。”②

其二，必须坚持正确的政治方向。

坚持正确的政治方向，是做好工会工作，取得明显成效的关键。坚持正确的政治方向，就是要坚持中国共产党领导和社会主义制度。工会作为做工人阶级工作的组织，只有坚持党的领导，永远保持自觉接受党的领导这一优良传统，自觉服从服务于党和国家工作大局，坚持中国特色社会主义工会发展道路，勇于实践、勇于创新，工作才能方向明确、不走偏路，才能做得有声有色、扎实有效。工会作为职工之家，坚持中国特色社会主义经济制度、政治制度，就要切实保障职工群众的经济、政治、文化、社会权益，这是我国社会主义制度的根本要求、党和国家的神圣职责，也是发挥广大职工群众积极性、主动性、创造性最重要最基础的工作。工会尤其要重点解决职工群众最关心最直接最现实的利益问题，即职工群

---

① 习近平：《在同全国劳动模范代表座谈时的讲话》，《人民日报》2013年4月29日。

② 《习近平同中华全国总工会新一届领导班子集体谈话》，参见新华网：http://news.xinhuanet.com/politics/2013-10/23/c_117844453.htm。

众面临的最困难最操心最忧虑的实际问题，促进社会公平正义，在经济发展的基础上不断提高职工群众生活水平和质量，使广大职工群众不断享受到改革发展成果，才能赢得职工群众的信赖和支持，使工会工作迸发出新的活力。

其三，必须紧握工会工作的生命线和根本工作路线。

“群众路线是党的生命线和根本工作路线，也应该成为工会工作的生命线和根本工作路线。工会必须牢记党的重托、不忘工会职责，增强对职工群众的感情，密切同职工群众的联系，为他们排忧解难，始终同职工群众心连心。要积极扩大工会工作覆盖面，努力把工作做到所有职工群众中去，使工会工作更贴近基层、贴近职工群众，更符合职工群众意愿。工会干部特别是领导干部，要更多到职工群众中去，依靠职工群众开展工作，使工会组织真正成为广大职工群众信赖的‘职工之家’。”①因此，“各级党委要加强和改善对工会工作的领导，认真研究解决工会工作中的重大问题，为工会工作提供更多支持，创造更好条件，热情关心、严格要求、重视培养工会干部。工会干部要加强学习、增强本领，努力走在时代前列、走在职工群众前列，在经济社会发展最需要的地方、在企业生产一线、在职工群众的伟大实践中经风雨、见世面，努力把自己锤炼成听党话、跟党走、职工群众信赖的‘娘家人’”。②

回首过去，立足现在，展望未来，在中国特色社会主义伟大实践中，坚持以中国特色社会主义道路为实现途径、以中国特色社会主义理论体系为行动指南，以中国特色社会主义制度为根本保障，实现中华民族伟大复兴的梦想，中国共产党领导下的工人阶级责任更大、担子更重，必须以更加坚定的信念、更加顽强的努力，和全国各族人民一道共同奋斗。

---

① 《习近平同中华全国总工会新一届领导班子集体谈话》，参见新华网：http://news.xinhuanet.com/politics/2013-10/23/c_117844453.htm。

② 《习近平同中华全国总工会新一届领导班子集体谈话》，参见新华网：http://news.xinhuanet.com/politics/2013-10/23/c_117844453.htm。

第二章
中国梦与中国农民

中国要强，农业必须强；中国要美，农村必须美；中国要富，农民必须富。“农业稳、天下安。”农业基础稳固，农村和谐稳定，农民安居乐业，国家整个大局就有保障。农业、农村、农民即“三农”问题，始终是关系党和国家工作大局的重大问题。农民是中国革命、建设和改革的重要依靠力量。实现国家富强、民族振兴、人民幸福的“中国梦”，必须充分调动农民参与社会主义现代化建设的积极性，充分发挥广大农民的勤劳和智慧。这就需要正确解决好农民的利益问题，维护好、实现好、发展好农民的合法权益，才能发挥好广大农民在坚持和发展中国特色社会主义事业中的重要作用。

一、农民阶级是实现中国梦的基本依靠力量

（一）农民阶级在革命建设改革中发挥重要作用

农民历来在中国历史舞台上扮演着不可替代的重要角色。无论是在民主革命时期开展的革命根据地建设，还是在社会主义革命和

建设时期的现代化进程中，农民阶级的基础作用都是显而易见的，农民阶级始终是中国共产党最基本的依靠力量。我国人口多，主要是农民多，农民阶级在革命和建设事业中居于极其重要的地位，起着举足轻重的作用，在不同的历史时期有其不同的表现和特点。

农民是中国革命的主力军。毛泽东历来十分重视农民问题。毛泽东不仅多次强调农民是中国民主革命的基本力量，而且指出中国无产阶级最广大和最忠实的同盟军是农民。中国共产党开展的武装斗争实质上是无产阶级领导的农民战争。中国共产党在敌强我弱、城市被敌人占领的不利局势下，依靠农民在农村建立了根据地，走农村包围城市武装夺取政权的道路，经过英勇的艰苦斗争，推翻了压在中国人民头上的“三座大山”，建立了新中国。在这个过程中，农民所作出的牺牲和贡献是巨大的。毛泽东指出：“中国有百分之八十的人口是农民，这是小学生的常识。因此农民问题，就成了中国革命的基本问题，农民的力量，是中国革命的主要力量。”①可见，农民是中国革命取得成功的主要依靠力量。

新中国成立后，我国面临着既要巩固新生政权，又要在国民经济基础极度薄弱的情况下实行社会主义改造，建设社会主义的艰巨任务。完成这一任务同样需要依靠广大农民阶级。

从经济上看，“因为农村人口占我国人口的百分之八十，农村不稳定，整个政治局势就不稳定，农民没有摆脱贫困，就是我国没有摆脱贫困”②。社会主义革命和建设时期，党紧紧依靠农民阶级，完成了对农业的社会主义改造及其对手工业和资本主义工商业的社会主义改造，在中国确立了社会主义制度，进而领导和依靠农民阶级开启了在社会主义条件下实现中华民族伟大复兴的历史征程。

改革开放新时期，为充分调动和发挥农民阶级的积极性和创造性，党和国家不断满足农民经济上、政治上、文化上日益增长的需要，以推动农村的发展和社会主义现代化建设。“党的十一届三中全会提出，确定农村经济政策的首要出发点，是充分发挥我国亿万

---

① 《毛泽东选集》第2卷，人民出版社1991年版，第692页。
② 《邓小平文选》第3卷，人民出版社1993年版，第237页。

农民的积极性。必须在经济上充分关心农民的物质利益，在政治上切实保障他们的民主权利。并且提出，我们一切政策是否符合发展生产力的需要，就是要看这种政策能否调动农民的积极性。这是我们花了很大代价才认识的真理。"①1979 年以后，农村率先改革，农村的新改革对农业的发展、农民收入的增长、农村生产力的提高起到了重要的促进作用。在坚持土地集体所有制的前提下，实行家庭联产承包责任制，调动了农民生产的自主性，激发了农村生产力的活力和农民投身农业热情的动力。农民是社会主义市场经济的先导力量，是推进我国城乡现代化建设的重要力量。要依靠农民，充分调动他们自觉参加社会主义现代化建设的积极性和创造性，就必须稳定农村家庭联产承包责任制基本政策保持不变，千方百计为农民减轻经济负担，努力使农民生活水平大幅度提高，使农民投入社会主义建设的热情持续高涨。农民的积极性和创造性对促进农业现代化建设至关重要。改革开放以来，农民的创造性也是有目共睹的，从包产到户到农业生产责任制，再到家庭联产承包责任制，都是广大农民在实践中的伟大创造。

从政治上看，农民阶级是中国共产党的基本依靠力量，是工人阶级的最可靠的同盟军，是我国社会主义革命、建设和改革的主力军，是人民民主专政国家政权的主要社会基础。历史和现实的经验都告诉我们，任何时候都绝对不能忽视或忘记农民阶级在我国政治生活中举足轻重的地位和作用，要从各个方面自觉地加强党和农民阶级的深厚感情，加强工人阶级和农民阶级的政治联盟，全心全意依靠农民阶级这支重要的政治力量。在政治上，农民创造性地开创了崭新的民主自治方式，即村民自治，开辟了中国农村民主的新途径。村民自治是中国农民在社会主义现代化建设进程中的一项伟大创造。当代中国农民创造的村民自治的实践证明，亿万农民群众是农村民主政治建设的主体。

总之，中国革命、建设和改革的实践证明，农民在中国现代化进程中发挥着举足轻重的作用。我国农民阶级无论过去和现在始终

---

① 《十五大以来重要文献选编》上，人民出版社 2000 年版，第 527 页。

都是居于主体地位，起着主体作用。占全国绝大比例的农业人口，既是我国进行社会主义现代化建设的巨大人力资源和消费动力，同时又是推动中国特色社会主义发展和完善的重要力量。只有依靠农民，充分调动农民的积极性和创造性，才能把农业的现代化搞上去，从而促进整个国家的现代化事业全面协调发展。

(二)农民阶级是推进现代化建设人数最多的基本依靠力量

我国的国情决定了农民不仅是新民主主义革命的同盟军和主力军，也是社会主义现代化建设人数最多的基本依靠力量。要发挥好农民在社会主义现代化建设中的主体作用，党和政府就要始终重视农村、农业和农民问题，始终抓住解决“三农”问题不放松。江泽民指出：“我国十一亿人口，八亿多在农村。农村稳定了，农民安居乐业了，也就从根本上保证了我们国家和社会全局的稳定。”①可见，国家要稳定，首先要保证农村的稳定。只有农民的生活水平不断提高，农业现代化水平不断进步，农业经济实力增强了，国家的综合国力才会真正强大起来。党的十八大指出：“解决好农业农村农民问题是全党工作重中之重，城乡发展一体化是解决‘三农’问题的根本途径。”②这是党关于解决农民问题的历史经验的深刻总结。

当前，全国各族人民正在为实现中华民族伟大复兴的中国梦而奋斗。中国梦极大激发了每一个中国人投身现代化建设的热情。从根本上讲，中国梦的实现，必须依靠中华民族的每一个中国人的聪明智慧和勤劳付出，其中就包括人口众多的广大农民。

农民阶级是淳朴厚道的普通劳动者，他们是中国工人阶级最亲

---

① 《十三大以来重要文献选编》中，人民出版社 1991 年版，第 1158 页。

② 胡锦涛：《坚定不移沿着中国特色社会主义道路前进　为全面建成小康社会而奋斗——在中国共产党第十八次全国代表大会上的报告》，人民出版社 2012 年版，第 23 页。

密的同盟，是改革开放的排头兵，是实现中华民族伟大复兴的重要力量，是建设社会主义新农村的主力军。要充分发挥广大农民在实现国家富强、民族复兴、人民幸福的中国梦的重要作用，就要在建设社会主义新农村中充分保障农民的自主权及合法权益，同时不断提高农民的思想道德素质、民主法制意识、科技文化素养、经营管理能力。2012 年 11 月，习近平在参观《复兴之路》展览时强调："历史告诉我们，每个人的前途命运都与国家和民族的前途命运紧密相连。国家好，民族好，大家才会好。实现中华民族伟大复兴是一项光荣而艰巨的事业，需要一代又一代中国人共同为之努力。空谈误国，实干兴邦。……我坚信，到中国共产党成立 100 年时全面建成小康社会的目标一定能实现，到新中国成立 100 年时建成富强民主文明和谐的社会主义现代化国家的目标一定能实现，中华民族伟大复兴的梦想一定能实现。"①中国要实现"两个一百年"目标，要实现国家富强、民族复兴、人民幸福的中国梦，既离不开中国共产党的正确领导，更需要凝聚全国人民的智慧和力量，也需要广大农民群众积极投入到建设中国特色社会主义的伟大实践中。

二、切实保障农民的合法权益

（一）切实保障农民合法权益的重要意义

农民合法权益是农民依法享有的各种权利和利益的总称。主要包括经济权益、政治权益、文化权益和社会权益。保障农民合法权益，不仅仅是单纯的经济问题、法律问题，更是一个重大的政治问题。党和政府要把保障农民合法权益放在关系国家稳定的高度予以高度重视，以实际举措切实保护好农民合法权益。

中国共产党自诞生之日起，就宣布要为包括农民在内的中国最广大的人民利益而斗争。早期共产党人彭湃在 1922 年就指出要保

① 习近平：《承前启后　继往开来　继续朝着中华民族伟大复兴目标奋勇前进——在参观〈复兴之路〉展览时的讲话》，《人民日报》2012 年 11 月 30 日。

护农民的利益。他认为农民利益包括十七个方面，即防止田主升租、防止勒索、防止内部竞争、凶年呈请减租、调和争端、救济疾病、救济死亡、救济孤老、救济罹灾、防止盗贼、禁止烟赌、奖励求学、改良农业、增进农民知识、共同生产、便利金融、抵抗战乱等①。农民利益不是抽象空洞的，而是体现在直接关系和影响着农民生产、生活方面的具体利益。邓子恢曾指出："一切斗争离开群众经济生活的联系，那发动群众就不可能，而且也没有意义。"②要发动群众，就一定要以能够满足群众经济利益为前提或努力方向。否则，如果与群众的直接利益毫无关系，发动群众参与革命和建设就十分困难。

要满足农民的合法权益，最有效的措施就是要千方百计增长农民收入。农民收入增长了，农民的利益才有了保障。"增加农民收入是一个带有全局性的问题，不仅直接关系到农村实现小康，还直接关系到开拓农村市场、扩大国内需求、带动工业和整个国民经济增长，从长远看还可能影响农产品的供给。"③在农民增收困难的情况下，尤其要高度重视减轻农民负担，让农民休养生息。20 世纪 80 年代中期以后，出现了对农民经济上征收税费过重的问题，造成农民负担过大。针对此，党中央强调要："加大对农业的投入和支持，加快农业科技进步和农村基础设施建设。改善农村金融服务。继续推进农村税费改革，减轻农民负担，保护农民利益。"④农民合法利益的维护和实现，离不开党和国家对农民实施多予少取的政策倾斜，只有农民负担减轻了，实惠增多了，农民合法权益有保障了，农民投身社会主义现代化建设的积极性才会持续高涨。

党的十六大以来，中央多次强调要落实减轻农民负担政策。实行多予少取放活方针，是中央做好农村工作的重要指导思想。保护农民正当利益，最具体的体现就是党和国家要不断减轻农民负担，

① 《彭湃文集》，人民出版社 1981 年版，第 13 页。
② 《邓子恢文集》，人民出版社 1996 年版，第 135 页。
③ 《江泽民文选》第 2 卷，人民出版社 2006 年版，第 216 页。
④ 《江泽民文选》第 3 卷，人民出版社 2006 年版，第 546~547 页。

给农民越来越多的惠农利民政策、增加财政投入用于提高农民生活水平的民生领域，使农民共享改革发展成果。“实现发展成果由人民共享，必须实现好、维护好、发展好占我国人口大多数的农民群众的根本利益。”①

党的十八大尤其是十八届三中全会以来，党和政府更加高度重视农业的可持续快速发展，为充分调动农民从事农业的积极性，国家对支持农业全面发展的资金投入力度和扶持力度不断加大，出台了鼓励农民土地流转，征地实现城乡同价，实现城乡养老保险的统一等惠农政策，继续实施种粮农民直接补贴、良种补贴、农机具购置补贴、农资综合补贴等政策。2015 年中央一号文件指出：“选择部分地方开展改革试点，提高补贴的导向性和效能。完善农机具购置补贴政策，向主产区和新型农业经营主体倾斜，扩大节水灌溉设备购置补贴范围。实施农业生产重大技术措施推广补助政策。实施粮油生产大县、粮食作物制种大县、生猪调出大县、牛羊养殖大县财政奖励补助政策。扩大现代农业示范区奖补范围。健全粮食主产区利益补偿、耕地保护补偿、生态补偿制度。”②这些补贴政策有利于进一步促进农业的发展，充分调动农民从事农业生产的积极性。

农民权益问题是和农业、农村问题紧密相关的，它深刻影响着农业的兴衰、农村的和谐稳定与农民的全面发展。保护农民权益，已成为我国经济发展中迫切需要解决的问题。维护农民合法权益，绝不仅仅是一个经济问题和法律问题，也是严肃的政策问题。正因为如此，维护农民合法权益具有重大的社会意义。

其一，切实保障农民的合法权益，是建设社会主义新农村的需要。党的十六届五中全会从全面建设小康社会的全局出发，明确提出了建设社会主义新农村的重大历史任务。建设新农村，主体是农民，关键是调动亿万农民的积极性，维护好广大农民的合法权益。

---

① 《十六大以来重要文献选编》下，中央文献出版社 2008 年版，第 277 页。

② 《中共中央国务院印发〈关于加大改革创新力度加快农业现代化建设〉的若干意见》，《人民日报》2015 年 2 月 2 日。

只有维护好农民合法权益，才能为新农村建设提供强大的精神动力和坚实的物质基础，才会有一个良好的农村发展环境。全国新农村建设的实践证明，只有高度重视农民利益、保护农民权益、发展农民利益，农民才会有积极性，才能人心顺、百业兴，才能确保新农村建设顺利推进；反之，损害农民利益，必然挫伤农民的积极性，社会主义新农村建设发展水平就会受到影响。

其二，保护农民合法权益，是构建社会主义和谐社会的需要。构建社会主义和谐社会，重要的任务是构建农村和谐社会。和谐社会的核心是人与人的和谐、人与社会的和谐，要实现人与社会的和谐就必须尊重和保护每个公民的合法权益。没有农村的和谐，就不可能有整个社会的和谐。“没有农业现代化就没有国家现代化，没有农村繁荣稳定就没有全国繁荣稳定，没有农民全面小康就没有全国人民全面小康。”①实现农村社会的和谐稳定，本质上是在法律范围内实现农民权益的均衡，也就是合法利益能够实现。从社会实践的角度看，就是要妥善处理农村经济社会发展中出现的各种矛盾，解决好农民反映的突出问题，维护好公平正义，让广大农民群众满意，确保广大农民群众安居乐业，使农村、农民、农业和谐发展。

其三，保护农民合法权益，是巩固中国共产党执政地位的需要。广大农民群众为中国革命、建设和改革中作出了重大贡献，付出了坚忍的牺牲，是党执政和巩固我国社会主义国家政权的重要群众基础。改革开放以来，农民在推动我国农业经济、实现社会主义现代化建设中一直发挥着不可替代的重要作用。因此，密切党和农民群众的感情，巩固党的执政地位，必须保障好农民的各项利益，把农民利益始终放在重要位置，及时解决与农民生产、生活息息相关的民生问题，在满足好农民利益的实践过程中加深党和广大农民群众的深厚感情，增强广大农民群众对党和政府的支持和拥护。我们一定要站在稳定国家政权的高度，充分认识到保护农民合法权益的极端重要性，坚定群众利益无小事的政治态度，切实维护好广大

---

① 《十七大以来重要文献选编》上，中央文献出版社 2009 年版，第 671 页。

农民的合法权益。

其四，切实维护农民的合法权益，是推进实现中国梦的需要。历史证明，只要中国共产党把农民的问题解决好，采取农民认可、支持的正确政策，将维护农民利益的方针、原则和政策严格落到实处，使农民获得实实在在的利益，农民的积极性就会大大增强。中国革命、建设和改革有了农民力量的支持，就会顺利进行，蓬勃发展。“亿万农民是我们党执政和我国社会主义国家政权的重要群众基础。巩固党的执政地位、巩固工农联盟的政权基础，必须坚持立党为公、执政为民，倾听和实现农民心声，代表和维护农民利益，把广大农民群众紧紧团结在党和政府周围，同心同德为实现国家富强和人民幸福而奋斗。”①实现中华民族的伟大复兴，离不开广大农民群众在党的正确领导下积极奉献他们的勤劳、智慧和力量。“中国梦归根到底是人民的梦，必须紧紧依靠人民来实现，必须不断为人民造福。”②推进中国梦的顺利实现，必须加强社会主义新农村建设，不断提高农民生活水平，不断保障好农民的合法权益，积极培育造就有文化、懂技术、会经营的新型农民，使工农联盟在新形势下得到巩固和发展，共同致力于为实现国家富强、民族复兴、人民幸福的伟大实践中。

(二)切实保障农民合法权益的对策

保障农民合法权益应以农民为本，确保农民经济权利、政治权利和社会保障等方面的权益不受损害。党的十七届三中全会指出，保障农民权益必须“坚持以人为本，尊重农民意愿，着力解决农民最关心最直接最现实的利益问题”③。当前保障农民权益，只有在

---

① 《十六大以来重要文献选编》下，中央文献出版社2008年版，第277~278页。

② 习近平：《在第十二届全国人民代表大会第一次会议上的讲话》，《人民日报》2013年3月18日。

③ 《十七大以来重要文献选编》上，中央文献出版社2009年版，第673页。

理论上有所创新，在政策上有所突破，在措施上有新举措，才能使农民得到新实惠。

第一，加快农村政治文明建设，是保障农民利益的持久动力。

改革开放以来，农村的物质生活条件虽然有了明显的改善，但农民的政治素养、政治参与能力、思想文化素质却没有显著的提高，国家必须加快社会主义民主政治建设进程，完善民主政治制度，提高农民的政治素质。要切实维护好农民的民主政治权利，首先要落实好农民的选举权和被选举权。适当增加相应数量的农民代表参政议政，同时吸纳一定数量的农民工代表，把农民工的法定政治权利真正落实到现实政治生活当中，赋予农民工有序参与当地政治事务的民主权利；其次要进一步扩大基层民主。搞好村民自治，推进村务党务公开，健全完善农民合法享有参与基层民主管理事务的一系列权利保障制度，让农民群众对关系农民切身利益的相关事务真正享有知情权、参与权、管理权、监督权，充分体现农民群众在社会主义新农村建设中当家做主的民主权利。“必须继续扩大农村基层民主，确保广大农民群众依法行使当家作主的权利，充分调动和发挥广大农民群众的积极性、主动性、创造性。”①扩大农村基层民主，要求权力下放，给农民充分的自主权，为村民自治注入强大的动力和活力。村民自治从真正意义上充分发挥了农民当家做主的权利，保护了农民政治参与权、政治决策权以及与此关联的农民在国家政治生活中的地位等政治权益。

第二，加强法治建设，为健全保护农民合法权益提供完善的法律保障。

加强法治建设是巩固农业基础地位的客观需要，是全面深化农村改革的重要保障，是规范农业生产经营秩序的现实要求，是维护农民权益的有力武器。2015 年中央一号文件指出：“农村是法治建设相对薄弱的领域，必须加快完善农业农村法律体系，同步推进城乡法治建设，善于运用法治思维和法治方式做好‘三农’工作。同

① 《十六大以来重要文献选编》下，中央文献出版社 2008 年版，第 284 页。

时要从农村实际出发，善于发挥乡规民约的积极作用，把法治建设和道德建设紧密结合起来。”①当前，我国正处于传统农业向现代农业转变的关键时期，农村改革进入攻坚期和深水区，深入推进农业农村改革发展，迫切需要进一步发挥法治的保障护航作用。

要完善涉农利益纠纷仲裁制度。积极开展土地权益纠纷仲裁试点工作，对仲裁程序、受理范围、法律时效和机构协调等进行规范。各级政府公务人员要严格按照法律程序办事，自觉规范行政行为。在执法过程中，要客观认清在农民生产、生活中存在的突出问题，以保障农民的合法权益为出发点和归宿点，依法促进农民征地、就业、子女入学、就医、外出务工经商等民生问题的解决，提高化解社会矛盾和问题的能力，通过公正执法，从源头上减少农民因利益冲突引发的社会矛盾。

要深入开展农村法治宣传教育，增强各级领导、涉农部门、基层干部法治观念和法治为民意识，引导农民学法守法用法。党的十八届四中全会指出：“依法保障公民权利，加快完善体现权利公平、机会公平、规则公平的法律制度，保障公民人身权、财产权、基本政治权利等各项权利不受侵犯，保障公民经济、文化、社会等各方面权利得到落实，实现公民权利保障法治化。”②这就要求加强农业法治建设。完善相关法律法规，加强对农村集体资产所有权、农户土地承包经营权和农民财产权的保护。健全农业市场规范运行法律制度，逐步完善覆盖农村各类生产经营主体方面的法律法规。健全“三农”支持保护法律制度。研究制定规范各级政府“三农”事权的法律法规，明确规定中央和地方政府促进农业农村发展的支出责任。依法保障农村改革发展。统筹城乡法律服务资源，健全覆盖城乡居民的公共法律服务体系，加强对农民的法律援助和司法救助。提高农村基层法治水平。深入开展农村法治宣传教育，增强各

---

① 《中共中央国务院印发〈关于加大改革创新力度加快农业现代化建设的若干意见〉》，《人民日报》2015年2月2日。

② 《中共中央关于全面推进依法治国若干重大问题的决定》，《人民日报》2014年10月29日。

级领导、涉农部门和农村基层干部法治观念，引导农民增强学法守法用法意识。健全依法维权和化解纠纷机制，引导和支持农民群众通过合法途径维权，理性表达合理诉求。“加强农业法治建设必须抓住重点领域和关键环节，以形成完备的农业法律法规体系、高效的农业行政执法体系、健全的依法行政工作机制和有效的法治宣传教育机制为重点，全面提升农业法治化水平。”①建立和健全农业可持续发展的法律法规体系，用法律引导和约束人们的经济活动，同时要加大执法力度，做到有法必依、执法必严、违法必究，使实现农业可持续发展有完善的法律保障。推动完善农业法律法规，深化农业行政执法体制改革，健全依法行政工作机制。加快推进中国特色农业现代化、全面深化农村改革，必须加强农村法治建设，以法治作保障，切实把依法治国的要求落实到农业农村经济工作及农民合法权益的保护中。

第三，健全维护农民利益的相关机制，是保障农民利益的强大后盾。

健全保护农民利益的机制，要以与农民利益密切相关的保护农民土地制度为基础。要建立新的土地征用制度。党的十八届三中全会指出：“缩小征地范围，规范征地程序，完善对被征地农民合理、规范、多元保障机制。扩大国有土地有偿使用范围，减少非公益性用地划拨。建立兼顾国家、集体、个人的土地增值收益分配机制，合理提高个人收益。”②这些制度的建立有利于更加公平公正地保护农民群众的自身利益。传统的户籍制度严重束缚了农民的发展并造成城乡发展水平差距不断扩大，推行户籍制度改革，逐渐减少乃至最终消除城乡身份的差别所引起子女入学、社会保险等方面的待遇差异，有利于促进农民在平等的社会环境下激发发展动力。针对农村人口老龄化、城镇化、就业选择多元化的趋势，要逐步建立

---

① 韩长赋：《深入贯彻十八届四中全会精神　全面推进农业法治建设》，《人民日报》2014 年 12 月 5 日。

② 《中共中央关于全面深化改革若干重大问题的决定》，《人民日报》2013 年 11 月 16 日。

社会保险、社会救助、社会福利、慈善事业相配套结合的涵盖农民利益全保护的社会保障体系，包括完善农村五保供养、特困户救助、灾民救助和大病医疗救助等社会救助体系。

建立农民以土地换社保权的制度，把失地后的农民纳入城市社会保障制度范围，以解决农民失地即失业、合法权益无社会保障的问题。要加快建立符合长期流动在城市的农民工特点的社会保障制度。针对农民工容易出现工伤事故、疾病、失业等风险，切实为农民工建立起工伤保险、大病医疗保险、养老保险等制度；针对农民工工资过低、欠薪讨薪难的问题，要建立起农民工工资支付监控、工资保证金、最低小时工资、法律援助等制度；针对农民工存在的教育培训难、子女就学难、留守儿童等问题，要尽快落实农民工的学习教育培训权，努力促使农民工素质提升，要为农民工子女进城接受教育创造良好的平等的就学条件，为加快推进城市化进程创造良好的发展环境。农民的利益保障机制只有不断健全完善并严格执行，农民的合法权益才会有可靠的制度保障。

第四，强化监督检查，切实纠正损害农民合法权益的问题。

新农村建设是最大的利民工程，要在推进社会主义新农村建设的过程中保护好农民合法权益，非常重要的一点就是加强监督检查，切实落实好、保障好农民的利益。一是要重点加强国家规定的支农惠农政策及国家投入“三农”的大量资金落实情况的监督检查，确保支农资金专款专用，各种补贴足额、及时发放到农民手中。二是要坚决打击和杜绝侵犯农民土地承包经营权、乱征滥占耕地等行为。要围绕农村综合改革的推进开展监督检查，严肃有关纪律，确保各项改革措施顺利实施。执法机关要严肃查处损害农民利益的行为及其背后的腐败案件。严明党纪政纪，严肃查处各种损害农民合法权益的案件。三是要通过开展群众路线教育实践活动和社会主义核心价值观教育，使基层干部牢记宗旨，执政为民，把主要精力放在服务农民生产生活、规划农村中长期发展目标、创造有利的农村发展环境、及时解决矛盾纠纷等重要事务方面，真正做到为民务实。四是要加强对农民信访事项的督查督办，认真解决农民群众来信来访问题。

三、教育、引导、支持农民

(一)教育农民

所谓教育农民，主要是解决农民的思想认识问题，用科学的世界观和先进的科学文化知识武装他们的头脑，提高他们的思想文化素质，增强他们认识世界和改造世界的能力，克服落后、保守的小农意识。① 教育农民是马克思主义政党的一项重要原则。按照社会主义的原则，要充分尊重农民的物质利益，绝不能通过强制手段去损害群众利益。在满足农民利益的同时又必须对农民加强教育，对农民进行社会主义核心价值观的宣传和教育，以帮助农民克服其自身局限性，不断提高农民的综合素质，将其改造成为现代化的新型农民。这是党和政府在整个社会主义初级阶段的一个带有战略性、全局性、长远性的艰巨任务。

中国共产党一贯高度重视教育农民的问题。在新民主主义革命时期，毛泽东主张依靠农民，却又十分强调对农民的教育和改造，明确提出“严重的问题是教育农民”②。在革命和建设的各个时期，毛泽东都特别重视对农民的教育和改造。他认为，只有用无产阶级的世界观、科学社会主义理论武装农民的头脑，才能帮助他们在思想和行动上树立正确的社会主义理想信念。早在井冈山时期，毛泽东就十分注重从思想上改造农民。他指出：“我们感觉无产阶级思想领导的问题，是一个非常重要的问题。边界各县的党，几乎完全是农民成分的党，若不给以无产阶级的思想领导，其趋向是会要错误的。”③抗日战争时期，毛泽东又明确指出：“农民——这是现阶

---

① 麻福水、辛敏：《新农村建设是农民思想观念整合的趋向标》，《理论学刊》2007 年第 12 期。

② 《毛泽东选集》第 4 卷，人民出版社 1991 年版，第 1477 页。

③ 《毛泽东选集》第 1 卷，人民出版社 1991 年版，第 77 页。

段中国文化运动的主要对象。所谓扫除文盲，所谓普及教育，所谓大众文艺，所谓国民卫生，离开了三亿六千万农民，岂非大半成了空话？”①毛泽东认为，农民教育的关键在于培养农民学习的自觉性，并且指出这个自觉性来源于农民的需要和自愿。“这里是两条原则：一条是群众的实际上的需要，而不是我们脑子里头幻想出来的需要；一条是群众的自愿，由群众自己下决心，而不是由我们代替群众下决心。”②农民教育的效果，关键在于农民思想上要产生接受教育的需要及自己本人也愿意接受教育的主动性。

改革开放新时期，伴随着拨乱反正的完成和全面改革的开展，教育领域也开始了改革。1983 年，邓小平提出了“教育要面向现代化，面向世界，面向未来”③。教育对提高国民素质起着极其重要的作用，对文化素质偏低的农民群众来说，教育农民就显得更加紧要和必要。江泽民曾特别强调：“农村的思想文化阵地，先进的正确的思想和优良社会风尚不去占领，落后的错误的思想和不良社会风气就必然会去占领。”④1998 年，党的十五届三中全会上通过的《中共中央关于农业和农村工作若干重大问题的决定》指出：“农业的根本出路在科技、在教育。”⑤可见，对广大农民的教育始终是党和政府高度重视的事情。

进入新世纪，农民素质虽然有了较大提高，但并未发生根本变化，而且时代发展对今天的农民又提出了更高的要求。党和政府应高度重视农民教育，正确地发展农民教育，真正做到“农民教育为农民”。在教育农民的过程中要根据不同地区生产力发展的不同情况，分期分批，循序渐进，因势利导。农民教育的关键在县城，重点在乡镇，落实在村庄。对农民进行教育不能搞“一刀切”，应兼顾共性和个性，将不同文化层次的农民进行合理归类，真正掌握不

---

① 《毛泽东选集》第 3 卷，人民出版社 1991 年版，第 1078 页。
② 《毛泽东选集》第 3 卷，人民出版社 1991 年版，第 1013 页。
③ 《邓小平文选》第 3 卷，人民出版社 1993 年版，第 35 页。
④ 《江泽民文选》第 1 卷，人民出版社 2006 年版，第 276 页。
⑤ 《十五大以来重要文献选编》上，人民出版社 2000 年版，第 560 页。

同地区、不同农民的各种实际需求，制定和开展有针对性和实效性的农民教育培训，转变“要我学”为“我要学”，确保各个层次的农民能各取所需。在内容的选取和创新上，要始终遵循“实用、实效”、“贴近群众、贴近生活”的原则，确保教学内容对农民的吸引力、感召力。要加强思想政治教育，提高农民的思想道德素质。加强农业经营管理教育，增强农民独立自主进行农业经营管理的能力。加强对农民法制法规政策宣传教育力度，采取农民群众喜闻乐见的方式，广泛宣传与农业农村生产生活密切相关的法律法规，引导农民群众采用合法手段解决纠纷和维护自身权益。提高农民的政策和法制观念，提升农民的法律素养，使农民在生产、生活的实践中能够自觉做到知法、懂法、守法、用法。对农民普及经营管理教育，让他们“善经营、会管理”。要大力发展农村职业教育和技能培训，提高农民的科技素质。加强市场经济知识教育，提高农民的市场主体意识和驾驭市场经济的能力。对农民要加强社会主义核心价值观教育，在教育中增强农民的精神价值追求，构筑中国农民的精神家园，突出中国梦这一重要主题，使中国梦的深厚内涵、中国精神的精神支撑转化为农民自觉积极地投入到社会主义新农村建设当中。开展科技教育，引导农民追求知识，科技致富，提高农民的科技生产能力。积极发展农业职业教育，大力培养新型职业农民。对农民进行信息化教育。通过对农民实行长期的思想教育、知识传授和技能培训，使他们成为“懂技术、会经营、能管理、有文化、有组织、守纪律”的社会主义新农民，成为建设社会主义新农村的生力军。

通过教育和培训，使广大农民转变成高素质的现代化新型农民，凝聚农民智慧和力量，共同致力于推进美好愿景的中国梦的实现。

（二）引导农民

政府引导是服务型政府的重要职能之一。政府引导的宗旨是在引导社会总体的进步和发展方面发挥积极的、主动的和创造性的功能。政府对人民群众进行思想上、行为上的引导是政府公务人员自觉履行为人民服务职责的重要体现。引导农民需要发挥党的基层组织的作用。基层党组织与农民联系最紧密、最了解农民心声、农村发展中存在的问题和困难，帮助农民解决生产生活问题、带领农民实现共同富裕是各级基层党组织的重要职责。因此，基层党组织必须把转变干部作风、改善干群关系作为整合引导新时期农民思想的前提和保证。要主动深入农民群众之中，加强沟通与联系，在转变干部作风中引导农民思想。引导农民发展农业，要在充分尊重农民意愿和保障农民利益的基础上，提供农业发展最新信息、农产品生产技术、农业发展规划等与农民利益密切相关的服务，发掘农业内部和农民内部的资源潜力，以促进农业经济增长、农民收入增多为努力目标来激活农民发展活力与动力，通过提供全面服务来引导农民，在引导中服务农民。政府要引导农民、教育并提高农民善于采用现代科学技术取代传统粗放的、低水平的农业生产方式，以市场为重要引导航标，发展高效优质农业，开拓农产品更加广阔的市场，以高产优质产品促进农民收入增长、促进农业农村农民发展。要提升农民科技素质和文化素养，着力点就要在“引导”二字上持续下工夫。引导应该是建立在对农民的关爱和尊重之上。要让农民从内心深处体验到社会和政府对农民的关爱与支持，同时也能自觉意识到社会发展对农民提出的更高要求。在此基础上，引导农民把社会发展对新时代农民综合素质的要求内化为农民自觉主动提高自我发展能力的强大动力，最终形成农民自我教育、自我提升、自我发展的能力。

各级党组织要高度重视对农民的思想引导工作，充分利用丰富多样的宣传方式向农民传递先进思想文化。社会在日新月异地变化和发展，社会的发展变化主要体现为物质文明、政治文明、精神文明、生态文明等方面，现代化的文明发展成果也应该辐射到广大的农村农民农业的发展中。为此，各级党组织要及时围绕党中央的最新精神并结合农民自身特点对农民进行教育，使农民能及时了解党和国家的大政方针政策，尤其是党和国家对“农民”问题上的最新改革思想和重要举措，大力开展党的基本国策和农村政策教育，引导农民深刻认识到社会主义制度的优越性，坚决拥护党的领导和坚持走社会主义道路的自信心，使农民在思想上与时代共进步、共发展。

各级政府要引导农民树立现代市场意识、竞争意识、科技意识、法律意识、生态意识，培养一大批与时俱进的有技术、有知识、善于创新的新型农民。农业的发展、新农村建设离不开农业集约化发展方式，仅仅局限于传统单一的自给自足的农业生产方式是难以实现共同富裕的。因此，新型农民要在思想上树立改革、市场、进取、效益、效率、竞争、公平等主体性的现代经济意识，争做新时代与时俱进的现代化农民。各级政府尤其是农村基层党组织除了在农民思想上积极引导外，还需要在农业发展思想上给予正确的引导。不同地区、不同发展程度的农村要致力于发展本地特色农业产品，走特色的农业产品道路是大力发展农村经济的重要途径。同时，发展现代化农业离不开现代化高科技，政府要引导农民深刻认识到发展高产优质农业离不开技术引导和技术应用。各级乡镇政府要为农民提供推广新技术的平台和条件，通过对农民进行免费的农业技术培训提高农民的农业经营能力。要通过提供信息服务，引导农民理性选择自己的农业发展方式，不断创新农业产品的品种，使农民发展农业的选择多样化、个性化。对乡村集体乡镇企业和生产大户进行正确的思想引导和政策扶持，通过组织协会这个集体平台将分散经营的个体农户组织起来，为他们提供资源信息、交流技术、统一市场销售、产品深加工等全方面服务，促进农民、农村、农业整体协调发展。要有效控制环境污染，建设美丽宜居乡村。要把治理乡镇企业造成环境污染作为重点，并遏制环境污染由城市向农村的扩散，使农村生态环境走可持续的中国特色新型农业现代化道路，以垃圾、污水为重点加强环境治理，使生态农业成为农业发展的新态势。

中国要强，农业必须强。政府通过采取各种措施引导农民共同致富，引导农民适应市场经济发展不断改革、创新自己的思想和发展方式，促进农民自主自觉地为了适应新世纪新时代的发展而不断地提高自身综合素质，从而促进社会主义新农村建设迈向更高水平。而“三农”的现代化发展必将有利于推动国家富强、民族复兴、人民幸福的中国梦的实现。

(三)支持农民

各级政府是社会主义新农村建设的主要组织者和引导者，农民的进步与发展离不开党和政府各方面的全力支持。没有党和政府的大力支持，农民、农业、农村的发展问题将会成为制约国家整体发展、实现全面建成小康社会的大问题。习近平在2013年中央农村工作会议上作重要讲话指出：“中国要强，农业必须强；中国要美，农村必须美；中国要富，农民必须富。农业基础稳固，农村和谐稳定，农民安居乐业，整个大局就有保障，各项工作都会比较主动。我们必须坚持把解决好‘三农’问题作为全党工作重中之重，坚持工业反哺农业、城市支持农村和多予少取放活方针，不断加大强农惠农富农政策力度，始终把‘三农’工作牢牢抓住、紧紧抓好。”①

一是要稳定增加对农业的投入。严格按照《农业法》的要求，保证农业投入的增长速度高于财政收入的增长速度。2014年中央一号文件指出：“公共财政要坚持把‘三农’作为支出重点，中央基础建设投资继续向‘三农’倾斜，优先保证‘三农’投入稳定增长。拓宽‘三农’投入资金渠道，充分发挥财政资金引导作用，通过贴息、奖励、风险补偿、税费减免等措施，带动金融和社会资金更多投入农业农村。”②进一步加大资金投入。国家对全国农民的财政支持、政策支持整体上都要提高，但针对不同地区、不同发展水平的农民对象要有所区别。重点支持关系农民切身利益和影响农业可持续发展的农民增收、农村重大改革、农业基础设施建设、农业结构

---

① 《十八大以来重要文献选编》上，中央文献出版社2014年版，第658页。

② 《十八大以来重要文献选编》上，中央文献出版社2014年版，第705页。

调整、农业可持续发展、农村民生改善这些重大方面。对经济明显落后的贫困农村地区，国家应进一步加大公共财政对农民的扶持力度，通过各项惠农政策的出台，解决资金投入不足、农业生产条件落后这个农业综合生产力难以提高的“症结”，调动广大农民自觉参与社会主义新农村建设的积极性和主动性。进一步促进推动农村扶贫开发，以集中连片特困地区为重点，推进精准扶贫，使贫困地区的农民生活改善、收入增加，和全国人民一道进入小康社会；另一方面，进一步加大科技投入，完善农业科技推广体系，健全科技推广队伍，加强对农民的科技培训，全面提高农民的致富本领。国务院和地方各级政府应安排专项资金，用于扶持农民专业合作社开展的信息、培训、农业生产基础设施建设和技术推广等服务。增加农业科研和推广服务资金投入，健全社会化服务网络，改善农技人员的工作、生活条件，为从事农业科研和技术推广的工作人员提供优良的工作条件和生活保障，使他们在推广农业技术和发展农业最新信息的服务农民过程中不断发挥促进农业持续发展、科学发展的重要作用。李克强在2015年政府工作报告中指出：“加强涉农资金统筹整合和管理。无论财政多困难，惠农政策只能加强不能削弱，支农资金只能增加不能减少。”①国家对农民制定的一系列补贴政策有利于减轻农民负担，调动农民生产积极性，对农民大力发展农业是一种持续性的强大支持。

二是要采取多种鼓励政策，充分发挥农民在建设新农村和发展现代农业中的主体作用，鼓励农民和社会力量投资现代农业。各级农村基层党组织要引导农民发扬自力更生精神，自主自觉地增加生产投入和智力投入，提高科学种田和集约化经营水平。对农户投资兴建直接受益的生产生活设施，可给予适当补助和奖励。民营企业捐款和投资建设农村公益性的公共生产生活设施，可以按规定享受相应的税收优惠政策。对返乡有自主创业愿望的农民工，党和政府要出台相应创业扶持政策，鼓励他们安心、放心扎根于自己家乡干一番事业。对生活无着落的返乡农民工，各地基层党组织要给予临

① 李克强：《政府工作报告》，《人民日报》2015年3月17日。

时救助或尽快帮助他们解决就业问题，确保返乡农民工在家乡有基本的生活保障和经济来源。各地政府要综合运用税收、补助、参股、贴息、担保等手段，不断加大强农惠农富农政策力度，充分发挥政策惠农增收效应，为社会组织、个人投资建设现代农业和农村公共生产生活设施、农业基础设施建设创造良好的有利环境。

三是继续加大对边远山区、农村经济发展落后地区的扶持力度。国家要加大对边远山区、贫困山区农村的专项资金扶持力度，积极引导贫困地区人民抢抓发展机遇，因时、因地地发展农村经济，千方百计地增加农民家庭收入，坚持“输血式”扶贫与“造血式”扶贫相结合，在有条件的地方努力实现由“输血式”向“造血式”转变，最大限度调动农民的生产积极性和创造热情，使农民在国家、政府给予政策上、财力上、人才和技术上的大力支持下，逐步走上共同富裕道路。要通过扶持农民、提高农民、富裕农民，让农业经营有效益，让农业成为有奔头的产业，让农民成为体面的职业，让农村成为安居乐业的美丽家园。只有让农民富起来了，农民的利益切实有保障了，农民的现代化水平提高了，实现国家富强、民族振兴、人民幸福的中国梦的进程就加快了步伐。

四、建设社会主义新农村

(一)建设社会主义新农村的基本含义及其意义

“社会主义新农村”并不是一个新概念。据有关资料表明，20世纪50年代我国制定国民经济“二五”、“三五”计划时，就提出过建设社会主义新农村问题。改革开放以后，至少在1982年、1983年、1984年的三个中央1号文件，1987年中央5号文件和1991年中央1号文件中，都有基本相同的提法。2005年10月11日，党的十六届五中全会通过的《中共中央关于制定国民经济和社会发展第十一个五年规划的建议》，提出了“建设社会主义新农村”这一时代课题，强调建设社会主义新农村是我国现代化进程中的重大历史任务。2007年10月，党的十七大进一步强调要“统筹城乡发展，推进社会主义新农村建设”。2008 年 10 月，党的十七届三中全会通过的《中共中央关于推进农村改革发展若干重大问题的决定》，进一步明确了当前和今后一个时期推进我国农村改革发展的总体思路，提出了一系列建设社会主义新农村的新思路、新举措。党的十八大明确提出推动城乡发展一体化，“解决好农业农村农民问题是全党工作重中之重，城乡发展一体化是解决‘三农’问题的根本途径。要加大统筹城乡发展力度，增强农村发展活力，逐步缩小城乡差距，促进城乡共同繁荣”。① 这些标志着中国共产党建设社会主义新农村思想的完全形成，是当前建设社会主义新农村的科学指南。

建设社会主义新农村，就是在加强农村经济建设、政治建设、文化建设、社会建设、生态文明建设、基层党组织建设等方面全方位建设过程中，使农村科学发展、协调发展、全方位发展，使社会主义新农村建设努力走出一条产出高效、产品安全、资源节约、环境友好的中国特色农业现代化的新路子，为不断提高农民生活水平创造文明和谐的物质条件和美丽的乡村环境。建设社会主义新农村是基于我国总体上已经进入“以工促农、以城带乡”发展阶段的重要判断，着眼于全面建成小康社会和基本实现现代化的全局提出来的。因此，建设社会主义新农村是统筹城乡经济社会发展的必然要求，是落实工业反哺农业、城市支持农村方针的正确抉择。其内涵十分丰富，即“生产发展、生活宽裕、村容整洁、乡风文明、管理民主”，涉及农村的经济建设、政治建设、文化建设、社会建设、生态文明建设和党的建设等方方面面。

提出建设社会主义新农村的战略思想，是对中国共产党长期以来关于社会主义农村发展思想的继承和创新，表明了中国共产党统筹城乡发展、解决“三农”问题的坚定决心，深刻体现了全面建成小康社会，实现中华民族伟大复兴的时代需求，集中代表了亿万农

---

① 胡锦涛：《坚定不移沿着中国特色社会主义道路前进　为全面建成小康社会而奋斗——在中国共产党第十八次全国代表大会上的报告》，人民出版社 2012 年版，第 23 页。

民群众的根本利益。建设社会主义新农村是全面解决好“三农”问题的重要战略选择，有利于促进农民生活富裕、农业发展向高产优质集约型转化、农村建设更加美丽和谐。建设社会主义新农村是实现农业现代化的必然要求，是缩小城乡差距、实现城乡协调发展的必然要求，是全面建成小康社会的必然选择。

(二)建设好社会主义新农村是加快实现中国梦的重要推动力

农业、农民、农村，国之根本。中华民族的伟大复兴必须以农业的现代化发展水平为基础。中国是个农业大国，农业始终是国民经济的基础。中国梦应该包括农民梦。只有实现了农民梦，才能更好地实现中国梦。而实现农民梦，绝不单纯只是一少部分农民的“致富梦”，而是全体农民共同富裕的美丽乡村梦。农民是实现中国梦最可靠的力量和实践主体。实现中国梦首先要实现农民共同富裕的美丽乡村梦，农民梦想的实现要依靠农民这一重要实践主体长期不懈地付出他们的智慧和勤劳。坚持“三农”重中之重地位不动摇，加快转变农业发展方式，让农业更强、农民更富、农村更美，这就是农民共同的梦想。农民梦是中国梦的具体体现，实现农民梦最重要的主体力量是农民自身。

全面建成小康社会，实现中国梦，重点是“三农”，关键在“三农”，成效看“三农”。因此，要勇于直面挑战，敢于攻坚克难，继续夯实农业稳定发展的基础，稳住农村持续向好的势头，提高农村学校教学质量，提升农村公共服务水平，不断提高农民综合素质，提升农村社会文明程度，凝聚起建设社会主义新农村、实现农民梦的强大力量。广大农民在为实现共同富裕的美丽乡村梦想不懈奋斗的追求过程中，在继续推进社会主义新农村建设的发展进程中，让农业更强、农民更富、农村更美。这也是在为实现国家富强、民族振兴、人民幸福的中国梦贡献广大农民的智慧和力量，推动着实现中国梦的历史进程。

(三)扎实推进社会主义新农村建设的基本要求

扎实推进社会主义新农村建设，是一个全面系统的、长期的努力发展过程。推进社会主义新农村建设的主体是农民，农民必须在党的正确领导下扎实推进社会主义新农村建设。社会主义新农村建设必须坚持正确的指导思想，明确正确的发展方向和原则，加强农村基层服务型党组织建设，充分发挥农村基层党组织的领导核心作用，不断健全有利于农村发展的制度体系，切实从制度上、政策上、经济扶持上保障农民利益。只有农民利益有了全方位保障，农民在推进社会主义新农村建设过程中不断共享发展成果带来的物质实惠，才能调动农民推进社会主义新农村建设的积极性。

第一，扎实推进社会主义新农村建设，必须确立统筹城乡发展的思想。

农民占中国人口的大多数，只有使农民都富裕起来、农村经济发达、农业发展走高科技发展道路，我们的国家才会真正实现繁荣富强。要加快“三农”的发展，不断解决“三农”问题，必须加快改变农村经济社会发展明显滞后于城市发展的局面，实行工业反哺农业、城市支持农村和“多予、少取、放活”的方针，尤其要在“多予”上下功夫，把国家用于基础设施建设的资金投入重点转向广大农村，尤其是偏远、贫穷落后的农村。确保国家全面深化改革的红利最大释放并用之于整体上较城市发展滞后的农村。

扎实推进社会主义新农村建设，必须加快建立以工促农、以城带乡的长效机制，形成以工促农、以城带乡、工农互惠、城乡一体的新型工农城乡关系。城镇化是解决城乡差距的根本途径，也是最大的内需所在。进一步促进城乡统筹发展，进一步推动农民就业、创业，落实农民工的有关政策和措施。加快改革户籍制度，有序推进农业转移人口市民化。创新以城带乡、以工促农方式，引导城市现代生产要素向农业农村流动，多渠道促进农民增收。党和政府要加大集中于城市的科技、教育、医疗方面的人才资源、智力资源对农村的支持力度，采取长期有效的形式使优势资源能够长效地支持农村的发展，要从政策上、资金上、人才上、农村基层组织建设上等方面落实好“以工促农、以城带乡”战略，才能加快推进我国社会主义新农村建设步伐。

扎实推进社会主义新农村建设，必须加快建立有利于促进改变城乡二元结构的发展机制，实行城乡劳动者平等就业的制度，建立健全与社会发展水平相适应的农村社会保障制度，全面深化农村经济、政治、文化等方面的配套改革，增强农村经济发展活力尤其要充分发挥城市对农村的辐射带动作用，打破传统的城乡二元格局，大力推进城乡一体化进程。统筹城乡社会保障制度是消除城乡二元结构，保护农民享有与城市居民同等国民待遇，促进社会公平正义的重要举措。在切实可行的基础上加强制度建设，实现城乡基本养老保障制度、基本医疗制度、就业制度、失业救济制度等并轨运行，使农民享有与城市居民同等的社会保障权益，有助于消除城乡居民因城乡区别而导致享受国家公共利益待遇的不平等，有利于加快实现城乡一体化进程。对此，2015 年中央一号文件指出：“依法保障农民工劳动报酬权益，建立农民工工资正常支付的长效机制。保障进城农民工及其随迁家属平等享受城镇基本公共服务，扩大城镇社会保险对农民工的覆盖面，开展好农民工职业病防治和帮扶行动，完善随迁子女在当地接受义务教育和参加中高考相关政策，探索农民工享受城镇保障性住房的具体办法。加快户籍制度改革，建立居住证制度，分类推进农业转移人口在城镇落户并享有与当地居民同等待遇。现阶段，不得将农民进城落户与退出土地承包经营权、宅基地使用权、集体收益分配权相挂钩。”①这些新规定有利于加快实现城乡一体化进程，充分尊重农民选择、保护农民享有平等的合法权益，确保农民无论在城市务工还是在农村务农都能享受公平正义，加快提升农村基础设施水平，推进城乡基本公共服务均等化，让农村成为农民安居乐业的美丽家园。让广大农民平等参与现代化建设进程、共同分享现代化成果。

---

① 《中共中央国务院印发〈关于加大改革创新力度加快农业现代化建设的若干意见〉》，《人民日报》2015 年 2 月 2 日。

第二，扎实推进社会主义新农村建设，必须坚持正确的方向和原则。

扎实推进社会主义新农村建设，必须坚持以发展农村经济为中心，促进粮食稳定发展，进一步解放和发展农村生产力的正确方向。习近平在2013年中央农村工作会议上的讲话指出："我国是个人口众多的大国，解决好吃饭问题始终是治国理政的头等大事。要坚持以我为主，立足国内、确保产能、适度进口、科技支撑的国家粮食安全战略。中国人的饭碗任何时候都要牢牢端在自己手上。我们的饭碗应该主要装中国粮，一个国家只有立足粮食基本自给，才能掌握粮食安全主动权，进而才能掌控经济社会发展这个大局。"①可见，农业的发展尤其是农业中粮食的可持续发展对解决全中国14亿人口的基本温饱问题至关重要。2015年中央一号文件更强调在确定粮食安全的前提下，保持农业可持续发展，以较少的资源代价取得好的效果。"中国要富，农民必须富。富裕农民，必须充分挖掘农业内部增收潜力，开发农村二三产业增收空间，拓宽农村外部增收渠道，加大政策助农增收力度，努力在经济发展新常态下保持城乡居民收入差距持续缩小的势头。"②农业只有在深化全面改革中推进发展，才能使农民富裕，农村繁荣。只有农业发展水平提高了、农业的综合实力增强了，中国的综合国力的增强才有了坚实可靠的基础。

扎实推进社会主义新农村建设，必须坚持和完善以家庭承包经营为基础、统分结合的经营方式。"落实中央关于农业和农村发展的各项政策措施，最根本的是要认真落实党在农村的基本政策，核心是稳定和完善土地承包关系。"③历史和实践证明，这一基本经营方式符合我国国情，激发了农民生产的主动性和积极性，促进了农

---

① 《中央农村工作会议在北京举行》，《人民日报》2013年12月25日。

② 《中共中央国务院印发〈关于加大改革创新力度加快农业现代化建设的若干意见〉》，《人民日报》2015年2月2日。

③ 《十六大以来重要文献选编》上，中央文献出版社2005年版，第116页。

业的发展，必须长期坚持，并在实践中不断完善。关于农村土地制度的改革，当前中央确立了“三条底线”，就是公有制性质不能改变、耕地红线不能破、农民权益不能受损。在落实土地集体所有权的基础上，需要稳定农民对土地的承包权。在此基础上，放活农村土地的经营权，流转农村土地的经营权。党和国家对土地的保护，实质上就是对农民根本利益的保障，也是对农业稳定发展的根本保证。各级领导干部要尤其重视和慎重对待农村土地问题，坚持宪法规定的基本经营制度。这是稳步推进新农村建设的基本保障。2015年中央一号文件进一步指出：“在确保土地公有制性质不改变、耕地红线不突破、农民利益不受损的前提下，按照中央统一部署，审慎稳妥推进农村土地制度改革。分类实施农村土地征收、集体经营性建设用地入市、宅基地制度改革试点。制定缩小征地范围的办法。建立兼顾国家、集体、个人的土地增值收益分配机制，合理提高个人收益。完善对被征地农民合理、规范、多元保障机制。赋予符合规划和用途管制的农村集体经营性建设用地出让、租赁、入股权能，建立健全市场交易规则和服务监管机制。”①这些制度新规定，是对拥有土地使用权利的农民合法权益的最大保护和保障农民利益的最大激活，确保因公用征地而失去土地的农民在经济来源和生活依靠上有最大限度的经济保障。

扎实推进社会主义新农村建设，必须坚持的原则是以人为本，着力解决农民生产生活中最迫切的实际问题，切实保障农民利益。要切实解决好农民最关心、最期盼的道路交通、安全饮用水、教育、卫生、社会保障等民生问题，在公共利益上让农民真正共享改革发展成果；要对新农村建设进行科学规划，因地制宜、分类指导、稳步推进；要引导农民在各级乡镇基层党委正确领导下加快社会主义新农村建设步伐，充分发挥农民的自主创造性，使广大农民的生活水平、精神面貌、文化素养等方面整体上得以明显提高。

---

① 《中共中央国务院印发〈关于加大改革创新力度加快农业现代化建设的若干意见〉》，《人民日报》2015年2月2日。

第三，扎实推进社会主义新农村建设，必须充分发挥农村基层党组织的领导核心作用。

农村基层党组织在发展农业、农民、农村的过程中起着非常重要的领导作用，对社会主义新农村建设的成功与否产生重要影响。因此，扎实推进社会主义新农村建设，必须切实加强农村基层党建工作。要"创新和完善农村基层党组织设置，扩大组织覆盖和工作覆盖。加强乡村两级党组织班子建设，进一步选好管好用好带头人。严肃农村基层党内政治生活，加强党员日常教育管理，发挥党员先锋模范作用。严肃处理违反党规党纪的行为，坚决查处发生在农民身边的不正之风和腐败问题"①。要认真贯彻落实党要管党、从严治党的要求，加强以党组织为核心的农村基层组织建设，充分发挥农村基层党组织的战斗堡垒作用，深入整顿部分基层党组织软弱涣散问题，不断夯实农村基层党组织执政的群众基础。要结合党中央精神，经常性开展与党中央保持一致的党员思想教育活动，解决党组织和党员队伍中存在的突出问题，不断吸收年轻有为、德才兼备的人加入农村基层党组织中，壮大农村党组织队伍，不断增强农村基层服务型党组织的创造力、凝聚力、战斗力，为建设社会主义新农村提供坚强的政治和组织保障。

第四，扎实推进社会主义新农村建设，必须不断健全有利于农村发展的制度体系。

扎实推进社会主义新农村建设，必须建立健全农村经济社会发展制度体系，以科学制度保障新农村建设的顺利进行。一是必须长期稳定农村基本经营制度，保障农民的土地承包权益。以家庭承包经营为基础、统分结合的双层经营体制，是亿万农民群众充分发挥自主能动性的伟大创造，促进了我国农村经济的发展、农民生活水平的提高，具有广泛的适应性和旺盛的生命力，应长期稳定农村家庭联产承包责任经营制以保障农民的基本利益。二是坚持和完善村民自治制度，依法健全民主选举、民主决策、民主管理、民主监督

---

① 《中共中央国务院印发〈关于加大改革创新力度加快农业现代化建设的若干意见〉》，《人民日报》2015年2月2日。

的程序和规范，不断提高农村政治文明建设的群众性、代表性、组织性，保障农村基层民主真正做到村民自治。切实加强村民自治的法律、法规与规章制度建设，为村民自我治理提供完善的法律与制度保障，使农村管理由“以人治村”向“依法治村”的法治方式转变。三是要全面深化农村改革，积极推进制度创新，破除制约农业农村发展的体制机制障碍，激发农业农村经济发展的内生动力。

第五，扎实推进社会主义新农村建设，必须充分发挥农民的主体作用。

农民作为新农村建设的主体，既是创造主体，又是价值主体，还是权利主体。在社会主义新农村建设中，要充分发挥农民的主体作用，尊重农民的主体地位，把农民作为社会主义新农村建设的真正主人。一要充分发挥农民的主体作用、激发农民的创业潜能，尊重农民的物质利益，保障农民的民主权利，是确保新农村建设成功的关键。二要尊重农民群众的首创精神，取消一切制约农民就业创业的不合理体制机制障碍，努力营造鼓励农民干好事业、帮助农民干成事业的有利环境，让亿万农民自主自觉激发自身潜能创造社会财富的愿望得到充分实现，让广大农村丰富的资源、资本和劳动力的活力竞相迸发。三要把全面提高农民素质作为新农村建设的基础工程，改善农村的基础教育，重视农村职业技能培训，组织实施好农村劳动力转移就业培训和农业技术培训，强化农村经营管理知识的普及，提升农民经营管理素质。四要加强农村法治建设，提升农民民主法律素质。五要推进农村思想道德建设，树立社会主义核心价值观，深入推进农村精神文明建设，倡导移风易俗，培养良好道德风尚。

第六，扎实推进社会主义新农村建设，必须切实保障农民利益。

建设社会主义新农村，必须立足当前，着眼长远，把维护好、实现好和发展好广大农民群众的根本利益作为出发点，把解决农民群众在社会主义新农村建设中急需解决的政策支持问题、资金问题、人才问题、技术运用问题、农产品市场化问题等作为重要着力点。一是各级政府要更好地落实好党中央、国务院的政策，维护好农民的利益，使用好农村的土地，包括进城务工农民的合法权益，使他们的合法权益得到很好的保护。包括在工业化、城镇化过程中，进城农民的合法权益也要保护好。二是加快发展农村教育、卫生、文化等各项社会事业，以不断增强的教育水平、师资力量满足广大农民群众在接受教育、技术培训上的需要。三是繁荣农村文化，提高农民的文化素质和思想道德水准，以日益丰富多彩的文化活动形式充实农民群众的精神生活，提升农民群众的文化素养和文明水平。四是以不断提高的医疗水平和更加优惠的医疗惠农政策，真正解决好广大农民看病难、看病贵的问题，增强农民的身体素质。五是要重视农村“三留守”问题，健全农村留守儿童、留守妇女、留守老年人的关爱服务体系。对留守农村的儿童、妇女、老人要出台相应的法律、制度上的人身保护规定，保障农村弱势群体的合法利益不受侵犯。建立健全养老、教育、医疗等农村公共服务，让“三留守”有依靠有保障。六是党和政府应采取出台好的措施和政策，加大对农村环境的保护力度，使农村的环境更美，让人们生活在洁净蔚蓝的天空下。

第三章 中国梦与中国知识分子

党的十八大以来，全党、全国人民紧密团结在以习近平为总书记的党中央周围，高举中国特色社会主义伟大旗帜，走中国道路，弘扬中国精神，凝聚中国力量，踏上了实现中国梦的新的伟大征程。然而中国梦的实现不是一蹴而就的，需要全国各族人民戮力同心，团结奋斗，不断凝聚中国力量。正如习近平在第十二届全国人民代表大会第一次会议上的讲话中所指出的："全国各族人民一定要牢记使命，心往一处想，劲往一处使，用13亿人的智慧和力量汇集起不可战胜的磅礴力量。"知识分子是中国工人阶级的一部分，是中国革命、建设和改革历史进程中的一支重要力量。当前，知识分子仍是实现中国梦的重要力量，并将发挥愈来愈重要的作用。

一、知识分子是工人阶级的一部分

（一）知识分子的定义与内涵

要了解和明确知识分子在党和国家历史发展过程中所发挥的巨大力量，首先要对知识分子这一群体有一个较准确的定义，并准确把握其内涵与群体特点。尽管“知识分子”是一个使用极为广泛的词语，但关于什么是知识分子，中外学界众说纷纭。有人从受教育程度来界定知识分子，认为受过高等教育的人是知识分子；有人以职业界别来划分知识分子，认为教师、记者、编辑、作家、艺术和科研工作者等都属于知识分子。在《现代汉语词典》中，通常把知识分子解释为“具有较高文化水平、从事脑力劳动的人。如科学工作者、教师、医生、记者、工程师等”①。由于时代、国别、文化背景的不同，知识分子的界定标准也是不一样的。

尽管知识分子的定义和内涵受到一定的历史阶段和文化背景的影响，人们对这一问题的认识众说纷纭、莫衷一是，但至少在以下四点上，人们对知识分子的认识和理解是一致的：首先，知识分子必须具备高出社会一般成员的知识和文化水平。例如，1949 年以前，能识只字片语，能算简单账目的人，就可以成为知识分子，新中国成立初期，高级小学毕业就算是知识分子，而今天看来，这只不过是区分文盲半文盲的标准。其次，知识分子所从事职业的劳动性质大多属于脑力劳动。例如马克思就曾称作为“撰稿人”的自己是一个“脑力劳动者，而不是体力劳动者”②。再次，知识分子的工作或职业属性，一般是在文化、教育、科技等领域，主要从事精神生产活动。最后，社会角色上，知识分子代表着社会的良心，是人类基本价值的维护者。一个破坏社会公序良俗的人，即使他受教育程度再高，文化水平再高，也不能称为一名知识分子。综合上述几个标准或前提，目前学界对知识分子定义和内涵的主流看法为：知识分子是受过专门训练，掌握专门知识，以知识为谋生手段，以脑力劳动为职业，从事精神生产活动，具有强烈的社会责任感的群体。③

---

① 《现代汉语词典》，商务印书馆 2005 年版，第 1746 页。

② 《马克思恩格斯全集》第 21 卷，人民出版社 2003 年版，第 279 页。

③ 刘保国：《知识经济时代的知识分子》，社会科学文献出版社 2012 年版，第 5 页。

(二)中国共产党对知识分子的认识及政策演变历程

亚里士多德曾说:“人是天生的政治动物。”知识分子作为一个具有高度社会责任感的群体,其与政治是密不可分的。然而,就其阶级属性来讲,知识分子能否作为一个独立的阶级呢?答案应该是否定的。众所周知,按照马克思主义唯物史观,阶级的划分是以经济地位,准确地说是对生产资料的占有关系为标准的。工人、农民、地主、资本家都与一定的生产资料和经济关系相关联,因此他们都构成了各自的阶级。而知识分子从事的是精神生产,不占有一定的生产资料,其经济地位和经济利益显得较为模糊。因此,按照马克思的划分标准,知识分子并不能称为一个独立的阶级。这就引出了关于知识分子的另一个问题,即政治属性问题。知识分子的政治诉求必须通过一定的阶级表达出来,因此,知识分子在历史发展过程中必须要依附一定的阶级,于是就出现了中国近现代史上一些耳熟能详的概念,如小资产阶级知识分子、资产阶级知识分子、无产阶级知识分子等。

正是基于对中国知识分子阶级属性和政治取向的认识,中国共产党在 90 多年的发展历程中,不断制定、修正、完善和执行自己的知识分子政策,从而把知识分子团结在自己的周围,集聚了知识分子的巨大力量,取得了中国革命的伟大胜利,并在建设中国特色社会主义、实现中华民族伟大复兴中国梦的道路上阔步向前。

1. 民主革命时期党对知识分子的认识及政策

“谁是我们的敌人?谁是我们的朋友?这个问题是革命的首要问题。”①认清这个革命的首要问题,革命便有了依靠的对象、团结联合的对象和打击的对象。知识分子这一群体无疑是中国共产党需要正确认识和把握的。从 1921 年中国共产党成立到 1949 年中华人民共和国建立,中国共产党在知识分子问题上逐渐形成了一套较为

---

① 《毛泽东选集》第 1 卷,人民出版社 1991 年版,第 3 页。

系统和成熟的理论和政策。其显著特点是突出革命的视角、采用阶级分析的方法。

中国共产党是马克思主义与中国工人运动相结合的产物。在建党前后的一系列政治运动中，进步青年学生是运动的先锋，工人阶级是运动的主力军，而先进知识分子是连接进步学生和工人阶级的桥梁和纽带，他们引导甚至指挥了那个年代的政治运动。众所周知，中国最先接受马克思主义的先进分子和中国共产党的早期党员，几乎是清一色的知识分子。① 创始人李大钊、陈独秀作为北京大学的教授，无疑属于知识分子的一员。参加中共一大的代表中，毛泽东、何叔衡的职业是小学教员，且受过系统的师范教育，李达、李汉俊是自由撰稿人，张国焘、刘仁静是北京大学的学生，包惠僧的职业是记者等，从他们的职业和受教育程度来看，无疑都属于当时的知识分子。他们最初怀揣着救国救民、家国天下的抱负，依托于一定的阶级，并通过从事一定的政治活动，表达一种政治诉求，最终实现一种政治理想。这便是知识分子在中国共产党的创建过程中所起的作用。随着马克思主义在中国的日渐传播和中国共产党力量的增强，越来越多的知识分子加入到了共产党的队伍中，并在轰轰烈烈的大革命中发挥了重要作用。尽管大革命最终失败了，但中国共产党认识到知识分子的大多数对于增强民主革命力量和实现民主革命目标是有重大作用的，并把知识分子纳入了小资产阶级的范畴，认为“学生界、中小学教员、小员司、小事务员、小律师”②属于小知识阶层，是与自耕农、手工业主、小商人并列的小资产阶级范畴。这种阶级属性的认定，对中国共产党制定正确的知识分子政策是有积极影响的。

大革命失败后，中国共产党错误地把陈独秀的右倾机会主义和党内小资产阶级知识分子的妥协性联系起来，伴随着党内先后三次“左”倾错误的出现和发展，党对知识分子的认识和政策亦随之

---

① 中共一大召开之际的50余名党员中，仅湖北有两名失业工人，参见《“一大”前后》(二)，人民出版社1980年版，第319页。

② 《毛泽东选集》第1卷，人民出版社1991年版，第5页。

“左”转，其特征是排斥和不信任，并把大革命失败的责任推到知识分子头上，用“指导干部工人化”①排斥党内的知识分子，并在“肃反”中对知识分子进行迫害。这种状况直至 1935 年才有了显著转变。

自 1935 年遵义会议以后，一方面中国共产党逐渐纠正了党内的“左”倾错误，其政策开始向着更加符合中国革命的实际方向调整；另一方面，华北事变引发了新一轮的民族危机和中国各阶层民众要求抗日的民族运动高潮，期间，在民族主义的号召下，知识分子的先锋和喉舌作用有目共睹。种种主客观因素使中国共产党的知识分子政策在 1935 年到 1949 年间具有客观性和实际性的特征。首先，中国共产党认识到知识分子在抗日战争中是一支重要的民族革命力量。他们在宣传民众和组织民众，在处理与国民党的关系问题上，甚至在争取外援问题上，均不仅有益于民族战争，而且有利于中国共产党自身力量的发展壮大。其次，这一时期，对于亟需扩大自身影响，壮大自身力量的中国共产党而言，大量吸收知识分子加入共产党、加入人民军队、加入革命政权，无疑是扩大抗日民族统一战线的一个重要方面。再次，解放战争时期，知识分子是左右社会舆论，影响国共力量对比的重要因素之一，“第二条战线”的主要力量便是知识分子。因此，中国共产党在这一时期的知识分子政策便是团结、联合、吸收、改造并使之“无产阶级化”。总体而言，这一时期党对知识分子的认识是客观准确的，党的知识分子政策是有效实用的。

2. 社会主义革命和建设时期党对知识分子的认识及政策

这一时期党对知识分子的认识经历了由基本符合实际到犯严重错误的历程。从 1949 年 10 月新中国成立到 1956 年 1 月知识分子问题会议召开，这一时期党的知识分子政策可以用“团结、改造、使用”来概括。实际上，从新中国成立到“文化大革命”结束，中国

---

① 《建党以来重要文献选编》第 4 册，中央文献出版社 2011 年版，第 633 页。

共产党对知识分子的认识和政策始终没有跳出“团结、改造、使用”的框架，只不过有的时候，某个方面较为突出而其他方面较弱而已。即使在“文化大革命”中，也不能说就完全放弃了“团结和使用”，只是“改造”被推到了极端以致变成了打击与迫害。① 该时期党对知识分子的认识及政策主要有三个方面：

第一，对知识分子的团结、教育、改造方针。中华人民共和国成立后，大量的知识分子认识到只有中国共产党才能带领人民完成国家独立、人民解放的历史任务，于是他们自觉团结在中国共产党的周围，于1951年秋到1952年秋，自觉普遍地进行了思想改造工作，学习了马克思列宁主义、毛泽东思想的主要内容，并自我批评资产阶级和小资产阶级习气，树立了为人民服务的观点，期间知识分子群体经历了一次艰辛的自我改造和重塑历程。通过思想改造，“大多数知识分子抛弃过去不同程度存在的轻视劳动人民的旧思想，进一步站到人民的立场，开始学习和掌握唯物史观和唯物辩证法，初步接受马克思主义的世界观”②。在党的团结、教育、改造方针的指导下，广大知识分子经受了实际斗争的锻炼，努力适应社会的变化，跟上时代的要求，为发展新中国的教育、科学、文化事业贡献了自己的知识和才智。

第二，明确了知识分子作为工人阶级一部分的阶级属性。1956年，伴随着“三大改造”步入尾声，在整个社会范围内生产资料私有制逐渐为社会主义公有制所取代，资产阶级和无产阶级的矛盾降到次要地位甚至已经消失。而在民主革命时期，中国共产党是把知识分子纳入了小资产阶级的范畴的。既然资产阶级已经完成了社会主义改造，并即将退出中国历史的舞台，那么小资产阶级范畴内的中国知识分子的阶级属性问题就成为中国共产党亟需回答的问题。1956年1月，知识分子问题会议召开，周恩来代表中共中央在会

---

① 杨凤城：《中国共产党的知识分子理论与政策研究》，中共党史出版社2005年版，第75页。

② 《中国共产党历史》第2卷（上册），中共党史出版社2011年版，第158页。

上作了《关于知识分子问题的报告》，在充分肯定新中国成立后知识分子政治立场转变与进步的基础上，对其阶级属性作出了新的判定。周恩来指出，知识分子"中间的绝大部分已经成为国家工作人员，已经为社会主义服务，已经是工人阶级的一部分。在团结、教育、改造旧知识分子的同时，党又用了很大的力量来培养大量的新的知识分子，其中已经有相当数量的劳动阶级出身的知识分子。由于这一切，我国的知识界的面貌在过去六年来已经发生了根本的变化"①。同年2月，中央政治局会议通过的《中共中央关于知识分子问题的指示》中再次判定："我国知识分子的面貌已经发生了根本的变化"，他们中的绝大多数人积极拥护共产党和社会主义制度，或者已经站到社会主义的立场上来，"知识分子的基本队伍已经成了劳动人民的一部分；在建设社会主义的事业中，已经形成了工人、农民、知识分子的联盟"。② 中国共产党对知识分子工人阶级属性的认识，既是对他们自我改造的认可，也是对他们在经济社会发展中发挥作用的肯定。这使广大知识分子摆脱了阶级上和思想上的包袱，全身心地投入到社会主义建设的工作中。

第三，提出"百花齐放，百家争鸣"的指导方针。为进一步繁荣自然科学和哲学社会科学，调动广大知识分子进行社会主义建设的积极性，1956年中共中央提出了"百花齐放，百家争鸣"的方针，并提出学术、艺术性质的问题，应该放手让知识分子讨论，应该允许不同学派的存在和新学派的树立。同年5月26日，在中南海怀仁堂举行由各界知识分子代表参加的报告会，中宣部部长陆定一代表中共中央作了《百花齐放，百家争鸣》的报告，集中系统地阐述了"双百方针"，指出："我们所主张的'百花齐放，百家争鸣'是提倡在文学艺术工作和科学研究工作中有独立思考的自由，有辩论的自由，有创作和批评的自由，有发表自己的意见、坚持自己的意见

---

① 《建国以来重要文献选编》第8册，中央文献出版社1994年版，第16页。

② 《建国以来重要文献选编》第8册，中央文献出版社1994年版，第133页。

和保留自己的意见的自由。”①并申明：只要不是反革命分子，不管是宣传唯物主义还是唯心主义，都有自由辩论的自由。报告还指出，“双百”方针的目的就是加强团结，动员一切因素建设社会主义的新中国。广大知识分子感到“如沾化雨、如沐春风”，“一片衷心拥护，兴高采烈”，迎来了自己的“春天”。

这一时期，党在知识分子认知上也曾出现错误与挫折。由于对国内外、党内外形势估计得过于严重，中国共产党于 1957 年 5 月发动了“反右派”斗争，并发生了严重扩大化的现象，中国共产党的知识分子理论和政策发生“左”的逆转。被划为“右派”的 55 万人中，知识分子占了大多数。尽管日后直到“文化大革命”结束，曾为大部分“右派”分子平反，但是“反右派”斗争扩大化的后果，在之后 20 余年的时间里，使知识分子受到不公正的对待，严重打击了他们的积极性。加之“文化大革命”，“左”倾错误愈演愈烈，“阶级斗争为纲”成为党和国家的指导方针。“知识越多越反动”，“过社会主义关”，打倒“资产阶级反动学术权威”等，给知识分子的精神和人身造成了双重的伤害，成为压在知识分子身上难以卸下的包袱，也给社会主义事业造成严重损失，留下了深刻的教训。

3. 改革开放新时期党对知识分子的认识及政策

党的十一届三中全会的召开，使我国进入改革开放和社会主义现代化建设的新时期。知识分子在经济社会发展中的重要作用重新得到党和国家的认可与重视。

第一，恢复和强调“知识分子是工人阶级一部分”的认定。

1976 年 10 月党中央一举粉碎“四人帮”，标志着中国共产党进入了新的历史发展时期。1977 年 9 月，中央决定恢复因为“文化大革命”而中断了十年的高考制度，中国由此重新迎来了尊重知识、尊重人才的春天。1978 年 3 月 18 日，邓小平在全国科学大会开幕式上的讲话中，重审了 1956 年 1 月全国知识分子问题会议上党对

---

① 《建国以来重要文献选编》第 8 册，中央文献出版社 1994 年版，第 303 页。

知识分子的判定，指出：知识分子的“绝大多数已经是工人阶级和劳动人民自己的知识分子，因此也可以说，已经是工人阶级自己的一部分。他们与体力劳动者的区别，只是社会分工的不同”①。这种认定的恢复，是知识分子身上的资产阶级属性枷锁重新卸下的一个良好开端。同时，邓小平还在大会上提出了“科学技术是生产力”的著名论断，这为科技工作者从事科学研究提供了强大的信心和动力支持。1978 年 11 月 3 日，《中共中央组织部关于落实党的知识分子政策的几点意见》指出：知识分子“热爱党，热爱祖国，热爱社会主义，满腔热忱地从事科学文化教育事业，就是在林彪、‘四人帮’严重迫害，工作极端困难的条件下，许多人仍然坚守岗位，表现出很高的政治觉悟。他们不愧是工人阶级自己的又红又专的知识分子队伍，是党的依靠力量”②。在改革开放大幕即将开启的时候，把知识分子重新划进党领导人民进行社会主义建设的依靠力量中，无疑使一段时期内深受不公平待遇的知识分子迎来了新的春天，无疑为社会主义建设注入了一股新的强劲力量，使他们在即将到来的改革开放大潮中发挥引领者和排头兵的作用。

第二，拨乱反正与落实知识分子政策。

党的十一届三中全会作出了以经济建设为中心，实行改革开放的伟大战略决策，并开始了一些重大历史是非问题的拨乱反正。重新确立了知识分子是工人阶级的一部分的认定，彻底为“反右派”斗争中被错划的“右派”分子平反，并纠正了“文化大革命”中在知识分子问题上的极“左”政策。同时落实有关知识分子的各项具体政策，包括平反冤假错案；恢复专业技术职称，保证专业科研时间；改变用非所学、用非所长的状况；改善工作和生活条件；充分信任，放手使用等。通过在知识分子问题上的拨乱反正和落实政策，中国知识分子终于彻底脱掉了资产阶级的帽子，终于能够摆脱政治和意识形态对学术艺术的武断干预，理直气壮地从事自己的专

---

① 《邓小平文选》第 2 卷，人民出版社 1994 年版，第 89 页。

② 中共中央组织部、中共中央文献研究室：《知识分子问题文献选编》，人民出版社 1983 年版，第 53 页。

业工作，并由此带来了 20 世纪 80 年代中国思想文化的复苏和活跃。

第三，对知识分子持续的高度评价与政策支持。

党的十三届四中全会以来，党在对知识分子阶级属性认定上持续高度评价，并在政策上不断加大对知识分子的支持。2001 年 7 月，在纪念中国共产党成立 80 周年大会的讲话上，江泽民指出：知识分子作为工人阶级的一部分，大大增强了工人阶级的思想道德素质和科学文化素质，发展了工人阶级的先进性，增强了党的阶级基础①。2002 年 11 月党的十六大上，江泽民再次指出："随着改革开放的深入和经济文化的发展，我国工人阶级队伍不断壮大，素质不断提高。包括知识分子在内的工人阶级，广大农民，始终是推动我国先进生产力发展和社会全面进步的根本力量。"②至此，"知识分子是工人阶级的一部分"的思想，已经成为中国共产党认识和处理知识分子问题坚定不移的理论依据，成为党制定知识分子政策的基本出发点。科教兴国战略、人才强国战略的制定和实施，"尊重劳动、尊重知识、尊重人才、尊重创造"方针的制定和执行，建设创新型国家战略决策的部署和推动等，都体现了党对知识分子在建设中国特色社会主义中发挥作用的重视与使用，同时为广大知识分子发挥自身聪明才智，实现自身的价值提供了良好的政策支持和平台支撑。

第四，把各方面优秀人才聚集到党和国家事业中来。

21 世纪以来，尤其是党的十八大以来，我国进入了全面建成小康社会的关键时期和深化改革开放、加快转变经济发展方式的攻坚时期，以知识分子为核心构成的人才资源在经济社会发展中的作用愈发凸显。党的十八大指出："广开进贤之路，广纳天下英才，是保证党和人民事业发展的根本之举。"要"加快确立人才优先发展战略布局，造就规模宏大、素质优良的人才队伍，推动我国由人才

---

① 《江泽民文选》第 3 卷，人民出版社 2006 年版，第 285 页。
② 《江泽民文选》第 3 卷，人民出版社 2006 年版，第 539 页。

大国迈向人才强国"①。党的十八大以来，以习近平为总书记的党中央不断创新人才观，把大量优秀人才凝聚在党和国家事业的周围，形成大量优秀人才集聚的喜人局面。习近平高度重视人才资源的价值，他说："知识就是力量，人才就是未来。"②"要树立强烈的人才意识，寻觅人才求贤若渴，发现人才如获至宝，举荐人才不拘一格，使用人才各尽其能"③，要充分增加人才的储备，创新人才培养机制，激发人才创新活力，人是科技创新最关键的因素。"创新的事业呼唤创新的人才。"尊重人才，是中华民族的悠久传统，"实现中华民族伟大复兴，人才越多越好，本事越大越好"④。这表明，党和国家已经把人才资源作为推动经济社会发展的第一大战略资源。这为中国知识分子发挥自身优势服务国家、奉献社会，创造了重要的外部环境和条件。

（三）知识分子的工人阶级属性

世界产业革命以来，工人阶级作为先进生产力的代表登上世界历史舞台，与最先进的生产方式——机器大生产紧密关联。五四运动中，中国工人阶级作为独立的政治力量登上历史舞台，开始领导中国革命，中国知识分子在五四运动中起到了先锋和模范的作用，从那时起，中国知识分子与工人阶级就日渐地融为一体。在中国共产党90多年的发展历程中，知识分子为党正确地认识中国国情并制定革命策略提供了重要的智力指导。例如，20世纪30年代初期

---

① 胡锦涛：《坚定不移沿着中国特色社会主义道路前进　为全面建成小康社会而奋斗——在中国共产党第十八次全国代表大会上的报告》，人民出版社2012年版，第53页。

② 习近平：《坚定不移创新创新再创新　加快创新型国家建设步伐》，《光明日报》2014年6月10日。

③ 习近平：《建设一支宏大高素质干部队伍，确保党始终成为坚强领导核心》，《人民日报》2013年6月30日。

④ 习近平：《坚定不移创新创新再创新　加快创新型国家建设步伐》，《光明日报》2014年6月10日。

关于中国社会性质与社会史问题论战，以朱镜我、王学文、潘东周、何干之等为代表的、党领导下的左翼知识分子通过对各种错误理论的批判和论证，使“半殖民地半封建”社会性质的认识在全国得到广泛传播，并得到了相当一部分人的认可，加深了中国共产党对中国革命的对象、性质、动力、任务和前途一系列问题的认识，为后来毛泽东新民主主义理论的最终形成奠定了基础。这表明，知识分子对中国工人阶级及其先锋队的发展壮大具有重要促进作用。

知识分子是中国工人阶级的一部分。按照马克思主义社会发展阶段论与阶级划分说，在人类社会发展史上，知识分子从来不曾作为一个独立的阶级存在过，他们必须从属或依附于一定的阶级，才能将自己的主张付诸实现，才能在社会发展中实现自身价值，这在封建社会、资本主义社会是如此，在社会主义社会也是如此。针对人们容易误把知识分子当作资产阶级享乐派的现象，邓小平依据马克思主义基本原理，纠正了人们的认识误区，认为既然承认科学技术是生产力，那么知识分子作为科学技术的创造者，难道不是劳动者吗？难道不是中国工人阶级的一部分吗？“马克思曾经指出，一般的工程技术人员也参与创造剩余价值。这就是说，他们也是受资本家剥削的。”①这就从理论上打破了人们的认识误区。因此，把知识分子作为中国工人阶级一部分的论断，不仅符合马克思主义基本原理，而且也符合中国经济社会发展的实际，有利于扩大中国共产党领导的爱国统一战线，争取和集聚更多的知识分子投入到我国的经济社会发展中，为中华民族伟大复兴中国梦的实现而奋斗。

在中国工人阶级内部，主要从事脑力劳动、创造精神文化财富的群体便是知识分子，他们与主要从事体力劳动的群体共同构成了工人阶级。当然，这种划分较为粗略，但能体现出知识分子在整个工人阶级群体中的作用及相互关系，即知识分子是中国工人阶级中提供智力指导的群体，规定并引导着中国工人阶级的发展方向。经过三次科学技术革命的洗礼，知识分子引领社会发展的作用日益突出。在时下的信息技术时代，知识分子创造了大量的智力财富，无

① 《邓小平文选》第2卷，人民出版社1994年版，第89页。

论是在自然科学领域还是人文社会科学领域，知识分子都处于智力核心的地位。他们创造的精神财富为我国经济社会发展提供了大量的智力支持和精神动力。

把知识分子纳入中国工人阶级并作为其重要的组成部分，有利于把知识分子这一最重要的智力群体吸收进党的阶级基础队伍中，有利于充分发挥中国知识分子进行精神文化生产的积极性，有利于中国工人阶级及其先锋队——中国共产党决策的科学性和有效性，有利于壮大中国工人阶级整体的力量，夯实党执政的阶级基础，为我国经济社会发展提供源源不断的强大动力支撑。同时，中国工人阶级强大的意志力、战斗力和广泛的社会基础，也会为中国知识分子从事精神生产和科学研究提供重要的源头活水。

“知识分子是工人阶级的一部分”，是中国共产党把马克思主义知识分子理论与中国实际相结合的产物，是新的历史条件下党制定知识分子政策的重要理论依据，是马克思主义中国化的重要理论成果。知识分子作为工人阶级队伍中主要从事脑力劳动的部分，是整个工人阶级完成历史使命必不可少的重要力量。把知识分子排除在工人阶级之外，对他们采取不信任甚至歧视的态度，是完全错误的。“知识分子是工人阶级的一部分”，其本质意义还在于向知识分子提出了坚持工人阶级立场，自觉担负工人阶级历史使命和历史责任的要求。知识分子作为工人阶级的一部分，也应当具有国家和民族主人翁的意识，增强对中国特色社会主义的道路自信、理论自信和制度自信。

二、实现中国梦是广大知识分子的理想追求

实现中国梦是全体中华儿女的美好夙愿，是广大知识分子的理想追求。对国家富强、民族振兴、人民幸福的伟大中国梦的向往是凝聚全体中国人民奋斗力量的精神动力，也是中国知识分子消弭分歧、凝聚共识，为国家发展建言献策的方向指引。近代以来，中国知识分子为实现中国梦的理想追求接续奋斗了 170 余年，并仍在进行中。中国知识分子在近代国家救亡与民族启蒙的历史中，在现当

代经济社会发展中，在实现中国梦的进程中发挥了特殊重要的作用，这种作用是任何社会阶层所不能替代的。

(一)中国梦是凝聚中国知识分子力量的最大共识

1840年鸦片战争之后的近代中国，一直处于动荡与变乱之中。动乱带来的是社会各阶级矛盾的激化和对统治者当局的不满。为改变国家的处境，社会各阶级纷纷提出自身的治国方略，要么是封建统治集团内部的修补、要么是资产阶级的改良和革命、要么是无产阶级领导的新民主主义革命。在近代中国救亡与启蒙的诉求下，社会改革一浪高过一浪，政治团体一波超过一波，社会思潮“你方唱罢我登场”。中国的知识分子虽然在政治诉求、主义信仰、社会发展方式等问题上存在诸多分歧，但这种分歧只是在社会发展的方式方法上的认识不同，只是在采用何种工具救国治国上存在认识差异。不管旧中国的知识分子采用何种方式、力图建立何种性质的国家政权，他们在追求国家独立、民族振兴富强上的出发点和归宿点上都是一致的，都是为了实现中华民族的伟大复兴。

1915年9月，陈独秀在上海创办了《青年杂志》(2卷起更名为《新青年》)，开始从思想文化上探索中国的出路，以此为标志，新文化运动的大幕拉开，西方的各种主义、思潮、理论如潮般涌入中国人的视野，他们在其中比对、遴选，究竟哪种理论可以救中国？“中国的出路在哪里？”这是新中国成立前几代中国知识分子共同的路径追问。

1932年11月1日，《东方杂志》就“新年的梦想”这一话题向全国各界知名人士发出了约四百多封征稿信，旨在征求两个问题的答案：“(一)先生梦想中的未来中国是怎样？(请描写一个轮廓或叙述未来中国的一方面。)(二)先生个人生活中有什么梦想？(这梦想当然不一定是能实现的。)”①一个多月的时间内收到了142人回复的240多个“梦想”，并刊发在1933年元旦的《东方杂志》上，这些

---

① 《新年的梦想》，《东方杂志》第30卷第1期，1933年1月1日。

回复梦想的人大部分都是当时著名的为人所熟知的知识分子，其中包括郑振铎、柳亚子、徐悲鸿、俞平伯、茅盾、巴金、郁达夫、丰子恺、陈翰笙、张君劢、周谷城、邹韬奋、陶孟和、周作人、施蛰存、楼适夷、谢冰莹、马相伯、林语堂、夏丏尊、叶圣陶、章乃器等。尽管当时国家积贫积弱，但这些知识分子仍表达了自己对美好国家梦想的向往。柳亚子说："我梦想中的未来世界是一个社会主义的大同世界。"郑振铎说："我们将建设一个伟大的社会主义的国家。"郁达夫答："将来的中国，可以没有阶级，没有争夺，没有物质的压迫，人人都没有而且可以不要'私有财产'。"谢冰莹答："我梦见一个没有国界、没有民族、没有阶级区别的大同世界；……共同生产、共同消费的社会主义国家。"范寿康梦见："[旧的]生产关系的'外壳'炸破了，革命的暴风雨席卷了英、美、法、意诸国。中国跟随先进各国获得了国际间的自由与平等。在这未来的中国，无所谓贫富悬隔的阶级，无所谓男女差别的待遇。"叶圣陶答："梦想中未来的中国……个个人有饭吃，个个人有工作做；凡所吃的饭绝不是什么人的膏血，凡所做的工作绝不为充塞一个两个人的大肚皮。"可见，知识分子的梦想基本都是对自由、均等、富足、美满的社会生活的向往，都梦想着这个国家能够不受欺凌，能够与欧美诸列强平等地站在世界的舞台。这就是那时中国知识分子的中国梦。不论在政见上有何分歧，这种梦想始终是他们最大的共识，激发着他们为建设一个富强、幸福的新中国而努力。

关于中国的出路问题，关于采用何种方式实现中国出路的问题，知识分子的观点是不一致的，这也一直是他们争论的一个焦点，本质上无外乎是采用何种方式，建立一种怎样的国家政权的问题。实业救国、教育救国、科技救国等都是知识分子提出的救国方略，君主立宪制、民主共和制、人民民主制等都是知识分子曾追求过的国家政权形式。五四时期发生的"问题与主义"之争、关于社会主义的论战、马克思主义与无政府主义的论战，基本是围绕以下问题展开的：在保留现有社会制度下，对社会问题进行一点一滴的改良，还是进行根本的革命、推翻现有制度，建立新的国家政权后再图经济社会的发展；是否定一切国家政权实行国民自治，还是在国家政权下追求人民民主的和谐。接着进行的科学与玄学论战，20世纪30年代初的中国本位文化与全盘西化之争，以及《申报》上关于“现代化”的争论，都是对救国方略争论的延续。但不论采用何种方式，建立何种形式的政权，知识分子对自身所追求的国家目标状态却是一致的，即国家富强、人民幸福。正如胡适1933年11月在《独立评论》发表的一篇文章中谈道：“我们都应该回头去想想，革命是为什么？岂不是为了要建立一个更好的中国？立政府是为什么？岂不是为了要做这个国家的事业？练兵是为什么？岂不是为了要捍卫这个国家？现代化是为什么？岂不是为了要使这个国家能站在这个现代世界里？——这一切的工作，本来都只是为了要建立一个更满人意的国家。”①尽管此时的胡适仍持的是改良主义的观点，仍主张一点一滴的改良，仍没有明白不推翻帝国主义、封建主义在中国的统治，不来个“根本解决”，所谓的新中国根本无从谈起。但不可否认，胡适的这些话却反映了当时知识分子的中国梦，反映了他们对建立一个新中国的追求，对这种国家梦想的向往，凝聚了他们的最大力量，体现了他们的最大共识，推动着知识分子在自己所从事的各个领域，为国家梦想的实现贡献自己的智慧和力量。

知识分子要实现自身的政治诉求，必须依附一定的政治团体，但当权的国民党政府力图与帝国主义妥协，加之他们代表大地主大资产阶级的利益，决定了他们不可能考虑中下层国人的生活状态，知识分子对国民党政权的依附，他们的“梦想”在国民党发动的一次次对外妥协和对内屠杀中渐渐破灭。历史和现实使知识分子逐步认识到，在中国只有中国共产党的主义、纲领、政策才能带领他们实现自己的中国梦。于是，他们最终转向了对中国共产党领导的人民民主政权的认同和支持。

1949年9月21日至30日，中国人民政治协商会议第一届全体会议在北平中南海怀仁堂举行。“出席大会的有党派代表、区域代表、人民解放军代表、团体代表共45个单位以及特别邀请人士，

---

① 胡适：《建国问题引论》，《独立评论》第77号，1933年11月19日，第5~6页。

共有正式代表、候补代表及特邀代表662名。”“包括中国共产党、各民主党派、无党派人士、各区域和人民解放军的代表，包括工人、农民、妇女、青年、学生、文化教育、文学艺术、自然科学和社会科学各社会团体，以及工商界、宗教界、少数民族和国外华侨等各个方面的代表。”“还有为争取和平民主而奋斗、积极参加筹备新政府的各民主党派，即中国国民党革命委员会、中国民主同盟、民主建国会、中国民主促进会、中国农工民主党、中国人民救国会、三民主义同志联合会、中国国民党民主促进会、中国致公党、九三学社、台湾民主自治同盟以及无党派民主人士的代表。”①近世以来中国知识分子追求国家独立、人民解放的梦想终于在中国共产党的领导下实现了，他们的国家富强、人民共同富裕、社会大同的中国梦处在一个全新的历史起点上，激发着知识分子和工农大众一起，为建设一个新中国而奋斗。

（二）近代中国知识分子为救亡与启蒙作出了突出贡献

“修身、齐家、治国、平天下”、“为天地立心、为生民立命、为往圣继绝学，为万世开太平”，是历代中国知识分子对个人、社会、国家的精神追求和价值向往。明晚期以来，中国的大门逐步封闭，渐渐遗忘了世界，但资本主义工业革命的血与火却不会遗忘中国这片富饶丰盈的土地。于是，随着鸦片战争的爆发，西方列强的坚船利炮无情地敲开了中国的大门。伴随着国势的衰微和主权的沦丧，近代先进中国人领导的救亡与启蒙的运动逐渐兴起，这部分先进的中国人基本是以知识分子为主。

中国知识分子自古以来就有关心国事民瘼、积极入世、以天下为己任的儒学传统。面对列强入侵带来的国势衰微、主权沦丧和民生涂炭，中国知识分子自觉地担当起了国家救亡与民族启蒙的历史责任。回首中国人向西方学习的过程，不难看出，它基本完成了一

---

① 《中国共产党历史》第2卷(上册)，中共党史出版社2011年版，第5~6页。

个由技术系统到社会系统再到思想意识系统的渐次转化，即遵循了一个“器”、“政”、“教”的演进轨迹。而在这三次递进式地向西方学习的历史演进轨迹中，知识分子始终处在引领历史进步的最前沿。

1. 中国传统知识分子“自强”与“求富”的尝试与努力

中国传统意义上的知识分子以晚清士大夫为主，一批是以龚自珍、林则徐、魏源等为代表的近代中国首批“开眼看世界”派，另一批是以曾国藩、左宗棠、李鸿章、张之洞等为代表的洋务派。

从本质上看，“开眼看世界”派知识分子的思想仍与传统的生产关系有着千丝万缕的联系。面对着西方列强以坚船利炮推动的强劲的现代化的第一波冲击，以及当时中国内部封闭、愚昧和“万马齐喑究可哀”的腐败时局，龚自珍呼唤“我劝天公重抖擞，不拘一格降人才”的变革，林则徐、魏源则感受到紧迫的危机，提出“师夷长技以制夷”，并依靠自身所掌握的国家资源组织汇编介绍西方的书籍，研究所谓的西方“奇技淫巧”，成为“开眼看世界”的先驱人物。严格说来，他们对学习西方的认识非常肤浅，仅仅看到似乎并不深奥的“夷之长技”，内心深处仍笃信“天不变，道亦不变”的永恒纲常。尽管如此，历史总会永远记住迈出第一步的人。他们的批判意识、开放襟怀、变易哲学和经世学风，都极大地影响了后人，开启了近代中国向西方学习的闸门。

传统士大夫真正认识到中西的差距，真正开始实质意义上向西方学习的进程，或许应该从第二次鸦片战争算起。连续两次战争的惨败，使中国知识分子真正开始反思，认识到清王朝面临“三千年未有之变局，三千年未有之强敌”，如若不变革，只能是任人宰割的命运。以奕䜣、曾国藩、左宗棠、李鸿章、张之洞为代表的士大夫阶层，发起了规模浩大的“师夷长技以自强”的“洋务运动”。他们办工厂、制武器炮舰、兴学堂、派留学生，倡导“中学为体，西学为用”。但甲午的炮声将这些美好的梦想击得粉碎，后人的评价是洋务派只复制西方的“器物之学”，而不变革根本的封建制度，是不能挽救清王朝颓势的。但这代知识分子的努力，却在客观上促进了中国资本主义生产关系的成长，是近代中国走向现代化的第一次有益尝试。

2. 资产阶级知识分子对政治体制变革的尝试与努力

历史总是在一次次的"试错"中进步，知识分子在学习西方的"器物之学"失败后，转而学习西方的"制度"。此处资产阶级知识分子包括资产阶级改良派与资产阶级革命派人士，他们分别进行了君主立宪政体和民主共和政体的尝试和努力。

"唤起吾国四千余年之大梦，实自甲午一役始也。"①甲午战争中，作为泱泱大国的大清帝国竟为"蕞尔岛夷"的日本所击败，割地赔款，战时的虚骄自大被惨败带来的震惊和耻辱所代替，知识分子一时难以接受，陷入痛苦的反思，引发了资产阶级改良派主导的维新变法运动。这派知识分子以早期维新派的王韬、郑观应、马建中、薛福成以及维新变法派的康有为、梁启超、谭嗣同等为代表。早期维新派在提交变法方案时，仅仅是一些具体方案的拼凑，既缺乏坚实的历史论证，又没有系统的理论阐述，停留在就"变法"作一般空泛的议论，局限于单纯的著书立说和局部改良。维新变法派在借助早期维新思想家对洋务派的抨击和已积累的思想材料的基础上，发起了一场有组织、有计划、有步骤的维新变法和思想启蒙运动。政治上，主张设议院、开制度局、行君主立宪；经济上，提出了以"富国养民"为宗旨的发展资本主义的经济纲领和"以工定国"的战略目标；军事上，从"强国"入手，要求建立一支"内可弭乱，外可御侮"的近代军队；文化上，主张检讨中国传统文化，尝试构筑一种适宜中国国情且能服务于"救亡图存"的新文化；教育上，主张改科举，废八股；社会习俗上，希图破除封建旧习陋俗，树立新的风尚。② 资产阶级改良派知识分子的这些主张和举措，是近代

① 梁启超：《戊戌政变记》，《饮冰室合集》专集之一，中华书局 1989 年影印版，第 113 页。

② 吴雁南等：《中国近代社会思潮 1840—1949》第 1 卷，湖南教育出版社 2010 年版，第 155～160 页。

中国走向现代政治文明的一次积极有益的尝试，尽管最后以失败告终，但为后人积累了政治改革和社会发展的宝贵经验。

毛泽东曾指出："中国反帝反封建的资产阶级民主革命，正规地说起来，是从孙中山先生开始的。"①维新变法的失败，使知识分子认识到不从根本上变革旧的封建制度，不推翻清王朝的统治，所谓的政治变革和社会进步便无从谈起。资产阶级革命派带着民主共和的政治主张登上了历史舞台，他们以孙中山、黄兴、宋教仁、章太炎、邹容、陈天华等为代表，最先喊出了"振兴中华"的口号，经过数年的政治宣传、革命动员和力量酝酿，辛亥革命推翻了中国两千余年的封建专制制度，建立了亚洲第一个资产阶级民主共和国——中华民国。资产阶级革命派主张的核心便是"民族、民权、民生"的三民主义，涵盖了推翻清王朝反动统治、建立资产阶级民主共和国和"平均地权"的内容。在孙中山的《建国方略》里，从思想层面到经济层面，再到政治层面，对中国的现代化进程进行了系统化的详细设计，一度成为中华民国的建国指导纲领。但是，不完成反帝反封建的任务，救亡图存只是空谈，"振兴中华"也只能成为一纸空文。

3. 共产主义知识分子最终将社会主义在中国由理想变为现实

变革政治体制尝试的屡次失败，使进步知识分子认识到，在救亡图存的同时必须要更加注重对国人的思想启蒙。1916 年，新文化运动的"总司令"陈独秀作了关于思想启蒙的重要论述："自西洋文明输入吾国，最初促吾人之觉悟者为学术，相形见绌，举国所知矣；其次为政治，年来政象所证明，已有不克守缺抱残之势。继今以往，国人所怀疑莫决者，当为伦理问题。此而不能觉悟，则前之所谓觉悟者，非彻底之觉悟，盖犹在惝恍迷离之境。吾敢断言曰：伦理的觉悟，为吾人最后觉悟之最后觉悟。"②在陈独秀、李大钊、胡适、鲁迅、钱玄同等先进知识分子的推动下，中国发起了浩浩荡

---

① 《毛泽东选集》第 2 卷，人民出版社 1991 年版，第 563 页。

② 《陈独秀文章选编》上，三联书店 1984 年版，第 108~109 页。

荡的新文化运动，涉及文化、伦理、思想、学术等方方面面，掀起了近代中国思想启蒙的高潮。

第一次世界大战在资本主义世界造成的生灵涂炭、巴黎和会上中国的屈辱外交和俄国十月革命的胜利，使先进的中国人认识到资本主义文明的种种弊端，学习外国的观念逐渐实现了“以欧美为师”到“以俄为师”的转变。随着马克思主义在中国的广泛传播，昔日的“五四同仁”在政治理念上出现分化，李大钊、陈独秀等先后完成了向马克思主义者的转变。他们通过宣传、动员和革命实践，影响和培养了一大批青年知识分子走向了马克思主义的道路。之后，先后经过建立中国共产党、国民大革命、土地革命、抗日战争、解放战争，最终推翻了帝国主义、封建主义和官僚资本主义在中国的统治，建立了新中国，国家救亡与民族启蒙的奋斗目标终得以实现。之后，又进行了社会主义改造，建立了社会主义基本制度。近代以来中国知识分子为实现国家独立与民族解放的中国梦，经过了几代人的努力和探索，终于在中国共产党的领导下由梦想变为现实，奠定了实现国家富强和人民共同富裕的根本政治前提和制度基础。

(三)现当代中国知识分子在经济社会发展中发挥特殊重要作用

20世纪中期以来，科学技术日新月异，生产力水平空前提高，在科技革命推动下，经济增长方式发生重大变革，知识经济时代的大幕渐渐拉开。伴随知识经济时代的到来，知识分子在经济社会发展中的作用愈加凸显。当前，全国人民正团结在中国共产党周围，为实现中华民族伟大复兴的中国梦而努力奋斗，在这一过程中，离不开知识分子群体的特殊作用。

1. 科技创新的主力军

迄今为止，人类历史上已经发生了三次科技革命，每一次都对世界的经济、政治、文化格局产生了巨大的影响。第三次科技革命是规模最大、影响最为深远的一次科技革命，是人类文明史上不容忽视的一个重大事件。然而，由于近代中国的落后，遗憾地错过了前两次科技革命。新中国成立以来，又由于某段时期党在指导思想上“左”倾错误的蔓延，使我国的科技工作者没有充分参与到第三次科技革命的进程中。尽管如此，从新中国成立到“文化大革命”结束，我国的科技工作者发扬艰苦奋斗、敢于创新的精神，在诸多领域取得了重要成就。改革开放以来，尤其是拨乱反正与平反冤假错案以来，彻底摘掉了扣在知识分子头上的帽子，广大科技工作者得以全身心地投入到科学研究中去，并取得了诸多世界领先的成果。

在国防科技方面，以原子弹、导弹、人造卫星为代表的国防尖端科学技术成果最为显著。1964 年 10 月，我国成功爆炸了第一颗原子弹，并于 1966 年 10 月成功进行了发射导弹核武器的试验，1967 年 6 月成功地爆炸了第一颗氢弹，1969 年 9 月首次成功地进行了地下核试验，1971 年 9 月第一艘核潜艇建成并试航成功。国防尖端技术研究方面取得的成就，增强了我国的国防战略防御能力。1970 年 4 月，我国成功发射了第一颗人造地球卫星；翌年 3 月，又发射科学实验卫星“实践”一号。1971 年 9 月，洲际火箭首次飞行试验基本成功。我国第一颗返回式遥感人造地球卫星于 1975 年 11 月发射成功。在生物技术方面，1965 年，我国首次完成人工合成牛胰岛素，使这项研究处于世界领先地位；经过长期艰苦攻关，1973 年，我国在世界上首次培育成功强优势的籼型杂交水稻。电子技术同时取得进步，我国自行研制成功卫星地面站、彩色电视发射设备、第三代电子计算机，还发展了激光红外技术，自行研制成功小同轴 300 路载波机。1971 年，初步形成全国电视网。半导体、集成电路的研制和生产也取得一些进展。①

改革开放以来，我国的广大科技工作者取得了更加为世人瞩目的成就。正负电子对撞机、银河系列巨型计算机相继研制成功。载

---

① 《中国共产党历史》第 2 卷(下册)，中共党史出版社 2011 年版，第 974 页。

人航天技术获得飞跃性发展，长征系列火箭在技术性能和可靠性方面达到国际先进水平；神舟号系列载人飞船已成功实现太空行走、太空授课等内容；中国月球探测工程“嫦娥号”月球探测卫星已成功实现绕月飞行和落月探测。“蛟龙号”载人潜水器成功完成深海勘探和海底作业。此外，中国科技工作者在人类基因组图谱绘制、克隆技术、高铁技术、医学领域等方面，同样取得了世界领先的成就。我国已经建成了世界上少数国家才有的、比较完整的科学技术体系，培养了一支勇于攀登世界科技高峰的优秀科技人才队伍，已经具备了较强的科技实力。

总之，新中国成立以来，广大科技工作者把个人的科技梦想与国家的强大、民族的复兴密切联系在一起，用他们的精神和智慧，撑起了共和国科学技术领域的蓝天，为实现中华民族伟大复兴的中国梦提供了强大保障。我国广大知识分子不愧为科技创新的主力军。

2. 助力经济发展的智力库

知识分子以自己的所学和专长，服务于国家经济建设，是推动我国经济科学发展的一支重要力量。

其一，及时把科技成果转化为生产力，推动经济发展。随着科技革命的进一步推进，科学技术已成为现代经济发展中最主要的驱动力。

据统计，科学技术对发达国家经济增长的贡献率 20 世纪初为 5%~20%，20 世纪中叶上升到 50%，进入 20 世纪 80 年代以后，科学技术对经济增长的贡献率已上升到 60%~80%，加之科技成果转化为生产力的周期较以前大大缩短，它已名副其实地处在了“第一生产力”的位置。正如邓小平所指出：“特别是由于电子计算机、控制论和自动化技术的发展，正在迅速提高生产自动化的程度。同样数量的劳动力，在同样的劳动时间里，可以生产出比过去多几十倍几百倍的产品。社会生产力有这样巨大的发展，劳动生产率有这样大幅度的提高，靠的是什么？最主要的是靠科学的力量、技术的力量。”①2014 年 1 月，李克强在国家科学技术奖励大会上指出：

① 《邓小平文选》第 2 卷，人民出版社 1994 年版，第 87 页。

“必须依靠科技创新，才能有力推动产业向价值链中高端跃进，提升经济的整体质量；才能更多培育面向全球的竞争新优势，使我国发展的空间更加广阔；才能有效克服资源环境制约，增强发展的可持续性。我国已到了必须更多依靠科技创新引领、支撑经济发展和社会进步的新阶段。”①

20世纪80年代以来，信息技术的迅猛发展，带动了相关产业和技术的发展与创新，如电子工业、通信工程、宇宙航天工业、新能源工业、新材料工业、生物工业等，而这些行业的工程师、技术人员大多为知识分子，正是他们及时把自己的科研成果转化为生产力，才有了以上产业的诞生和创新，为我国经济发展不断注入强劲动力。

其二，社会科学工作者为国家政策的制定建言献策，引导经济社会发展。

从事自然科学工作的知识分子为我国经济发展作出了重要贡献，而从事社会科学工作的知识分子同样为国家经济社会发展贡献了自己的智慧。在我国，广大从事社会科学工作的知识分子，以马克思主义理论为指导，研究并揭示社会各个领域的诸多现象及其发展规律，为党和国家制定正确的路线、方针、政策提供了科学的理论依据。党和国家历史上不乏社会科学工作者通过推动思想解放进而推动生产力解放和发展的例子。比如，党的十一届三中全会的召开成为共和国历史上具有重大转折意义的事件，然而它却是乘着“真理标准问题大讨论”的东风召开的。“真理标准问题大讨论”首先由哲学社会科学工作者发起，由哲学和认识论领域迅速扩展到经济社会各个领域，引发人们的广泛讨论，极大地解放了人们的思想，为党的十一届三中全会的召开，改革开放政策的制定，中国经济的腾飞提供了强大的思想力量。再如，党的十四大明确提出，我国经济体制改革的目标是建立社会主义市场经济体制。这一重大决策的作出，邓小平和党的第三代中央领

---

① 李克强：《在国家科学技术奖励大会上的讲话》，《光明日报》2014年1月11日。

导集体功不可没，其中也包含着广大从事经济理论和实践工作的知识分子的贡献。广大经济理论工作者在我国由计划经济、商品经济向市场经济转变过程中，对各种经济理论进行了全面的探讨，不断突破旧有的经济模式束缚，结合中国实际，创新经济发展理念，为中国共产党做出建立社会主义市场经济体制这一科学决策提供了理论支持和科学支撑。

3. 推动社会进步的排头兵

知识分子作为中华民族的脊梁，继承并发扬中华优秀传统文化，批判地吸收了人类优秀文化成果，并弘扬和发展中国特色社会主义先进文化。知识分子是我国教育事业的基石，也是我国教育事业发展的主体和动力，为我国经济社会发展，为中华民族伟大复兴的中国梦的实现奠定了坚实的人才基础。知识分子是文艺创作的主体，他们顺应时代要求，创作了大批反映中国特色社会主义现代化建设的优秀作品，并将之推向世界，既反映了人民群众的呼声，激发了他们建设社会主义的热情，同时又向世界展示了我国人民良好的精神风貌。知识分子是社会主义政治文明建设的一支可靠力量，他们关心和参与政治，积极参政议政，大大加快了各级领导决策的科学化、民主化进程，推进了国家的民主制度建设和法制建设，促进了人民民主觉悟和政治素质的提高。

知识分子是先进文化的创造者和传播者。文化是一个国家软实力的最重要体现，是一个国家自立于世界民族之林并不断发展进步的精神支撑。知识分子是创造和传播优秀文化产品的主体力量。优秀的文化产品是社会主义文化的重要成果，在社会主义精神文明建设中有着不可替代的作用。它能够提升人们的精神生活水平，充分调动人民的积极性、主动性和创造性，为社会发展提供强大的推动力。优秀文化产品的生产和创造主要依靠知识分子，且该过程是一项艰苦而复杂的脑力劳动，它要求知识分子对社会现象和社会发展的本质性、规律性具有深刻的认识和理解。知识分子有着丰厚的知识底蕴，他们的知识积累和技术才能使他们对生活有着敏锐的洞察力，又因为中国大部分知识分子长期生活于人民群众之中，使他们的精神产品创造获得了大量的生活素材，加之他们的思维具有高度的概括性和抽象性，使他们能够从生活素材和知识积累中凝炼鲜活和典型的艺术形象。他们能够对传统进行反思并超越传统，这就决定了知识分子是优秀精神产品的主要创造者。我国广大知识分子以高度的历史责任感和社会责任感，把广大人民群众的鲜活经验系统化、理论化，承担起了以科学的理论武装人、以正确的舆论引导人、以高尚的精神塑造人、以优秀的作品鼓舞人的历史重任，始终是优秀精神文化产品的创造者和传播者。

知识分子是教育领域的主力军。“百年大计，教育为本”，实现中华民族伟大复兴的中国梦，需要大量的各方面建设人才，而这些人才的培养大多是通过教育领域实现的。其中，教师在这一过程中起到了至关重要的作用。“师者，所以传道、授业、解惑也。”作为知识分子一员的教师，责无旁贷地承担起了教书育人的历史责任。“学高为师”，成为一名教师的基本条件是要具备较高的科学文化素养，并具有丰富的教学经验，通过多种形式的教学方法，给受教育者传授基本的科学文化知识和技术技能，使受教育者走向社会后既能够适应社会需要，又能够实现自身价值。“身正为范”，作为一名优秀的教师，不仅要有丰厚的知识储备，更为重要的是要具备高尚的品德。教师作为人类灵魂的工程师，对学生起着言传身教、率先垂范的作用，能够引导并帮助学生树立正确的世界观、人生观和价值观。知识分子在教育领域不可替代的作用，不仅为我国社会各方面建设提供了源源不断的人才资源，而且在文化知识的世代接续与传承过程中处于核心的位置。

知识分子是实现社会主义政治文明的促进者。社会主义作为人类历史上最先进的社会制度，它自身的先进性必然要求经济、政治、文化、社会、生态的全面发展，不仅不能缺少政治文明，而且应该创造出比资本主义制度更加辉煌和灿烂的政治文明。“改革开放以来，我们总结发展社会主义民主正反两方面经验，强调人民民主是社会主义的生命，坚持国家一切权力属于人民，不断推进政治体制改革，社会主义民主政治建设取得重大进展，成功开辟和坚持了中国特色社会主义政治发展道路，为实现最广泛的人民民主确立了正确方向。”①我国社会主义政治文明巨大成就的取得，离不开广大社会成员的积极参与。由于中国知识分子本身自古就有关心民瘼与知行合一的传统，这决定了他们在社会主义政治文明建设中具有天然的优势，并发挥着不可替代的作用。

知识分子在提高人民群众政治素质方面起着重要作用。使广大人民群众具备较高的政治素质，是建设社会主义政治文明的要求和目标。而我国人口众多，且一半左右是农村人口，其中文盲、半文盲又占到相当比例，封建主义思想观念对他们影响较深，因此，我国人民群众整体政治素质有待提高。知识分子由于具有较高的民主意识、文化素质和思想政治觉悟，对一般群众往往会产生强烈的感召力和影响力。知识分子在提高人民群众政治素质方面的作用主要体现在他们的民主宣传和教育上。知识分子学习和研究马克思主义民主政治理论，并向广大人民群众进行宣传，使之为人民群众所掌握并得到他们的支持和拥护，从而引导人民群众积极投身社会主义民主政治的社会实践。同时，知识分子在提高人民群众的国家主人翁意识、民主法治意识、社会责任意识、政治参与意识诸方面，均起着重要的作用。

知识分子的参政议政推动了各级政府重大决策的民主化和科学化进程。在我国，知识分子是最广泛的爱国民主统一战线的一部分，他们紧密团结在中国共产党周围，通过参政议政，不断为国家发展建言献策，为各级政府决策的制定提供了智力支持。

首先，走上各级领导岗位，直接参与决策。在选拔任用干部“革命化、年轻化、知识化、专业化”标准的指导下，我国各级政府部门，通过引进、招考、培养等多种方式吸纳了大量的知识分子加入到政府工作队伍，有的人通过自身的品德、才华和能力直接走上各级领导岗位，直接参与政府决策，他们的专业知识为各级政府作出科学合理的决策提供了智力保证。

---

① 胡锦涛：《坚定不移沿着中国特色社会主义道路前进　为全面建成小康社会而奋斗——在中国共产党第十八次全国代表大会上的报告》，人民出版社2012年版，第25页。

其次，通过政治协商参与政府决策。人民政协是我国实行民主政治的重要形式，是实现“问政于民、问需于民、问计于民”的重要渠道，是联系政府和群众的重要桥梁。目前全国民主党派80余万党员中绝大部分是知识分子。党的十八大指出：“通过国家政权机关、政协组织、党派团体等渠道，就经济社会发展重大问题和涉及群众切身利益的实际问题广泛协商。”党的十八大同时指出，要“坚持和完善中国共产党领导的多党合作和政治协商制度，充分发挥人民政协作为协商民主重要渠道作用，推进政治协商、民主监督、参政议政制度建设，更好协调关系、汇聚力量、建言献策、服务大局。加强同民主党派的政治协商。深入进行专题协商、对口协商、界别协商、提案办理协商。积极开展基层民主协商”①。各级知识分子政协委员在履行政治协商、民主监督、参政议政职能的过程中，就重大项目建设、教育与科技发展、民主法制建设等关系全局或与群众关系重大的问题的决策，提出了不少意见和建议，对于党和政府重大决策的科学化与民主化起到了重要作用。

再次，通过人民代表大会制度在我国民主政治建设中发挥重要作用。人民代表大会制度是我国的根本政治制度，包括知识分子在内的各级代表，不但参政议政，而且依法行使国家权力。他们有权审议各级政府工作报告，有权向本级人民代表大会提出各种议案，有权对本级人民代表大会提出各方面工作的批评和建议。

此外，知识分子在社会主义法治建设、基层民主建设，在对外交往与交流、实现祖国和平统一大业等方面，同样具有不可替代的重要作用。

三、依靠知识分子，发挥知识分子作用

21世纪头20年是中国社会发展的重要战略机遇期，是经济长

① 胡锦涛：《坚定不移沿着中国特色社会主义道路前进　为全面建成小康社会而奋斗——在中国共产党第十八次全国代表大会上的报告》，人民出版社2012年版，第26~27页。

期发展，社会全面进步的一个关键时期，要抓住难得的发展机遇，成功应对发展过程中的各种挑战，其中至关重要的一条，就是要培养和使用好各级各类人才，充分发挥知识分子和各类人才资源在经济社会发展、科技文化进步和企业管理创新等各个方面的关键作用。这就迫切需要党和政府在知识分子工作的理论和政策上进行创新，充分依靠知识分子，发挥知识分子的作用。

(一)解放思想，创新观念，坚持党管人才

高度重视和做好知识分子工作，是中国共产党的优良传统和政治优势。在党处理知识分子问题的历史过程中，凡是指导思想符合实际，知识分子工作就卓有成效；凡是指导思想存在偏差甚至失误，知识分子工作乃至整个革命和建设事业就会遭到严重挫折。总结新中国成立以来党的知识分子工作正反两方面的经验，尤其是改革开放以来党的知识分子政策的不断完善，知识分子工作指导思想的不断与时俱进显得尤为重要。

1. 牢固树立“人才资源是第一资源”的工作理念

随着经济全球化的深入和知识经济时代的到来，人才竞争、人才流动在全球范围内呈不断加剧趋势，知识、人才业已成为最重要、最宝贵的发展资源和竞争优势。世界范围内国与国的竞争日益演变为人才尤其是高素质、高科技人才的竞争，人才问题成为事关一个国家综合国力和国家安全的核心问题。就我国而言，人才问题已成为我国能否充分利用改革与发展的机会，抓住知识经济和经济全球化带来的历史机遇，实现中华民族伟大复兴的中国梦的一个关键因素。新的历史条件下改进知识分子工作的指导思想，首先要牢固树立“人才资源是第一资源”的工作理念。唯有如此，才能更加突出人才资源是国家重要战略资源的位置，才能牢固树立人人皆可成才的观念，才能更好地贯彻落实“尊重劳动、尊重知识、尊重人才、尊重创造”的重大方针，才能“形成人才辈出、人尽其才、才

尽其用的生动局面”。①

此外，树立“人才资源是第一资源”的工作理念，要求党的知识分子工作既不能仅仅满足于为知识分子解决政治、生活上的待遇问题，也不能仅仅满足于为知识分子创造良好的工作、生活环境，而应该从人才强国的战略高度，创造有利于知识分子和各类人才发挥聪明才智、激发创新能力的制度、机制和氛围，努力培养和造就具有创新能力的高素质、高层次人才，真正使各类人才创业有机会、干事有舞台、发展有空间。

2. 树立科学的人才观

树立科学的人才观，首先，要确立合理的人才标准和评价尺度。要破除以往存在的唯学历、唯职称、唯身份、唯资历等弊端，把品德、能力、知识和业绩作为衡量人才的根本标准。不管是谁，只要具有一定的知识、技能，能够进行创造性的劳动，为社会创造价值作出贡献，都是党和国家需要的人才，都应该成为党的知识分子工作应该关注和支持的对象。其次，要树立以人为本的观念。“以人为本”是科学发展观的核心立场，也是党的知识分子工作的根本出发点和落脚点。知识分子工作要以知识分子的需求为出发点，切实解决知识分子担心和担忧的问题，真正把理解人才、尊重人才、关心人才放在首要位置，努力营造一种鼓励知识分子能干事业、干成事业、干好事业的社会环境。再次，党引导知识分子走正确的成才道路。要继续发扬党的知识分子工作的优良传统，引导广大知识分子走与实践相结合、与人民群众相结合的道路，积极探索适合各类人才特点的成才路径。

3. 坚持党管人才的根本原则

“广开进贤之路，广纳天下英才，是保证党和人民事业发展的

① 胡锦涛：《在庆祝中国共产党成立90周年大会上的讲话》，人民出版社2011年版，第14页。

根本之举。”①人才问题是关系党和国家事业成功与否的关键问题之一，实施好人才强国战略，关键在党。高度重视做好知识分子工作，是中国共产党的优良传统和政治优势。长期以来，中国共产党坚持团结和依靠广大知识分子的工作方针，制定了符合各个时期情况的知识分子政策，促进了党的知识分子工作的顺利开展。

坚持党管人才原则，就是要在党的统一领导下，围绕人才强国战略这一中心，把工作重点转移到各级各类人才的培养、吸引、使用和发展上来，确保人才工作和知识分子工作服从和服务于党的根本任务。党管人才，并不是党包揽知识分子工作的一切。“党管人才，主要是管宏观、管政策、管协调、管服务，目的是更好地统筹人才发展和经济社会发展，更好地统筹人才工作和其他各项工作，更好地统筹人才工作的各个方面，把人才管好用活，为人才成长和充分发挥作用提供更有力的支持和更优良的服务，绝不是要党委包揽人才工作的一切方面”②。要重点做好制定政策、整合力量、营造环境的工作，从宏观方面加以团结和引导。同时，落实党管人才原则，加强和引进人才工作，关键是要做好识人和用人工作。“正确识别人才是正确使用人才的前提，用好人才是识别人才的根本目的，要把这两者有机地统一起来”，“只有紧紧抓住这个环节，切实落实选贤任能的制度、机制和政策，才能形成人尽其才、才尽其用、用当其时和人才辈出的局面”③。坚持党管人才，对于加强和改进知识分子工作和人才队伍建设，巩固和扩大党的执政基础，对于推动人才强国战略的顺利实施，实现中华民族伟大复兴的中国梦，都具有重大的现实意义和深远的历史意义。

---

① 胡锦涛：《坚定不移沿着中国特色社会主义道路前进 为全面建成小康社会而奋斗——在中国共产党第十八次全国代表大会上的报告》，人民出版社 2012 年版，第 53 页。

② 《十六大以来重要文献选编》上，中央文献出版社 2005 年版，第 585 页。

③ 《十六大以来重要文献选编》上，中央文献出版社 2005 年版，第 587 页。

（二）营造有利于知识分子人尽其才、才尽其用的良好环境

党和国家要充分依靠知识分子，发挥知识分子作用，基础性的工作就是要在全社会营造一种良好的有利于知识分子才尽其用的环境。

1. 要在全社会营造一种崇尚知识、尊重人才的氛围

曾几何时，“知识越多越反动”的口号使我国的知识分子一度遭受了巨大的损害，使大量国人的知识梦一度遭到破灭。当前，由于某些地区大学生就业困难，在一些人心目中又产生了“读书无用论”的错误观点。历史的弯路不能重走，在建设中国特色社会主义的今天，要充分发挥知识分子的作用，就必须营造一种崇尚知识、尊重人才的氛围。正如李克强在国家科学技术奖励大会上的讲话所指出：“人是科技创新最关键的因素。必须充分尊重人才、保障人才权益、最大限度激发人的创造活力。要加大人才培养力度，使青年创新型人才脱颖而出。吸引广大海外人才来华创新创业。”①要使知识分子的社会地位和作用更大程度上为普通民众所认可，使他们认识到，只有掌握更多的知识，才能具备更强的社会生活能力。近年来，中央每年邀请相当数量的各领域的著名专家到北戴河休假、座谈，中央领导人还亲自到北戴河看望，并就国家大政方针向专家征求意见，同时向专家宣传党和国家经济社会发展的重要政策。中央对专家学者的重视为全社会形成一种良好的尊重知识和人才的氛围起了表率作用。

2. 要营造一种学术研究无禁区的自由学术氛围

“百花齐放，百家争鸣”一直是中国共产党对文艺创作和科学研究的指导方针，也是激发知识界活力，发展一切精神生产的必由

---

① 李克强：《在国家科学技术奖励大会上的讲话》，《光明日报》2014 年 1 月 11 日。

之路。它强调文艺创作和科学研究不应该人为地划定“禁区”，实行学术自由、创作自由、讨论自由、批评和反批评自由，辨别是非标准只能依靠社会实践的检验，不能用行政命令去裁决。然而，在反右派斗争严重扩大化和“文化大革命”期间，学术研究和学术讨论受到限制，使我国的文艺创作和科学研究遭到严重挫折。正是因为这些教训，邓小平在 1978 年 12 月中央工作会议上作了《解放思想，实事求是，团结一致向前看》的报告，提出了“民主是解放思想的重要条件”的重要论断，并指出创造民主的条件要做到“三不主义”，即“不抓辫子，不扣帽子，不打棍子”①。当然，这里的民主包括政治民主和学术民主等诸多方面，强调的是在学术研究和讨论的过程中应营造一种自由的学术氛围。改革开放以来，党在知识分子工作中，继续大力积极地为广大知识分子的学术科研创造条件，平等、自由的学术争鸣氛围日趋浓厚。

3. 要为知识分子创造配套的外部服务体系

党和政府要为知识分子创造良好的外部环境和配套的服务体系，“使他们成长有机会、干事有舞台、发展有空间，是党和政府的重要职责。要在学习上重视。加强知识分子的学习培养，组织和支持他们在社会实践中锻炼自己，在服务党和人民事业中提升自己，不断丰富新知识，增长新才干”②。要改革政府管理体制，增强政府服务职能，继续深化户籍、档案、医疗、住房、福利保障等方面的改革，尽快破除跨区域人才流动的各种体制障碍。要积极帮助知识分子解决实际问题，改善他们的学习、工作和生活条件，多做得人心的好事，多办稳人心的实事，多解暖人心的难事，千方百计为他们排忧解难。同时要特别对青年知识分子给予更多的关注、关心和关爱，使他们从事科学研究不仅能够获得较高的社会荣誉，而且能够获得较丰厚的物质回报，使他们的生活没有顾虑，如此科

① 《邓小平文选》第 2 卷，人民出版社 1994 年版，第 144 页。

② 袁贵仁：《宣传工作应重视知识分子作用》，《人民日报》2013 年 9 月 18 日。

学研究才能专心、专注、专一地进行。“要加强知识产权运用和保护，严厉打击侵权假冒行为，使创新者的合法权益得到切实有力的保护。努力为广大科技人员和各类创新主体创造有良好服务、法律保障和公平机会的创新创造条件，用改革红利、人才红利、创新红利推动经济社会持续健康发展。”①要公平公正地为各类人才提供社会服务和社会保障，放手让一切劳动、知识、技术、管理和资本的活力竞相迸发。

（三）以机制创新和完善为重点，搞好知识分子工作

依靠知识分子，搞好知识分子工作，发挥知识分子作用，要以机制创新和完善为重点。机制是保证制度实施的程序、规则和运作方式。一种好的机制能够将制度的优越性发挥到最大，相反，一种不好的机制不仅不能发挥制度的优越性，还可能导致相反的效果。党的十八届三中全会指出：“建立集聚人才体制机制，择天下英才而用之。打破体制壁垒，扫除身份障碍，让人人都有成长成才、脱颖而出的通道，让各类人才都有施展才华的广阔天地。”②因此，搞好知识分子工作必须以机制的创新和完善为重点，形成有利于各类人才脱颖而出、充分施展才能的选人用人机制。

1. 充分发挥市场机制在人才资源配置中的基础性作用

党的十四大提出建立社会主义市场经济体制以来，市场的调节作用在我国经济社会发展中发挥着越来越重要的功能。在人才资源的配置中，也应充分发挥市场机制的调节作用，形成一种人才自由流动的局面。

第一，建立健全人才资源的市场配置机制。要加快建设全国性

① 李克强：《在国家科学技术奖励大会上的讲话》，《光明日报》2014年1月11日。

② 《中共中央关于全面深化改革若干重大问题的决定》，《人民日报》2013年11月16日。

的人才市场，打破人才的身份、地域、部门、户籍等限制，促进人才的合理有序流动，充分发挥市场机制在人才资源配置和人才开发中的基础性作用，真正做到人尽其才、才尽其用。当前，人才的市场流动依然存在许多来自身份、部门、户籍等方面的限制，有关人才市场化配置方面的法律、法规尚不健全。因此，必须深化改革，完善法律，为人才的市场化配置创造公正有序的制度环境。可以说，经过近几年市场化的推进和改革的深入，"面向市场、自主选择"已经开始成为大多数知识分子的生存方式，一个全国性的人才流动市场和相应的配套服务体系已经基本建立起来，人才资源市场化配置的社会效果已经初步显现。

第二，建立以能力和业绩为导向的社会化的人才评价机制。人才的价值最终要通过在市场中显现的能力和创造的业绩来评价，市场是最公正最有效率的人才评价尺度，以能力和业绩为导向的人才评价机制是科学的人才观的核心。通过这些机制真正把那些有真才实学的党政人才、企业经营管理人才、专业技术人才选拔到合适的岗位上来。

此外，还要加快为人才市场服务的配套体系的建设，并积极鼓励和支持知识分子在市场中创业，积极倡导和大力支持知识分子主动参与市场竞争，着力培养知识分子的创业意识、创新精神和能力，并推动全社会建立法治、公平、自由、诚信的创业机制和保障机制。

2. 创造一种常规有效的国内外各领域知识分子的交流机制

第一，继续实施"走出去"和"请进来"相结合的人才发展战略。要继续大力支持知识分子中的科技人员和人文社科工作者出国参观、考察和学习，学习和借鉴他国在经济发展和社会管理等方面的先进经验为我所用。要继续大力吸引、聘请国外知名学者到我国进行讲学，并介绍他们在科学研究中的经验。

第二，定期举办各种国内外各领域的学术研讨会。利用官方和民间两种途径，定期常规举办经济、政治、文化、社会、生态等各领域的国际学术研讨会，广泛吸引不同国家和地区、不同行业和领域内的知识分子参会，为我国知识分子参加国际学术交流提供一个良好的稳定的平台。在这一过程中，政府等官方组织要大力支持并做好服务工作。

第三，扩大公派留学规模，鼓励支持留学生回国工作和创业。改革开放以来，我国每年都公派大量学生出国学习，但是学成回国参加工作和创业的仅占很小比例。随着我国经济社会发展和综合国力的提升，国内在相关科研设施和创业基础条件方面较以前已有较大提升，留学生回国工作和创业的意愿有了大幅度的提高。在经济全球化的知识经济时代，要继续扩大公派留学生规模，在世界知名学府中增长科技文化才能，同时要对他们进行爱国主义教育。继续完善国内的相关科研和创业环境，吸引、鼓励、支持留学生回国工作和创业。

3. 构建完善以物质利益为主的收入分配和人才激励机制

收入分配和物质待遇是体现知识分子社会地位、改善生活条件的基础。“人才资源是第一资源”，意味着拥有知识、能力和创新等智力要素的知识分子应该得到相匹配的收入水平，获得较为体面的生活。正如邓小平在改革开放之初强调：“要注意解决好少数高级知识分子的待遇问题。调动他们的积极性，尊重他们，会有一批人作出更多的贡献。”“我们不论怎么困难，也要提高教师的待遇。”“知识分子待遇问题要分几年解决，使他们感到有希望。”①经过改革开放三十多年的努力，我国已经初步建立起了体现能力和绩效的多元化的收入分配体系，市场化的人才激励机制开始发挥作用。当前，要继续构建完善针对知识分子的收入分配和激励机制。

首先，要建立完善体现按劳分配和按生产要素分配相结合的收入分配机制。市场机制是一种能够让一切生产要素包括知识、智力、经验等充分流动并发挥作用的手段。要充分发挥市场机制在知识经济时代对知识分子能力和绩效的评价功能和调配作用，就必须建立起与市场经济相适应的以物质利益为主的有差别的激励机制。

① 《邓小平文选》第3卷，人民出版社1993年版，第275页。

具体来讲，就是要把按劳分配与按生产要素分配结合起来，加快建立有利于培养人才、吸引人才、用好人才的收入分配机制和公平、竞争、择优的用人机制，并逐步建立以物质利益为主导、兼顾精神因素的收入分配和人才激励机制，从制度上保证各类人才得到与他们的劳动和贡献相适应的报酬，充分体现人才的社会价值，形成激励知识分子工作积极性的长效机制。另外，需要注意的是，由于市场调节的自发性、盲目性、滞后性等弊端，从事基础理论学科如古文字学、考古学、理论数学等学科的人员需要经过大量长期的研究和积累才能产生研究成果，且这些学科又是科研的“冷门”，但却能够为我国科学研究的发展进步提供基础理论，是经济社会发展和文化延续所必需的学科。如果单纯通过市场调节，这些学科就会越来越被边缘化，因此，必须通过政府的大力扶植，对这些学科的知识分子提供物质支持和精神鼓励，以保证基础理论学科和实践应用学科的从业知识分子都具有较高的积极性和主动性。

其次，要建立完善以政府奖励为导向的人才奖励机制。政府对在科技创新、成果转化、技术推广、文化产业开发、企业管理等方面业绩显著、贡献突出的优秀人才给予奖励，也可以对在培养优秀中青年专业技术人才和管理专家等方面有突出贡献的企业给予奖励或税收方面的优惠，并从政策上、制度上鼓励和支持。各级政府、用人单位、社会力量对有突出贡献的知识分子给予相应的物质奖励，从而在全社会形成一个尊重知识、尊重人才、尊重劳动、尊重创造的良好氛围。近年来，国家加大了中央和各级政府层面对知识分子人才的奖励支持力度，如中国科技界最高奖“国家最高科学技术奖”、国务院的“跨世纪优秀人才计划”、“新世纪千百万人才工程计划”、“四个一批”人才奖励计划、国家自然科学基金委员会的“国家杰出青年科学基金”计划、教育部的“长江学者奖励计划”和“高校青年教师奖”等，另外，针对我国中西部发展相对落后的状况，实施了“博士服务团”、“西部之光”人才培养计划、“西部千名学科带头人工程”、“院士专家西部行”、“东西部干部交流和对口支援活动”等，既锻炼了一些中青年学者，又为中西部地区的发展注入了智力资源。这些奖项的设立和计划的实施，已经在全社会范围内产生了显著的示范效应和激励作用，激发了知识分子进行技术创新和知识创新的积极性、创造性，充分发挥了知识分子在服务经济社会发展中尤其是在实施创新驱动发展战略、加快转变发展方式中的重要作用，极大地促进了党的知识分子工作的开展。

四、知识分子要为实现中国梦贡献智慧和力量

时代的发展，社会的进步，国家的强盛，为知识分子展现自身能力，实现自身价值提供了广阔的空间和舞台，知识分子的社会地位、经济条件、科研环境获得了空前的提高。那么，在中国共产党领导中国人民为实现中华民族伟大复兴的中国梦而努力奋斗的进程中，当代中国知识分子又该如何投入到这一大潮中，又该如何顺应社会的深刻发展变化，承担起自己的历史使命，为“中国梦”的实现贡献自己的力量呢？总体来讲，应该弘扬“四种精神”。

（一）弘扬感恩社会、热爱祖国的爱国主义精神

爱国主义是“凝心聚力的兴国之魂、强国之魂。爱国主义始终是把中华民族坚强团结在一起的精神力量”①，“每个人的前途命运都与国家和民族的前途命运密切关联。国家好，民族好，大家才会好。实现中华民族伟大复兴是一项光荣而艰巨的事业，需要一代又一代中国人共同为之努力”②。中国知识分子一直有爱国主义的传统，表现为忧国忧民的情操，始终自觉地把个人的前途命运同国家民族的前途命运相联系的风范。无论是古代的“为天地立心，为生民立命，为往圣继绝学，为万世开太平”的豪迈，“苟利国家生

---

① 习近平：《在第十二届全国人民代表大会第一次会议上的讲话》，《人民日报》2013年3月18日。

② 习近平：《承前启后　继往开来　继续朝着中华民族伟大复兴目标奋勇前进——在参观〈复兴之路〉展览时的讲话》，《人民日报》2012年11月30日。

死以，岂因祸福避趋之”的悲壮，“先天下之忧而忧，后天下之乐而乐”的情怀，还是近代“为中华之崛起而读书”的青春义气，都展现了中国知识分子的爱国主义传统。“科学没有国界，但科学家有祖国。”新中国成立前后，李四光、华罗庚、钱学森、叶笃正、程开甲、谢希德、赵忠尧、王淦昌等一批科学家和学者，毅然放弃在国外的优裕条件，返回祖国参加建设。“到1952年底，留学生回国事务委员会已接待2000多名回国留学生和专家学者。这集中体现了广大知识分子的爱国热忱。”①正是中国知识分子的这种优良传统，才使中华民族历经磨难，但文化血脉仍旧绵延不断；正是在这种爱国主义品质的驱动下，我国的科学文化事业才能够在一穷二白的基础上取得辉煌的成就。

当前，在全面建成小康社会，推进中华民族伟大复兴的历史进程中，知识分子更应该坚定对中国特色社会主义的信心，大力弘扬感恩社会、热爱祖国的爱国主义精神。首先，“国家兴亡，匹夫有责”，知识分子要树立家国天下的意识和责任感，关心国家社会发展；其次，要把自身学术价值的实现融合于社会进步与国家富强的进程中；再次，要感恩国家的培养并积极回馈社会。

(二)弘扬唯真唯实、开拓进取的创新精神

“创新是一个民族进步的灵魂，是一个国家兴旺发达的不竭动力，也是一个政党永葆生机的源泉”②，“改革创新始终是鞭策我们在改革开放中与时俱进的精神力量”③。党的十八大就创新驱动发展战略作出了重要部署：“科技创新是提高社会生产力和综合国力的战略支撑，必须摆在国家发展全局的核心位置。要坚持走中国

① 《中国共产党历史》第2卷(上册)，中共党史出版社2011年版，第156页。

② 《江泽民文选》第3卷，人民出版社2006年版，第64页。

③ 习近平：《在第十二届全国人民代表大会第一次会议上的讲话》，《人民日报》2013年3月18日。

特色自主创新道路，以全球视野谋划和推动创新，提高原始创新、集成创新和引进消化吸收再创新能力，更加注重协同创新。”①在当今乃至于未来的社会发展中，科学技术日新月异，知识更新的速度日益加快，其实质就是一个不断创新的过程。

知识分子是引领社会进步的智力库，这就要求知识分子具备实事求是、开拓创新的精神，具有丰厚的知识、健康的心理、敏锐的观察、缜密的分析、开阔的视野、果敢的判断。知识分子在学术研究和实际工作中，要打破学科界限，跳出小我、小团体的圈子，快速调用各领域的知识，分析各种因素并作出综合评价。创新精神要求当代知识分子的知识结构必须是立体的而不是单面的；思维必须是多维度的发散，而不是单向度的封闭；视野必须是广阔的而不是狭隘的；心理必须是坚强的而不是脆弱的。因此，当现代科技发展的速度不断加快、社会影响力不断拓展的时候，知识分子就不应该躺在一纸文凭和已有的成绩上沾沾自喜，而必须树立终身学习的观念，不断关注、了解和学习本学科以及相关学科的最新动向和研究进展，不断改变自身的学习方式、思维方式，才能持续激发灵感，保持创造的激情；知识分子还应该重新修正自己的价值观念体系，以更开放、广阔的心胸和视野处理自身与社会、自然的关系，改变自己的行为方式；知识分子还应该不囿于自己专业的狭小空间，而应当在术业有专攻的同时，广泛地了解和掌握相关学科甚至是边缘学科的知识。总之，唯真唯实、开拓进取的创新精神是当代知识分子不断与时俱进，保持创造的活力与动力所必不可少的素质。

（三）弘扬艰苦奋斗、无私奉献的拼搏精神

艰苦奋斗，无私奉献是当代知识分子投身中国特色社会主义建设应该具备的精神和品质。中国知识分子有着艰苦奋斗、勤奋进取

---

① 胡锦涛：《坚定不移沿着中国特色社会主义道路前进 为全面建成小康社会而奋斗——在中国共产党第十八次全国代表大会上的报告》，人民出版社2012年版，第21页。

的优良传统。“三更灯火五更鸡，正是男儿读书时”、“头悬梁、锥刺股”、“囊萤映雪”等，都是中国知识分子勤奋进取的经典故事。新中国成立后，面对我国贫穷落后的状况，科技工作者没有退缩。他们继续发扬艰苦奋斗、敢于胜利的精神，追求自身理想，追求国家民族的振兴，推动了中国科技事业不断向前发展。“两弹一星”精神、载人航天精神，便是新中国知识分子艰苦奋斗、无私奉献的集中表现。在经济全球化的条件下，在市场经济的环境中，走中国特色自主创新之路，中国的知识分子要“弘扬热爱祖国、无私奉献，自力更生、艰苦奋斗，大力协同、勇于攀登的‘两弹一星’精神，弘扬特别能吃苦、特别能战斗、特别能攻关、特别能奉献的载人航天精神”①，“两弹一星”精神和载人航天精神凝结成八个字便是“艰苦奋斗、无私奉献”。这便是当代中国知识分子精神和意志的凝结。

目前，我国的科技水平在很多领域仍落后于西方发达国家，我国的哲学社会科学还有很多门类落后于西方，我国的文艺创作与世界先进水平相比仍有较大差距。这些都是无形的国家软实力，是一个国家综合国力的重要组成部分，甚至能影响决定一个民族的长远发展。面对这种差距，我国知识分子绝不能懈怠，要继续保持和发扬艰苦奋斗、无私奉献的拼搏精神，无论是科技工作者还是人文社科工作者，无论是从事所谓的“显学”领域还是“边缘学科”的知识分子，都应该“宠辱不惊”，既能够经得起现实的诱惑，又能够耐得住“冷板凳”的寂寞，还要能经受住物质生活的清贫。知识分子作为社会的精英阶层，引领社会发展的智力队伍，一定要在科学文化研究中保持艰苦奋斗、无私奉献的精神，如此才能打造一支适应时代要求、具有国际竞争力的知识分子队伍。

(四)弘扬深入群众、知行合一的实践精神

毛泽东曾多次强调：“实践的观点是辩证唯物论的认识论之第

① 《十七大以来重要文献选编》上，中央文献出版社2009年版，第503页。

一的和基本的观点。”①“通过实践而发现真理，又通过实践而证实真理和发展真理。”②实践是认识产生的源泉，实践也是检验认识正确与否的唯一标准。认识来源于实践，认识又应用于实践，知识分子只有深入群众，做到知行合一，把自身的理论与社会实践结合起来，才能创造出更多更好的符合社会需求的成果。

认识来源于实践。任何科学文化的成果，都不是人们头脑中的臆造，而是客观地存在于具体的社会发展进程之中。作为知识分子，无论是从事科学研究还是文艺创作，仅仅做埋首故纸堆式的、经院式的学者，不仅缺乏创作的灵感和源头活水，而且创作出来的东西不会为群众所接受和认可。长此以往，这种知识分子就会失去创作的动力，就会被社会所抛弃。而那些扎根群众之中，经常深入群众做调查研究的知识分子，不仅能够了解、熟悉群众的生活状态，而且能够明确群众的实际需要，其作品和成果都能够得到社会的认可和欢迎。他们的创作积极性也会更加被调动起来。因此，知识分子在创作过程中，要深深植根于人民群众的社会实践，不满足于纯书斋里的学问和“在书本里面讨生活”，要勤于向人民请教，向实践学习，从群众的实践中寻找创作的灵感，才能实现其价值。

认识必须应用于广大人民群众的实践。应用实践，服务人民，不仅揭示了科学文化繁荣发展的意义与指向，为科学文化重要作用的发挥提供了广阔的空间，也使得科学文化在这种应用服务的过程中获得了实现繁荣发展的新推动。就科学研究来说，科技工作者的研究成果只有应用到社会发展中，并最大限度地转化为生产力，改善人民群众的物质生活质量和水平，才能体现和发挥科学研究尤其是科学实验的价值。对人文社科工作者来说，其创作的作品为人民群众所读懂和认可，接受其中宣传的社会核心价值，并普遍传颂，进而提升整个社会的精神生活层次，提高人民群众的文化素质，才能把文化作品的效用和价值发挥到最大。

综上所述，知识分子是党和国家历来极为重视的群体，是我国

---

① 《毛泽东选集》第 1 卷，人民出版社 1991 年版，第 284 页。

② 《毛泽东选集》第 1 卷，人民出版社 1991 年版，第 296 页。

工人阶级的一部分，在我国科技创新、经济发展和社会进步中具有不可替代的特殊作用。要认真研究当前阶段我国知识分子的新特点，最大限度地把知识分子凝聚在党的周围，做好团结、引导和服务知识分子的工作，为实现中华民族伟大复兴的中国梦提供强大的智力支持和组织基础。

第四章
中国梦与新的社会阶层

改革开放以来，随着所有制结构、分配方式的多样化和社会主义市场经济体制的建立，当代中国社会利益群体也呈现出多样的变化，从而产生出具有不同经济地位、社会地位和利益诉求，具有不同价值取向、社会行为特征和思想特征的新的社会阶层。中国梦浓缩了实现中华民族伟大复兴的社会理想，为不同的社会阶层向上流动提供了广阔的平台。实现中国梦是一项复杂的系统工程，需要中国共产党的坚强领导，需要发挥工人、农民、知识分子在经济社会发展中的主力军和生力军作用，还需要发挥新的社会阶层的建设者作用。在实现中国梦的历史进程中，“一切非公有制经济人士和其他新的社会阶层人士，要发扬劳动创造精神和创业精神，回馈社会，造福人民，做合格的中国特色社会主义事业的建设者”①。

---

① 习近平:《在第十二届全国人民代表大会第一次会议上的讲话》,《人民日报》2013年3月18日。

一、新的社会阶层是中国特色社会主义事业的建设者

（一）新的社会阶层的产生

改革开放前，中国社会的基本社会结构是两个阶级——工人阶级和农民阶级；一个阶层——知识分子阶层。随着改革开放的不断深入和社会主义市场经济体制的逐步建立，所有制结构和生产关系的不断调整，中国发生了广泛而深刻的变化。在社会层面上，这种变化体现为社会结构的裂变和新生。“两个阶级、一个阶层”经过“返城”“下海”“转制”“下岗”“转业”“归国”等几个浪潮，不断分化，相继出现具有不同经济地位、社会地位、不同价值趋向的新的社会阶层。① 伴随着改革开放的发展，原有的“两个阶级一个阶层”，即工人阶级、农民阶级和知识分子阶层内部逐渐分化，形成了新的社会阶层。2001 年 7 月，江泽民在庆祝中国共产党成立 80 周年大会上的讲话中指出，改革开放以来，我国的社会阶层构成发生了新的变化，出现了民营科技企业的创业人员和技术人员、受聘于外资企业的管理技术人员、个体户、私营企业主、中介组织的从业人员、自由职业人员等社会阶层。而且，许多人在不同所有制、不同行业、不同地域之间流动频繁，人们的职业、身份经常变动。这种变化还会继续下去。随着体制改革的推进，计划经济体制下形成的城乡二元性，以及城市内部划分为干部、工人、平民等高度刚性的身份制和单位制分层逐渐松动，经济跃居为主导因素，大批知识分子流向非公领域，新的社会阶层日益发展壮大。

党的十六大指出：“在社会变革中出现的民营科技企业的创业人员和技术人员、受聘于外资企业的管理技术人员、个体户、私营企业主、中介组织的从业人员、自由职业人员等社会阶层，都是中

① 邓凌：《当代中国社会转型中的阶层分化》，《中央社会主义学院学报》2011 年第 2 期。

国特色社会主义事业的建设者。”①这是对我国新的社会阶层在建设中国特色社会主义事业中的地位和作用的科学概括。党的十八大再次明确指出，要“鼓励和引导新的社会阶层人士为中国特色社会主义事业作出更大贡献”②。

新的社会阶层是在改革开放以来社会变革中出现的，符合社会主义初级阶段社会生产力发展的要求。社会主义初级阶段基本政策的重要内容之一，就是发展社会主义市场经济，建立公有制为主体、多种所有制经济共同发展的基本经济制度；实行按劳分配为主、多种分配方式并存的分配制度和坚持对外开放的基本国策。在这一过程中，就必然要产生民营科技企业的创业人员和技术人员、受聘于外资企业的管理技术人员、个体户、私营企业主、中介组织的从业人员、自由职业人员等新社会阶层。随着改革开放的深入和社会主义市场经济的发展，以及科技的进步、产业结构的调整，一些新的行业、新的部门不断产生，相应地也出现了一些新的从事这些行业的人员，例如经纪人、设计师、自由撰稿人、咨询师等。这些新领域的人员是我国社会主义初级阶段基本经济制度、社会主义市场经济体制中不可缺少的重要组成部分。

1999 年 3 月 15 日第九届全国人民代表大会第二次会议通过的《中华人民共和国宪法修正案》指出：“在法律规定范围内的个体经济、私营经济等非公有制经济，是社会主义市场经济的重要组成部分。”这就肯定了非公有制经济在我国整个社会经济结构和利益格局中的合法性地位。建设中国特色社会主义就必须在社会主义条件下发展市场经济，就要坚持和完善社会主义公有制为主体、多种所有制经济共同发展的基本经济制度，就要坚持和完善社会主义市场经济体制，使市场在国家宏观调控下对资源配置起决定性作用。而发展多种经济成分，即发展个体经济、私营经济、民营经济及外资

---

① 《江泽民文选》第 3 卷，人民出版社 2006 年版，第 539 页。

② 胡锦涛：《坚定不移沿着中国特色社会主义道路前进 为全面建成小康社会而奋斗——在中国共产党第十八次全国代表大会上的报告》，人民出版社 2012 年版，第 30 页。

经济，就离不开个体户、私营企业主以及在外资企业就业的管理人员、技术人员和其他劳动者；发展市场经济就离不开各种市场中介组织的培育和发展，离不开各种劳动者在各个行业和各个部门之间的自由流动。党的十五大已经确认以公有制经济为主体、多种所有制经济共同发展是我国社会主义初级阶段的基本经济制度，非公有制经济是我国社会主义市场经济的重要组成部分。因此，将新的社会阶层归于中国特色社会主义事业的建设者，是顺理成章的。

(二)关于新的社会阶层的定位和实际分析

江泽民在2001年纪念中国共产党成立八十周年大会的讲话中提出了在新的历史条件下，考察人们政治上先进与落后的“三条标准”，即主要应该看他们的思想政治状况和现实表现，看他们的财产是怎么得来的以及对财产怎么支配和使用，看他们以自己的劳动对建设有中国特色社会主义事业所作的贡献。我们可以对照此标准，来分析新的社会阶层群体。

其一，看其是否贯彻执行党的基本理论、基本路线、基本纲领，是否积极投身改革开放和社会主义现代化建设，是否热爱社会主义祖国，是否自觉遵守国家的法律法规和社会主义的道德规范。从新的社会阶层的思想政治状况和现实表现来看，新的社会阶层是党的改革开放政策的实践者，他们中的很多人原先是国有企业的经营管理人员、下岗职工、党政部门和事业单位的机关干部、高等院校和科研院所的科技人员、复员和转业的军人以及留学归国人员等，其中有的还是共产党员。他们拥护中国共产党的领导，拥护社会主义制度，拥护党在现阶段的方针政策。他们在党的十一届三中全会以来各项方针政策的鼓励下，勇于开拓创新，走出了一条创业之路，在发展社会主义市场经济的过程中起到了一定的带头和示范作用。他们中的大多数人属于改革开放以来先富起来的一批人，是改革开放的受益者，也是改革开放的支持者，是当代中国的稳定力量。

其二，看财产是怎么得来的以及对财产怎么支配和使用。从新的社会阶层的财产来源和方式以及对财产的支配和使用来看，这个阶层的绝大部分人都是通过诚实劳动、合法经营而致富的。他们运用自己拥有的生产要素直接参与或服务于经济生产过程，创造了社会财富，取得了经济收益。江泽民指出："随着经济的发展，广大人民群众的生活水平不断提高，个人的财产逐渐增加。在这种情况下，不能简单地把有没有财产、有多少财产当作判断人们政治上先进与落后的标准，而主要应该看他们的思想政治状况和现实表现，看他们的财产是怎么得来的以及对财产怎么支配和使用，看他们以自己的劳动对建设有中国特色社会主义事业所作的贡献。"①正确地看待新的社会阶层成员以及他们的劳动和劳动所得，不仅有利于有效地保护私有财产，调动劳动者的积极性和创造性，而且有利于促进社会生产力的快速发展和社会的全面进步。

从资本积累来看，中国现阶段的大多数私营企业主创办企业的初始资金，主要来源于个人或家庭的劳动、经营所得的积累。其中，有的是通过银行贷款、民间借贷、社会集资等途径筹措资金；有的是通过承包、租赁公有企业，进行雇工经营来积累资金；在改革开放过程中发展起来的个体工商户，则是通过扩大经营规模等各种方式来积累资金；一些具有特殊技艺的人，最初依靠自己的一技之长加工制作适销对路的产品，经过营销运作，从而获得创办企业的资金。所有这些筹措积累资金的方式，均不同于原来意义上的资本原始积累。当然，也有少数人是通过走私贩私、以权谋私、权钱交换和非法掠取社会财富等方式，完成其初始资金积累的。总体而言，中国现阶段的私营企业主与过去的民族资本家有着明显区别，简单地把前者类比或等同于后者，是缺乏根据的。

从财产的支配使用看，私营企业主的相当部分收入是用于扩大再生产的。特别是私营企业，其规模越大，科技含量越高，企业的利润率越高，剩余的净利润就越多，而被企业主周期地消费掉或加入他的消费基金的部分所占比例则越小。另一方面，社会主义制度下的私有财产，从功能上看，只要在社会再生产过程中运转，而不

---

① 《江泽民文选》第3卷，人民出版社2006年版，第287页。

进入生活消费领域，也能部分地发挥公有财产所具有的作用，共同构成社会主义社会的经济基础和综合国力。从私营企业主的经营管理活动看，他们进行大量的企业决策、资本运作、市场营销等经营管理活动，将资本、技术、劳动、信息、资源等生产要素有机地组合起来，创造社会财富。这种经营管理劳动所要求的知识洞察力和判断力，以及为此付出的创新劳动，不仅是创造社会财富的生产要素，也是当今中国社会较为稀缺的社会资源。

其三，看他们以自己的劳动对建设中国特色社会主义事业所作的贡献。由于个人的能力、水平、资金及各方面的客观条件不同，每个人对社会贡献的大小是不同的。从新的社会阶层对建设中国特色社会主义事业所作的贡献来看，尽管新的社会阶层依托的经济形态是非公有制经济，但在促进中国经济增长、扩大就业、改善生活、活跃市场等方面，均具有独特的、不可或缺的重要作用。有学者指出，它以弹性的方式及时地弥补了现代职业结构中的空缺，克服了一部分知识生产者和其他劳动者的闲置，为知识分子和其他劳动者提供了新的就业形式。①

最后，新的社会阶层与其他社会阶层的根本利益是一致的。在当代我国社会，剥削阶级作为一个阶级已经消灭了，工人阶级、农民阶级和其他社会阶层，具有根本利益的一致性。当代中国新的社会阶层群体是从原来的工人、农民、知识分子中分化而来的，他们之间是“子体”和“母体”的关系。与工农群众有着天然的联系，与其他社会阶层在具体经济关系中的利益密不可分。建设中国特色社会主义，是当代中国各个社会阶层和利益群体的共同政治追求、价值标准和行为规范。新的社会阶层与工人、农民一样，都是建设中国特色社会主义的依靠力量。

总之，我们不能简单地把有没有财产、有多少财产当作判断人们政治上先进与落后的标准，而主要应该看他们的思想政治状况和现实表现，看他们的财产是怎么得来的以及对财产怎么支配和使用

---

① 李淑妍、张爽：《我国自由职业人员存在的突出问题及协调机制》，《沈阳师范大学学报》(社会科学版)2009年第3期。

的，看他们以自己的劳动对建设中国特色社会主义事业所作出的贡献。新的社会阶层代表人士积极参加“希望工程”、“光彩事业”等社会公益活动，以各种方式回报社会。他们中的大多数人除了把一部分积累的财产用于个人消费外，更多的是用于生产性投资，将资金投放到扩大企业规模、提高产品质量和科技含量上，用于社会公益事业上，努力在助学、助残、扶贫、救灾等方面出资出力，用自己的劳动所得回报社会，那他在政治上就是先进的。

对社会变革中出现的社会新阶层予以定位和定性分析，明确其中国特色社会主义事业的建设者地位，是凝聚我国社会各方面的力量，巩固党的阶级基础，扩大党的群众基础的必然要求。从总体上看，新的社会阶层群体的广大人员拥护中国共产党的领导和社会主义制度，拥护党的路线方针政策，遵守国家法律，热爱祖国。他们为我国的经济进步和社会发展作出了自己的贡献。把新的社会阶层中的广大人员作为中国特色社会主义事业的建设者，是从实际出发、尊重实践、尊重群众得出的科学结论。宪法在这个问题上的修改突破了传统的阶级分析方法，从中国特色社会主义新的实际出发，解放思想，以创新了的社会阶层理论科学分析了我国现阶段的各种社会力量及其政治态度；对改革开放以来我国社会阶层的发展变化情况进行科学总结，确立了社会主义社会的阶层构成概念，为科学分析我国现阶段各种社会力量提供了观念支撑；把社会新阶层作为中国特色社会主义事业的建设者，从政治和经济两个方面，把党的基本理论、基本路线、基本纲领、基本经验和基本经济制度统一了起来，是对中国特色社会主义发展规律认识的飞跃。

二、支持新的社会阶层发挥中国特色社会主义事业建设者的作用

作为中国特色社会主义事业的建设者，新的社会阶层人士是完善社会主义市场经济体制和推动经济社会发展的一支新兴力量，在促进共同富裕、构建社会主义和谐社会、实现全面建成小康社会目标中发挥着重要作用。广泛团结新的社会阶层人士，支持他们发挥

中国特色社会主义事业建设者的作用，是巩固党的阶级基础、扩大党的群众基础的需要，是巩固和发展新世纪新阶段统一战线的需要，是推动中国特色社会主义事业的需要。

(一)新的社会阶层的构成

1. 民营科技企业的创业人员和技术人员

民营科技企业具有民营机制、科技和经济有机结合为一体的特征，体现了体制创新、科技创新以及两者紧密结合的要求，顺应了时代潮流，这也是他们充满生机和活力的关键所在。改革开放以来，国家及各省市非常重视民营科技企业的发展，先后出台了一系列促进其发展的优惠政策，民营科技企业从无到有，从小到大，快速发展，具备了相当的规模和实力，民营科技企业已成为发展高新技术，推动各地经济发展的重要力量。民营科技企业在发展中所创造的独立自主的决策机制、面向市场的经营机制、报酬与效益挂钩的分配机制，以及自我约束、自我发展的行为机制等，符合科学技术发展和市场经济规律，有利于深化经济、科技和教育体制改革、促进科技成果转化为生产力、推动国有企业改革。民营科技企业的发展为科技和经济的结合创造了经验，为大力发展科技产业做出了开创性的功绩，同时造就了一大批民营科技企业家和优秀科技人才。民营科技企业具有很强的成长性和吸纳能力，已经成为社会就业的重要渠道。民营科技企业在激烈的市场竞争中，还通过资产兼并、重组等方式，盘活了一部分国有企业的存量，分流、安排了大批职工就业。

随着民营科技企业的进一步发展壮大，民营科技企业在扩大社会就业，提高人民生活水平，确保社会大局稳定方面将发挥更大的作用。因此，加快民营科技企业的发展，不仅具有重要的经济意义，还具有重要的政治意义。发展民营科技企业是社会主义市场经济理论的重大突破。江泽民在党的十六大报告中指出：“民营科技企业的创业人员和技术人员，他们也是有中国特色社会主义事业的建设者。”这从根本上冲破了“看成分，看性质，姓公还是姓私”等教条主义的框框，是解放思想、深化改革的重大突破，是社会主义市场经济理论的重大突破，为民营科技企业的发展奠定了理论基础，提供了政治保证，也为现阶段对于他们的统一战线工作提供了理论依据。

2. 受聘于外资企业的管理技术人员

外资企业指依照中国法律，在中国境内设立的由境外投资的企业。外商投资企业，是指依照中华人民共和国法律的规定，在中国境内设立的，由中国投资者和外国投资者共同投资或者仅由外国投资者投资的企业。其所称的中国投资者包括中国的公司、企业或者其他经济组织，外国投资者包括外国的公司、企业和其他经济组织或者个人。据中国外资登记网数据显示，截至 2011 年年底，全国实有外商投资企业 44.65 万户（含分支机构 14.69 万户），比上年底增加 2.85 万户，增长了 7.01%，投资总额 10.9 万亿元。

在外资企业就职的中方管理技术人员通常年纪轻、学历高，许多人还有过在国外留学、就业的经历。他们比较熟悉国外的管理制度和工作方式，一般在外企的一些部门担任骨干。中国巨大的人口基数和持续快速发展的经济孕育着的巨大人力资源市场，对国外的人才服务机构构成了巨大的吸引力。中国加入 WTO 后，跨国公司对我国高级人才的争夺越来越激烈，企业过去享有的对高质量人才支付低价格的优势已不复存在，因此受聘于外资企业的管理技术人员将呈不断增长的态势。《工业企业科技活动统计资料》显示，截至 2010 年年底，全国外资企业的直接从业人员已超过 2000 万人。据调研，受聘于外资企业的管理技术人员的特点是文化素质高、经济收入高、社会地位高、工作流动性强。他们有相对独立的价值观念、行为方式和利益诉求，是一个相对独立的特殊利益群体。随着自身实力的壮大，这一群体政治参与的诉求愈发强烈。

3. 个体户

个体户即个体工商户，这是改革开放以来国内最早出现的一个新的社会阶层。它是以家庭为单位，独立经营、自负盈亏的经济实体，指自雇的或有少量帮工的第二、三产业中的个体劳动者和小业主，一般拥有少量私人资本(包括不动产)，但主要依靠自己的劳动或专业技能，其经营活动主要集中在工商业，也广泛涉及其他行业。据国家统计局官方网站和中华人民共和国国家工商行政管理总局官方网站数据显示，截至2011年年底，全国实有个体工商户3756.47万户，比2010年年底增长8.79%；实有资金数额达9005.97亿元，比上年底增加1655.18亿元，增长22.52%。从业人员有7007.6万人，增加280.24万人，增长5.1%。

中国自古就有个体工商户，在改革开放前的计划经济体制时期也一直存在着少量城乡个体劳动者，但目前这个阶层的规模却是改革开放后迅速形成的。在改革初期，个体工商户是最早富裕起来的一部分，被归入高收入群体。由于市场竞争激烈，这个阶层内部不断发生分化，除部分经济实力较强或专业名声较大的个体工商户经营状况较好、收入较高外，大多数个体经营者的收入，与中等收入的工薪阶层没有太大差异。总体而言，这个阶层是改革开放的主要获益阶层之一。他们中的许多人不仅成为市场经济的一支活跃力量，而且解决了其自身、亲属和部分下岗待业人员的就业问题，为社会作出了贡献。其中一部分人还通过扩大资本量和经营规模上升到私营企业主阶层。但由于大多数个体经营者的资本量不大，其产品或服务技术含量不高，面对激烈的市场竞争，他们中有相当多的人感到压力很大，对经营前景有所担忧。

4. 私营企业主

私营企业主是改革开放后出现的一个社会阶层，由拥有一定数量的私人资本和固定资产的私营企业的业主构成，因占有生产资料并使用雇佣劳动而与其他社会阶层相区别。现阶段私营企业主最初是在城乡个体工商户和承包农户的基础上萌生出来，经党和国家的政策和法律许可、确认后迅速发展起来的。根据目前的政策标准，私营企业与个体工商户的区别是，前者雇工在8人以上，后者雇工在7人以下。在税收方式上，前者实行企业的比例税制，后者实行固定税额的“包税制”。但由于经营产业的不同，雇工人数实际上无法真实反映他们的资本实力和生产经营规模。对私营企业和个体工商户，根据资产、利润和经营规模来区分较为恰当。这个阶层来源复杂、成分多样，个人素质差异悬殊。第一批主要来源于文化素质较低的农民、个体户和城市待业人员。第二批主要来源于从国有、集体单位“下海”的干部。第三批主要来源于转制的中小国有企业、集体企业管理者和技术骨干。第四批主要来源于投资创业的专业技术人员。民营科技企业创业人员群体是这一阶层的佼佼者和后起之秀。目前的私营企业主阶层，主要来源于机关和企事业单位干部、个体户、工业和服务业的工人、专业技术人员、农民等。

新《公司法》的实施，降低了股份有限公司的投资门槛，加强了对中小股东权益的保障，鼓励了投资者的热情，股份有限公司的投资者人数迅速增长，注册资本增长尤为迅猛。据国家工商行政管理总局公布的数据显示，2014 年 3—10 月，全国新登记注册市场主体 863. 66 万户，注册资本（金）14. 13 万亿元，同比分别增长 15. 20%、80. 72%，其中企业 251. 46 万户，注册资本（金）12. 97 万亿元，同比分别增长 56. 20%、90. 21%。随着市场主体数量及注册资本快速增长，各类企业特别是私营企业活力得到激发。2014 年 10 月，全国新登记注册内资企业 26. 98 万户，同比增长 54. 49%。其中私营企业 25. 81 万户，增长 55. 77%。新增个体私营经济从业人员持续快速增长，成为解决就业的主渠道。截至 2014 年 10 月底，全国个体私营经济从业人员实有 2. 41 亿人，比 2013 年底增加 2239. 9 万人，增长 10. 25%。①

私营企业主阶层的存在和发展使社会主义初级阶段阶级阶层结构复杂化。这个阶层因率先致富而对社会其他阶层有一定激励和示范作用，同时因拥有大量私人资本和使用雇佣劳动而成为社会贫富两极中的一端，享有并总是进一步谋求在社会地位和影响、财富占有和支配等方面的特权，因而对维护和加强工人阶级的领导地位和

---

① 中华人民共和国国家工商行政管理总局：《2014 年 10 月全国市场主体发展报告》，http://www.saic.gov.cn/zwgk/tjzl/zhtj/xxzx/201411/P020141106370844589178.pdf。

工农联盟具有某种程度的消极作用。在企业经营运作和市场竞争中，私营企业主中的不法经营、偷漏税现象相当普遍。有些私营企业主把大量非法财产转移到海外。少数私营企业主贿赂官员、欺压劳工，其中一些人甚至可以指使个别地方的党政领导干部以损害国家和人民群众的利益为代价为他们的私利服务。私营企业主阶层是改革开放的突出受益者。他们拥护党的改革开放路线，认同社会主义市场经济，希望国家和民族繁荣富强。他们的经济地位较高，社会地位也有很大提升，但多数私营企业主对自己的政治地位并不满足。他们最为担忧的是其资本和财产的安全。这个阶层的人数虽然不很多，但社会影响较大，其阶层意识正在形成和增强。他们试图影响党的政策，并希望社会稳定。作为个人，他们大多拥护共产党执政，其中少数人也有加入共产党的政治意愿，但作为一个阶层，其社会经济利益和地位的获得、维持和发展，与他们是否入党并无多大关联。目前，私营企业主通常把争当人大代表和政协委员作为提高其社会地位和政治身份的首选途径。

5. 中介组织的从业人员

社会中介组织泛指介于企业、个人之间，并为其服务、沟通、协调以及对其监督的社会组织。它主要由三类组成：一是行业性中介组织，如中国国际商会、中国国际贸易促进委员会；二是促进劳动力就业的社会中介组织，如职业介绍所、人才交流中心、再就业服务中心和留学归国人员服务中心等中介组织；三是促进科学研究、文化教育和体育卫生发展的中介组织，如各类联合会、学会、协会以及基金会、联谊会和俱乐部等。

改革开放以来，我国社会中介组织之所以得到快速发展，主要有两方面的原因：一是来自社会主义市场经济的内在拉动，要素市场的发育和完善依赖于中介服务业的健康规范发展。二是来自我国政府机构改革与政府职能转变的外在推动。政府所承担的“硬性管理”的领域和空间越来越小，而“软性管理”即经济活动中的一些服务性工作和相当一部分执行性、操作性的职能将由社会中介组织来承担。在社会主义市场经济逐步完善的过程中，政府将逐步从微观经济领域中退出，把直接管理企业的职能交由专业服务机构，这使得从事专业技术服务的社会中介组织的发展具有良好前景。社会中介组织的从业人员，大多经过专门训练，专业化程度较高。他们大多有着较好的道德意识和较为健康、积极的价值取向，但法治意识有待加强。

6. 自由职业人员

从数量上来看，自由职业人员已经是我国社会成员结构中一支不可忽视的重要力量。改革开放以来，我国的经济体制转轨、社会结构转型、社会和经济发展的需求、管理体制和制度的改革、人们观念的变化，使新的社会阶层人数迅速增多。进入 21 世纪后，知识分子向非公领域流动呈加速发展态势。目前，中国社会的新的社会阶层还没有一个相对准确的统计数字。以广东省为例，据该省人才服务中心的统计，仅 2008 年，通过该中心流向非公领域的知识分子近 200 万人，其中，流向"三资"企业 75.06 万人，流向个体、私营、股份制企业 82.67 万人，流向乡镇企业 21.19 万人。其中的大多成为新的社会阶层。值得注意的是，流向非公领域的知识分子，多数并未选择人才交流中心作桥梁，而是通过直接受聘、应聘的形式进入非公领域。据人才交流中心估算，这部分知识分子至少是已挂靠人员的 3 倍①。

近年来，基于互联网数字技术，兼具互动性、及时性、公共性等特点的新媒体迅猛发展，新媒体从业人员队伍也不断壮大。新媒体是利用数字技术、网络技术、移动技术，通过互联网、无线通信网、有线网络、卫星等渠道以及电脑、手机、数字电视等终端，向用户提供信息和娱乐服务的传播形态和媒体形态。"新媒体从业人员"可定义为在互联网、移动互联网、物联网、数字媒体、社会媒体等新媒体从事一定的社会劳动的各类人员。他们从事的工作涉及网络营销、网络公关、电子商务、消费电子、电信、数字广告、数

① 《广东省人才服务中心年度工作报告》(2008 年版)，广东人才网，2009 年 6 月 12 日。

字游戏等媒体技术、应用领域。他们中的相当一部分是自由职业人员，也是新的社会阶层的重要组成部分。

(二)新的社会阶层对经济社会发展的贡献

目前中国社会的新阶层成员尽管在财产状况、文化层次、社会地位、社会职业上有所区别，但都具有一个共同的特征，即他们都不属于过去人们常说的“公家人”。“在党的路线方针政策指引下，这些新的社会阶层中的广大人员，通过诚实劳动和工作，通过合法经营，为发展社会主义社会的生产力和其他事业作出了贡献。他们与工人、农民、知识分子、干部和解放军指战员团结在一起，也是中国特色社会主义事业的建设者。”①我国社会新阶层的出现，社会各阶层之间的社会、经济、生活方式及利益认同的差异日益明晰化，以职业为基础的新的社会阶层分化机制逐渐取代过去的以政治身份、户口身份和行政身份为依据的分化机制。这些现象表明，社会经济变迁已导致了一种新的社会阶层结构的出现，并且这种结构正在趋于稳定。与1978年以前的社会阶层结构相比，这一新的社会阶层结构在基本构成成分、结构形态、等级秩序、关系类型和分化机制等方面都发生了深刻的变化。

从总体上看，新的社会阶层中的广大人员，拥护中国共产党的领导和社会主义制度，拥护党的路线方针政策，遵守国家法律，热爱祖国。他们勇于开拓，敢冒风险，走出了一条艰苦创业、勤劳致富之路。伟大而艰巨的中国特色社会主义建设事业，需要全社会各方面忠诚于祖国和社会主义的优秀分子，把新的社会阶层中的广大人员作为中国特色社会主义事业的建设者，是从实际出发、尊重实践、尊重群众得出的科学结论。我们把新的社会阶层中的广大人员作为中国特色社会主义事业的建设者，没有也不会否认工人、农民、知识分子在建设中国特色社会主义事业中的主体地位。包括知

① 江泽民：《在庆祝中国共产党成立80周年大会上的讲话》，《人民日报》2001年7月2日。

识分子在内的工人阶级和广大农民，始终是推动我国先进生产力、先进文化发展和社会全面进步的根本力量。

从总体上看，新的社会阶层的广大人员拥护中国共产党的领导和社会主义制度，拥护党的路线方针政策，遵守国家法律，热爱祖国。他们为我国的经济进步和社会发展作出了自己的贡献。把新的社会阶层中的广大人员作为中国特色社会主义事业的建设者，是从实际出发、尊重实践、尊重群众得出的科学结论。

新的社会阶层在改革开放中产生，在市场经济条件下成长。他们是经济建设的生力军、政治建设的参与者、文化建设的创造者、社会和谐的实践者，为社会主义市场经济体制的建立和完善，为国民经济又好又快发展作出了重要的贡献。

第一，缓解就业压力，维系社会稳定。就业问题不仅关系着一国的经济发展，更直接影响到社会的稳定与和谐。数据显示，2009年末，我国登记失业人数首次突破 900 万人，达 915 万人。2012年全国需要就业的人员总数有 2500 万人左右，而中国政府大约只能安排 1200 万人就业，中国当前劳动力供大于求的总量性矛盾非常突出。① 新的社会阶层具有一定的知识专长、技术能力和艰苦奋斗的精神，主要依靠自己的力量，依靠社会互助合作，解决创业与就业问题。它比国有大中型企业更为灵活机动，是就业的润滑剂，创业的孵化器。新的社会阶层从事的项目，投入少，见效快，风险小，成功率大，创新内容多，科技含量也高，而且会随着社会发展不断壮大。②

第二，创造社会财富，推动经济发展。新的社会阶层是社会财富的贡献者，也是推动我国生产力发展的一支重要力量。这一阶层成员运用自己的胆识和智慧，在国家富民政策的推动下，直接参与或服务于生产过程，是推动经济发展的一支重要力量，同时也增加

---

① 《就业压力仍大 “两保”努力全覆盖》，《人民日报》(海外版)2012年3月8日。

② 黄关从：《关于培育新的社会阶层队伍促进就业与创业的建议》，《经济界》2004年第3期。

了税收。他们所拥有的财富是社会总资本和国民生产总值的组成部分，他们是纳税人的一个群体，是国家和地方税收的来源之一。比如，目前各地税务机关已将书画、演艺界人士、经纪人、中介服务人等新的社会阶层作为征收个人所得税的重点宣传对象，引导他们自觉履行公民纳税义务。他们通过上缴各种税收和出口创汇，充实了国库，增强了国民经济发展的后劲。

第三，提高市场效率，优化资源配置。市场经济中存在着大量的买方和卖方，由于信息的不完整和各自专业知识的匮乏，使供需双方无法达成交易。比如新的社会阶层大量就业的中介组织是介于国家政治组织、行政组织与企业、社会利益群体之间的社会组织，是连接政府与企业、企业与企业、企业与市场的桥梁和纽带，在市场经济的发展过程中，具有不可替代的重要职能。中介机构作为社会性组织，其首要任务就是为社会、企业提供各种服务，包括决策咨询、信息传递、牵线搭桥、委托代理、评估清算和法律保障等方面的服务，是调剂供需、活跃市场的润滑剂。再比如经纪人，他们在发展经济，促进流通，繁荣市场等方面发挥着明显的积极作用。经纪人有别于其他商家的生存方式，以及信息来源的多样性，使经纪人在解决商品供求矛盾方面具有独特的功能。

第四，提供个性化服务，满足社会多样化的需求。随着信息技术的发展和知识经济的出现、伴随着社会分工的细化和消费结构的升级，人们的需求越来越多样化。新的社会阶层的产生与发展壮大，能够提供更多个性化的服务，从而满足社会多样化的需求：如自由撰稿人为报纸写专栏，为名人写传记，为通信运营商写短信，为影视剧写剧本等；自由摄影师为个人拍摄写真集，为商品拍摄广告，为报刊拍摄专题；经纪人负责挖掘新星，包装推出自己的演员，进行合同的谈判等。这些人虽然不是社会物质产品的直接生产者，但是他们提供了更多个性化的服务，从而满足社会多样化的需求。

（三）发挥新的社会阶层在实现中国梦中的作用

中国梦是全国人民的梦，新的社会阶层的从业人员是社会主义建设者，是实现中国梦的重要力量。

首先，新的社会阶层可以为中国梦的实现贡献物质财富。新的社会阶层是中国经济生活中的活跃因素，他们从事和经营的经济形态，是市场经济的重要组成部分，改革开放三十多年来，为国民经济的快速发展，为国家财富的迅速积累，作出了重要贡献。党的十八届三中全会以后，随着改革的深化，市场在资源配置中起决定性作用，与新兴社会阶层相联系的经济形态，将在更加公正、法治的市场环境下继续发展，更加充分的参与市场竞争。从而创造更丰富、更充裕的社会财富，为中国梦的实现贡献物质力量。

其次，新的社会阶层可以为中国梦的实现提供多样化的选择。中国梦不仅是民族的梦，也是每一个人中国人的梦，只有每一个人都实现自身的梦想，中国梦才能建立在坚实的基础之上。新的社会阶层，是在改革开放和社会主义市场经济条件下成长起来的，其成长过程实质上是中国人利用改革开放形成的好政策，市场经济带来的好机遇，追求梦想并实现梦想的过程。新的社会阶层在追求个人成功的过程中，形成了多样化的成功模式，产生了新的社会职业。为人们的成长成才成功提供了新的路径选择和职业选择，从而使每一种成功的梦想能有所寄托，也使国家的梦想变得更为丰富多彩。

再次，新的社会阶层是实现万众创新、大众创业的主体，有助于推动中国梦的实现。当前，中国经济社会发展进入新常态，以资源消耗和规模扩张为特征的增长方式已经难以为继，经济发展进入了依靠科技和创新，走集约发展道路的时期。万众创新，大众创业成为这样一个时期的重要特征。新的社会阶层是大众创业的引领者，与之相联系的经济形态是万众创新、大众创业的平台和载体。大众创新，万众创业不仅是适应经济发展新常态的必然选择，也是实现中国梦的重要方面。新的社会阶层在引领大众创新，万众创业方面所具有的独特优势，使之成为实现中国梦的助推剂。

2014 年 11 月，俞正声在第四届全国非公有制经济人士优秀中国特色社会主义事业建设者表彰大会上指出：“广大非公有制经济人士和其他新的社会阶层人士要深入学习贯彻党的十八届四中全会精神，在新的历史机遇下敢于担当、勇于作为，努力做到政治上自信、发展上自强、守法上自觉，不断增强对中国特色社会主义的信念、对党和政府的信任、对企业发展的信心、对社会的信誉，为全面建成小康社会、实现中华民族伟大复兴的中国梦作出更大贡献。”“希望广大非公有制经济人士和其他新的社会阶层人士在各种思潮碰撞中，坚定不移走中国特色社会主义道路；在经济发展新常态中，加快转型升级、积极服务全面深化改革；在推进社会主义法治国家建设中，增强法治观念、切实履行社会责任。”①

三、坚持尊重劳动、尊重知识、尊重人才、尊重创造

(一)“四个尊重”的提出及贯彻

实现中国梦，中国必须首先成为人才强国。但我国一直处在人才危机之中，人力资本投资与人才队伍创新能力的普遍不足，事实上将成为我们迈向全面小康社会征途上的最大的“拦路虎”。在党的十一届三中全会确立正确的思想路线和政治路线之后，邓小平便及时把人才问题作为我们国家面临的一个关键问题提了出来。1992年，邓小平在南方谈话中指出：“中国的事情能不能办好，社会主义改革开放能不能坚持，经济能不能快点发展起来，国家能不能长治久安，从一定意义上来说，关键在人”。② 邓小平历来强调在建设中国特色社会主义事业过程中，必须“尊重知识，尊重人才”。他指出：“尊重知识，尊重人才是长远的根本大计。”③在此基础上，党的十六大进一步提出：“必须尊重劳动、尊重知识、尊重人才、尊重创造，这要作为党和国家的一项重大方针在全社会认真执

---

① 《俞正声勉励广大非公有制经济人士：政治上自信　发展上自强　守法上自觉　为实现中华民族伟大复兴的中国梦多作贡献》，《人民日报》2014年11月26日。

② 《邓小平文选》第3卷，人民出版社1993年版，第380页。

③ 《邓小平论教育(第3版)》，人民教育出版社2014年版，第176页。

行。”①2003 年 12 月颁发的《中共中央、国务院关于进一步加强人才工作的决定》，进一步将“四个尊重”作为科学人才观的重要内容，把“四个尊重”作为党的人才工作、作为实施人才强国战略的重要理念，指导人才工作。2007 年党的十七大重申“贯彻尊重劳动、尊重知识、尊重人才、尊重创造的方针，坚持党管人才原则，统筹抓好以高层次人才和高技能人才为重点的各类人才队伍建设。创新人才工作体制机制，激发各类人才创造活力和创业热情，开创人才辈出、人尽其才新局面”。② 2012 年党的十八大再次强调“要尊重劳动、尊重知识、尊重人才、尊重创造，加快确立人才优先发展战略布局，造就规模宏大、素质优良的人才队伍，推动我国由人才大国迈向人才强国”，从而使“四个尊重”的内涵更为丰富，目标更为清晰，重要性更为凸显。

党和政府从政治体制改革和政治文明建设的高度提出“四个尊重”的方针，用制度活力提升整个民族的创业活力。而“四个尊重”的方针在实践中也得到了较好贯彻。事业单位用人制度改革得以深化。目前已全面推行聘用合同制，完善竞争择优、双向选择、岗位聘任、固定用工与灵活用工相结合的选人用人方式。对事业单位新进人员的聘用，实施由政府授权和委托的人才服务机构提供人才租赁服务的办法，促进“单位人”向“社会人”的转变。鼓励各类事业单位实行项目聘用、任务聘用等灵活柔性的用人方式。如 2006 年公布的《上海市人民政府关于进一步加强本市促进就业工作的通知》明确表示，要全面贯彻鼓励、支持和引导个体、私营等非公有制经济发展的方针政策，认真落实国家关于发展第三产业的政策措施，在推动第三产业和多种所有制经济发展中广开就业门路。注重发展具有比较优势的劳动密集型行业和中小企业，增加就业容量。对就业容量大且有市场需求的行业，制定相应的促进就业的扶持政策。鼓励劳动者通过非全日制就业、非正规就业、自由职业、劳务

---

① 《江泽民文选》第 3 卷，人民出版社 2006 年版，第 540 页。

② 《十七大以来重要文献选编》上，中央文献出版社 2009 年版，第 41 页。

派遣等灵活多样的形式实现就业。进一步完善与灵活就业相适应的劳动关系、工资支付和社会保险等相关政策。2009 年公布的《上海市实施人才强市战略行动纲要》则明确表示：鼓励和保障新的社会阶层从事专业活动。加快制定主要从事智力劳动和专业化服务的新的社会阶层管理办法。依托专业协会加强对新的社会阶层的职业管理和服务。建立新的社会阶层的职业活动规范和职业信用制度。保障新的社会阶层的职业活动权益。完善新的社会阶层的社会保障政策。

正是在党和政府大力改革我国人事制度的情况下，我国出现了人才的流动与整合，许多海外人士纷纷回国创业发展。宽松的用人机制，为包括新的社会阶层的发展壮大铺平了道路。

（二）做好新的社会阶层统战工作

新的社会阶层的发展壮大已经引起党和政府的高度重视。2000 年，第 19 次全国统战工作会议下发的《中共中央关于加强统一战线工作的决定》，首次把出国和归国留学人员、自由择业的党外知识分子明确为统战工作对象，强调要建立相应的工作机制，鼓励他们通过多种形式为改革开放和社会主义现代化建设服务。

把新的社会阶层确定为统战工作范围，即统战工作对象，主要有以下三点理由：

一是有利于做好新的社会阶层群体的思想政治工作。在改革开放以前，由于所有制的局限，新的社会阶层在我国社会中几乎不存在。公有制经济为主体、多种所有制经济共同发展的基本经济制度和对外开放催生了这个新的群体，但是由于它构成复杂、涉及面广，长期以来又没有一个部门负责对他们开展工作，因此这个群体一直处于松散状态。然而，他们当中的大多数人是在计划经济体制主导时期从党外知识分子队伍中分流出来的，有的过去就与统战工作有着千丝万缕的联系。这个特性表明，对这个群体开展统战工作，可以有效地掌握他们的思想动态，做好他们的思想政治工作。

二是为新的社会阶层创造参政议政的条件。这一群体由于行业的特殊性和个体文化素质较高，相对于其他行业的人来说，他们收入水平高，社会活动面宽、政治影响力强。但从目前他们的政治地位来看，虽然有较好的经济基础，但参与政治的机会却很少，而其中的大多数党外知识分子存在着较强的政治热情。所以，把这个群体纳入统战工作范围，作为统战工作对象，实为鼓励他们积极为党和国家的方针政策提出意见建议，为经济建设建言献策，从而开辟他们参政议政的渠道。

三是有助于培养新的社会阶层中的代表性人士。由于这个群体广泛分布在非公有制经济的各个领域，目前又缺乏对他们工作的有效机制，其代表性人物主要靠自然产生和形成。目前这个群体中主要以年轻人尤其是40岁以下的年轻党外知识分子居多，他们是社会发展的重要推动力量。因此，加强对他们的统战工作，发现那些拥护中国共产党的领导、拥护社会主义、拥护改革开放的新的社会阶层人士并将他们培养成高素质的党外代表人士，就成为新世纪统战工作一个非常重要和迫切的任务。

(三)新的社会阶层统战工作面临的挑战

我国阶级阶层变化对统一战线工作产生了深刻的影响。新的社会阶层的统战工作，面临以下几个方面的挑战：

第一，新的社会阶层的分散无序状态，使统战工作任务繁重。统一战线一向以“单位”为依托来开展工作，但新的社会阶层的特点是“社会人”，再加上他们的职业领域非常广泛，各式各样的自由职业人士，基本处于“无单位”、“无组织”的自由状态。这种流动性、分散性、自主性，使社会很难对其进行控制和管理。统一战线工作引导他们发挥其有益于社会的积极作用，减低其“无政府主义”负面影响的任务，可谓相当繁重。

第二，有些统战观念不适应时代的发展。统战观念是否适应社会阶层的变化，是关系到统战工作成功与否的关键问题。当前，由于种种原因，无论是统战对象还是负责统战工作的党组织，都存在一定程度上的统战观念不适应的问题，这使得某些领域和某些层面上统战工作的开展十分困难。就统战客体而言，统战观念缺乏的现象十分突出。这种现象集中表现在新兴的社会阶层中，如归国留学人员、外企白领、中小型民营科技企业、中介组织从业人员、新的社会阶层等。这些新的社会群体思想活跃，自我意识强，与主流观念差异较大，对党组织认同感差，参政议政意识不强，基本上没有统战观念。就统战主体特别是领导干部而言，存在统战观念淡薄甚至出现偏差的问题。主要表现在两方面，一是对统战工作的实质认识不到位。有的党员干部没有从"大统战"的高度很好理解统战工作为中心工作服务、为社会主义现代化建设服务这一本质，因而不同程度上存在着把手段当目的的问题，为统战而统战，缺乏全局观念。二是对统战对象认识不清。有的党员干部对新的社会阶层统战对象的认识还不全面，简单地认为统战就是处理好关系。此外，与统战对象之间的联系过于刻板，缺乏真正的思想交流与沟通。这两个问题使得统战系统内部的工作出现上下脱节的情况，越到上级对统战越重视，观念越新，政策越到位；相反，到了基层则由于事务性工作多而精力分散，再加上观念上不重视、有偏差，统战工作就容易形成表面化，这使党的统战政策得到切实贯彻的难度增大。

第三，统战工作的组织建构不适应发展需要。这主要表现在作为统战主体的统战部门在组织建设上存在问题。一是基层统战工作条件举步维艰。新的社会阶层虽然大都生活工作在城市，但就其统战工作属性来讲，属于基层统战工作范畴，而基层统战无论从级别还是工作手段上，都无法与新的社会阶层处在一个相对应的状态。二是自由职业的统战工作缺乏组织载体。新的社会阶层的最大特点是没有固定或对其约束的单位、组织，这样，统战工作要真正渗入有些"无从下手"。三是自由职业的分散性、独立性、个体性特点，决定了对这个群体的统战工作只能是松散性。同时由于新的社会阶层之间相对封闭，他们之间基本上不存在群体认可的代表性，统战工作即使做好了某一个人或几个人的工作，不一定就表明做好了整个群体的工作。

第四，统一战线的传统工作手段面临挑战。过去适应计划经济时代的特点，统一战线工作模式长期以社会组织为主体。就方式方法而言，也多局限于政治学习、座谈交心、教育培训、社会考察等，相对比较凝固。现在随着社会阶层的变化，大量的统一战线成员工作、生活于体制外，他们中许多人在不同的所有制、不同行业、不同城市之间频繁流动，职业、身份也经常发生转换，统战部门与他们的沟通联系尚缺乏有效的渠道。尤其是现代资讯的发达，互联网的普及，整个社会网络化迅速发展，西方各种思潮正以前所未有的速度、广度、深度影响着他们。面对这一新变化，统战工作原有的一些优势，难以得到充分发挥。如何适应新形势，探讨新方法，更新手段，拓宽渠道，有针对性地做好各阶层代表人士的思想政治工作，使社会主流政治意识为他们所接受，是统一战线面临的重大课题。

新的社会阶层的产生及壮大，对统一战线的影响已经显现并不断加深。针对这种影响，有关方面必须认真研究，善为筹谋，采取有效措施，推动这一领域统战工作深入发展。

(四)新的社会阶层统战工作体制机制

开展对新的社会阶层的统战工作，必须建立新的工作机制与之相适应，这不仅取决于新的社会阶层流动的客观必然性，而且取决于原有知识分子管理体制、管理方式有待改革的客观必然性。建议健全建立行之有效的新的社会阶层工作运行机制，其主要内容包括：

第一，加强统战部门对新的社会阶层的团结引导。从当前的统战实践看，有三个矛盾亟待解决：即社会发展要求政策的稳定性与基层执行政策灵活性的矛盾；制定政策的相对滞后性与形势变化太快的矛盾；统战工作条件的局限性与对象的复杂性的矛盾。据此，各级统战部门应进一步从战略的高度，充分认识开展新的社会阶层统战工作的必要性、重要性和迫切性，增强做好工作的使命感、责任感和紧迫感，把新的社会阶层的统战工作列入年度工作部署之中，制定和完善相关的政策和措施，保持政策的连续性与稳定性。要在确立分析矛盾、解决矛盾科学思路的前提下，通过制定统一战线工作的方针政策，理性地协调社会阶层分化过程中出现的利益冲突，使改革在稳定的环境中稳步推进。与此同时，对于那些制度和政策不够合理的要进一步修正和完善，力求达到政策清晰，制度健全，责权明确，关系顺通，使统一战线工作能适应社会阶层变化的新要求。各级统战部门要明确负责联系新的社会阶层的内设机构，使这一领域工作逐步走向规范化。

第二，密切关注新的社会阶层，加强对新的社会阶层的调查研究工作。各级统战部门要加强调研力度，对这一群体的基本情况、发展趋势及其对统一战线工作的影响，以及他们在经济和社会活动中出现的新情况、新问题等，积极开展调研工作，及时准确地了解、掌握有关情况，为党委和政府科学地决策做好服务工作。做好新的社会阶层调查摸底工作，要把对其代表人物的教育、培养、安排、使用纳入到工作计划中来。要做好这一群体的统战工作，必须做到心中有数，要对他们的基本情况、政治状况等进行全面深入的调查研究。

第三，加强新的社会阶层的党建工作。新的社会阶层的发展之所以能有今天的局面，应该说是与行业中的中共党员所起的作用分不开的。由于新的社会阶层一般只关注经济利益，政府管理部门只关注注册资格，行业协会只关注业务指导，使得新的社会阶层的党建和思想政治工作处于薄弱状态。一方面是绝大多数党员的组织、人事关系挂靠在所属街道办事处、原单位或人才交流中心，另一方面是该行业人员流动性大，党员不固定，党支部难以有效开展工作，从而导致许多党员长期游离于组织管理和监督之外，党员的作用难以发挥，党外人士更是无人问津。要改变这种状况，必须建立行业党委。其主要任务是抓好党组织建设和成员思想政治教育工作。在这方面，统战部门也要充分发挥自身的优势，积极探索与创新做好新的社会阶层代表人物统战工作的思路和方法。通过举办各类形式的培训班、报告会、走访调查、参观考察和进行传统教育等活动，深入到行业中去，及时听取他们的意见和建议，引导他们树立正确的世界观、人生观和价值观，增强政治意识、大局意识和责任意识，为社会主义现代化建设多作贡献。要将新的社会阶层代表人物纳入到党外知识分子工作的长期规划中，制定培养、选拔的目标，提出检查考核的具体标准和措施；积极选派他们到各级社会主义学院学习，进行系统的统战理论、方针政策的培训；注重为他们提供参加各类高层次座谈会、协商会、情况通报会等机会，参加一些重大政治协商、民主监督等活动，使他们更好地知情出力，逐步提高参政议政的能力。调查反映，社团组织、行业协会都有强烈要求参加培训的愿望，特别是出国培训，认为对于提高业务技能很有帮助。在这方面，统一战线部门有很多工作可以做。

第四，充分发挥社团、行业协会等中介组织的桥梁纽带作用，密切新的社会阶层与党组织的关系。新的社会阶层分布于各行各业，由于市场经济的特点，如何规范、引导、教育，成为新世纪党的统战工作的一个新问题。要做好这项工作，一是要坚持党对新的社会阶层的领导。要通过合法的程序进行，保证行业组织的合法性。二是要充分发挥新的社会阶层的自主性。三是要物色新的社会阶层的代表性人士，通过他们来引导行业组织的健康发展。在具体操作过程中，要注意通过推动每个行业中有影响、有代表性的人士发挥号召、带动、统领作用。

第五，依托社区延伸工作抓手。新的社会阶层“社会人”的属性，决定了他们与社区有着密切联系。新的社会阶层大都居住在社区，处于某社区组织体系之中，这是做好统战工作的有利途径。基层统战部门要认真贯彻落实好社区统战工作意见，开展好社区的统战工作，把新的社会阶层吸纳到各种社区联络组织中来，开展有影响的活动。

第六，依托网络创新服务机制。互联网作为一种新的传播技术和交流工具，因其传输快捷、交互性强、覆盖面广，为统战工作提供了新的技术手段。党的十六届四中全会明确提出要“高度重视互联网等新型传媒对社会舆论的影响”，“形成网上正面舆论的强势”①。为有效联系新的社会阶层，统一战线一定要发挥好这个新

---

① 《十六大以来重要文献选编》中，中央文献出版社 2006 年版，第 285 页。

媒体的作用。新的社会阶层思想活跃，与网络的接触普遍较多，运用互联网开展统战工作大有可为。针对新的社会阶层流动性特点，充分运用现代网络技术，可起到事半功倍的效果。各级统战部门依托统战网等网站为他们提供政策、法规、经济、咨询服务和信息服务，可以充分发挥网络在开展新的社会阶层统战工作方面的优势和作用。

（五）培养新的社会阶层统战代表人士队伍

着力物色、认真培养一支优秀的新的社会阶层代表人士队伍，既是开展新的社会阶层统战工作的内在要求，也是统一战线巩固发展的需要。目前在新的社会阶层中，只有少数新的社会阶层被纳入到统战工作范围，大部分新的社会阶层还游离于统战工作视野之外，统战部门也还较多地停留在理论探讨阶段。要真正将这方面工作抓到位，首先必须抓紧在新的社会阶层中建立一支代表人士队伍的工作。各级统战部门必须采取有效措施，明确队伍建设目标，建立和完善评价体系，搭建培养平台，努力建立一支优秀的新的社会阶层代表人士队伍，通过他们来联系新的社会阶层，反映新的社会阶层的利益诉求。

第一，明确队伍建设目标。新的社会阶层将随着社会转型进程不断壮大，要做好新的社会阶层工作，首先就要做好他们中间代表性人士的工作。当前，新的社会阶层代表人士的成长还处于一种自发状态，这就要求把新的社会阶层代表人士的培养选拔纳入到统一战线的党外代表人士队伍建设的总体规划中，有重点地培养选拔，为他们提供有序的政治参与渠道和平台。

第二，建立和完善评价体系。新的社会阶层代表人士评价体系的内容应该包括以下方面：政治方向正确，政治立场坚定；有较大社会贡献，有较大社会影响力；有较强参政议政能力；在新的社会阶层人士中有较大的积极影响。

第三，完善教育培养机制。要整合资源，多渠道、深层次开展教育培训，促进新的社会阶层代表人士全面发展，引导他们更好地为社会主义建设献计出力。统战部门在制定党外人士培训规划时，应有选择、有计划地将这一阶层中的代表人士列为培训对象，采取多种形式，加快培养步伐，积极引导他们努力提高政治成熟度、政治鉴别力和政治敏感性。针对新的社会阶层流动性大的特点，建立全国性的数据库，使各级统战部门能及时了解、掌握、沟通重点人物的去向，形成动态管理的机制，确保代表性人物流动到哪里，哪里就有联络他们的渠道和机构，使他们始终处于党的统战工作视线之内。

第四，加大政治安排的力度。对新的社会阶层代表人士进行政治安排，是调动和发挥他们积极性、主动性、创造性的一种有效手段。应根据不断发展的形势要求，加大政治安排工作的力度，有意识地选择一些政治素质好、专业造诣深、社会影响大的人士，在各级人大、政协、民主党派、工商联有关团体中作适当的政治安排，使他们能够通过正当的渠道参政议政，反映其所代表阶层的利益、愿望和要求，满足他们政治参与的欲望，激发其社会责任感。从而将这一阶层的政治诉求纳入现行的政治体制中，并使之遵循现行政治体系的运行规则和行为标准。

第五章
中国梦与各族人民的大团结

“实现中国梦必须凝聚中国力量。这就是中国各族人民大团结的力量。中国梦是民族的梦，也是每个中国人的梦。”①中国是一个统一的多民族国家，实现中国梦的依靠力量是全国各族人民。民族问题始终是建设中国特色社会主义必须解决的问题。它关系到国家稳定、民族富强、祖国统一、国防巩固以及社会主义现代化建设的方方面面。民族团结是我国各族人民的生命线，是解决民族问题、各民族共享中国梦的基础和前提。为此，党的十八大要求全面正确贯彻落实党的民族政策，坚持和完善民族区域自治制度，牢牢把握各民族共同团结奋斗、共同繁荣发展的主题，深入开展民族团结进步教育，加快民族地区发展，保障少数民族合法权益，巩固和发展平等团结互助和谐的社会主义民族关系，促进各民族和睦相处、和

① 习近平：《在第十二届全国人民代表大会第一次会议上的讲话》，《人民日报》2013年3月18日。

衷共济、和谐发展。①

2014 年 9 月，习近平在中央民族工作会议上指出，做好民族工作，最关键的是搞好民族团结，最管用的是争取人心。他还进一步强调，解决民族问题，物质方面的问题要解决好，精神方面的问题也要解决好。② 这些从全局和战略的高度，系统阐述了民族工作的方向和道路等重大问题，为新时期的民族工作指明了方向。中国梦最终要落实到包括少数民族在内的所有中国人的幸福生活上。珍惜各民族大团结的局面，走中国特色社会主义道路，推进少数民族和少数民族地区经济社会发展，是中国解决民族问题的关键。

一、民族问题始终是一个重大问题

民族是人们在历史上形成的一个有共同语言、共同地域、共同经济生活以及表现于共同文化上的共同心理素质的稳定的共同体。民族是一个历史范畴，而民族问题伴随着民族的产生而出现，伴随着民族的消亡而终结。在全世界范围内，民族问题都是一个重要的社会问题，引起了各国的普遍关注。由于任何一个人都具有民族成员与国家成员的双重身份，因此民族事务多与国家事务相联系，民族问题往往表现为国家问题③。在建设中国特色社会主义的道路上，民族问题始终是中国必须处理好的一个重大问题。

(一) 建设中国特色社会主义必须处理好民族问题

中国是统一的多民族国家，民族工作关乎大局。中国共有 56 个民族，不仅民族众多，而且分布十分广泛，在 13 亿多的总人口

① 胡锦涛：《坚定不移沿着中国特色社会主义道路前进　为全面建成小康社会而奋斗——在中国共产党第十八次全国代表大会上的报告》，人民出版社 2012 年版，第 29~30 页。

② 《中央民族工作会议暨国务院第六次全国民族团结进步表彰大会在北京举行》，《人民日报》2014 年 9 月 30 日。

③ 张凤莲：《民族论》，山东人民出版社 2005 年版，第 3 页。

中，少数民族占1亿以上。在如此一个多民族国家里，处理好民族问题、理顺民族关系，事关国家的长治久安和长远发展。中国的少数民族分布在全国各地，尤其在中国的西部和边疆地带生活着众多的少数民族，在漫长的历史发展中形成了“大杂居、小聚居”的基本特点，民族自治地方占整个国土面积的64%。“国家的统一，人民的团结，国内各民族的团结，这是我们的事业必定要胜利的基本保证。”①如果没有良好的民族关系，人民的团结、领土的完整和国家的统一都得不到切实的保证，国家就会陷入动荡和分裂。因此我们要时刻牢记统一多民族国家这一“家底”，坚持把维护民族团结和国家统一作为各民族的最高利益。

中国统一的多民族国家是历史演进的结果，各民族都是国家的缔造者。在历史长河中，中国的少数民族与占人口绝大多数的汉族不断融合，一起生活在这片土地上，共同建设着家园，创造出了辉煌灿烂的文明。到了风雨如晦的近代，国家衰微、民众受苦，少数民族同汉族同胞一起，为了国家的独立、民族的富强进行了艰苦卓绝的斗争，从雪域高原到塞北大漠再到东南沿海到处都有他们的身影。新中国成立以后，各少数民族既共同参与了轰轰烈烈的社会主义革命和建设，经历了共和国前进道路上的艰难曲折，也共同投入到了中国特色社会主义的伟大实践中。历史和现实都表明，中国不单属于某一个民族或某些民族，而是各民族共同的生存空间和精神家园。因此，必须处理好民族的和谐共荣问题。

民族问题具有普遍性、长期性、复杂性、国际性和重要性的特点，其本身便是一个重大问题。中国国土面积广大，地区差异明显，经济发展不平衡，更彰显了民族问题的复杂性和重要性。由于历史和地理环境等方面的原因，如今的少数民族聚居区多是欠发达地区，在经济社会发展等方面还存在严重的困难。主要表现为：经济发展水平低、基础设施建设滞后，贫困人口多；政治参与程度不高、法制意识淡薄；文化封闭，教育落后；社会发育不全，保障能力弱；民族问题与宗教问题相交织，解决难度大等。在中国的民族

① 《毛泽东文集》第7卷，人民出版社1999年版，第204页。

关系上，民族团结一直是主流，但是在局部区域、某段时期也存在一些不和谐因素，有时还有尖锐化的倾向。这些具体国情决定了民族问题始终是建设中国特色社会主义必须处理好的一个重大问题，也决定了民族工作始终是关系党和人民事业发展全局的一项重大工作。正如江泽民所说："只要有民族存在，就有民族问题存在……民族问题对过去、现在和未来社会，都具有重大影响。"①妥善处理民族问题，不仅重要，而且是一个长期艰巨的任务。

(二)民族问题处理得好不好关系到国家的兴衰更替

第一，在中国历史上，民族问题一直是国家的重大问题。

在中国古代历史上，生活在中国的各个民族之间关系的主流是相互交流、相互融合、和谐共处，但也有持续不断的敌对与战争。在封建社会中，中原王朝最大的政治压力和挑战来自北边和西边的少数民族。当一个王朝能妥善的处理民族关系、与各民族和平共处时，它便安定繁荣；当王朝不能妥善处理民族关系、与其他民族处于敌对状态时，这个王朝便处于内忧外患之中，往往因此失掉政权。反过来，倘若周边少数民族能与汉族和平共处、互通有无、包容和谐，少数民族亦鲜受战争流离之苦。历史上的几次盛世，如文景之治、贞观之治、康乾盛世都实行了开明的民族政策，实现了民族和解，而元朝实行民族高压，纵使武力强盛，却成为最短命的统一王朝之一。

近代以来，面对帝国主义的侵略，中国陷入了灾难的深渊。无论是汉族还是少数民族，中华儿女均饱受摧残，在救亡图存的政治运动之中，中国社会风云激荡，各种政治势力、各派思想纷纷涌现，但历史已经证明，只有中国共产党鲜明地抓住了民族平等这一国内民族问题的核心，并使之在中国实现。新中国成立前夕，中国人民政治协商会议通过的《共同纲领》，其第五十至五十三条依照中国国情，确认实行民族区域自治的基本政策，并用法律形式确定

① 《江泽民文选》第1卷，人民出版社2006年版，第181页。

了中国境内各民族的平等地位和平等权利。新中国成立之初，尽管国家满目疮痍，各民族共同迅速投入到了新中国的建设事业之中，此后，西藏得以和平解放，特别是西藏实行民主改革以后，国内各民族安定团结，心往一块想、劲往一处使，成为中国历史上各民族和谐共处的典范。1958 年大跃进以后，中国共产党在民族问题上犯了“左”倾错误，特别是“文化大革命”时期将民族问题的本质理解为阶级斗争，使得一些少数民族干部受到打击迫害，为民族和谐蒙上了一些阴影。改革开放新时期，党通过拨乱反正，迅速恢复了党的民族政策，各项工作重新走上正轨，民族地区经济社会发展取得了长足进步。

纵观历史，哪个时代民族问题处理得好，经济文化就繁荣，社会政治就稳定，综合国力就强盛。

第二，世界范围的民族问题已经成为当今世界最复杂、最敏感的问题之一。

20 世纪中后期，伴随着第二次世界大战以后的民族解放浪潮，一大批被奴役的民族获得独立。与此同时，民族分裂势力抬头，民族问题以及与此相伴随的宗教问题变得纷繁复杂。20 世纪 90 年代以来世界范围内出现的国家裂变、领土争端、地区冲突、部族仇杀、种族排斥、宗教纷争、霸权干预等一系列现象，基本上都有民族问题的背景或直接来源于民族问题。① 1994 年，卢旺达发生种族屠杀惨案，胡图族和图西族两大民族相互残杀，全国总人口的 1/8 被屠杀，人数达 100 万以上，无数妇女惨遭凌辱，无数儿童成为孤儿，无数家园被摧毁。此外，科索沃战争、伊拉克战争、中东问题、印巴冲突等，都与民族问题处理不当有直接关系，民族问题在政治经济社会发展中产生的能量愈加被外界认识。1989 年到 1991 年发生的东欧剧变、苏联解体事件，尽管原因复杂，但苏联长期粗暴对待少数民族和加盟共和国是最为重要的原因之一。进入 21 世纪以后，民族问题并没有缓解的趋势，反而随着恐怖主义势

① 郝时远：《21 世纪世界民族问题的基本走向》，《国外社会科学》2001 年第 1 期。

力的发展变得越加复杂敏感，无论是 2003 年格鲁吉亚的“玫瑰革命”、2004 年乌克兰的“橙色革命”、2005 年吉尔吉斯的“郁金香革命”，还是从也门、利比亚、埃及到叙利亚的“阿拉伯之春”，都充满了民族或族群的对立。中国正处于改革发展的关键时期，稳定对中国来说比金子还要珍贵，处理好民族问题是中国持久发展的基础性条件。

第三，民族问题是国际霸权主义、强权政治干涉他国内政的重要借口。

冷战终结以后，国际局势总体趋于缓和，霸权主义国家赤裸裸的军事进攻和干涉的危险降低，然而，国际霸权主义并没就此消失，反而是以更隐蔽的形式出现了。考察美国最近 20 年发动的海外战争，无论是科索沃战争、阿富汗战争还是伊拉克战争，我们不难得出这样一个结论：他国的国内矛盾，特别是民族矛盾是其干涉他国内政甚至是发动武装侵略最主要的借口。此外，20 世纪 90 年代以来，随着世界第三次民族主义浪潮的兴起，极端民族分裂势力猖獗，并在全世界范围内发动了针对平民的恐怖袭击，成为世界主要的不安定因素之一，发展中国家成为最主要的受害者。改革开放以后，中国国力迅速增强，特别是最近 10 年，中国国力大升，在国际舞台上的地位显著提高，扮演了越来越重要的角色，引起了国际格局的变动，西方某些国家竭力打压中国，借中国出现的某些涉及少数民族的事件行挑唆之能事，妄图造成中国的民族分裂。在拉萨 3 · 14 事件及乌鲁木齐 7 · 5 事件中，我们都能看到他国干涉的影子。我们强调西藏问题、新疆问题的性质既不是民族问题，也不是宗教问题，而是分裂与反分裂的问题。但是，只有切实处理好中国的民族问题，才能从根源上杜绝西方反华势力以此为借口干扰中国特色社会主义的伟大事业。

(三)妥善处理民族关系是推进中国特色社会主义建设的重要保证

中国特色社会主义道路、制度、理论三者统一于中国特色社会主义伟大实践，中国特色的民族制度、理论，以及解决民族问题的道路蕴含于中国特色社会主义道路之中。没有民族问题的妥善解决，中国特色社会主义建设就会受到干扰，甚至会遭受失败。

第一，妥善处理民族关系有利于中国特色社会主义建设“五位一体”总体布局的实现。

党的十八大指出，建设中国特色社会主义，总布局是经济建设、政治建设、文化建设、社会建设、生态文明建设五位一体。当前，建设中国特色社会主义必须牢牢把握“五位一体”的总布局，认真落实相关部署，为中国特色社会主义伟大事业开辟更加广阔的发展前景。而处理好民族关系，直接涉及中国特色社会主义建设总体布局的展开。

处理好民族关系，推进民族地区经济发展，才能为民族问题的解决奠定坚实的物质基础。中国民族众多，若处理不好民族关系，纷争不断，要想以经济建设为中心，一心一意谋发展就是空谈。只有民族关系团结和谐，才能将各族人民的精力集中到现代化建设事业上来，伟大复兴的中国梦才能实现，各民族群众的幸福生活才有保障。

处理好民族关系，有利于推动中国特色社会主义民主政治建设。中国特色社会主义要求实现高度的民主政治，保证各族人民当家作主是中国共产党的不懈追求。只有处理好民族关系，才能更好地保障民族区域自治的基本政治制度得到贯彻落实。中国民族区域自治机关在国家统一领导下，在少数民族聚居的地方实行区域自治，行使自治权。民族区域自治制度是我国的基本政治制度之一，是建设中国特色社会主义政治的重要内容。处理好民族关系，巩固和完善民族区域自治制度，本身就是建设中国特色社会主义政治制度的内在要求。

处理好民族关系，有利于社会主义文化大发展大繁荣。中国是统一的多民族国家，地域广阔，民族差异、地区差异普遍存在，正是因为如此，中华文化才如此绚烂。“五十六个民族五十六枝花，五十六个兄弟姐妹是一家，五十六种语言汇成一句话，爱我中华！”正如歌词所描绘的一样，少数民族作为中华民族不可分割的重要组成部分，他们与汉族一道共同创造了中华民族绚烂多彩的文化。正是由于少数民族文化长期与汉族文化的碰撞与融合，中华文化才愈发呈现出气象万千的迷人魅力，才为社会主义文化的大发展大繁荣提供不竭动力和精神源泉。

处理好民族关系，才能带来全社会、各民族的大团结，有利于构建社会主义和谐社会。和谐社会要求人与自然、人与社会、人与人和谐，生活在同一个家园内的各个民族更应该和谐相处。和谐民族关系与和谐社会建设是辩证统一的关系，就和谐民族关系对和谐社会建设的重要性而言，构建和谐民族关系，推动中国特色社会主义民族关系发展，是构建社会主义和谐社会的题中应有之义，是和谐社会建设的重要内容，是衡量社会和谐的重要标志，也是社会主义和谐社会一面鲜明的旗帜。① 党的十八大明确把“巩固和发展平等团结互助和谐的社会主义民族关系，促进各民族和睦相处、和衷共济、和谐发展”②，作为当前和今后党和国家必须贯彻实施的一项重要任务。因此，没有好的民族关系，社会主义的和谐局面就难以实现。

处理好民族关系，有利于建设社会主义生态文明，建设美丽中国。中国60%以上的国土是民族自治地区，而且多处于边疆地带，这些地区山川秀丽、空气清新、文化奇特，与东部发达地区和汉族聚居区相比，受到的污染较少。如何处理好民族地区环境保护、经济发展与老百姓愿望之间的关系，是事关美丽中国建设的重大课题，处理好民族关系是实现民族地区可持续发展、绿色发展的基础和前提。

第二，处理好民族关系，是维护祖国统一、巩固国防的需要。

民族关系是否和谐，直接关系到中国国家的统一和国防的巩

---

① 廖业扬：《和谐民族关系与和谐社会建设的辩证关系》，《中国民族报》2011年12月23日。

② 胡锦涛：《坚定不移沿着中国特色社会主义道路前进 为全面建成小康社会而奋斗——在中国共产党第十八次全国代表大会上的报告》，人民出版社2012年版，第30页。

固。从历史的角度看，民族团结是国家统一的关键性因素之一。中国古代统一与分裂最为关键的因素就是汉族与少数民族关系问题。当民族关系和谐时，国家统一，实力强盛；当民族关系紧张，甚至爆发战争时，国家则四分五裂，人民群众遭殃。到了近代，西方列强纷至沓来，在反侵略斗争中，中国历经挫折，一个很重要的因素便是国人一盘散沙。毛泽东曾一针见血地指出："帝国主义过去敢于欺负中国的原因之一，是中国各民族不团结。"①及至抗战时期，中国共产党倡导并成功建立起包括各民族在内的抗日民族统一战线，最终取得近代以来反抗外来侵略的第一次完全胜利。在解放战争中，中国共产党紧紧依靠各族群众，取得了内蒙古、新疆等地的和平解放，奠定了祖国统一的坚实基础。从现实的角度看，民族问题解决不好，国家会陷入动乱甚至分裂。比如，南斯拉夫一分为六，苏丹一分为二，阿富汗、印度、巴基斯坦等国常有民族冲突，恐怖爆炸事件时有发生。这些国家的发展长期受制于国内民族、宗派的冲突，为整个国家蒙上了阴影。中国的民族关系总体是和谐的，但仍存在不和谐因素，特别是境内外"三股势力"相互勾结，给国家统一和稳定带来了严重威胁。搞好民族关系，就斩断了反动势力借民族关系造谣生事的罪恶链条。从地理来看，"少数民族问题解决得不好，国防问题就不可能解决好"②。中国的少数民族多生活在边疆地带，5 个民族自治区的土地面积达到 433. 9 万平方公里，约占全国总面积的 45. 2%，特别是西藏和新疆地处中国西部边防要地，如果没有民族的团结、军民的团结，要取得国防的长期巩固是不可能实现的。

二、实现中国梦离不开各民族共同奋斗

各民族共同奋斗、共同繁荣发展是中国现阶段民族工作的主题，是党中央在深刻总结历史经验、科学分析新时期国内外发展态

① 《毛泽东文集》第 6 卷，人民出版社 1999 年版，第 211 页。
② 《邓小平文选》第 1 卷，人民出版社 1994 年版，第 161 页。

势、正确把握民族问题客观规律的基础上做出的重大判断，是中国正确处理民族问题的根本指针。“经过几千年的沧桑岁月，把我国56个民族、13亿多人紧紧凝聚在一起的，是我们共同经历的非凡奋斗，是我们共同创造的美好家园，是我们共同培育的民族精神，而贯穿其中的、更重要的是我们共同坚守的理想信念。”①只有各民族共同团结奋斗，各民族共同繁荣发展才有强大动力，而只有各民族共同繁荣，才能使各族群众坚定走中国特色社会主义的信念，中华民族伟大复兴的中国梦才能真正实现。

(一)中国所取得的成就是各民族共同奋斗的结果

在几千年的历史发展进程中，中国逐渐形成为一个统一的多民族国家，并取得了令世界为之赞叹的伟大成就，这些成就都是各族人民共同奋斗的结果。古代中国虽有民族之间的压迫、纷争与战事，但和平共处、交流融合是民族关系的主流，辉煌灿烂的古代文明是包括少数民族在内所有各族人民的共同创造。近代中国被动挨打，屡受野蛮侵略，中国人民处于灾难的深渊，这种灾难并没有因为人们是不同的民族而有所区别，对于侵略者来说，中国各民族都有共同的标签——中国人。各民族一起受苦，一起在压迫中抗争，从来没有放弃过努力与斗争。经过百余年血与火的斗争，中国人民终于在中国共产党的领导下赢得了独立和解放。新中国成立以来，中国所取得的一切成就都是各族人民团结奋斗的结果。60余年来，中国共产党带领各族群众，真抓实干、团结奋斗，在正确的民族政策光辉照耀下，少数民族的面貌、民族地区的面貌、民族关系的面貌发生了翻天覆地的变化，政治、经济、文化等各个领域都实现了伟大的历史性跨越。

一是实现了少数民族发展史上最广泛最深刻的社会变革。历史上，中国少数民族长期处于社会的低级发展阶段，所有少数民族均

---

① 习近平：《在第十二届全国人民代表大会第一次会议上的讲话》，《人民日报》2013年3月18日。

处于资本主义前的社会形态。部分少数民族和少数民族地区处于封建社会时期，而多数还处于奴隶社会甚至是原始社会时期，社会生产力极度落后。比如，西藏实行的是政教合一的封建农奴制，奴隶主统治十分黑暗，社会发展水平极度低下，广大农奴毫无权利可言；云南的纳西族、景颇族还处于原始社会时期，离先进的生产生活方式、现代政治文明遥不可及。这些民族和地区与汉族地区和东中部地区发展差距十分巨大。新中国成立后，党和政府先后在民族地区进行了民主改革和社会主义改造，依靠各族人民艰苦奋斗，彻底废除了阶级压迫与剥削，使一些原来发展程度较低的少数民族，一举跨入了社会主义社会，真正成为新社会的主人。

二是建立了民族区域自治制度，使少数民族享有了管理本民族内部事务的权力，使民族平等的实现有了制度基础。中国共产党从成立之初，就十分重视民族问题。依据列宁对帝国主义时代民族问题的分析，基于少数民族遭受压迫的事实，结合中国当时的时代背景和革命条件，中国共产党提出了“民族自决”的主张，体现了中国共产党人对少数民族命运的深切关注和希望少数民族享有自由民主权利的愿望。抗日战争开始以后，在革命实践中，中国共产党的民族政策逐渐完善，最后提出了“民族自治”的主张，从而将马克思主义的基本原理同中国的基本国情结合起来，形成了民族区域自治的理论。① 1947 年 5 月 1 日，中国第一个民族自治区内蒙古自治区建立，中国共产党民族区域自治理论得以实践并积累了丰富的经验。1949 年新政协通过的《中国人民政治协商会议共同纲领》规定：“中华人民共和国境内各民族一律平等，实行团结互助”，“各少数民族聚居的地区，应实行民族的区域自治”。② 此后，民族区域自治明确载入历次宪法，1984 年颁布《中华人民共和国民族区域自治法》，对民族区域自治机关的地位、权力、职责进行了切实的保

① 参见盖世金：《从“民族自决”到“民族区域自治”——中国共产党解决民族问题政治形式的历史选择》，《中国特色社会主义研究》2004 年第 1 期。

② 《建国以来重要文献选编》第 1 册，中央文献出版社 1992 年版，第 12 页。

障。目前，全国共建立民族自治地方155个，55个少数民族中，有44个民族实行了区域自治，少数民族切实取得了当家做主的权利。

三是民族地区经济社会取得了巨大发展，人民生活水平显著提高。据统计，民族地区经济总量由1952年的57.9亿元增加到2008年的30626.2亿元；城镇居民人均收入由1978年的307元增加到2008年的13170元；农牧民人均纯收入由1978年的138元增加到2008年的3389元。① 与此同时，少数民族的文化事业也取得了长足的发展与进步，各级财政加大了支持帮扶的力度，一批文化精品走向了全国，推向了世界。在教育方面，随着国家加大对义务教育的支持力度，少数民族受教育的人数和教育年限都有了较大幅度的增长。在产业体系方面，产业布局更加合理，第一产业在经济中所占比重迅速下降，第二、第三产业增长迅速，少数民族同胞和民族地区的群众享有了更多的发展机会和职业选择。除此之外，民族地区社会事业、少数民族干部培养选拔、对口支援等方面都取得实质性进步。部分地区取得了比内地更快的发展速度。以新疆为例，2010年中央新疆工作座谈会以来，新疆地区生产总值年均增长11.5%，比2000年至2009年(西部大开发至中央新疆工作座谈会前)高1.4个百分点，是新疆历史上经济发展最好、最快的时期。②这些成绩的取得，都是各民族共同奋斗的结果。

四是实现了各民族大团结，保证了社会的稳定。新中国成立60余年来，经过各民族的团结奋斗，在民族平等、民族团结和各民族共同繁荣的基本原则引领下，生活在祖国大地上的所有民族实现了平等和团结，保证了边疆巩固和社会稳定。在2008年拉萨3·14事件和2009年乌鲁木齐7·5事件中，包括广大藏族和维族同胞在内的各民族都强烈谴责暴恐活动，支持党和政府采取果断措

---

① 中华人民共和国国务院新闻办公室：《中国的民族政策和各民族共同繁荣发展》，《人民日报》2009年9月28日。

② 孙亭文、许婉：《新疆多项经济指标增速居全国前列》，中国新闻网2013年4月16日，数据由新疆统计局副局长王跃提供。

施，迅速平定骚乱，显示了各民族与党和政府共同维护国家统一、民族团结的坚强决心。

新中国成立60多年特别是改革开放30多年的历史证明，全国各族人民在中国共产党的领导下，紧密团结、共同奋斗，战胜了一个又一个的困难，取得了辉煌的成就。历史表明，只有各民族共同奋斗，中国的发展与进步才能得到保障，中华民族才能得以复兴。

（二）各民族共同奋斗是实现中国梦的力量之源

历史唯物主义告诉人们，群众才是真正的英雄，是历史的创造者。力量是推动社会进步的动力，是克服一切艰难险阻的源泉。梦想是激励人们奋发向上的精神动力，一个国家、一个民族拥有共同的梦想，必然催生出实现梦想的伟大力量，而实现中华民族伟大复兴，正是13亿中华儿女的共同愿望与追求。因此，依靠各民族共同奋斗实现中国梦，既是内在要求，也是当然的路径选择。

民族复兴是各民族共同的使命，需要各民族共同奋斗。共同的使命把各民族紧紧地凝聚在一起，实现中国梦是各民族的共同责任。这就要求各民族都发挥积极作用，把各种力量汇集在一起，心往一处想，劲往一处使，用13亿人的智慧和力量汇集起不可战胜的磅礴力量。2005年，胡锦涛在中央民族工作会议暨国务院第四次全国民族团结进步表彰大会上指出："只有各民族共同团结奋斗，各民族共同繁荣发展才能具有强大动力。只有各民族共同繁荣发展，各民族共同团结奋斗才能具有坚实基础。抓住了共同团结奋斗、共同繁荣发展这个主题，就抓住了新形势下正确处理民族问题、切实做好民族工作的根本，就能在全面建设小康社会的历史进程中不断开创民族工作的新局面。"①唯有如此，中国才能战胜前进道路中的艰难险阻，才能高举中国特色社会主义的伟大旗帜，最终实现中华民族的伟大复兴。

---

① 《十六大以来重要文献选编》中，中央文献出版社2006年版，第903~904页。

只有各民族共同奋斗，才能战胜实现中国梦道路上面临的困难。现阶段，中国正处于全面深化改革的关键时期，面临着经济体制深刻变革、社会结构深刻变动、利益格局深刻调整的局面，建设和改革的任务繁重而艰巨，中国在建设社会主义的征程中还存在相当多的困难，这些困难有赖于各民族共同奋斗予以克服。党的十八大对中国现存的问题进行了细致准确的分析："发展中不平衡、不协调、不可持续问题依然突出，科技创新能力不强，产业结构不合理，农业基础依然薄弱，资源环境约束加剧，制约科学发展的体制机制障碍较多，深化改革开放和转变经济发展方式任务艰巨；城乡区域发展差距和居民收入分配差距依然较大；社会矛盾明显增多，教育、就业、社会保障、医疗、住房、生态环境、食品药品安全、安全生产、社会治安、执法司法等关系群众切身利益的问题较多，部分群众生活比较困难；一些领域存在道德失范、诚信缺失现象；一些干部领导科学发展能力不强，一些基层党组织软弱涣散，少数党员干部理想信念动摇、宗旨意识淡薄，形式主义、官僚主义问题突出，奢侈浪费现象严重；一些领域消极腐败现象易发多发，反腐败斗争形势依然严峻。"①这些问题，有些是具体领域的，有些是带有全局性的，解决起来困难颇多。中国共产党只有团结和带领各族人民，发挥人民群众的聪明才智，并切实依靠人民的力量，才能真正得以解决。因此，习近平指出："实现中华民族伟大复兴是一项光荣而艰巨的事业，需要一代又一代中国人共同为之努力。""空谈误国，实干兴邦"，"共产党人一定要承前启后、继往开来，把党建设好，团结全体中华儿女把国家建设好，把民族发展好，继续朝着中华民族伟大复兴的目标奋勇前进"②。

只有各民族共同奋斗，才能顺利解决中国的民族问题。中国的

---

① 胡锦涛：《坚定不移沿着中国特色社会主义道路前进，为全面建成小康社会而奋斗——在中国共产党第十八次全国代表大会上的报告》，人民出版社2012年版，第5页。

② 习近平：《承前启后 继往开来 继续朝着中华民族伟大复兴目标奋勇前进——在参观〈复兴之路〉展览时的讲话》，《人民日报》2012年11月30日。

民族问题，最主要的是中国的少数民族同胞与汉族同胞一起团结和谐、共同发展、共同繁荣的问题。当前，少数民族和民族地区在经济和社会发展方面存在不少困难。主要表现有：

一是经济基础薄弱、产业层级低。中国少数民族长期处于社会的低级发展阶段。新中国成立的时候，所有少数民族均处于资本主义前的社会形态，社会生产力非常落后。新中国成立以后，特别是改革开放以来，少数民族和民族地区经济社会发展有了很大的进步，但是历史遗留问题不是一朝一夕、短期之内可以解决的。除了历史因素，现实的自然条件也决定了少数民族及少数民族地区经济发展基础薄弱。中国的少数民族多集中于西部地区，他们或生活于高原之巅，或生活于沙漠边缘，或生活于大山之内，或处边疆之远，与发达地区相隔千山万水，交通不便，信息不灵，生存环境相对恶劣。在产业方面，这些区域主体都是农牧业，其他产业十分微弱，处于产业的最低端。

二是基础设施落后，抗风险能力差。近些年，国家加大了对西部地区和民族地区的基础设施建设，少数民族地区基础设施有了很大改善。但是，从现状来看，少数民族集中的西部地区，仍然是全国范围内基础设施最为薄弱的地方。比如，西藏的多数行政村还没有通电话，许多行政村还没有实现通公路的目标，云南部分地区还没有实现通信的全覆盖，汶川大地震和甘肃舟曲的地震以及泥石流，都暴露出当地基础设施的弱点。落后的基础设施和薄弱的经济基础，使这些地区抗灾和抵御风险的能力十分欠缺。

三是教育落后，人才缺乏。教育与人才密不可分，与汉族地区和东部发达地区相比，少数民族地区和西部地区教育水平存在相当大的差距，相当多的一些地区还不能很好地完成义务教育的任务。在职业技术教育领域，由于当地产业层级低，缺乏依托，职业教育发展也比较缓慢。在高等教育方面，民族地区高校数量少，而且质量偏低，即便是在民族地区，高校里面的少数民族学生所占比例也相对较低。由于东西部巨大经济差距的存在，民族地区难以吸引人才，本地人才也大量流入东部发达地区。虽然在国家的对口支援计划下少数民族地区的人才匮乏会得到一定程度的解决，但也难以让人才扎根民族地区。人才的长期缺乏，又影响到了当地经济社会的发展，进而形成了恶性循环。

四是资金短缺，技术滞后。中国民族地区占国土面积的60%以上，在如此广袤的地区迅速提升经济发展，工作的繁重程度不言而喻。少数民族人口达到1亿以上，要大幅度改善生活，其难度可想而知。在大力推进少数民族地区经济社会发展的过程中，资金缺口巨大。资金不足不仅影响发展速度，而且影响少数民族生活水平的提高。除了资金不足，少数民族地区还有技术落后的短板，大型机械、先进生产流程采用困难，产业技术含量低，在市场竞争中往往处于不利地位。

五是市场竞争能力弱，观念相对保守。市场经济要求资源的流动配置，资本要素的逐利本性必然会导致资源越来越集中于发达地区和大型城市。在全国市场经济的发展浪潮中，西部少数民族地区处于市场竞争的不利地位，往往只是充当了原材料和矿产资源的供给地。在发展理念上，少数民族由于地处偏远地区，条件差、信息不灵，新生事物被吸纳接受的可能性和时效性偏低，导致了思想观念相对落后。

六是经济社会发展存在一些干扰因素。除了历史和自然因素外，少数民族和民族地区经济社会发展还存在一些民族的、宗教的以及一些人为的干扰因素。这些干扰因素包括局部的民族矛盾，极少数宗教极端势力、分裂势力和恐怖主义势力的人为破坏等。

解决这些问题，不仅需要少数民族努力奋斗，也需要包括汉族在内的各民族共同努力；不仅需要少数民族地区加快发展、促进社会和谐，也需要全国其他区域积极支援、携手共进。

（三）各民族共同繁荣，共筑中国梦

中国梦归根到底是人民的梦，必须紧紧依靠人民来实现，必须不断为各族人民造福。要使各民族团结起来，就必须有共同利益，共同利益是国家认同、民族认同、文化认同的根基。要使各民族的力量统一汇集于实现中华民族伟大复兴的中国梦的目标上，必须使

中国梦最终落实到各族人民的幸福生活之上。

实现中国梦有赖于各民族共同繁荣，各民族共同繁荣需要各民族共同奋斗。当前，促进各民族共同繁荣，需要我们特别重视加快少数民族和民族地区经济社会发展。它关系到各族人民能否共享伟大祖国繁荣昌盛和社会主义美好生活，不仅是一个重要的经济问题，还是一个重大的政治问题，必须努力解决好。

民族问题归根到底是社会问题，民族问题的解决要随着社会问题的解决而解决。马克思指出："各民族之间的相互关系取决于每一个民族的生产力、分工和内部交往的发展程度。"①这也就意味着，经济利益、各民族的经济基础决定了各民族之间的关系，包括民族问题。加快少数民族地区经济发展和社会进步，对于增强民族团结，促进全国的现代化建设，具有极为重要的意义。"民族地区存在的矛盾和问题，归根到底要靠发展经济来解决。"②中国解决现存民族问题的核心，在于不断推进少数民族和少数民族地区的经济社会发展，这不仅是我国社会主义事业的本质要求，也是党的民族政策的基本出发点和归宿，还是马克思主义民族观和中国国情相结合的正确路径选择。

新中国成立 60 多年特别是改革开放 30 多年以来，民族地区的发展有了很大起色，但与汉族地区和东部发达地区相比，还存在着相当大的差距，在市场经济的环境下，这种差距还有进一步拉大的趋势。因此，如何更好地解决民族地区经济社会发展的相关问题、使各民族共享改革发展的成果，是一个极为重要的问题。"加快少数民族和民族地区发展，是各族群众的迫切要求，也是现阶段解决民族问题的根本途径，必须摆到更加突出的战略位置。"③

党的十八大以来，习近平在事关民族发展的工作上花费了不少

---

① 《马克思恩格斯选集》第 1 卷，人民出版社 1995 年版，第 68 页。

② 江泽民：《在全国统战工作会议上的讲话》（1993 年 11 月 7 日），《历次全国统战工作会议概况和文献（1988—1998）》，华文出版社 1998 年版，第 162 页。

③ 《十六大以来重要文献选编》中，中央文献出版社 2006 年版，第 905～906 页。

心血。他先后深入湖南湘西，新疆和内蒙古等民族地区调研，并对民族地区加快发展做出了一系列指示。2013 年 11 月，习近平在湖南省湘西土家族苗族自治州调研时指出：“加快民族地区发展，核心是加快民族地区全面建成小康社会步伐。”①此后，他又在 2014 年全国两会上强调：“增强团结的核心问题，就是要积极创造条件，千方百计加快少数民族和民族地区的经济社会发展，促进各民族共同繁荣发展。”②2014 年 4 月 27 日至 30 日，习近平考察新疆时指出，要坚定不移实现新疆跨越式发展，同时必须紧紧围绕改善民生、争取人心来推动经济发展。发展要落实到改善民生上，落实到惠及当地上，落实到增进团结上。这既是针对新疆发展提出的应对之策，也是推动少数民族和民族地区经济社会发展的根本要求。2014 年 9 月，习近平在中央民族工作会议上发表重要讲话，全面分析我国民族工作面临的国内外形势，深刻阐述当前和今后一个时期我国民族工作的大政方针。这些指导，为新时期搞好民族工作，加快民族地区经济社会发展指引了方向。

发展是解决民族地区各种问题的总钥匙，要采取切实有效的措施，多管齐下，使少数民族同胞共同分享改革开放的伟大成果和实现人生梦想的机会。党的十八届三中全会作出了全面深化改革的决定，中国改革的力度之大、范围之广、程度之深都是空前的，其综合改革的思路和方案必然影响到社会发展的方方面面。中央政府、民族地区政府、各民族群众一定要牢牢抓住机遇，借全面深化改革之风，拟定清晰的发展思路，大力推进少数民族及民族地区的经济社会发展。2014 年中央民族工作会议指出，支持民族地区加快经济社会发展，是中央的一项基本方针。要紧紧围绕全面建成小康社会目标，顺应各族群众新期盼，深化改革开放，调动广大干部群众的积极性，激发市场活力和全社会创新创造热情；发挥民族地区特

---

① 《深化改革开放，推进创新驱动　实现全年经济社会发展目标》，《人民日报》2013 年 11 月 6 日。

② 《铸就民族团结进步的中国梦——十八大以来以习近平为总书记的党中央关心少数民族和民族地区纪实》，《人民日报》2014 年 9 月 28 日。

殊优势，加大各方面支持力度，提高自我发展能力，释放发展潜力；发展社会事业，更加注重改善民生，促进公平正义；大力传承和弘扬民族文化，为民族地区发展提供强大精神动力；加强生态环境保护，提高持续发展能力。① 要落实中央方针政策，需要从以下一些具体方面入手。

一要解放思想，突破旧观念的束缚。发展经济，解放思想先行，“穷则思变”，废除不必要的条条框框，以免自缚手脚，在法律允许的范围内大胆试验。随着社会的发展、改革的推进，市场要在资源配置中起决定性作用，民族地区面临的竞争越来越大，民族地区首先要立足自力更生，破除“等靠要”的思想。共同繁荣发展就是要牢固树立和全面落实科学发展观，切实抓好发展这个党执政兴国的第一要务，千方百计加快少数民族和民族地区经济社会发展。

二要搞好规划、实现政策创新。规划是目标，是思路，也是行动的指南，好的规划能带来事业的成功，而不切实际的规划往往使事业遭受损失。少数民族地区要做好经济社会的发展规划，既要有加快发展的魄力也要照顾发展的实际，将急切发展的愿望、发展的可行性与环境的保护等因素协调起来予以综合考虑。党的十八届三中全会要求国有企业加大对公益性企业的投入，在公共服务上作出更大的贡献。中央和地方政府可以借助国有企业的力量加大对民族地区公益性社会事业和基础性设施的投入。

三要建立资源、环境补偿机制。党的十八大提出要优化国土空间开发格局的生态文明建设目标，十八届三中全会进一步要求紧紧围绕建设美丽中国深化生态文明建设，建立资源有偿使用制度和生态补偿制度。部分少数民族地区生态环境相对脆弱，经济开发有可能带来环境的破坏，资源型城市面临资源枯竭过后的返贫难题，针对这些地区，建立资源和环境补偿机制显得尤为重要和紧迫。

---

① 《中央民族工作会议暨国务院第六次全国民族团结进步表彰大会在北京举行》，《人民日报》2014 年 9 月 30 日。

四要加快推进产业改革。促进少数民族和民族地区经济快速发展，必须着眼于产业发展全局，在农业、工业、服务业三大产业领域进行全方位的调整和改革，实现科学发展。夯实农业基础，发展特色农业；调整工业布局，提高市场化水平；发展服务业，提升服务水平。

五要促进少数民族和民族地区社会事业的发展。少数民族和少数民族地区社会事业的发展，事关社会的稳定和谐，全面建成小康社会及中国人民伟大梦想的实现。要在就业、教育、医疗、住房、基本公共服务等方面全面促进少数民族地区的发展，提高少数民族的生活水平，大力改善民生。

六要重视散居民族的经济社会发展。从少数民族的人口分布来看，中国有 3000 多万的少数民族散居在全国各地，约占少数民族总人口的三分之一。做好散居少数民族经济社会发展工作，关系到整个少数民族群体的发展水平、生活质量和整个社会的和谐程度及共同富裕目标的实现，是事关平等、团结、互助、和谐的社会主义民族关系的大事。要建立民族工作社会化的领导体制和工作机制，要坚持依法行政，制定扶持散居少数民族的政策法规，要坚持经济工作的科学化。①

使少数民族和民族地区人民共享改革发展的伟大成果，需要特别重视完善民族地区的社会保障体系。社会保障体系是社会健康运转的支持力量，其扶弱抗灾的“保底”性质对经济社会发展落后的少数民族地区显得尤为重要。完善少数民族地区的社会保障体系，加强对少数民族的帮扶、救助，要从社会救助、社会保险、社会福利、社会优抚等方面下功夫。在社会救助方面，要遵循重点性原则，将有限的资源和力量放到帮助最困难的群众上面，通过民政系统和社会救助机构帮助困难群众渡过难关。在社会保险方面，要统筹养老保险、失业保险、医疗保险以及生育保险等重要险种，通过

---

①　参见杨健强：《在全国散居民族经济工作现场经验交流会上的讲话》，载葛忠兴编：《散居民族经济工作新思路》，民族出版社 2006 年版，第 1～13 页。

自己出一点、政府帮一点、社会筹集一点的方式，提高保险的覆盖面，加大保障力度。在社会福利方面，要通过探索经济社会发展的多种模式，采用诸如土地流转、使用权入股，资源、环境补偿等方式使民族地区的群众得到实实在在的好处。政府还可以通过减免税收、发放补贴的形式对少数民族群众予以帮扶。在社会优抚方面，要落实国家相关政策，对军人及其家属提供优待、抚恤、养老、就业安置等待遇和服务。除了一般社会保障以外，还要搞好住房保障工作，通过保障房建设、安居工程、新农村建设、提供无息低息贷款等方式解决少数民族和民族地区的群众住房问题。

最近10余年来，少数民族和民族地区的经济社会面貌发生了可喜的变化。经济总量和综合实力显著上升，基础设施持续改善，民生和社会保障体系建设稳步推进。2010年以后，国家深入实施新一轮西部大开发战略，在政策上更加强调对西部产业的支持，通过实施地区差别化政策力求更有针对性地解决西部民族地区的发展问题。2013年党的十八届三中全会作出了全面深化改革的决定，民族地区要加快产业调整的步伐，充分利用国家提供的优惠政策，赢得经济社会又好又快发展的局面，为全面建成小康社会，实现社会和谐、中华民族伟大复兴贡献力量。

三、加强民族团结，助推中国梦实现

习近平指出：“实现中国梦必须凝聚中国力量。这就是中国各族人民大团结的力量。”①实现中华民族伟大复兴的梦想，既然是民族的梦和每个中国人的梦，自然是包括全国各族人民的共同梦想，只有加强和巩固各族人民的大团结，实现了各民族、各地区的共同繁荣，中国梦才能真正实现。

---

① 习近平：《在第十二届全国人民代表大会第一次会议上的讲话》，《人民日报》2013年3月18日。

(一)中国共产党历来十分重视民族团结工作

早在新民主主义革命时期，中国共产党便十分重视民族工作，提倡各民族不分宗教、大小、区域一律平等，主张各民族团结合作。长征时期，红军所到之地多为少数民族地区，中国共产党及其领导的红军尊重所到之地的风俗习惯，切实保障少数民族的利益，在广阔的中西部地区传播和运用党的民族政策，成为新民主主义革命时期党宣传和运用民族方针、策略历时最长、区域最广、影响最大的一次。① 在近 30 年的民主革命历程中，不堪压迫的少数民族和广大汉族同胞一起，在国家独立、民族富强的总目标下，聚集在中国共产党周围，进行了艰苦卓绝的斗争，作出了重大贡献和牺牲。涌现出韦拔群、乌兰夫等一批卓越的少数民族革命家。中国共产党在这一时期民族政策(如民族区域自治)的尝试和实践，为新中国成立后实行恰当的民族政策打下了良好的基础。

1949 年新中国成立以后，中国开辟了民族关系和民族团结的新纪元。民族平等、民族团结的根本原则先后载入《共同纲领》、《中华人民共和国宪法》，少数民族地区实现了政治、经济发展的大跨越，走上了社会主义道路，各民族实现了前所未有的大团结。毛泽东指出，各民族的团结是“兄弟般的团结，不是一方面压迫另一方面。这种团结是各方面共同努力的结果。今后，在这一团结基础之上，我们各民族之间，将在各方面，将在政治、经济、文化等一切方面，得到发展和进步”②。1959 年，西藏实行民主改革，废除封建农奴制，藏族同胞和其他民族同胞一起享有了当家做主的权利，翻开了西藏历史上崭新的一页。经过几十年的共同努力，中国逐渐形成了“汉族离不开少数民族，少数民族离不开汉族，各少数民族之间也相互离不开”的格局，在社会主义现代化建设的伟大征

---

① 李蓉：《论红军长征中民族政策的运用与发展》，《西藏研究》2006 年第 3 期。

② 《毛泽东文集》第 6 卷，人民出版社 1999 年版，第 168 页。

程中，休戚与共、同舟共济、团结友爱始终是民族关系的主流。

中国共产党人对民族工作的重视，可以从历届中央领导同志在民族关系上的重要观点和具体措施上体现出来。以毛泽东为核心的党的第一代中央领导集体，根据我国历史情况、少数民族“大分散、小聚居”特点以及内蒙古自治区等成功实践，采纳了“各少数民族聚居的地区，应实行民族的区域自治”的建议。改革开放以后，各项民族政策得到有效贯彻落实，谱写了民族关系的新篇章。以邓小平为核心的党的第二代中央领导集体根据新时期党和国家中心工作的历史性转变，及时将民族工作的重心转移到社会主义现代化建设上来，加大民族政策落实力度，特别是强调发展是解决民族问题的核心，高瞻远瞩地提出“两个大局”的战略构想。以江泽民为核心的第三代中央领导集体，进一步提出“民族宗教无小事”、“汉族离不开少数民族，少数民族离不开汉族，各少数民族之间也相互离不开”等重要思想，实施了西部大开发战略、全国对口支援西藏等重大举措。以胡锦涛为总书记的党中央，着眼于全面建设小康社会的历史任务，明确提出各民族“共同团结奋斗、共同繁荣发展”的主题，制定一系列关于加快少数民族和民族地区经济社会发展的文件和规划，就推进民族地区跨越式发展采取一系列优惠政策和重大举措。

党的十八大以来，以习近平为总书记的党中央高度重视民族工作，民族工作从理论到实践都发展到了一个新的高度。据新华社统计，党的十八大至2014年9月，在不到两年的时间内，中央召开了2次政治局会议、5次中央政治局常委会议深入研究民族工作，召开了4次国务院常务会议对加快民族地区发展作出具体安排，召开了第四次全国对口支援新疆工作会议、第二次中央新疆工作座谈会、对口支援西藏工作20周年电视电话会议。中共中央政治局常委会多位成员深入多个民族省区对少数民族和民族地区的发展情况进行了深入调研，还就各民族共同团结奋斗、共同繁荣发展的重大问题作出重要批示、指示近百次。① 2014年9月，中央又召开中

① 《铸就民族团结进步的中国梦——十八大以来以习近平为总书记的党中央关心少数民族和民族地区纪实》，《人民日报》2014年9月28日。

央民族工作会议，习近平、李克强、俞正声分别作了重要讲话，会议对有关民族工作的指导思想、政策和措施进行了全面阐述。

历代中国共产党人在社会主义伟大实践中对民族关系的极端重视，使得中国平等团结互助和谐的社会主义民族关系更加巩固，中国特色解决民族问题正确道路越走越宽广、越走越坚实①，为实现中华民族的伟大复兴打下了良好的基础。

(二)各民族大团结是实现中国梦的基本保证

各民族大团结是巩固爱国统一战线的必然要求。实现中华民族的伟大复兴，需要巩固和发展最广泛的爱国统一战线。党的十八大指出，统一战线就是要凝聚各方面力量，“促进政党关系、民族关系、宗教关系、阶层关系、海内外同胞关系的和谐”，这是“夺取中国特色社会主义新胜利的重要法宝”②。民族关系是统一战线的重要组成部分，历来十分重要。在新民主主义革命时期，中国共产党在理论和实践方面都很好地处理了民族关系，建立和巩固了统一战线这一法宝。新中国成立以后，党和国家实行民族区域自治，实现了少数民族当家作主的历史夙愿。1951 年西藏和平解放是新型民族关系实践的最好例证，不仅实现了民族团结，而且维护了祖国的统一；1959 年西藏民主改革，在与达赖叛乱集团的斗争中，党和国家正是依靠藏族同胞的理解、支持，并与藏族同胞一起团结斗争，才取得平叛的胜利和改革的成功。新中国成立 60 余年来，没有各民族大团结，特别是少数民族对国家的认同、对党的信任和对社会主义道路的坚守，统一战线就不能很好地发挥和展现其重要作用。

---

① 参见贾庆林：《坚定不移走中国特色解决民族问题的正确道路》，《求是》2010 年第 24 期。

② 胡锦涛：《坚定不移沿着中国特色社会主义道路前进 为全面建成小康社会而奋斗——在中国共产党第十八次全国代表大会上的报告》，人民出版社 2012 年版，第 29 页。

各民族大团结为中国梦的实现提供了安定团结的政治局面。中国梦的实现，需要安定团结的政治环境，而民族团结是社会稳定的政治前提，是经济发展的必要保障。当前，国际形势风云变幻，围绕国家核心利益的博弈更趋激烈，伴随中国崛起，中国所处的国际环境相比改革开放之初更加复杂，与此同时，国际分裂势力、宗教极端势力、恐怖主义势力有所抬头，日益成为世界最重要的威胁之一，不少国家因此而陷入了内乱，甚至造成了战乱和政权更迭。国际社会的矛盾也反映到了中国国内，加之改革开放、经济发展带来的深刻利益调整，使新阶层不断涌现，新问题层出不穷，各种新旧矛盾相互交织，民族关系方面也出现了一些不和谐的因素，这些矛盾需要较长时间才能得以化解。因此，在发展过程之中，稳定的政治环境显得尤为重要，可以说，没有过去几十年的稳定环境，中国便不可能有今日的成就，没有未来的政治稳定，便没有未来中国的大发展。妥善处理改革、发展、稳定的关系极为重要，稳定是压倒一切的政治任务。我国是多民族国家，民族关系处理不好或者各民族之间不团结，发展和稳定都无从谈起。

各民族大团结才能使民族地区人民共享中国梦。民族地区的发展，一靠自力更生，二靠政府支持，三靠兄弟民族和地区支援。西部大开发、国家政策重点倾斜可以体现出国家帮助少数民族地区发展的意志，而对口支援帮扶，既是党和国家实现共同富裕的政策安排，也是各兄弟民族的深厚情谊。目前来看，少数民族地区经济社会发展相对滞后，一些地区和汉族东部发达地区相比还有相当大的差距，只有各民族携起手来相互帮助，民族地区才能发展得更好更快，也才能更快地实现共同富裕。中国梦是每一个中国人的梦想，同时也是每一个民族成员的梦想，只有各民族都实现了共同富裕，都过上了梦想中的美好生活，中国梦才真正得以实现。从这个意义上说，中国梦就是56个民族亲如一家的团结之梦。

(三)倍加珍惜各民族大团结的局面

与世界上的其他多民族国家相比，中国民族关系十分融洽，这是来之不易的，同时也是中国从事社会主义现代化建设十分有利的条件，各民族应该倍加珍惜。习近平指出，团结稳定是福，分裂动乱是祸，要坚持各民族共同团结奋斗、共同繁荣发展的主题，深入开展民族团结宣传教育，使各民族同呼吸、共命运、心连心的光荣传统代代相传。①

珍惜民族团结就是维护国家认同、文化认同，就是维护祖国统一。在2014年中央民族工作会议上，习近平指出，加强民族团结，长远和根本的是增强文化认同，建设各民族共有的精神家园，积极培养中华民族共同体认识。在中国历史上，各民族分分合合，经历了漫长的民族融合过程，到了清朝前期，各民族开始长期不间断地生活于统一版图之内，迄今已经300余年，与政治的大一统相比，中华文化的认同时间更早，早在商周时代便建立起了各民族的文化认同。新中国成立以后，民族认同进一步加强，各民族大团结迈上了新的台阶。特别是改革开放以后，在中国特色社会主义的共同道路上，中国强化了56个民族“谁也离不开谁”的观念，增强了中华民族的凝聚力。正因为各民族有共同的文化和国家认同，各民族才能团结共处；反过来，也只有珍惜民族团结，才能维护国家认同、文化认同，也才能维护祖国的统一。

珍惜民族团结要引导各族群众清醒地认识境内外“三股势力”的本性。所谓“三股势力”指的是：暴力恐怖势力、民族分裂势力、宗教极端势力。这三股势力常借涉及民族问题的议题造谣中伤、抹黑中国共产党的领导，还与境外反动势力相互勾结，出卖各族人民的利益。特别是西藏、新疆的三股势力甚至组织爆炸、暗杀，不计代价、不计后果煽动民族分裂，宣扬宗教极端思想，妄图使少数民族人民重新陷入中世纪的黑暗生活里。从拉萨3·14事件、乌鲁木齐7·5事件，我们都可以看出，不仅汉族同胞遭受到了伤害和损失，藏族和维族等其他民族也遭受到了荼毒，这三股势力业已造成十分恶劣的后果，已经成为威胁各民族团结的最大障碍。早在改革

① 《习近平李克强张德江俞正声刘云山王岐山张高丽分别看望出席全国政协十二届二次会议委员并参加讨论》，《人民日报》2014年3月5日。

开放之初，邓小平在视察新疆时便明确指出："新疆稳定是大局，不稳定一切事情都办不成。不允许搞分裂，谁搞分裂处理谁。"①2014年4月，习近平在考察新疆时强调，要高举法治旗帜，保持严打高压态势，出重手、下重拳，先发制敌，坚决把暴力恐怖分子的嚣张气焰打下去，以震慑敌人、鼓舞人民。② 当前，反对"三股势力"非法活动的形势依然严峻，搞民族分裂、民族冲突没有出路，各族人民群众都不会答应，广大群众一定要擦亮眼睛，坚决与破坏民族团结的这些势力作斗争。

珍惜民族团结要处理好宗教问题。民族问题往往与宗教问题密切联系。新中国成立初期，中国共产党就提出了宗教具有"五性"的基本特点，即：群众性、民族性、国际性、复杂性、长期性。从历史的角度看宗教，在漫长的历史发展中，宗教是一种文化现象。总体来看，人类有一个从信仰宗教到走出宗教的过程。从宗教的社会作用来看，宗教具有两面性，既有消极作用，又有积极作用。在阶级社会里，宗教往往是压迫者的统治工具，被压迫者的精神避难所和反抗统治的旗帜。在社会主义中国，阶级压迫已经消亡，阶级斗争虽然在一定范围内存在，但早已不是社会主义主要矛盾。中国的宗教是一种新型的关系，信教群众与不信教群众之间、不同宗教信仰的群众之间是一种平等团结、互相尊重、并存包容的关系。由于历史的原因，中国少数民族多数信教，而汉族群众多数不信教，在信教群众中又有若干派别。要维护民族团结，就一定要处理好宗教问题。坚持宗教信仰自由和政教分离的原则，是中国共产党最基本的宗教政策，广大信教群众同样是党执政的群众基础，是中国特色社会主义的建设者。

加强民族团结要开展民族团结教育。开展民族团结教育，对于加强各民族大团结，促进各民族共同繁荣发展，实现中华民族的伟

① 《邓小平思想年谱(1975—1997)》，中央文献出版社1998年版，第199页。

② 《紧紧依靠各族干部群众共同团结奋斗　建设团结和谐繁荣富裕文明进步安居乐业的社会主义新疆》，《人民日报》2014年5月1日。

大复兴具有重要意义。在实践中，要将加强党和国家民族政策的宣传，开展团结进步活动和依法保障各民族正当权益结合起来，使教育落到实处，把各民族引导到坚定走中国特色社会主义道路上来。坚持不懈地在全党和全国人民中进行马克思主义民族观和党的民族政策的教育。要讲清楚民族问题是社会发展总问题的一部分，民族问题与阶级问题是两种性质不同的问题，各民族平等的联合、反对民族歧视和民族压迫，是解决民族问题的根本原则。要对党和国家的政策进行原原本本的学习和宣传，在各族群众中进行“三个离不开”宣传教育，使各民族人民将其内化成一种习惯、一种情感，进而外化成一种行为。

加强和巩固民族团结教育要讲究方法。首先，要注意对象的广泛性。加强民族团结教育不是针对哪一部分人，也不是针对哪一个特定的民族，而是面向全国各族人民。在宣传教育中，尤其要注意在学校、青少年中进行民族团结教育，青少年是国家和民族的未来，在青少年中种下了民族团结的种子，也就意味着在民族的未来中会有民族团结的苍天大树庇佑整个中华民族。其次，要把握好宣传教育的层次性。遵循既要教育群众，更要教育干部；既要教育少数民族干部，更要教育汉族干部；既要教育一般干部，更要教育领导干部的原则，切实打牢民族团结的思想基础和群众基础。加强对群众教育很重要，但更重要的是加强干部特别是从事民族工作的干部教育，他们的一言一行、政策理论水平直接关系到中央的政策措施能否执行到位，民族问题能否得到顺利解决。第三，要把一般性内容和本地区、本部门、本单位的具体情况结合起来，把阶段性的宣传教育和经常性的宣传教育结合起来，切实扩大宣传教育的覆盖面，通过编写乡土教材、创作文艺作品、举办纪念活动等多种形式增强宣传时效性，从而达到增强宣传教育的针对性和有效性的目的。

要积极而又坚决地保障各民族的合法权益。妥善处理影响民族关系的矛盾和问题，尊重少数民族的宗教信仰和风俗习惯，正确对待民族差异，一心一意为各民族人民服务。在差异、矛盾和问题面前，不要陷入矛盾和问题的内在陷阱之中而无法自拔，要切实注意到矛盾和问题背后的人的因素、利益的因素，一切以人为本，思路和视野就会变得开阔。在民族宗教信仰方面，不要持有信仰偏见，要从政治高度、文化自觉、品德持有的高度真正做到相互尊重。在民族工作中，要转变思维，坚持管理和服务两手抓、重在服务的原则，以情动人，以踏实的工作赢得各民族人民的爱戴和尊敬。要将团结和谐的民族关系纳入法治的轨道，在涉及民族地区经济社会发展方面，要充分尊重各民族特别是少数民族的意见，保障他们的合法权益。

维护民族团结既要反对大民族主义，也要反对地方民族主义。新中国成立以前，在整个阶级压迫的社会，中国存在不平等的民族关系，甚至存在民族压迫。由于占人口多数的汉族长期处于强势地位，在思想与行动中往往存在大民族主义倾向，充满了“非我族类，其心必异”的恶意揣测，而封建统治者推行分而治之的统治手段，常常从中离间挑拨，更加深了民族之间的隔阂。少数民族一旦获得全国政权，也往往自封为上等民族，对其他民族实施压迫，例如元朝和清朝，汉族就长期受到压制。

新中国成立以后，党和国家领导人鲜明地提出各民族是平等的关系，在实际工作中要特别注意克服大汉族主义和地方民族主义倾向。1954 年，《中华人民共和国宪法》序言中，明文提出“在发扬各民族间的友爱互助、反对帝国主义、反对各民族内部的人民公敌、反对大民族主义和地方民族主义的基础上，我们的民族团结将继续加强”①。1957 年，毛泽东指出，“汉族和少数民族的关系一定要搞好。这个问题的关键是克服大汉族主义。在存在有地方民族主义的少数民族中间，则应当同时克服地方民族主义。无论是大汉族主义或者地方民族主义，都不利于各族人民的团结，这是应当克服的一种人民内部的矛盾”②。在此后的民族工作中，尽管也经历了一些挫折，特别是“文化大革命”的严重错误给民族关系带来了伤害，

---

① 《建国以来重要文献选编》第 5 册，中央文献出版社 1993 年版，第 521 页。

② 《毛泽东文集》第 7 卷，人民出版社 1999 年版，第 227 页。

但是党和国家坚持民族平等的原则始终没有改变。

改革开放新时期，在全方位拨乱反正的工作中，邓小平指出："民族工作确有很多问题要提起注意。当前是如何加强民族团结，反对大汉族主义和地方民族主义，重点是反对大汉族主义。有些少数民族中也有大民族主义。"①2009年国务院新闻办公室发布的《中国的民族政策与各民族共同繁荣发展》白皮书指出，为妥善处置影响民族团结的矛盾和问题，中国坚持团结、教育、疏导、化解为主的方针，具体问题具体分析，是什么问题就解决什么问题，避免事态扩大和矛盾激化②。经过各民族人民几十年的艰苦努力，中国的民族关系业已发展到新的水平，各民族一律平等，反对大民族主义和反对地方民族主义的观念已经深入人心。

珍惜和维护民族团结要将维护社会稳定和促进发展结合起来。维护社会稳定，是民族地区和整个国家发展的基础，也是解决中国民族问题的前提；促进民族地区加快发展是解决民族问题的根本途径，从根源上有利于促进社会稳定。当前，要特别做好新疆和西藏的工作。党的十八大以来，习近平等党和国家领导人十分重视新疆和西藏的工作，作出了许多重要指示，明确要求把社会稳定和长治久安作为新疆和西藏工作的着眼点和着力点。习近平在考察新疆时指出，新疆社会稳定和长治久安，关系全国改革发展稳定大局，关系祖国统一、民族团结、国家安全，关系中华民族伟大复兴。反对民族分裂，维护祖国统一，是国家最高利益所在，也是新疆各族人民根本利益所在。③ 2014年两会期间，俞正声在参加西藏代表团讨论时说，在西藏工作中，要牢记"治国必治边、治边先稳藏"的重要战略思想，坚持依法治藏、长期建藏、争取人心、夯实基础，坚持综合施策、标本兼治，努力保持西藏全面发展和持续稳

---

① 《邓小平论统一战线》，中央文献出版社1991年版，第161页。

② 中华人民共和国国务院新闻办公室：《中国的民族政策与各民族共同繁荣发展》，《人民日报》2009年9月28日。

③ 《紧紧依靠各族干部群众共同团结奋斗　建设团结和谐繁荣富裕文明进步安居乐业的社会主义新疆》，《人民日报》2014年5月1日。

定势头。① 同年3月，他在新疆调研时强调要牢牢把握社会稳定和长治久安这个着眼点和着力点，高举各民族大团结旗帜，切实把加快经济发展和改善民生统一于长治久安的总目标之中，推动新疆和兵团各项工作迈上新台阶。② 这些重要指示，切中要害，要坚决贯彻。

珍惜和维护民族团结，最根本的是全面贯彻落实党的民族政策。民族政策是民族团结的生命线。党的民族政策凝聚了几代中国共产党人处理民族问题的智慧和心血，是不断推进中国民族团结进步事业的根本保证③。在总结历史和实践的基础之上，中国现行民族政策主要有以下一些内容：坚持民族平等团结；促进各民族共同繁荣发展；坚持民族区域自治制度；大力选拔和培养少数民族干部；尊重少数民族风俗习惯；尊重和保护少数民族宗教信仰自由；使用和发展少数民族语言文字；对少数民族和民族地区实施优惠政策等。民族平等，民族团结，各民族共同繁荣是处理中国民族关系的基本原则。民族平等是民族团结的政治基础。民族平等和民族团结是实现各民族共同繁荣的前提条件，各民族共同繁荣是民族平等和民族团结的物质保证。民族区域自治制度是中国的基本政治制度之一，是保障各民族平等、团结和共同繁荣的制度基础。大力选拔和培养少数民族干部是做好民族工作的关键，要遵循大力培养、大胆选拔、充分信任和放手使用的原则，使之成为政治可靠、业务过硬的高水平干部队伍，在贯彻党和国家方针政策的基础上，创造性地工作，推进民族地区政治稳定、社会和谐、经济发展和人民生活改善。尊重少数民族风俗习惯，尊重和保护少数民族宗教信仰自由，使用和发展少数民族语言文字是促进民族团结、巩固统一战线的重要内容，从国家发展全局高度对少数民族和民族地区实施优惠

---

① 肖涛、赵书彬：《认真贯彻党中央关于西藏工作指示要求　努力保持西藏全面发展和持续稳定势头》，《西藏日报》2013年3月11日。

② 顾瑞珍：《俞正声在新疆调研时强调　把握目标要求　扎实做好工作确保新疆社会稳定和长治久安》，《人民日报》2014年4月1日。

③ 毛公宁：《民族问题新论》，民族出版社2009年版，第123页。

政策，既体现了各民族互帮互助的优良传统，也是推进民族平等、各民族共同繁荣的必然要求。

(四)加强民族团结，走中国特色社会主义道路

中国特色社会主义道路是解决我国民族问题的根本道路。早在1992年中央召开民族工作会议时，江泽民即指出，中国民族工作取得巨大成就"最基本的经验，就是我们党始终把马克思主义的基本原理同中国民族具体实际相结合，坚持各民族平等、团结、互助的原则，坚持实行民族区域自治制度，在建设社会主义事业中促进各民族的共同繁荣，走出了一条具有中国特色的解决民族问题的正确道路"①。

2005年的中央民族工作会议暨国务院第四次全国民族团结进步表彰大会上，胡锦涛发表讲话指出，"正确处理民族问题，是建设中国特色社会主义的重要内容"，"我国的民族问题必须放到建设中国特色社会主义的全局中来解决，解决好民族问题有利于推进建设中国特色社会主义。中国特色社会主义是我国各族人民的共同事业，中国特色社会主义道路是解决我国民族问题的根本道路"②。在这次会议上，党中央把"中国特色社会主义道路是解决我国民族问题的根本道路"是中国共产党关于民族问题的基本理论和政策予以明确。2009年，在国务院第五次全国民族团结进步表彰大会上，胡锦涛进一步指出，"必须坚持中国特色社会主义道路不动摇。我国民族问题只有在坚持和发展中国特色社会主义、实现中华民族伟大复兴的历史进程中才能得到正确解决。只有中国共产党才能团结带领人民解放各民族、振兴各民族，只有中国特色社会主义才能繁

---

① 《江泽民文选》第1卷，人民出版社2006年版，第180页。

② 《十六大以来重要文献选编》中，中央文献出版社2006年版，第900~901页。

荣各民族、发展各民族”①。

2014年9月，习近平在中央民族工作会议上发表重要讲话，提出解决民族问题，“物质方面的问题要解决好，精神方面的问题也要解决好”的新思路，明确指出“做好民族工作，最关键的是要搞好民族团结，最管用的是争取人心”②。这些经典论述，为中国找到解决民族问题提供了方向和路径。

中国特色解决民族问题的正确道路是中国共产党正确认识和处理民族关系、解决民族问题的伟大创举。这条道路主要有六个方面：在政治方向上，始终高举中国特色社会主义伟大旗帜；在制度设计上，始终坚持民族区域自治制度；在工作主题上，始终坚持各民族共同团结奋斗、共同繁荣发展；在根本途径上，始终坚持推动少数民族和民族地区加快发展；在精神纽带上，始终坚持“三个离不开”的思想；在民族关系上，始终坚持平等、团结、互助、和谐。③ 与世界一些国家民族冲突和民族战乱频发不同，我国长期保持国家团结统一、民族关系和谐，最根本的就在于始终坚持民族平等、加强民族团结、推动民族互助、促进民族和谐。我国民族团结进步事业是建设中国特色社会主义伟大事业的重要组成部分，现阶段，我国正在为全面建成小康社会而努力，只有在中国共产党的坚强领导之下，凝心聚力、坚持走中国特色社会主义道路，民族问题才能得到圆满解决，各民族才能真正实现平等、团结，共享盛世祖国的伟大成就。

---

① 《十七大以来重要文献选编》中，中央文献出版社2011年版，第225页。

② 《中央民族工作会议暨国务院第六次全国民族团结进步表彰大会在北京举行》，《人民日报》2014年9月30日。

③ 贾庆林：《坚定不移走中国特色解决民族问题的正确道路》，《求是》2010年第24期。

第六章
中国梦与宗教界

中国是一个多宗教的国家，存在着佛教、道教、天主教、基督教、伊斯兰教五大宗教以及多种民间信仰，拥有广大的信教群众。宗教问题十分复杂敏感，事关政治稳定、社会和谐、民族团结和国家统一，影响社会主义现代化建设全局。宗教界人士和广大信教群众，是社会主义现代化建设的重要力量，也是实现中国梦的依靠力量，对中国梦的实现有着重大影响，可以为中国梦的实现发挥积极作用。对此，2014 年刘延东在《宗教事务条例》公布 10 周年座谈会上指出："要坚持党对宗教工作的领导，正确对待和处理宗教问题，保障公民宗教信仰自由，依法加强对宗教事务的管理，积极引导宗教与社会主义社会相适应。要坚持立法先行，提高立法质量，努力形成完备的宗教法律规范体系。要依法妥善处理涉及宗教因素的社会问题，促进宗教关系和谐。要依法解决宗教工作的重点难点问题，发挥宗教界人士和信教群众的积极作用，把他们的力量凝聚到实现中华民族伟大复兴中国梦的目标上来。"①

---

① 《〈宗教事务条例〉公布 10 周年座谈会召开，刘延东出席会议并讲话》，《中国宗教》2015 年第 1 期。

一、宗教问题是一个重要问题

(一)宗教在社会主义社会将长期存在并发生作用

马克思主义宗教观认为宗教的产生有其自然、社会和认识论根源。“宗教是人类社会发展一定阶段的历史现象，有它发生、发展和消亡的过程。宗教信仰，宗教感情，以及同这种信仰和感情相适应的宗教仪式和宗教组织，都是社会的历史的产物。宗教观念的最初产生，反映了在生产力水平极低的情况下，原始人对自然现象的神秘感。”①在原始社会生产力极其低下的状态下，人们对自然现象的神秘感，导致了宗教的产生。进入阶级社会以后，宗教成为人们对剥削制度恐惧、绝望的精神寄托和统治阶级麻痹人民加强统治的手段；成为人们在物质和精神生活中，遇到困难和空虚、贫困、疾病、灾害、犯罪、动荡、战争等社会不安和苦难的精神慰藉。同时，人类在特定的历史阶段对自然和自身认识的局限，也使得宗教得以存在和发展。

进入社会主义社会以后，宗教存在和发展的根源并没有消失，就自然和认识根源来说，人们对自然界的认识仍然存在很多未知的领域，仍然有很多无法完全用科学解释的现象，致使有神论的栖息地短期内还无法消除。就社会根源来说，社会主义社会阶级虽已经被消灭，宗教存在的阶级根源基本消失，但阶级斗争仍然在一定范围内长期存在。此外，人类社会发展中产生的一系列诸如贫困、灾害、疾病、苦难等社会问题不可能在短期内解决。同时，宗教作为一种社会意识，一旦形成，很难在短时间内消除。这些因素决定了宗教和宗教的影响在社会主义社会仍将长期存在。

无论是世界历史还是中国历史上的经验教训，都从不同的侧面证明了宗教的长期存在是客观现象和规律，不以人的主观意志为转移。中国历史上曾经发生过多次运用行政力量消灭某一宗教的例

---

① 《新时期宗教工作文献选编》，宗教文化出版社 1995 年版，第 54 页。

子，发生过多次“灭佛运动”，但是最终佛教不仅没有被消灭，还不断地发展壮大。世界历史上，苏联也曾经抑制宗教，但是苏联解体后，宗教在这一地区再次得到迅速发展。因此，认识宗教问题的长期性是正确认识和处理宗教问题的前提。江泽民指出：“宗教问题具有长期性、复杂性、群众性、民族性、国际性等特点。……我们共产党人是唯物论者，不信仰宗教，但尊重宗教存在和发展的客观规律。宗教作为一种社会现象，具有漫长的历史，在社会主义社会也将长期存在。宗教走向最终消亡也必然是一个漫长的历史过程，可能比阶级和国家的消亡还要久远。”①宗教问题在社会主义社会的长期存在，以及宗教的特点，决定了宗教问题是社会主义社会一个十分重要和复杂的问题。它的存在将贯穿整个社会主义初级阶段以及更长的时间。

(二)宗教问题影响社会主义现代化建设全局

江泽民在《论宗教问题》中，结合宗教的特点，对宗教问题的复杂和敏感做了如下论述：“宗教与一定社会的经济、政治、文化问题交织在一起，对社会发展和稳定产生重大影响。”“宗教的存在，是以大量群众信奉为前提的。由于宗教的这种群众性，宗教往往构成一种非常强大的社会力量，处理得好，可以对社会发展和稳定产生积极作用；处理得不好，就会产生消极作用，甚至产生很大破坏作用。关键看能否有效地管理和引导宗教，减少宗教中的消极因素，发挥宗教中的积极因素。”“由于宗教牵涉到数量庞大的信教群众，而且总是与社会政治问题结合得很紧，如何对待和处理宗教问题，始终是一个很敏感、很复杂的社会课题。”②2007 年 12 月 18 日，胡锦涛在主持十七届中共中央政治局第二次集体学习时指出：“正确认识和处理宗教问题，切实做好宗教工作，关系党和国家工作全局，关系社会稳定，关系全面建设小康社会进程，关系中国特

① 《江泽民文选》第 3 卷，人民出版社 2006 年版，第 150 页。

② 《江泽民文选》第 3 卷，人民出版社 2006 年版，第 375~376 页。

色社会主义事业发展。"①这些论述反映了社会主义社会宗教问题仍然是一个重要并需要谨慎处理的问题，处理得好坏将影响社会主义现代化建设的全局。

宗教影响信教群众的政治认知和政治取向。宗教历来与政治关系密切，由于宗教拥有广大的信众，并对信众拥有巨大的号召力和动员力，这使得宗教成为很多政治力量拉拢的对象。而宗教信众一旦受到政治影响，产生一定的政治认知和政治取向，将转化为强大的政治力量，当这种政治认知和政治取向与现实政治呈正相关时，宗教将有利于维护现实政治秩序，促进政治稳定。当这种政治认知和政治取向与现实政治呈负相关时，宗教将成为现实政治的否定力量，从而破坏现存的政治秩序。在我国社会主义条件下，宗教主要的政治认知和政治取向便是拥护社会主义制度，拥护中国共产党的领导。当前中国最主要的五大宗教都团结在爱国统一战线的旗帜下，共同致力于党领导的伟大事业，对社会主义现代化建设具有积极作用。但是敌对势力也在千方百计利用宗教，企图改变广大信众的政治认知和政治取向，以达到其不可告人的政治目的。如果不加防范，或处理不好，将会危害社会主义事业和党的领导，危及政治稳定和社会主义现代化建设，损害广大信教群众的根本利益。

宗教影响民族关系。宗教问题和民族问题常常相互交织。我国是一个多民族、多宗教的国家，有些少数民族甚至全民族信教，例如，回族、维吾尔族、藏族等。宗教对少数民族的信仰、心理、价值观念、生活方式、风俗习惯都有着深刻的影响。宗教与民族关系的这种实际联系，使得宗教因素成为影响民族关系的重要方面。一方面，宗教具有协调民族关系，维护民族团结与和谐的积极作用；另一方面，宗教也有导致民族冲突和分离的可能。宗教问题处理得好，宗教将发挥其在协调民族关系方面的积极作用，处理得不好极有可能成为激化民族矛盾，导致民族冲突的诱因。当前，在党和政府正确的宗教政策指引下，宗教起着维护民族团结与和谐的积极作

① 《全面贯彻党的宗教工作基本方针，积极主动做好新形势下宗教工作》，《人民日报》2007年12月20日。

用。无论是汉族与少数民族之间，还是各少数民族之间均相互尊重、平等相待、共同发展，形成越来越多的共同利益。但是境内外敌对势力，不遗余力地利用宗教问题，制造恐怖事件，煽动民族仇恨，策划民族分裂。也对各民族的共同发展繁荣和国家统一构成了严重威胁。当民族问题与宗教极端主义相结合时，宗教对民族问题的负面作用就表现得更为强烈。宗教问题对民族关系影响的双重性，一方面说明了宗教问题的重要性，另一方面也反映了正确处理宗教和民族问题的必要性。

宗教影响信教群众价值观念。宗教是一种文化，具有构建人们精神家园的作用。尤其是对信教群众而言，宗教对他们的精神和心理影响十分巨大。宗教是一种历史文化现象，是人类历史上一种普遍的社会现象和文化现象，对人类文明的发展作出了重大贡献。宗教作为一种文化体系，它们吸收了人类文明史上创造的许多精神财富，成为各民族传统文化的重要组成部分和广大宗教信仰者的生活方式之一。宗教表达了人对真、善、美的渴望及对无限、永恒、绝对终极意义的追求，以一种超尘脱俗的精神来推动人类社会达到公义、和谐、纯洁、道德与圣化，引导人们尤其是信教群众追求爱、善良、宽容、互助、诚信等美好的道德，有利于促进人际和谐和社会道德的构建。而当人类陷入苦难、贫困、疾病、灾害、战争等无助状态时，宗教可以带给人们希望和慰藉，劝导人们面对和接受现实，减轻心灵的痛苦，起到精神抚慰的作用，有利于促进社会和谐与稳定。但是，宗教作为一种有神论的思想和文化，引导不当也会造成迷信和愚昧。宗教所主张的应对苦难的思想和主张，虽具有抚慰人们的心灵的积极作用，但也容易造成麻木、保守、不思进取等消极的精神状态。在宗教发展史上，宗教对信教群众在这两个方面的影响都是存在的。因此，处理宗教问题，要充分认识宗教对精神层面的双重影响，发挥其积极的一面，避免其消极的一面。

宗教影响国际关系和国际政治。宗教问题具有国际性，这是宗教的重要特点。当今世界的主要宗教，经过上千年的发展和传播，均具有跨地域、跨国界的国际性影响。一些强大的宗教势力甚至可以左右和影响国家的外交政策，从而影响国际政治。这种情况一方面促进了文化与文明之间的对话、交流与交融，加深了不同国家人民之间的沟通与理解；另一方面也成为国际上民族与宗教冲突的重要根源。一些国家和势力，利用宗教干涉别国内政，制造宗教和民族矛盾，颠覆别国政权，威胁别国的国家安全，加剧地区冲突和动荡，破坏世界和平。此外，分布在不同国家的同一宗教的信徒，由于具有相同的宗教文化、宗教感情，往往容易形成一种跨民族、跨国界的力量，相互支持，相互声援，甚至对有关国家的政治和国际事务产生重大影响。这种影响虽不完全具有负面作用，但一旦渗入宗教极端势力，往往给相关国家造成负面影响，甚至造成民族国家间的冲突和分裂。

综上所述，宗教历来都不是一个孤立存在的社会现象，它与社会的政治、经济、文化问题有着密不可分的联系。这使得任何宗教问题的处理，都不能只从宗教本身的角度去思考问题，而要兼顾宗教对一系列方面的联系和影响。同时宗教又是一个具有广大群众性的问题，这又决定了宗教问题不仅是宗教界人士本身的问题，而且是和广大信教群众息息相关的问题。在处理宗教问题时，要充分考虑到信教群众的利益和要求。无论是从历史上来看，还是从当今世界的宗教情况来看，宗教对一个国家和社会的作用均具有双重性。既有可能成为维护社会稳定，凝聚人心，增强国家和民族向心力的力量，也有可能成为导致冲突、对抗和分裂的力量。在社会主义的中国，宗教仍然是一种长期存在的社会现象，同样具有双重作用。如何处理和对待宗教问题，是一个复杂敏感的问题，很大程度上决定着宗教作用的发挥，影响着社会主义现代化建设的全局和中国梦的实现。

(三)中国共产党历来重视宗教问题

中国共产党自成立以来就高度重视宗教问题。建党 90 多年来，党始终坚持把马克思主义宗教观与我国实际相结合，在宗教工作实践中积极进行探索，不断总结经验教训，逐步形成一整套关于宗教问题的基本观点和方针政策，同宗教界建立起了牢固的爱国统一战线，团结和引领我国宗教界人士和广大信教群众与党同心同行、和衷共济，为中国革命、建设和改革事业作出了积极贡献。

在整个新民主主义革命时期，中国共产党始终表现出对待宗教问题的谨慎态度。注重将宗教的政治定性、经济和阶级分析与宗教信仰相区别，始终照顾信教群众的宗教情感。1927 年，党的五大决议案提出："没收一切所谓公有的田地以及祠堂、学校、寺庙、外国教堂及农业公司的土地，交诸耕种的农民。"①同年 6 月，中央命令："对于宗教尚且必须以信仰自由为原则，而由国共两党党部去耐心解释宣传。可以没收庙产，而不要以强迫捣毁其神像祖宗牌等。至于宗法迷信尚深的农村中，甚至于反对这些陈腐东西，都必须以仅[谨]慎出[处]之。"②土地革命时期，中国共产党一方面在政治上把宗教作为封建制度的附属品，经济上没收宗教剥削者的土地和财产，另一方面仍照顾信教群众的宗教情感，采取与一般封建剥削者略有区别的政策。1930 年的《土地暂行法》规定："凡属于祠堂、庙宇、教会、官产……占有的土地，一律无偿没收。"③但 1931 年的《土地法草案》又规定："苏维埃地方政府，在农民自愿不伤害他们的宗教感情条件下，得自行决定关于宗教团体及祠堂等土地的处理问题。"④1931 年通过的《中华苏维埃共和国宪法大纲》进一步规定："中华苏维埃政权以保证工农劳苦民众有真正的信教自由的实际为目的，绝对实行政教分离的原则。"⑤这充分表明，中国共产党在建党初期和土地革命时期，就注意将宗教的政治和阶级属

---

① 中央档案馆：《中共中央文件选集》第 3 册，中共中央党校出版社 1989 年版，第 70 页。

② 中央档案馆：《中共中央文件选集》第 3 册，中共中央党校出版社 1989 年版，第 175 页。

③ 本书选编组：《土地革命文献选编(1927—1937)》，中共中央党校出版社 1987 年版，第 43 页。

④ 本书选编组：《土地革命文献选编(1927—1937)》，中共中央党校出版社 1987 年版，第 260 页。

⑤ 中央档案馆：《中共中央文件选集》第 7 册，中共中央党校出版社 1991 年版，第 775 页。

性与宗教信仰相区别。在处理宗教问题时考虑到信教群众的宗教情感，表现出对宗教工作的谨慎和重视。

抗日战争时期，为了团结社会各界一致抗日，中国共产党在政治上注重团结宗教界，并与之建立抗日民族统一战线。毛泽东在《新民主主义论》中指出："共产党员可以和某些唯心论者甚至宗教徒建立在政治行动上的反封建的统一战线。"①毛泽东在党的七大上所作的《论联合政府》的报告中，对宗教政策进一步做了论述："根据信教自由的原则，中国解放区容许各派宗教存在。不论是基督教、天主教、回教、佛教及其他宗教，只要教徒们遵守人民政府法律，人民政府就给以保护。信教的和不信教的各有他们的自由，不许加以强迫或歧视。"②这些体现了中国共产党对宗教的开明态度和对宗教信仰自由的尊重。

解放战争时期，随着中国社会主要矛盾的变化，中国共产党的宗教政策有所调整，恢复了经济上废除封建宗教土地所有制的政策，但仍然尊重宗教信仰自由。

新中国成立后，中国共产党用根本大法的形式，规定了人民的宗教信仰自由权利。与此同时，党对宗教问题的认识也不断深化。1957 年，毛泽东在《关于正确处理人民内部矛盾的问题》的讲话中指出："企图用行政命令的方法，用强制的方法解决思想问题，不但没有效力，而且是有害的。我们不能用行政命令去消灭宗教，不能强制人们不信教。"③这反映了中国共产党对宗教发展规律的思考和认识。这一时期，中国共产党对于中国宗教的特殊性，宗教的长期性、复杂性、群众性、民族性、国际性，宗教作用的双重性，以及自主办教等方面，都形成了一些符合中国宗教实际的正确的看法和认识。这对于团结宗教界人士和信教群众参与社会主义建设起到了积极作用。当然，不可否认，这一时期党的宗教政策也受到了来自"左"倾错误的干扰，尤其是"文化大革命"，给党的宗教政策造

① 《毛泽东选集》第 2 卷，人民出版社 1991 年版，第 707 页。
② 《毛泽东选集》第 3 卷，人民出版社 1991 年版，第 1092 页。
③ 《毛泽东文集》第 7 卷，人民出版社 1999 年版，第 209 页。

成了极大的破坏。

改革开放以后，中国共产党着手调整和恢复宗教政策。1982年3月，中共中央下发了《关于我国社会主义时期宗教问题的基本观点和基本政策》(19号文件)(以下简称《基本政策》)。文件对宗教信仰自由的内涵、外延、实质、目的等作了明确的界定和阐述。其一，指出宗教在社会主义社会中将长期存在，在社会主义初级阶段就可以消灭宗教的观点是错误的；其二，肯定了新中国成立以来宗教领域出现的积极变化；其三，论述了我们坚持宗教信仰自由政策的出发点和归宿是要把信教的、不信教的群众都联合起来共同建设社会主义。总之，《基本政策》对中国共产党新时期的宗教政策进行了全面系统的论述，是宗教工作的指导性文件。这表明在“文化大革命”结束后，中国共产党对宗教工作的高度重视。

20世纪90年代，东欧剧变、苏联解体，世界社会主义运动遭遇重大挫折。而宗教和民族问题，成为引起苏东剧变的重要因素之一。中国共产党根据国际环境的变化和宗教工作的新情况，进一步提升对宗教工作重要性的认识。1990年，江泽民指出，“宗教问题是个大问题。因为它关系到我们整个国家的安定团结，关系到民族的团结、祖国的统一，关系到我们整个社会主义物质文明和精神文明的建设，也关系到渗透与反渗透、和平演变与反和平演变的斗争。就是说，宗教工作如果做得好，可以对促进社会主义建设起好作用；如果做得不好，就会被国内外敌对势力所利用。因此，做好宗教工作具有重大的意义”①。2001年12月，江泽民从宗教对世界政治影响的角度重申宗教问题的重要性，要求全党必须密切关注宗教问题，“对宗教问题在当今世界政治社会生活中的影响，绝不可低估。无论是做好国内各项工作，还是开展对外工作，都要求我们密切关注宗教问题”②。

新世纪新阶段，随着对新形势下宗教工作重要性认识的进一步

① 中共中央统一战线工作部、中共中央文献研究室：《新时期统一战线文献选编(续编)》，中共中央党校出版社1997年版，第286页。

② 《江泽民文选》第3卷，人民出版社2006年版，第373页。

深化，中国共产党提出了新形势下宗教工作的任务：全面贯彻宗教信仰自由政策，依法管理宗教事务，积极引导宗教与社会主义社会相适应，坚持独立、自主、自办的原则，巩固和发展中国共产党同宗教界的爱国统一战线，维护稳定，增进团结，为推进社会主义现代化建设、实现祖国完全统一、维护世界和平与促进共同发展而努力奋斗。全面贯彻宗教信仰自由政策，依法管理宗教事务，积极引导宗教与社会主义社会相适应，体现了中国共产党对新形势下宗教工作的新思考，体现了中国共产党对新形势下宗教工作重要性的新认识。2007 年，党的十七大指出，要“发挥宗教界人士和信教群众在促进经济社会发展中的积极作用”①，并把“全面贯彻党的宗教信仰自由政策，依法管理宗教事务，坚持独立、自主、自办的原则，积极引导宗教与社会主义社会相适应”写进了党章。

2012 年，党的十八大再次强调，要“全面贯彻党的宗教工作基本方针，发挥宗教界人士和信教群众在促进经济社会发展中的积极作用”②。2013 年，习近平在十二届全国人大一次会议上指出，实现中国梦，“要发挥宗教界人士和信教群众在经济社会发展中的积极作用”③。2015 年 2 月 15 日，俞正声在与宗教团体迎春座谈时提出，“运用法治思维和法治方式推进宗教工作，是当前和今后一个时期宗教工作的重要任务。全面推进依法治国，不仅要求宗教工作部门依法履行宗教事务管理的职责，也需要充分发挥宗教团体在法治建设中的积极作用，这样才能保护合法、制止非法、遏制极端、抵御渗透、打击犯罪，引导宗教与社会主义社会相适应”④。

综上所述，宗教作为社会主义社会长期存在的一种社会现象，与民族团结、社会稳定、国家安全和统一等有着密切的联系。它是

---

① 《十七大以来重要文献选编》上，中央文献出版社 2009 年版，第 24 页。

② 胡锦涛：《坚定不移沿着中国特色社会主义道路前进　为全面建成小康社会而奋斗——在中国共产党第十八次全国代表大会上的报告》，人民出版社 2012 年版，第 30 页。

③ 《习近平谈治国理政》，外文出版社 2014 年版，第 41 页。

④ 《俞正声与全国性宗教团体负责人迎春座谈》，《人民日报》2015 年 2 月 16 日。

社会主义事业中一个必须认真对待和谨慎处理的复杂而敏感的问题，对于社会主义现代化建设有着全局影响，其重要性不言而喻。中国共产党对宗教问题的重要性有着深刻的认识，历来重视宗教问题对中国革命、建设和改革的影响，注重发挥宗教在革命、建设和改革中的积极作用，引导宗教与社会主义社会相适应。

二、发挥宗教界人士和信教群众在促进经济社会发展中的积极作用

（一）认真贯彻党的宗教信仰自由政策

宗教对经济社会发展的作用，既有积极的一面，也有消极的一面。在推进中国特色社会主义事业的过程中，在实现中华民族伟大复兴的历史征程中，如何发挥宗教的积极作用，避免其消极作用，始终是一个重要的课题。而宗教作用的发挥，归根到底在于人，在于与宗教密切联系着的宗教界人士和广大信教群众。宗教界人士是以宗教为职业和事业的人，而广大信教群众则是由各个阶级和阶层组成的人民群众。无论是宗教界人士还是信教群众都是社会主义现代化建设的依靠力量，宗教积极作用的发挥，实质上就是宗教界人士和信教群众积极作用的发挥。而要调动宗教界人士和信教群众积极投身社会主义现代化建设，并在社会主义现代化建设中发挥积极作用，首要的就是认真贯彻党的宗教政策。

宗教信仰自由政策是中国共产党的一贯政策，也是处理宗教问题的基本政策。宗教信仰自由政策，包括三个方面的内涵：一是人民有信仰宗教以及信仰何种宗教的自由，任何人不得干涉；二是人民有不信仰宗教的自由，任何人不得强迫；三是人民有过去信教，现在不信教的自由，也有过去不信教，现在信教的自由。宗教信仰自由是宪法确定的基本原则，这个政策执行得好坏，是宗教界人士和信教群众观察党的宗教政策的一面镜子。宗教信仰自由政策执行得好，就可以使宗教界人士和信教群众增强对党和社会主义事业的向心力，调动他们的积极性，自觉自愿地为社会主义事业贡献力

量。宗教信仰自由政策执行得不好，将会极大的挫伤宗教界人士和信教群众的积极性，不但不利于社会主义建设，反而有可能使他们走向反面，起到破坏作用。历史证明：凡是宗教信仰自由政策贯彻得好的时期，都是经济社会发展比较稳定繁荣的时期，凡是宗教信仰自由政策受到干扰的时期，都会导致产生这样那样的政治或社会问题。

宗教信仰问题，说到底是一个思想意识问题。而思想意识问题的解决，只能用疏导的办法，而不能用强制命令的办法。更何况我国的宗教问题有其复杂性和特殊性，往往与民族问题交织在一起。对一些民族来说，宗教信仰已经成为其重要的民族特征之一，他们把宗教信仰看得十分神圣和庄严，尊重不尊重其宗教信仰，一定程度上体现了是不是平等对待这个民族。只有在平等的基础上，信教群众与不信教群众之间，具有不同宗教信仰的民族之间，有宗教信仰和没有宗教信仰的民族之间，才能建立起良性的相互认同关系，从而增强整个国家的凝聚力和向心力，发挥在社会主义现代化建设中的积极作用。相反，如果不能很好地贯彻宗教信仰自由政策，信教群众的信仰得不到尊重，信仰自由权利得不到保障，长期处于压抑状态，群体之间便会产生隔阂、矛盾，甚至发生冲突，这不仅不能发挥其积极作用，还会危及社会稳定；不仅会阻碍经济发展，甚至还会导致国家分裂。可见，只有正确贯彻宗教信仰自由政策，充分尊重少数民族宗教信仰，才能体现民族平等，维护民族团结，增强少数民族的向心力和凝聚力，共同致力于社会主义现代化建设。

对于宗教界人士，要采取政治上团结，信仰上尊重的原则。政治上将宗教界人士团结在爱国统一战线的旗帜下，信仰上尊重他们的信仰自由，鼓励他们为社会主义现代化建设献言建策。对于广大信教群众，尊重他们的信仰，平等地对待他们，不损害他们的利益，切实保障他们的政治、经济、文化权益，使他们在各自岗位上，为社会主义现代化建设做贡献。

总之，认真贯彻党的宗教信仰自由政策是发挥宗教界人士和信教群众积极作用的前提。只有认真贯彻党的宗教信仰自由政策，才能充分调动他们的积极性。

(二)依法管理宗教事务

依法管理宗教事务，是党的宗教政策的重要方面。社会主义社会的宗教与其他社会制度下的宗教重大的不同，是社会主义社会的宗教与其他社会团体在法律上是平等的，没有任何特权，要在国家法律允许范围内活动。

依法管理宗教事务，是指政府根据国家的宪法和有关法律、法规及规范性文件，对宗教方面涉及国家利益、社会公共利益的关系和行为，以及社会公共活动涉及宗教界权益的关系和行为的行政管理。依法管理宗教事务包括三个方面的内涵：一是“政府对有关宗教的法律、法规和政策的贯彻实施进行行政管理和监督”。二是“政府依法保护宗教团体和寺观教堂的合法权益，保护宗教教职人员履行正常的教务活动，保护信教群众正常的宗教活动”。三是“防止和制止不法分子利用宗教和宗教活动制造混乱、违法犯罪，抵制境外敌对势力利用宗教进行渗透”①。

由于宗教拥有大量的信教群众，并对信教群众有着很大的影响力、号召力和动员力，因此，不排除一些别有用心的人企图利用宗教，或打着宗教的幌子从事违法犯罪、封建迷信活动；不排除一些境内外敌对势力相互勾结，企图利用宗教对我国进行颠覆和渗透活动；不排除一些宗教极端势力企图煽动和操弄信教群众的宗教情感，从事民族分裂和破坏活动。这些活动和企图不加制止，必然会对正常的宗教活动造成冲击，影响人们对宗教的看法和认识，损害宗教界人士和信教群众的利益。依法管理宗教事务就是要保护合法的宗教活动，制止和打击非法的宗教活动，抵制境内外敌对势力的渗透和颠覆，打击宗教极端势力和暴力恐怖主义行为。这符合爱国爱教的宗教界人士和信教群众的利益和要求，有利于他们通过合法的宗教行为，发挥其积极作用。正如江泽民在2001年所指出：“依

① 《新时期宗教工作文献选编》，宗教文化出版社1995年版，第216页。

法进行管理，就是要切实保障宗教信仰自由，保证正常宗教活动有序进行，保护宗教团体的合法利益。我国实行政教分离的原则，任何宗教都没有超越宪法和法律的特权，都不能干预国家行政、司法、教育等国家职能的实施。宗教方面涉及国家利益和社会公共利益的事项和活动，必须纳入依法管理的范围。不能以宗教信仰自由和政教分离为借口，放弃或摆脱国家对宗教事务的管理。绝不允许恢复已被废除的宗教封建特权和宗教压迫剥削制度。绝不允许利用宗教反对党的领导和社会主义制度，破坏国家统一和国内各民族的团结。绝不允许利用宗教损害国家和社会的利益，妨碍其他公民的合法权利。依法管理宗教事务的要旨是，保护合法，制止非法，抵御渗透，打击犯罪。"①党的十六大以来，党和政府进一步推动依法管理宗教事务。2004 年，国务院颁布我国第一部宗教方面的综合性行政法规——《宗教事务条例》，标志着我国宗教工作进入法制化建设新阶段。党的十八大以来，中国共产党从依法治国的高度，加强对宗教事务的依法管理。2014 年，国家宗教事务局提出"在法治轨道上推进宗教工作"，要求"进一步完善宗教事务管理方面的立法"，"依法全面履行宗教事务管理职能"，"发挥宗教界在法治建设中的积极作用"②。2015 年 2 月 14 日，国务院副总理刘延东在全国性宗教团体落实《宗教事务条例》调研座谈会上强调，"必须从全面推进依法治国战略、建设法治社会的高度，落实党的宗教政策，依法加强对宗教事务的管理，维护宗教界合法权益"③。

对宗教事务的依法管理，不仅规范宗教主体即宗教界人士和信教群众的行为，也规范政府的管理行为。它要求政府要依照法律法规管理宗教事务，不能滥用职权，玩忽职守，徇私枉法等。因此，依法管理宗教事务，不是去干预正常的宗教活动和宗教团体的内部

---

① 《江泽民文选》第 3 卷，人民出版社 2006 年版，第 385~386 页。

② 王作安：《在法治轨道上推进宗教工作》，《人民政协报》2014 年 11 月 7 日。

③ 《团结凝聚宗教界人士和信教群众》，《人民日报》2015 年 02 月 15 日。

事务，而是规定政府管理宗教事务的边界，防止干涉宗教内部事务，从而保护正常的宗教活动。

依法管理宗教事务，就是要求宗教界人士和信教群众开展宗教活动要在宪法和法律的范围内进行，不能做危害经济社会发展和国家安全的事情；就是要求宗教管理部门要对宗教活动实行必要和有效的管理，对法律规定的职权范围内的事，要敢于管理，认真管理，对于属于宗教内部事务的事情则要支持宗教界自己解决，不要越俎代庖。依法管理宗教事务是宗教活动在正确轨道和正确方向上有效开展的重要保证。只有宗教活动与社会主义现代化建设的方向相一致，才能在建设社会主义法治国家和实现中华民族伟大复兴的过程中最大程度地发挥其积极作用。

（三）积极引导宗教与社会主义社会相适应

“通观我国和世界的宗教历史，可以发现一条共同的规律，就是宗教都要适应其所处的社会和时代才能存在和延续，16 世纪基督教发生的宗教改革运动就是一个例子。我国是社会主义国家，我国宗教是在社会主义条件下存在和活动的，必须与社会主义社会相适应。这既是社会主义社会对我国宗教的客观要求，也是我国各宗教自身存在的客观要求。”①积极引导宗教与社会主义社会相适应，是中国共产党在新形势下对宗教工作的新认识，也是对宗教工作的新要求。这反映了中国共产党对宗教工作认识的深化和对宗教发展规律的准确把握，符合中国的国情和宗教实际。

宗教与社会主义在信仰上是不同的，宗教信仰的是有神论的世界观，本质上是唯心的，而社会主义则信仰马克思主义无神论的唯物主义世界观，但是宗教与社会主义仍然可以适应。“这种适应，并不要求宗教信徒放弃有神论的思想和宗教信仰，而是要求他们在

---

① 《江泽民文选》第 3 卷，人民出版社 2006 年版，第 387 页。

政治上热爱祖国，拥护社会主义制度，拥护共产党的领导。”①“我们倡导的我国宗教应与社会主义社会相适应，包括两方面的含义：一是宗教界人士和信教群众要遵守国家的法律、法规和宗教政策；二是宗教活动要服从和服务于国家的最高利益与民族的整体利益，宗教界人士要努力挖掘和发扬宗教中的积极因素，为祖国统一、民族团结和社会发展多作贡献。”②

积极引导宗教与社会主义相适应，就是“要求他们热爱祖国，拥护社会主义制度，拥护中国共产党的领导，遵守国家的法律法规和方针政策；要求他们从事的宗教活动要服从和服务于国家的最高利益和民族的整体利益；支持他们努力对宗教教义作出符合社会进步要求的阐释；支持他们同各族人民一道反对一切利用宗教进行危害社会主义祖国和人民利益的非法活动，为民族团结、社会发展和祖国统一多作贡献。要鼓励和支持宗教界继续发扬爱国爱教、团结进步、服务社会的优良传统，在积极与社会主义社会相适应方面不断迈出新的步伐”③。具体而言，主要体现在五个方面。

其一，引导宗教与社会主义政治建设相适应。

引导宗教与社会主义政治建设相适应，关键在于坚持“政治上团结合作、信仰上互相尊重”的原则，在爱国统一战线的旗帜下，引导他们拥护社会主义制度和中国共产党的领导。纵观党的历史，抗日战争时期，宗教界爱国人士就是抗日民族统一战线的组成部分，为抗战胜利作出了自己的贡献。新中国成立初期，中国共产党主张在《共同纲领》基础上与宗教界人士展开政治上的合作。1950年4月，周恩来在全国统战工作会议上作了《发挥人民民主统一战线积极作用的几个问题》的讲话，指出“我们对宗教界民主人士是

① 《新时期宗教工作文献选编》，宗教文化出版社1995年版，第254~255页。

② 《江泽民论有中国特色社会主义(专题摘编)》，中央文献出版社2002年版，第371页。

③ 《江泽民文选》第3卷，人民出版社2006年版，第387页。

以他们的民主人士身份去联合的。允许宗教信仰自由是一件事，邀请宗教界民主人士参加政协或各界代表会是另一件事，后者是以政治为标准的，不管他是牧师还是和尚。我们的政策，是要保护宗教信仰自由”①。同年 5 月，周恩来在出席基督教问题座谈会时说：“你们是有神论者，我们是无神论者，我们无意在这里同诸位展开有神无神的争论。我们认为，唯物论者同唯心论者，在政治上可以合作，可以共存，应该互相尊重。我们之间有合作之道”，因此“各宗教之间和各教派之间就应该加强团结，联合起来，研究怎样服务于中国人民；就应该在民主与爱国的立场上，健全自己，使宗教活动有益于新民主主义社会”②。可见，中国共产党采取政治上团结、信仰上尊重的原则，积极引导宗教发挥对中国革命和建设的积极作用。

我国人民当家作主的社会主义政治制度，是包括广大信教群众在内的民主政治制度。中国共产党代表最广大人民的根本利益，在社会主义条件下，广大的宗教界人士和信教群众是人民群众的组成部分。在人民当家作主的政治制度下，广大信教群众和不信教的群众都是国家和社会的主人，是社会主义民主的主体。广大信教群众完全可以在宪法和法律范围内，在国家的制度体制内，发挥主人翁的作用。而爱国爱教的宗教界人士，则团结在新时期形成的爱国统一战线的旗帜下，通过政治协商会议的形式，发挥参政议政的作用，为社会主义政治文明建设作贡献。

我国实行宗教与政治相分离的政策，是指宗教不能干预政治，而不是指爱国爱教的宗教界人士不能在中国共产党的领导下参政议政，更不是指信教群众不能在宪法和法律允许的范围内，行使作为人民的当家作主的权利。因此，只要爱国爱教的宗教界人士和广大信教群众，在宪法和法律范围内发挥他们的政治作用，宗教就会不断地与社会主义政治文明建设相适应。

其二，引导宗教与社会主义经济建设相适应。

---

① 《周恩来统一战线文选》，人民出版社 1984 年版，第 173～174 页。

② 《周恩来统一战线文选》，人民出版社 1984 年版，第 184、182 页。

以经济建设为中心，是社会主义初级阶段党的基本路线的要求，也是实现社会主义现代化的保障。党和政府的工作都要围绕这个中心。引导宗教与社会主义社会相适应，离不开经济建设这个中心。事实上，宗教可以在很多方面与经济建设相适应，完全可以引导宗教界人士积极发掘和阐释宗教教义中有利于经济建设的论述，为经济建设服务。1993 年 12 月，李瑞环在会见中国伊斯兰教协会第六届委员会领导成员时指出："要广泛团结穆斯林群众，为发展社会主义市场经济做贡献。各族穆斯林一般说来有从事商贸活动的传统，有较强的商品经济观念。社会主义市场经济的发展为他们施展才干提供了良好的机遇。各级伊协一方面要代表他们的利益，及时向政府反映他们的愿望和要求，帮助他们切实地解决一些问题，办一些实事；另一方面，要在党和政府的领导下，发挥他们善于经商的长处，对他们进行必要的组织和引导，使他们把积极性充分发挥到发展生产、繁荣经济、改善生活上来。"①此外，可以发挥宗教界人士联系广泛的优势和特点，在招商引资等方面起到中介和桥梁的作用。再者，宗教本身，尤其是佛教和道教的寺庙和道观大都坐落在风景秀丽的名山大川附近。况且这些宗教本身在几千年的传承与发展过程中，形成了独特的宗教文化。可以引导宗教界人士通过挖掘自身的地理和文化优势，大力发展宗教旅游，为经济发展做贡献。

其三，引导宗教与社会主义文化建设相适应。

宗教是一种文化，这是中国共产党宗教观的重要组成部分。在社会主义初级阶段，党以建设中国特色社会主义文化为目标。而中国特色社会主义文化，一方面要继承中国传统优秀文化，另一方面要吸取世界上一切优秀文化成果。这都绕不开宗教文化。"中国传统文化有相当部分与宗教文化有联系，特别是佛教文化对中国传统

---

① 李瑞环：《学哲学，用哲学》上册，中国人民大学出版社 2005 年版，第 334 页。

文化的发展作出过相当大的贡献。"①中国的传统宗教，在中国的文化土壤里经过几千年的发展融合，其中的优秀成分已成为中国传统文化的重要组成部分。"我国宗教在其产生和发展的过程中，与我国文化的发展相互交融，吸取了我国建筑、绘画、雕塑、音乐、文学、哲学、医学当中的不少优秀成分。"②就世界优秀文明成果来说，外来宗教传入中国，也带来了外国优秀文明成果的因子，并且在中国传播和发展的过程中，不可避免地被不同程度的中国化，从而逐渐成为中国特色社会主义文化的组成部分。

引导宗教与社会主义文化相适应，还要求宗教界改革宗教文化中落后的、不适应社会主义、不适应社会主义文化发展的因素。多发掘和倡导宗教文化中的优秀成分，与中国优秀传统文化相融合，与时代发展相结合，成为中国特色社会主义文化的重要组成部分。引导宗教文化与社会主义文化建设相适应，建设中国特色社会主义文化，有利于发挥宗教文化中的积极因素，构建人们宽容，诚信，友善，和谐的积极人生价值观。

其四，引导宗教与社会主义和谐社会建设相适应。

2006 年，胡锦涛在党的十六届六中全会上指出，"积极引导宗教与社会主义社会相适应，加强信教群众同不信教群众、信仰不同宗教群众的团结，发挥宗教在促进社会和谐方面的积极作用"③。这种积极作用可以从多个方面体现出来。可以鼓励宗教界人士发挥在慈善事业中的作用，多做善行善举，服务社会。鼓励宗教界人士阐发教义中有益于人们精神愉悦、心灵相契的因素，缓解人们在现实生活中因各种压力而产生的焦虑、紧张等负面情绪，促进内心平静和人际和谐。鼓励宗教界知识分子开展宗教经典研究，寻找不同宗教间以及宗教与中国传统儒学思想间的契合点，促进宗教间、宗

---

① 李瑞环：《学哲学，用哲学》上册，中国人民大学出版社 2005 年版，第 332 页。

② 《江泽民文选》第 3 卷，人民出版社 2006 年版，第 388~389 页。

③ 《十六大以来重要文献选编》下，中央文献出版社 2008 年版，第 667 页。

教与传统之间的对话与交流，促进教际和谐。中国伊斯兰教协会副会长可地里江·可吉克力木认为："在平等和尊重的前提下开展对话交流，在了解和认识对方的同时，也向对方宣传介绍自己，求同存异，扩大共识，可以很好地消除误解，增进了解，和谐共荣。这不仅有助于实现各个宗教之间的互相尊重，互相理解，而且还有助于各宗教在保持各自信仰、实践的独特性的同时，和谐相处，共同发展。"①

其五，引导宗教与社会主义生态文明建设相适应。

党的十八大指出："建设生态文明，是关系人民福祉、关乎民族未来的长远大计。面对资源约束趋紧、环境污染严重、生态系统退化的严峻形势，必须树立尊重自然、顺应自然、保护自然的生态文明理念，把生态文明建设放在突出地位，融入经济建设、政治建设、文化建设、社会建设各方面和全过程，努力建设美丽中国，实现中华民族永续发展。"②生态文明建设成为中国特色社会主义建设五位一体总布局的重要方面。在实现中国梦的过程中，要引导宗教界与社会主义生态文明建设相适应。

宗教思想中包含丰富的生态保护内容，宗教界也具有珍惜自然的优良传统。宗教可以与社会主义生态文明建设相适应，为生态文明建设做贡献。佛教的"放生护生"理念对于维护生态平衡，保持生态和谐具有积极意义。道教作为我国土生土长的传统宗教，历来十分重视对自然环境的保护。"人法地，地法天，天法道，道法自然"是道教处理人与自然关系的准则，反映了道教道法自然的生态伦理、天人合一的生态智慧。"道"的本性就是"中和"的，是自然和谐的，只有天地自然的和谐，才会有万物的生长和成熟。"中和之道"是道教追求和谐生命、和谐自然的重要思想资源。它倡导的

---

① 陈声柏：《宗教对话与和谐社会》，宗教文化出版社 2012 年版，第 12 页。

② 胡锦涛：《坚定不移沿着中国特色社会主义道路前进　为全面建成小康社会而奋斗——在中国共产党第十八次全国代表大会上的报告》，人民出版社 2012 年版，第 39 页。

是一种人与自然和谐共生的生态理念及生态和谐理论，强调人与自然和合共生的生存之道，要求人类社会始终要遵循“道法自然”的生态伦理，遵循“天人合一”的生态智慧。道教的这种生态文明思想，契合了当代世界对生态文明的追求，对于构建社会主义和谐社会和推进生态环境的和谐发展具有十分重要的现实意义。伊斯兰教的宇宙观认为自然万物都是由真主创造的，人类是这个大家庭中的一员，受真主之托治理这个世界，人与自然是共存共荣的关系。同时在伊斯兰文明中，要求人接近自然而不崇拜自然，开发自然而不滥用自然，教导人们热爱自然界的草木鸟兽，反对浪费资源，禁止乱砍滥伐、乱捕滥杀等行为。这些宗教思想和原则，均有益于我国的生态文明建设。实现中国梦，建设美丽中国，要充分吸收和利用宗教的生态思想资源，引导宗教为社会主义生态文明建设服务。

总之，应引导宗教界人士，多方探索宗教与社会主义和谐社会相适应的方面，主动积极地引导宗教与社会主义和谐社会建设相适应。

(四)切实维护宗教界人士和信教群众的根本利益

江泽民指出：“在社会主义条件下，信教和不信教以及信仰不同宗教的群众，他们在这种信仰上的差异是比较次要的差异，他们在政治上、经济上的根本利益是相同的。我们党代表最广大人民的根本利益，当然也包括广大信教群众的合法利益。”①始终代表和维护包括信教群众在内的最广大人民的根本利益，这是发挥宗教界人士和信教群众积极作用的根本。

无论是爱国爱教的宗教界人士，还是广大的信教群众，都属于人民的范畴。宗教界人士是以宗教为职业和事业的人，爱国爱教的宗教界人士属于拥护社会主义制度或拥护祖国统一的爱国者。而广大信教群众则包括社会各个阶级和阶层，从事不同的职业和事业，属于社会主义劳动者和建设者，在各个行业为社会主义现代化建设

① 《江泽民文选》第3卷，人民出版社2006年版，第384页。

贡献着自己的力量。

对于广大宗教界人士，党和政府要尊重他们的宗教信仰，保护他们合法的宗教活动，依法保护他们的宗教财产并在政治上团结他们。对于广大信教群众，由于他们分布在多个社会阶层，从事多种社会职业，他们的利益诉求在很大程度上和非信教群众的各种利益诉求是一致的。这要求党和政府在对待和处理关于他们的诉求时，平等地对待他们，保证他们享有平等的政治、经济和文化等各方面的权益，共享经济社会发展成果，并充分尊重他们的宗教信仰。

三、宗教界应成为实现中国梦的积极力量

中国梦是包括宗教界在内的全国人民的梦，实现中华民族的伟大复兴，是包括宗教界在内的每个中国人的光荣使命。历史证明，宗教的兴衰总是与国家的兴衰紧密相连，国运衰则宗教衰，国运兴则宗教兴。宗教的发展与中国梦是密切相联的，没有国家和民族的复兴，就不可能有宗教的繁荣发展。宗教界应成为并完全可以成为实现中国梦的积极力量，为中华民族的伟大复兴贡献力量。

(一)高举爱国爱教的旗帜

宗教界应始终高举爱国爱教的旗帜，为拥护中国共产党的领导和社会主义制度做出自己的贡献，为维护民族团结做出自己的努力，为推进祖国统一发挥自己的作用。中国梦是实现中华民族伟大复兴的梦，只有走中国特色社会主义道路，才能实现这一伟大梦想。而民族团结、国家统一是这一伟大梦想的题中之义。宗教界在这方面大有可为。2005 年 2 月 3 日，胡锦涛在接受十一世班禅拜见时，希望他以十世班禅大师为榜样，继承发扬爱国主义的光荣传统，为巩固民族团结和维护祖国统一作出自己的贡献，成为爱国爱教的典范。这不仅是对佛教的要求，也是对整个宗教界的要求。

爱国主义历来是中国人民团结奋斗的一面旗帜，是包括宗教界人士和信教群众在内的整个中华民族最可宝贵的精神品格。爱国与

爱教历来是统一的，各宗教的经典教义都要求信徒热爱祖国、为祖国服务，爱国是信仰的重要内容。在长期的历史演进中，我国各宗教都形成了爱国主义的优良传统。在新的形势下，正确处理爱国与爱教的关系，使之统一于各宗教的行为规范之中，是各宗教继续健康发展的重要保证。

宗教界的爱国主义主要表现为：坚决拥护中国共产党的领导和社会主义制度，坚定走与社会主义社会相适应的道路，与全国各族人民一道为推进中国特色社会主义伟大事业共同奋斗。历史和事实证明，没有中国共产党的领导和社会主义制度，就没有宗教界今天发展的良好局面。宗教界正是在中国共产党的领导和支持下，才有了真正的宗教信仰自由，社会地位得到逐步提升，社会影响不断扩大，出现了各宗教和谐发展的局面。宗教界要在政治上珍视和维护中国共产党的领导和社会主义制度。

宗教界坚持爱国爱教，还体现在要认真贯彻落实《宗教事务条例》，遵循"维护法律尊严、维护人民利益、维护民族团结、维护国家统一"的行为准则，坚持在法律范围内开展活动，在大是大非问题上要立场坚定、旗帜鲜明，在重大问题上要服从国家的根本利益和民族最高利益，坚决反对和抵制任何人任何势力利用宗教进行分裂破坏活动和暴力恐怖活动，坚决反对和抵制利用宗教进行危害社会主义祖国和人民利益的非法活动。鼓励宗教界人士和广大信教群众在享有宗教信仰自由权利的同时，自觉履行法律规定的义务，不断增强国家意识、公民意识和法制意识，既做好教徒，也当好公民。

2014 年，习近平在第二次中央新疆工作座谈会上再次强调了爱国爱教的重要性。他指出："要精心做好宗教工作，积极引导宗教与社会主义社会相适应，发挥好宗教界人士和信教群众在促进经济社会发展中的积极作用。处理宗教问题的基本原则，就是保护合法、制止非法、遏制极端、抵御渗透、打击犯罪。要依法保障信教群众正常宗教需求，尊重信教群众的习俗，稳步拓宽信教群众正确掌握宗教常识的合法渠道。要重视培养爱国宗教教职人员队伍，采取有力措施提高宗教界人士素质，确保宗教组织领导权牢牢掌握在爱国爱教人士手中。”①

可见，宗教界的发展同党的领导和社会主义制度是息息相关的。因此，宗教界坚持爱国爱教，不是空洞抽象的口号和概念，而是与拥护中国共产党的领导和社会主义制度相一致的，同维护国家统一和民族团结相一致的。从中国共产党领导下的中国宗教事业发展可以看出：没有中国共产党的领导，没有社会主义制度，就不会有民族的复兴，更不会有中国梦的实现，也不会有宗教事业的健康发展。宗教界为中国梦做贡献的体现之一，就是坚决拥护中国共产党的领导和社会主义制度，为中国梦的实现提供政治支持。同时，宗教界爱国爱教的光荣传统，也是实现中国梦的精神动力。宗教界在中国共产党领导的革命、建设和改革中涌现出来的爱国爱教的先进人物和优秀事迹，也是一种积极向上的精神力量，激励着广大宗教界人士和信教群众为中国梦的实现而努力奋斗。

（二）坚持独立自办的原则

我国《宪法》第三十六条明确规定：“宗教团体和宗教事务不受外国势力的支配。”这是我国各宗教处理对外关系时必须遵循的原则。坚持独立自主自办的原则，是宗教领域维护民族独立和国家主权的必然要求，也是我国宗教在社会主义时期健康发展的必然要求。在对外开放日益扩大的条件下，我国宗教方面的对外交流更加频繁，对宣传我国宗教信仰自由政策、建设和谐世界理念、增进同世界各国人民的理解和友谊，发挥了重要作用。同时，境外势力利用宗教对我国进行的渗透活动日益加剧，境内外民族分裂势力、宗教极端势力、暴力恐怖势力这“三股势力”利用宗教进行暴力恐怖活动，宗教极端主义也渗透进来。当前我国宗教领域存在的突出问题，有相当一部分与境外势力的渗透和插手有关。境外势力利用宗教对我国进行的渗透活动，已经对我国国家安全、祖国统一、民族

---

① 习近平：《坚持依法治疆团结稳疆长期建疆　团结各族人民建设社会主义新疆》，《人民日报》2014 年 5 月 30 日。

团结和社会稳定构成了现实威胁。在对外开放条件下做好抵御渗透工作，关系国家和民族的根本利益和长远利益，关系党的执政基础和执政地位，关系我国各宗教自身的健康发展方向，关系我国与世界各国的友好交往与合作。

中国共产党始终重视宗教界在抵制渗透，维护民族团结和国家统一方面的作用。2006 年 8 月，贾庆林在青海慰问爱国宗教人士时，勉励宗教界人士“继续发扬爱国爱教的优良传统，旗帜鲜明地反对分裂，坚决维护祖国统一，民族团结和社会稳定”①。同年 11 月，贾庆林在与全国宗教团体领导人研讨会全体成员座谈时强调：“要把抵御渗透作为宗教团体义不容辞的重要责任，认真贯彻《宗教事务条例》，结合各宗教的实际情况，制定和采取一些具体措施，有针对性的抵御境外利用宗教进行渗透。”②2007 年 2 月，贾庆林再次希望中国宗教界“要在各族信教群众中大力宣传民族团结进步的思想和观念，支持党和政府防范和打击境外敌对势力利用民族宗教问题进行的各种分裂、破坏活动，反映信教群众的正当利益诉求，为促进发展营造良好的社会环境”③。宗教界要保持清醒头脑，深刻认识做好抵御境外利用宗教进行渗透的复杂性和紧迫性，不断增强抵御境外渗透的自觉性。要在宗教教职人员和信教群众中深入进行独立自主自办原则的教育，越是扩大对外交流，就越要做好抵御渗透工作，自觉维护国家主权和宗教自主权。

同时，要把境外利用宗教进行渗透和宗教界的正常对外交往区别开来，鼓励和支持我国宗教界在独立自主、平等友好、互相尊重的基础上开展与世界其他国家和地区的对外交往和对外宣传，使我国的宗教政策和宗教工作得到国际社会更多理解和支持。充分发挥海峡两岸及港澳地区的宗教联系，鼓励宗教界为推进祖国统一大业

---

① 贾庆林：《认真学习〈江泽民文选〉全面落实科学发展观 促进民族地区经济社会又快又好发展》，《人民日报》2006 年 8 月 22 日。

② 《贾庆林与全国宗教团体领导人研讨会全体成员座谈》，《人民日报》2006 年 11 月 15 日。

③ 《贾庆林与全国性宗教团体负责人举行迎春座谈》，《人民日报》2007 年 2 月 13 日。

做贡献。宗教界应该创造条件，增进与港澳台地区宗教的交流，并通过这种交流增进海峡两岸及港澳地区民众的理解和沟通，促进祖国统一大业。2005 年 4 月，“海峡两岸暨港澳佛教圆桌会”在三亚举行，会议形成了“三亚共识”，海峡两岸及港澳地区的高僧大德们通过圆桌会，“运用佛法的大智慧，正在两岸佛教间开辟和建立新的交流互动机制，对促进两岸之间的和谐互动，加深两岸同胞间的沟通理解，密切两岸同胞的手足亲情，维护台海稳定，促进祖国和平统一，都具有重要的积极的意义”①。2005 年 8 月 15 日，贾庆林会见参加纪念抗日战争和反法西斯战争胜利 60 周年系列活动的海峡两岸和港澳佛、道界人士时，提出“希望大家继承和发扬我国宗教界爱国爱教、崇尚和平的优良传统，大力弘扬以爱国主义为核心的民族精神，时刻铭记来之不易的民族独立和解放，坚决捍卫祖国的主权、尊严和领土完整，为实现祖国的和平统一和中华民族的伟大复兴，共同团结奋斗”②。

（三）坚持服务社会的方向

宗教界要引导信教群众为经济社会发展服务。这是党中央的一贯要求和原则，也是宗教界发挥积极作用的重要体现。2001 年江泽民在《论宗教问题》中指出：“我国信仰各种宗教的群众有一亿多，他们也是建设有中国特色社会主义的积极力量。我们必须团结、教育、引导这部分群众，把他们在生产和工作中的积极性和创造性充分调动起来，以利依靠和团结全体人民共同推进社会主义物质文明和精神文明建设。”③2007 年 12 月，胡锦涛指出：“要坚持以人为本，最大限度地把信教群众团结起来，把他们的智慧和力量

① 转引自何虎生《中国化马克思主义宗教观研究》，华文出版社 2007 年版，第 350 页。

② 《贾庆林会见参加纪念抗战和反法西斯战争胜利 60 周年系列活动的海峡两岸和港澳佛、道界人士》，《人民日报》2005 年 8 月 16 日。

③ 《江泽民文选》第 3 卷，人民出版社 2006 年版，第 381 页。

凝聚到实现全面建设小康社会、加快推进社会主义现代化的共同目标上来。”①此前的 2006 年，贾庆林也指出：“要把服务发展作为宗教团体工作的重要任务，始终自觉地把自己的工作与国家经济社会发展的大局紧密结合起来，把广大信教群众最大限度地团结起来，力所能及地替国家分忧，全力以赴地为发展出力。”②2014 年 5 月，习近平在新疆考察时强调：“宗教要与社会主义社会相适应，积极宣扬有益于社会主义建设的好的理念，让人民过上幸福美好的生活。在社会主义大家庭里，只有民族团结、宗教和谐，各项事业才能蒸蒸日上。”③

由此可见，党中央历来重视发挥信教群众服务经济社会的积极作用。全面贯彻党的宗教工作基本方针，引导发挥宗教界人士和信教群众在促进经济社会发展中的积极作用，是做好新形势下宗教工作的根本要求。宗教界要发挥积极作用，就要发挥宗教中的积极因素为社会发展和稳定服务，多做善行义举。宗教界要发扬爱国爱教、团结进步、服务社会的优良传统，激发信教群众的爱国热情和建设中国特色社会主义事业的积极性，把他们同不信教群众团结在一起，共同为经济发展、民族团结、社会和谐、祖国统一作贡献。

宗教界为实现中国梦发挥积极作用，还要努力实现宗教与社会和谐相处，各宗教和谐相处，信教群众和不信教群众、信仰不同的宗教群众和谐相处。要发扬济世利人的精神，探索宗教服务社会、利益人群的方式和途径，积极参与社会救助、社会公益慈善事业，在扶贫、济困、救灾、助残、养老、支教、义诊等方面发挥有益作用。例如，佛教主张慈悲为怀、拔苦与乐、知恩报恩、广种福田，拥有深刻包容的公益慈善理念和悠久深厚的公益慈善传统。应努力践行佛教慈悲济世的精神，积极开展公益慈善活动，发挥拾遗补缺

---

① 《全面贯彻党的宗教工作基本方针，积极主动做好新形势下宗教工作》，《人民日报》2007 年 12 月 20 日。

② 《贾庆林与全国宗教团体领导人研讨会全体成员座谈》，《人民日报》2006 年 11 月 15 日。

③ 《把祖国的新疆建设得越来越美好——习近平总书记新疆考察纪实》，《人民日报》2014 年 5 月 4 日。

的作用，帮助改善民生，帮助广大信教群众乃至社会大众舒缓疾苦、疏导心理、净化心灵、成长进步；积极倡导自利利他的精神，弘扬乐善好施的风气，传播关怀互助的文化，增进不同社会阶层间的情感联结，为形成和谐友善的人际关系而努力。

总之，宗教界无论是直接服务于经济建设，还是通过慈善事业为社会服务，都有利于把广大信教群众的力量凝聚到社会主义现代化建设上来，有利于增强信教群众与不信教群众的团结。宗教界发挥服务社会的功能，可以为中国梦的实现提供群众基础。

（四）发挥宗教的文化功能

中国共产党一贯主张，宗教界应发挥宗教的文化功能。2005年，贾庆林指出："努力挖掘和弘扬宗教教义、宗教道德和宗教文化中有利于社会发展、时代进步和健康文明的内容，对宗教教义作出符合和谐社会要求的阐释，在构建社会主义和谐社会过程中创造新业绩。"①宗教作为一种文化，对人们的信仰、价值观和道德观的形成都有着潜移默化的影响。宗教教义中的积极成分，可以为中国梦的实现提供精神和文化支持。宗教界要根据我国社会深刻变革的实际，对宗教教义作出符合社会进步要求的阐释，努力挖掘和弘扬宗教教义、宗教道德、宗教文化中有利于社会和谐、时代进步、健康文明的内容，夯实宗教与社会主义社会相适应的思想伦理基础。

各个宗教经过几千年的发展，虽然教义主张各不相同，但各宗教总体上都有"真、善、美"的追求，都对教徒有一系列道德规范，例如，佛教的拔苦与乐的济世精神，圆融中道的和谐思想，依正不二的环保理念，重视因果，提倡自律的道德追求等。这些思想对于引导民众自觉履行法定义务、社会责任、家庭责任，在全社会形成知荣辱、讲正气、作奉献、促和谐的良好风尚，对于增强社会大众诚信意识将起到积极作用。道教素有爱国爱教的优良传统，爱教先

---

① 《贾庆林与全国性宗教团体负责人举行迎春座谈》，《人民日报》2005年2月2日。

爱国，爱教必爱国，爱国爱教的真挚情怀和报恩尽责的担当意识，早已深植于每个道教徒心中，成为道教徒历久弥新的精神品格。基督徒的信仰目标是效法福音中的基督善表，也可以成为社会中和好与和谐的种子和力量，并通过教徒自己的信仰行为和道德实践，影响社会，从而使社会和国家日益走向和谐。我国各个宗教教义中所体现出来的这种积极因素，为实现中华民族伟大复兴的中国梦发挥建设性的作用。

近年来，中国道教协会，以弘扬道教文化为契机，成功举办了国际道德经论坛、国际道教论坛，启动“道行天下”计划，进行了广泛的道教文化交流，挖掘和彰显了道教优秀文化的时代价值，为构建和谐社会、推动社会主义文化大发展大繁荣作出了积极贡献。宗教作为一种文化，一定程度上说是中国梦的组成部分。中国梦是民族复兴的梦，其中包括文化复兴，文化复兴也必然包括宗教优秀文化的复兴。反过来，宗教优秀文化的发扬又有利于中国梦的实现。它可以通过影响人们的价值和道德，为中国梦的实现提供精神支持。

实现中华民族伟大复兴的中国梦，就是要实现国家富强、民族振兴和人民幸福，体现了中国各宗教的社会价值追求，也体现了宗教界人士和信教群众对美好生活的憧憬。中国梦具有极大的包容性，非但不会排斥宗教，而且将为宗教营造更加良好的生存环境，将给宗教带来更加光明的发展前景。宗教界应该顺应时代发展的要求，不断促进自身与社会主义社会相适应，与时代发展要求相适应，为中国梦的实现贡献力量。

第七章
中国梦与中国人民解放军

“没有一支强大的军队，没有一个巩固的国防，强国梦就难以真正实现。”①强大巩固的国防，是国家独立富强的可靠保障。中国人民解放军是中国共产党领导的人民军队，捍卫社会主义祖国的钢铁长城，建设中国特色社会主义和维护世界和平的重要力量。人民军队的根本职能是巩固国防、保卫祖国，根本原则和制度是党对军队的绝对领导，一切行动听从党指挥，根本宗旨是全心全意为人民服务。在中国共产党的旗帜指引下，人民军队高举党的旗帜和人民的旗帜，牢记使命，英勇奋战，为民族独立、国家富强、人民幸福，为中国人民解放事业，为我国社会主义建设和改革事业，为捍卫国家主权、安全和发展利益，建立了卓越功勋。历史和现实证明：人民解放军是实现中华民族伟大复兴中国梦的一支重要力量，在中国革命、建设和改革的实践中，在建立和巩固新中国的国防事业中，具有不可替代的重要作用。

党的十八大以来，以习近平为总书记的党中央高度重视国防和

---

① 《习近平关于国防和军队建设重要论述选编》，解放军出版社 2014 年版，第 45 页。

军队建设，作出一系列决策指示。习近平着眼坚持和发展中国特色社会主义，从实现中华民族伟大复兴中国梦的战略高度，鲜明提出建设一支听党指挥、能打胜仗、作风优良的人民军队这一新形势下的强军目标，展示了党中央建设强大军队、保障国家和平发展的决心意志和使命担当，顺应了全党全军全国各族人民的期盼，开拓了马克思主义军事理论和当代中国军事实践发展的新境界。

一、人民解放军是实现中国梦的重要力量

(一)新民主主义革命取得胜利的骨干力量

落后就要挨打，这是近代以来中华民族从血与泪的惨痛历史中得出的深刻教训。1840 年，西方列强用坚船利炮打开了古老中华的大门，中国陷入了苦难泥潭之中，成为西方列强争相侵略的对象，逐步沦为半殖民地半封建社会。在帝国主义、封建主义和官僚资本主义的残酷统治下，广大人民群众处于水深火热之中。中国人民的贫困和不自由的程度，是世界上所少见的。面对民族危机，无数仁人志士知耻而后勇，为救亡图存不懈探索。一部中国近代史，就是一部国家屡遭侵略、人民奋起反抗的历史，是一部艰难求索史，也是一部不懈奋斗史。从封建专制到人民民主，从一盘散沙到团结和谐，从封闭愚昧到文明开放，从备受欺凌到独立自主，中华民族雪耻图强的探索从未停止，伟大复兴的梦想从未泯灭。多少悲壮、多少豪迈，多少曲折、多少奋斗，一次次强敌入侵，一个个不平等条约，让中华民族的复兴梦想屡受重重枷锁之困。其中，军事上的软弱与落后是一个重要原因。

中国共产党诞生后，领导人民找到了一条中国特色的革命道路，成功运用统一战线、武装斗争、党的建设三大法宝，彻底改变了中华民族内忧外患、积贫积弱的悲惨命运，开启了中华民族伟大复兴的历史新篇章。

近代中国社会的主要矛盾是帝国主义和中华民族的矛盾、封建主义和人民大众的矛盾。在反动统治势力对革命力量实行白色恐怖

和血腥镇压的条件下，中国人民是不可能通过和平手段进行革命和夺取政权的，想要实现民族独立和民主自由，必须走武装斗争的道路。正如毛泽东强调指出：“在中国，离开了武装斗争，就没有无产阶级的地位，就没有人民的地位，就没有共产党的地位，就没有革命的胜利。”①中国革命要走武装夺取政权的道路，就必须建立一支新型的人民军队。1927 年 8 月 1 日，随着南昌起义一声枪响，中国共产党领导的新型人民军队走上历史舞台，中国共产党从此有了自己绝对领导之下、忠实执行革命政治任务的武装力量，中国人民从此有了同自己血肉相连、全心全意为人民服务的子弟兵，中华民族从此有了实现独立解放和伟大复兴的坚强保障。南昌起义、秋收起义和广州起义等各地武装起义保留下来的部队，成为人民军队最初来源和骨干力量，点燃了中国革命战争的星星之火，引发了全国革命的燎原之势。

新民主主义革命时期，中国人民解放军执行的政治任务是通过武装斗争推翻三座大山，建立新中国。“枪杆子里面出政权”，就是对这一时期人民军队历史使命的形象概括。正如中共中央《关于建国以来党的若干历史问题的决议》中所指出的：“中国革命的胜利，主要是依靠我们党所领导的完全新型的与人民血肉相连的人民军队，通过长期人民战争战胜强大敌人取得的。没有这样一支人民的军队，就不可能有人民的解放和国家的独立。”②

中国人民解放军是中国共产党亲手缔造和绝对领导下的新型人民军队，有着光荣的革命历史。在艰苦卓绝的革命战争年代，人民军队以无与伦比的英雄气概、超乎寻常的革命毅力、灵活机动的战略战术，创造了一个又一个人类战争史上的奇迹。土地革命战争时期的工农红军，从建立井冈山根据地到闻名于世的两万五千里长征；抗日战争时期的八路军和新四军，深入敌后创建革命根据地；解放战争时期，中国人民解放军为了中国命运和前途付出巨大牺牲

---

① 《毛泽东选集》第 2 卷，人民出版社 1991 年版，第 610 页。

② 《关于建国以来党的若干历史问题的决议》，人民出版社 1981 年版，第 5 页。

与国民党军浴血奋战，上演了以辽沈战役、淮海战役、平津战役、渡江战役为代表的一系列威武雄壮的战争活剧，以劣势兵力和装备打败了美械装备武装起来的号称800万的国民党军队，解放了除台湾等若干岛屿以外的全部国土，彻底推翻了帝国主义、封建主义和官僚资本主义的统治，结束了中华民族百余年来被侵略被侮辱的历史，为建立人民政权立下了丰功伟绩。由此，一个崭新的人民共和国屹立于世界东方。

实践证明，中国人民之所以能站起来，是以强大的人民军队为重要支撑的。中国共产党创立并领导的新型军队，经历土地革命战争、抗日战争、解放战争的洗礼，成为民族独立和人民解放的坚强柱石。中国革命的胜利，主要是依靠中国共产党所领导的完全新型的与人民血肉相连的人民军队，通过长期人民战争战胜强大敌人取得的。没有这样一支人民军队，就不可能有人民的解放和国家的独立。

（二）捍卫人民政权、巩固党的执政地位的重要保证

国家政权建立以后，消除和反对来自国内外的破坏和挑衅，便成了国家生存与发展的前提和基础。人民军队则是完成国家这一使命的中坚力量。1950年9月，在全国战斗英雄代表会议和工农兵劳动模范代表大会上，毛泽东明确提出："中国必须建立强大的国防军，必须建立强大的经济力量，这是两件大事。"①随着中国共产党成为全国范围内的执政党，人民军队的任务发生了历史性的转变，由夺取政权转变为保卫人民民主专政的国家政权，保卫和参加社会主义革命和社会主义建设，实现祖国统一，防止和反对帝国主义、霸权主义的侵略。人民军队从革命战争时期在党领导下为夺取全国政权而进行武装斗争的重要力量，成为社会主义建设时期维护党的执政地位的重要保障、巩固人民民主专政的坚强柱石、保卫社

---

① 《毛泽东军事文集》第6卷，军事科学出版社、中央文献出版社1993年版，第103页。

会主义祖国的钢铁长城和建设社会主义的重要力量，成为国家机器的重要组成部分。虽然人民军队的职能使命发生了转变，但其在长期革命战争中形成的革命热情和拼命精神，丝毫没有改变。人民军队在保卫祖国、保卫人民和平劳动、维护世界和平的斗争中，不断续写新的辉煌。

新中国成立后，人民军队全面履行保卫祖国、保卫人民和平劳动的根本职能，广大官兵长年守卫在雪域高原、海岛礁盘、大漠荒原，时刻保卫着祖国的万里边防和领海领空，用青春和热血筑起坚不可摧的钢铁长城。主要有：胜利进行了大规模的剿匪作战、粉碎台湾国民党军的多次武装窜犯、平息反动武装叛乱和制止社会动乱的斗争，保卫和巩固了人民政权，维护了社会稳定。遵照“有利、有理、有节”的原则，坚决捍卫新生的人民政权，严密守卫祖国万里边防和辽阔海疆，英勇地进行了抗美援朝战争和中缅边界堪界警卫作战、中印边境自卫反击作战、抗美援越、援老作战、珍宝岛自卫反击作战、西沙群岛自卫反击作战，以及中越边境自卫还击作战等多次边境自卫防御作战，捍卫了领土主权和国家尊严，有效震慑和打击了危害国家安全和统一的各种分裂、破坏活动，为国家发展繁荣提供了安全保障。人民解放军还在极端艰难的情况下，自力更生，建立起核威慑力量，打破了超级大国的核垄断和核讹诈，提高了中国的国际地位，使任何企图侵犯中国的势力望而却步。

人民解放军肩负着实现祖国统一、反对民族分裂的神圣使命。实现大陆与台湾的统一，顺利实现香港和澳门回归祖国，是中国共产党和中国政府坚定不移的方针。1997 年 7 月 1 日和 1999 年 12 月 20 日，中国人民解放军驻香港部队和驻澳门部队以威武之师、文明之师的良好形象分别进驻香港、澳门，开始履行防务职责，成为中国对香港、澳门恢复行使主权的重要象征，成为保持香港、澳门长期繁荣稳定的有力保证。为实现祖国统一大业，遏制“台独”分裂势力，人民解放军坚决落实党中央、中央军委的部署，加紧进行军事斗争准备，向世人显示了中国人民和人民解放军坚决反对分裂、维护祖国统一的决心、信心和能力。中国主张用“和平统一、一国两制”的方式解决台湾问题，但这项任务的完成，必须以拥有能够武力解决这个问题的军队为强大后盾。

人民解放军担负着维护国家安全和社会稳定的重要任务。新中国成立以来，国外敌对势力在中国民族问题上挑拨离间，制造民族矛盾的阴谋一刻也没有停止过。人民解放军胜利地进行了平息西藏武装叛乱的斗争，有力地震慑了民族分裂分子，维护了祖国的统一。近年来，国外一些反动势力怂恿和支持国内的一些民族分裂分子，制造骚乱事件，搞分裂祖国、破坏民族团结的活动，给当地社会经济和人民生活带来严重影响。关键时刻，人民解放军在维护民族团结和社会稳定，保障人民生命财产安全方面，发挥了不可替代的作用。

追寻着富国强军的光荣与梦想、背负着民族复兴与希望的人民军队，在中国特色军事变革的伟大征程中，正实现着历史性跨越和百年强军夙愿，为国防的巩固、经济社会的发展、人民的幸福安宁作出了突出贡献。实践表明，中国要争取一个长期稳定的和平环境搞现代化建设，绝对不能离开强大的军队。中国人民解放军永远是党和人民利益的忠实捍卫者、人民民主专政的坚强柱石、保卫社会主义祖国的钢铁长城。

（三）建设祖国和抢险救灾的重要突击力量

人民军队既是保卫祖国的钢铁长城，也是社会主义现代化建设的重要力量。参加和支援国家建设，是宪法赋予人民军队的一项重要任务，也是人民军队全心全意为人民服务的体现。邓小平曾指出："军队各个方面都和国家建设有关系，都要考虑如何支援和积极参加国家建设。无论空军也好，海军也好，国防科工委也好，都应该考虑腾出力量来支援国民经济的发展。"①新中国成立以来，人民军队牢记全心全意为人民服务的宗旨，自觉服从服务于党和国家工作大局，积极参加和支援国家经济建设，奋勇抢险救灾，广泛开展拥政爱民和军民共建社会主义精神文明活动，参与构建和谐社

---

① 《邓小平文选》第3卷，人民出版社1993年版，第99页。

会，为国家繁荣昌盛、社会发展进步、人民幸福安宁作出了重要贡献。

社会主义革命和建设时期，人民解放军在完成教育训练任务的同时，积极参加和支援国家经济建设，架桥修路，开发矿山，治理江河，兴修水利，垦荒造田，植树造林。特别是在关系到国家经济命脉的川藏、青藏、新藏等重要公路和大庆油田等项目的开发与建设中，发挥了突击骨干作用。原铁道兵部队就先后修建了 52 条铁路干线、支线，总长度达 1.3 万多公里，约占新中国成立后新建铁路的三分之一，为社会主义建设写下了光辉的一页。改革开放至 20 世纪 90 年代末，人民解放军为国家的繁荣和发展作出了新的更大的贡献。人民军队积极参加国家和地方的重点工程建设，参加和支援国家的铁路、公路、地铁、码头机场，以及通信光缆、大型水利工程等重点项目 1 万多项；先后向地方开放 101 个机场，开放和腾让 29 个港口、码头，300 多条铁路专用线，90 条通信线路，1000 多个仓库，300 多万平方米军事用地及部分营房设施，支援国家发展经济。① 在科技助民、扶贫开发、支援国家农业，以及参加社会公益事业等方面作出了应有的贡献，涌现出许多感人肺腑的事迹和英雄模范人物。

人民解放军在抢险救灾、保护人民生命财产中发挥着特殊的重要作用，是国家抢险救灾中一支不可替代的突击力量。中国幅员辽阔，是自然灾害多发的国家。灾害的巨大破坏性对国家经济建设和人民生命财产形成很大的现实和潜在危险，直接制约经济社会的发展，有时甚至会成为导致社会动乱的间接动因。军队具有高度的组织能力和快速机动能力，能对灾害迅速做出反应。新中国建立 60 多年来，中国每年都有局部地区发生自然灾害。每当灾情发生，人民军队总是一声令下，奋勇当先，赴汤蹈火，全力抢救国家和人民群众的财产，奋勇保护人民的生命安全。全军各军兵种部队投入了大量的财力和物力，许多官兵献出了宝贵生命。改革开放 30 多年

---

① 张万年主编：《当代世界军事与中国国防》，中共中央党校出版社 2003 年版，第 42 页。

来，人民军队共参加抢险救灾 10 万多次，出动官兵 2300 多万人次，机械车辆 100 多万台次，飞机、舰艇 1.5 万余架(艘)次，抢救遇险群众 1000 多万人，抢运各类物资 2 亿多吨。①

(四)维护世界和平与促进共同发展的坚强力量

中国坚持走和平发展道路，既争取和平国际环境来发展自己，又以自身的发展来维护世界和平、促进共同发展。但应当清醒地看到，要实现和平与发展，必须有强大的军事实力作后盾。随着我国综合国力不断增强和在国际事务中的地位不断上升，人民军队的作用也必须与之相适应。它不仅要始终维护和促进我国的和平发展，还要积极维护和促进世界的共同发展；不仅要在维护国家主权和安全中履行职责，还要在参与国际维和、救援、反恐等行动中发挥重要作用。

中国人民解放军以正义之师、和平之师闻名于世，始终致力于保障国家安全，维护世界和平，促进人类进步的正义事业，是一支维护世界和平的坚强力量。“中国不认同‘国强必霸’的陈旧逻辑，决不会称霸，决不搞扩张，中国越发展，对世界和平与发展就越有利。”②社会主义革命和建设时期，遵照中共中央、中国政府和中央军委的指示，根据朝鲜民主主义人民共和国、越南民主共和国、老挝王国等的请求，人民军队先后进行过抗美援朝、援越抗法、援越抗美和援老抗美的斗争，帮助这些国家的人民赢得了救国战争的胜利。改革开放新时期，人民解放军积极参加联合国维持和平行动和国际灾难救援行动，加强对外军事交流。据国防部维和事务办公室统计，中国军队自 1990 年参加联合国维和行动以来，累计派出维和官兵 30178 人，先后有 10 名官兵为维护国际和平与安全献出宝

① 张万年主编：《当代世界军事与中国国防》，中共中央党校出版社 2003 年版，第 46 页。

② 中共中央宣传部：《习近平总书记系列重要讲话读本》，学习出版社、人民出版社 2014 年版，第 36 页。

贵生命。中国维和官兵新建、修复道路 1.1 万余公里和 300 多座桥梁，排除地雷及各类未爆炸物 9400 余枚；接诊病人 14.9 万多人次；运送各类物资器材 110 万吨，运输总里程 1200 万公里，相当于绕地球 300 圈。① 中国人民解放军还以崭新的面貌，积极参与多边军事外交活动。中国人民解放军已同世界上 100 多个国家的军队建立了联系，与多个国家进行双边和多边联合军事演习，加强国际反恐军事合作。人民解放军海军舰艇编队多次跨洋出访，增进了中国与亚洲、美洲和大洋洲国家军队和人民的友谊。

新中国成立 60 多年特别是改革开放 30 多年来的伟大实践，极大地增强了我国的综合国力，国家富强、民族振兴、人民幸福的中国梦距离实现的一天已越来越近。强国梦蕴含着强军梦，强军梦支撑着强国梦。军队的发展壮大历来与国家的前途命运紧密相连，落后就要挨打，是一条铁律；同样，国富军弱也要挨打，也是一条铁律。没有国家富强，强军就无从谈起；没有强大军队，国家安全和发展也无法保障。人民军队有实力，国家才有底气。大国兴衰的历史规律和近代以来正反两方面的历史经验充分表明：建设强大军队与实现民族复兴是辩证统一的关系，国防和军队建设必须放在中华民族伟大复兴这个大目标下来认识和推进，唯此才能托起中华民族伟大复兴的中国梦。

二、建立巩固的国防是国家现代化建设的战略任务

国防产生于国家形成之后，是指国家为防备和抵抗侵略，制止武装颠覆，保卫国家的主权、统一、领土完整和安全所进行的军事活动，以及与军事有关的政治、经济、科技、教育等方面的活动。国防对于民族兴衰、国家存亡乃至人类自身的安危，都有直接的重大影响。国防和军队现代化是我国社会主义现代化的重要组成部

① 《守望和平永不变——中国军队参加联合国维和行动 25 周年综述》，《光明日报》2015 年 4 月 20 日。

分，巩固的国防是国家安全和经济发展的基本保证。富国和强军是建设中国特色社会主义，实现中华民族伟大复兴的两大基石。

（一）实现国防现代化是新中国成立以来中国共产党始终追求的目标

实现国防现代化，是毛泽东为新中国规定的国防建设总目标、总任务。在毛泽东关于建设强大的社会主义现代化中国的战略构想中，国防现代化是他极为关注的一个重要方面。朝鲜战争爆发后，毛泽东更加重视加速推进国防现代化建设。1953 年 8 月 26 日，毛泽东在给军事工程学院的训词中，明确提出了现代化国防的概念。他指出："为了建设现代化的国防，我们的陆军、空军和海军都必须有充分的机械化的装备和设备。"①根据毛泽东的有关指示，党在过渡时期的总路线把实现国防现代化规定为国家建设的重要内容。"我国国防的现代化正是党在过渡时期总路线的重要组成部分。"②1954 年 9 月召开的第一届全国人民代表大会，把建设现代化的国防同建设现代化的工业、现代化的农业、现代化的交通运输业并列，首次提出了"四个现代化"的问题。周恩来在这次会议上所作的政府工作报告中指出："如果我们不建设起强大的现代化的工业、现代化的农业、现代化的交通运输业和现代化的国防，我们就不能摆脱落后和贫困，我们的革命就不能达到目的。"③后来，中共中央于 1961 年 9 月 15 日发出的关于当前工业问题的指示，对"四个现代化"作了新的表述，提出要"把我国建设成为一个具有现代工业、现代农业、现代国防和现代科学文化的社会主义国家"④。

---

① 《毛泽东军事文集》第 6 卷，军事科学出版社、中央文献出版社 1993 年版，第 351 页。

② 《进一步加强海防边防保卫祖国的社会主义建设》，《八一杂志》第 46 期。

③ 《周恩来选集》下卷，人民出版社 1984 年版，第 132 页。

④ 《建国以来重要文献选编》第 14 册，中央文献出版社 1997 年版，第 613 页。

在这里，国防现代化由原来的第四位被提到了第三位。1964年12月召开的第三届全国人民代表大会，进一步把实现包括国防现代化在内的"四化"大业，明确规定为中国人民在20世纪的奋斗目标。此后历届全国人民代表大会都强调了这一点。

1978年以后，我国进入了以社会主义现代化建设为中心的新时期。基于对世界战略形势的科学分析和对军队建设经验的深刻总结，根据我国国情和军情，1981年9月19日，邓小平在华北某地检阅军事演习部队时，适时地提出了"必须把我军建设成为一支强大的现代化、正规化的革命军队"①的目标。1984年10月1日，邓小平在中华人民共和国成立35周年庆祝典礼上发表重要讲话时指出，"现在国际局势并不太平，我们必须巩固国防，中国人民解放军的全体指战员，务必时刻保持警惕，不断提高自己的军事政治素质，努力掌握应付现代战争的知识和能力"。② 1987年8月1日，邓小平再次号召"为把我军建设成为一支强大的现代化、正规化革命军队而奋斗"。③

进入20世纪90年代，国防和军队建设所处历史条件发生了新的深刻变化。经济全球化在曲折中发展，政治多极化进程步履维艰，霸权主义和强权政治有新的表现，传统安全威胁因素和以恐怖主义为重点的非传统安全威胁因素相互交织，冷战后曾一度削弱的军事因素在国家安全中的地位上升；科学技术加速发展、人类文明由工业化向信息化迈进，战争形态正由机械化战争转变为信息化战争；改革开放全面推进，社会主义市场经济深入发展，台海局势日益严峻，祖国和平统一大业遇到前所未有的挑战。面对深刻变化的国际国内形势，江泽民提出了"政治合格、军事过硬、作风优良、纪律严明、保障有力"的总要求，成为推进国防现代化建设和军队全面建设必须遵循的基本方针。

① 《邓小平文选》第2卷，人民出版社1994年版，第395页。

② 《邓小平文选》第3卷，人民出版社1993年版，第70页。

③ 《邓小平思想年谱：1975—1997》，中央文献出版社1998年版，第394页。

新世纪新阶段，胡锦涛站在坚持和发展中国特色社会主义的政治高度和战略全局，敏锐抓住时代发展给国防和军队建设提出的两个重大课题，形成了以历史使命思想为基石、以主题主线重大战略思想为核心的军队和国防建设科学理论体系。他提出，在全面建设小康社会进程中实现富国和强军的统一，在更深层次、更宽领域、更高水平上实现军民融合式发展，走出一条中国特色的军民融合式发展路子；新世纪新阶段，人民军队必须为党巩固执政地位提供重要的力量保证，为维护国家发展的重要战略机遇期提供坚强的安全保障，为维护国家利益提供有力的战略支撑，为维护世界和平与促进共同发展发挥重要作用；必须以推动国防和军队建设科学发展为主题，以加快转变战斗力生成模式为主线，切实把科学发展观作为国防和军队建设科学发展、确保有效履行新世纪新阶段军队历史使命。2008 年 12 月 24 日，胡锦涛提出了“忠诚于党、热爱人民、报效国家、献身使命、崇尚荣誉”的革命军人核心价值观，为国防现代化建设和新时期军队战斗力保持以及思想政治建设指明了方向。

党的十八大指出：“建设与我国国际地位相称、与国家安全和发展利益相适应的巩固国防和强大军队，是我国现代化建设的战略任务。”①这是针对我国面临的安全形势提出的战略课题，是我国实现社会主义现代化的必然要求，是我国国防和军队建设的战略目标。当前，国际形势正在发生新的深刻复杂变化。和平、发展、合作的要求和呼声在上升，求和平、谋发展、促合作已成为不可阻挡的时代潮流，但天下还很不太平安宁，围绕国际秩序、综合国力、地缘政治等的国际战略竞争和矛盾也在滋长，安全威胁的综合性、复杂性、多变性日益明显，霸权主义、强权政治和新干涉主义有所上升，我国安全和发展的国际环境更加复杂。世界新军事革命仍在加速推进，主要国家都在加紧推进军事转型，对我国提出了严峻挑战。我国周边特别是海上方向安全的不稳定性不确定性增大，国家

① 胡锦涛：《坚定不移沿着中国特色社会主义道路前进 为全面建成小康社会而奋斗——在中国共产党第十八次全国代表大会上的报告》，人民出版社 2012 年版，第 41 页。

安全面临的现实和潜在威胁增多，维护国家统一、领土主权、海洋权益和发展利益的任务更加艰巨。党的十八大指出，“我国面临的生存安全问题和发展安全问题、传统安全威胁和非传统安全威胁相互交织，要求国防和军队现代化建设有一个大的发展”①。这是基于我国面临的安全形势作出的重大战略判断。

“建设强大的人民军队是我们党的不懈追求。”②习近平的这一重要论述，为加快推进国防和军队现代化建设提供了根本遵循。中国梦蕴含强军梦，强军梦支撑中国梦。建设一支听党指挥、能打胜仗、作风优良的人民军队，是党在新形势下的强军目标。在全面建成小康社会、大力推进国家现代化建设过程中，合理统筹经济建设和国防建设，在发展经济的基础上建立巩固的国防，努力实现富国和强军的统一，始终是关系中国特色社会主义事业全局的一个重大问题。

（二）国防现代化是国家现代化的重要组成部分

国家的生存与发展，历来与国防息息相关。生存与发展构成国家的两大基本利益，二者互为条件，互相依存。生存是人类繁衍延续的第一需要，是发展的前提；发展是国家繁荣富强的根本途径，是生存的条件。中外历史反复证明，国家的生存与发展，离不开国家的主权独立、领土完整、安全统一和稳定。无论是确保国家的内政不被干涉、主权不被侵犯、领土不被分裂和占领，还是实现祖国统一，促进国家的长治久安和人民的安居乐业，都不能没有强大的国防。中华民族素有重视国防的传统。但是，自近代以来，主要由于清朝政府的腐败无能，国力日衰，铸成了近代百年“有国无防”的

---

① 胡锦涛：《坚定不移沿着中国特色社会主义道路前进　为全面建成小康社会而奋斗——在中国共产党第十八次全国代表大会上的报告》，人民出版社 2012 年版，第 41 页。

② 中共中央宣传部：《习近平总书记系列重要讲话读本》，学习出版社、人民出版社 2014 年版，第 132 页。

屈辱历史，使得炎黄子孙无不因此而感到切肤之痛。从1840年鸦片战争到1945年抗日战争结束，世界上大大小小的帝国主义国家几乎都侵略过中国，迫使中国先后签订了1000多个不平等条约或协定，致使中华民族国土沦丧、任人宰割，人民惨遭蹂躏、备受欺侮。国家不可一日无防，国防不可不强，这是历史发展的必然规律。

首先，强大的国防可以捍卫国家主权和领土完整。军队具有抵御侵略、维护国家主权和领土不受侵犯的功能，这种价值是其他任何社会群体都没有的。马克思曾指出，军人“虽不生产谷物”，却能“生产保卫”。国防建设对经济建设的反作用，就在于“通过生产保卫来保卫生产”。当今世界，虽然和平与发展成为时代主题，但是在世界范围内战争威胁仍然存在，国内阶级斗争在某种条件下仍有可能被激化，特别是在恐怖主义、分裂主义和极端民族主义日趋猖獗的背景下，加强国防建设不仅可以有效地防止外敌入侵，保卫国家安全，而且可以为经济建设创造一个安定的国际国内环境。历史事实表明，国富并不会自然带来军强，经济发展并不等于国防自然强大。如果一个国家不注重在发展经济的同时加强国防建设，一旦发生外敌入侵或者国内发生严重内乱，经济建设就有可能被战争和重大突发事件所打断或中止，就难以保卫经济建设的成果，而且将在诸多方面受制于人。我国历史上的宋朝曾经统治319年，与宋朝对峙的有契丹族、党项族、女真族、蒙古族的政权，和这些少数民族相比，宋朝是最富庶的，经济规模远远超过前者，但最后却被少数民族政权所灭亡，其中一个重要原因，就是没有强大的国防，没有强大的军队。

其次，国防建设可以使国家经济利益拓展延伸。随着全球化进程的加快和对外经济活动的日益频繁，国家利益涉及的领域日益扩大，如果没有相应的军事实力作支撑，不仅国家的发展利益得不到切实保障，而且国家的生存利益也会受到损害。当前，我国经济疆界已经拓展和延伸到海外，我国的石油等能源需要从海外大量进口，我国的产品也要源源不断销往海外，海上交通线的安全、能源供应链的安全以及侨民安全，已经成为经济安全的重要组成部分。同时，海洋具有丰富的矿产资源，世界各国都在加紧争夺和开发海洋，没有强大的国防实力就没有发言权，就会丧失主动权。特别是在我国南海问题上，丰富的油气资源吸引了周边十余个国家疯狂开采掠夺。只有建立强大的现代化国防，才能有效地维护国家的经济利益，维护国家的领土安全、海洋安全、太空安全、电磁空间安全，为国家的利益拓展提供更加坚实的安全保障。比如，我国海军在亚丁湾海域执行远洋护航任务，就是维护国家经济安全的一项重大举措。

再次，国防的威慑功能可以为经济社会发展创造安全稳定的环境。和平时期军队最重要的价值就是威慑功能。强大的国防使对手心理上产生畏惧，不敢轻举妄动。中国古代的孙武就提出“上兵伐谋”、“不战而屈人之兵”等威慑思想。而在战争史上，有效威慑和缺乏威慑更是形成了鲜明的对比。近代以来，西方列强也是因为中国没有强大的国防、没有威慑力而屡屡发动对中国的侵略战争。鸦片战争时的中国，国民生产总值居世界之首，高于欧洲的总和，甲午战争时，中国的 GDP 是日本的 4 倍，国家不可谓不富，但是由于清政府的腐败无能，有国无防，国富军不强，对敌人根本不具备威慑力，先是英国发动鸦片战争，后是日本发动甲午战争，都以中国的失败而告终。特别是后来的八国联军侵华战争，在世界地图上几乎看不见位置的小国都敢有恃无恐地欺负中国，将中华民族推向屈辱和灾难，割地、赔款、被烧杀、被抢夺，中国经济社会发展严重受阻和倒退。新中国成立以后，我国的国防和军队建设取得了巨大成就。特别是 20 世纪六七十年代“两弹一星”的研制成功，从根本上确保了我国总体上的和平发展环境。也正因为有了强大国防的威慑作用，我国政府才能顺利地恢复对香港、澳门行使主权。随着新军事变革的发展，运用强大的国防影响力，给对方造成巨大压力，发挥国防的威慑功能，已经成为大国加强国防建设的重要战略目标，也是国防建设的最高目标。

国防现代化建设是我国社会主义现代化建设的重要组成部分。“把经济建设搞上去和建立强大的国防，是我国现代化建设的两大战略任务”①，国防建设在国家现代化建设中具有重要地位，是现

---

① 《江泽民文选》第 2 卷，人民出版社 2006 年版，第 274 页。

代化建设的内在需要和国家发展的战略任务。没有国防现代化，中国的社会主义现代化就是不完整的。国防现代化建设是保证国家安全需要的一项不可或缺的伟大事业。国防现代化是国家现代化建设的题中应有之义，不仅是现代化建设的一个专门领域，而且是融入社会经济发展和政治、文化建设各个方面，反映国家现代化建设整体水平的重要指标。

国防建设包括武装力量、国防设施、国防科技工业和国防动员体制等方面的建设，具有整合社会力量和促进经济发展的功能。在整个现代化建设中，国防现代化往往超越一般社会生活的需要，寓国家安全战略和发展战略于一体，集尖端科学技术的发展与运用于一身，是国家战略发展趋势和科学文化、工业技术发展水平的重要标志。它通过自身的建设，在为经济建设和社会发展提供安全保障的同时，拉动和促进经济建设与社会全面发展，把国家经济、政治、文化建设的成就整合为综合国力，把社会各阶层、各群体的意志凝聚成国家意志，使社会主义现代化建设持续稳定地发展。

无论是从当前世界各国综合国力的激烈竞争来讲，还是从社会主义现代化建设的客观规律来讲，国防现代化都是国家整体利益的内在需要和现代化建设大局中的重大战略问题。国防科技是衡量一个国家综合国力的重要标志之一，也是国防现代化建设的一个重要方面。新中国成立以来，在党中央、国务院、中央军委的关怀和领导下，经过60多年的建设和发展，中国的国防科技工业从无到有，从小到大，从落后到先进，建立起了包括电子、船舶、兵器、航空、航天和核能等门类齐全、综合配套的科研实验生产体系，取得了一大批具有国内或国际先进水平的科研成果，为现代化建设和切实增强我国的综合国力作出了重要贡献。

（三）巩固国防和强大军队是实现中国梦的可靠保障

实现中华民族伟大复兴，是中国人民的伟大梦想，国防和军队建设必须服从服务于这个最高利益。强国梦，对军队来说也是强军梦。强国梦的实现，既依赖经济实力增强，又依赖国防实力提升。

当前，我国发展仍处于可以大有作为的重要战略机遇期，国际战略形势和国家安全环境更趋复杂，维护国家安全和社会稳定的任务更加艰巨。没有一个巩固的国防，没有一支强大的军队，实现中国梦就没有保障。

党的十八大重申，我国发展仍处于可以大有作为的重要战略机遇期。这一战略判断为我国未来5~10年的发展确立了清晰而准确的战略方位。维护把握战略机遇期，关键是要创造一个稳定可靠的安全环境。所谓战略机遇期，是指某个时间段出现了有利于国家发展的契机、条件和环境，能够对一个国家或地区的历史命运产生全局性、长远性、决定性的影响。冷战结束以来，两极格局终结，大规模、大范围的军事对抗大为减少，而代之以综合国力的激烈竞争。有人认为，战争是残酷的竞争，竞争是文明的战争；战争的结局是以成败论英雄，竞争的结局是在淘汰中见兴衰。如果把20世纪视为“战争和对抗的世纪”，那么21世纪则是“竞争和淘汰的世纪”。为了防止被“边缘化”，世界各国特别是一些大国，无不把抓住战略机遇期，发展和壮大自己作为首要的战略选择。进入21世纪，世界格局相对稳定，经济全球化和科技革命势不可挡，我国的综合国力有了很大增强，为乘势而上、加快发展提供了有利条件。“机之不至，不可以先；机之已至，不可以后。”战略机遇期具有很强的时效性和挑战性，千载难逢而又稍纵即逝，抓住了就是契机，抓不住就是危机。在人类社会发展史上，一个国家或一个民族，因抓住机遇而走向强盛，因丧失机遇而逐渐衰落的事例，屡见不鲜。战略机遇期的形成是多种因素相互影响、相互作用的结果，但必须具备安全和发展两个方面的条件，其中安全环境是形成战略机遇期的基本前提。可以说，战略机遇期本身就包含了对安全环境的内在规定和要求，没有安全环境，就谈不上战略机遇期。

从一定意义上说，战略机遇期也是“战略风险期”。世界与我国的重大转折同时出现，时间重合但目标不同，各国都想抓住这一机遇发展自己，各种矛盾和利益冲突在所难免。我国周边环境也存在诸多不确定因素，“台独”分裂势力及其活动对国家主权和领土完整构成严重威胁，恐怖主义和民族分裂势力给我国的安定团结造成危害，非传统安全威胁给国家安全稳定带来不利影响。随着经济的进一步发展、改革的不断深化，各种思想文化相互激荡，各种社会矛盾相互影响，不利于社会稳定的因素增多，哪一方面防范不好、处置不当，都有可能影响和冲击国家发展的重要战略机遇期。所有这些，都要求军队在维护国家的安全与发展中有所作为。

军队要为维护国家发展的重要战略机遇期提供坚强的安全保障。中华民族经受了外侮内乱的百年屈辱和民族振兴的艰辛探索，迎来了可以大有作为的重要战略机遇期。维护和用好战略机遇期，对军队来说，就是要维护国家安全、捍卫国家主权和领土完整，为国家发展创造和平的国际环境、和谐的社会环境，提供坚强有力的安全保障。要进一步认清军队在保障和促进国家发展中的地位和作用，切实为维护重要战略机遇期担负起自己的历史责任。军队维护好战略机遇期，最重要的就是运用军事实力所产生的威慑作用，遏制或延缓战争的爆发。过去常讲“养兵千日，用兵一时”，其实，“用兵”的内涵今天已经发生了很大变化。出兵交战是“用兵”，发挥强大的军事实力所产生的威慑作用，同样是一种“用兵”。这就要求进一步增强忧患意识、战略风险意识，充分认识到机遇中包含着风险，风险中隐藏着机遇；认清风险才能更加珍惜机遇，克服风险才能真正抓住机遇。要进一步增强紧迫感、责任感，尽可能把风险估计得高一些，把困难想得多一些，切实担负起人民军队的历史责任，时刻做好应对各种危机的准备。战略机遇期也为军队自身的发展提供了难得的机遇。要抓住这一机遇，在维护中发展，在发展中维护，把军队全面建设不断推向前进。

中国梦是人民的梦，人民是实现中国梦的根本依靠，人民军队是国家安全的坚强后盾。当前，我国发展仍处于可以大有作为的重要战略机遇期，中华民族伟大复兴展现出光明前景，同时重要战略机遇期的内涵和条件也发生了新的变化。国际战略形势和国家安全环境更趋复杂，维护国家政治安全和社会稳定的任务更加艰巨。中国梦的实现必然要克服重重阻力，最大程度凝聚最广泛的中国力量，经历一个艰苦奋斗的过程。经济社会越发展，安全需求就越迫切，强军要求就越紧迫。中国梦对军队来讲，就是强军梦，中国梦引领强军梦，强军梦支撑中国梦。没有国家富强，强军就无从谈起；没有强大军队，国家安全和发展也无法保障。因此，我国必须在波澜壮阔的民族复兴进程中，抓住机遇、应对挑战，紧紧围绕国家核心安全需求，加快推进国防和军队现代化，认真落实强军目标，切实提高军队能打胜仗能力，为实现中国梦提供坚强力量保证。

(四)巩固国防是增强综合国力、奠定国际地位的现实需要

“经济建设是国防建设的基本依托，国防实力是综合国力的重要体现”①，经济力量对国防力量始终有着决定性的作用和影响。马克思主义经典作家对此都有论述。马克思指出：“军队的全部组织和作战方式以及与之有关的胜负，取决于物质的即经济的条件，取决于人和武器这两种材料，也就是取决于居民的质与量和取决于技术。”②列宁也指出：“在现代战争中，经济组织是有决定意义的。”③毛泽东在《论十大关系》中指出：“只有经济建设发展得更快了，国防建设才能够有更大的进步。”④邓小平也曾指出：“国防建设，没有一定的经济基础不行。”⑤这些都告诉我们，国强要以国富作基础，但是国富并不等于国强。一个国家虽有雄厚的经济实力而无强大的国防力量，就不可能取得应有的国际地位，也难以巩固已有的经济建设成果，甚至在政治、经济、外交等方面受制于人。

1999年11月24日，江泽民在中央军委“三讲”会议上指出：“在国家的综合实力中，经济实力是最基础的力量，但如果不随着经济的发展及时把一部分经济实力转化为军事实力，不形成与经济

---

① 《国防和军队建设贯彻落实科学发展观重要论述选编》，解放军出版社2010年版，第98页。

② 《马克思恩格斯军事文集》第1卷，战士出版社1981年版，第17页。

③ 《列宁军事文集》，战士出版社1981年版，第377页。

④ 《毛泽东文集》第7卷，人民出版社1999年版，第27页。

⑤ 《邓小平文选》第2卷，人民出版社1994年版，第240页。

实力相协调和与国防建设需要相符合的不断壮大的军事实力，我们就不能有力地保证国家安全。”①当今世界，尽管各国的社会性质，在国际战略格局中所处地位及国家利益目标不尽相同，但都在致力于增强包括国防力量在内的综合国力，以谋求新世纪的战略主动。

中国是一个处于社会主义初级阶段的发展中国家，解决中国现阶段包括国防现代化在内的所有问题，关键是要把经济发展起来。经济建设及其发展状况，是决定当代中国命运的一个大局问题。离开这个大局，社会主义就有丧失物质基础的危险，中华民族就有被开除“球籍”的危险，国防建设的根基就有崩溃的危险。因此，国防现代化建设必须在这个大局下行动，服从和服务于这个大局。可以断定，今日中国，如果没有强大的国防力量，要想拥有重要的国际地位，成为促进世界和平的重要力量，就是一句空话。正如邓小平所指出的：“如果六十年代以来中国没有原子弹、氢弹，没有发射卫星，中国就不能叫有重要影响的大国，就没有现在这样的国际地位。”②从发展的趋势来看，中国作为当今世界唯一的社会主义大国，离开了国防和军队的现代化，就不足以成为对国际事务有重要影响的大国之一，就不足以显示社会主义制度的优越性，就不足以振奋民族自尊心、自信心，弘扬爱国主义精神。强大的现代化国防力量，始终是改革开放和社会主义现代化建设的坚强后盾，是国家政权巩固、社会稳定、经济发展、人民安宁的可靠保障。

我国始终不渝走和平发展道路，但面对复杂多变的国际安全环境，和平发展必须立足于自身强大，必须有巩固国防和强大军队来保障。随着我国综合国力的不断增长，随着经济全球化深入发展和我国同世界的联系日益加深，保障我国安全和发展利益的范围越来越宽、领域越来越广、责任越来越大，国际社会要求我国承担更多国际安全责任的呼声和期待也越来越高。一个日益繁荣强大的中国，不可避免要有日益现代化的巩固国防和强大军队，这是历史的自然逻辑，是全面建成小康社会的应有之义，是实现社会主义现代

---

① 《江泽民文选》第2卷，人民出版社2006年版，第465页。

② 《邓小平文选》第3卷，人民出版社1993年版，第279页。

化、实现中华民族伟大复兴的必然要求。持之以恒推进国防和军队现代化，是我国现代化建设的战略任务，是维护国家主权、安全、发展利益的客观要求，是全面建成小康社会、基本实现社会主义现代化的必然结果，是全党全军全国各族人民的共同愿望和共同责任。

（五）加强国防现代化建设是适应世界军事发展趋势的迫切要求

随着科学技术特别是信息技术的迅猛发展，人类社会正在由工业社会向信息社会过渡，一场新的军事革命正在兴起。增强国防力量是一个长期积累、持续渐进的过程。无论是武器装备的改善、军事理论的创新，还是部队官兵的训练、后备力量的组织和动员等，都不是一朝一夕所能完成的。因此，世界许多国家都在其根本利益的驱动下，充分利用相对和平时期的宝贵机遇，从国家战略全局的高度，不断加强国防建设，抢占新世纪的军事制高点。超级大国在两极格局终结后，仍然保持并继续加强着在全球范围推行霸权主义和强权政治所需的扩张型军事力量，保持高强度的军事投入，以维护其军事上的超强地位。世界上一些有影响的大国，在积极发展综合国力的同时，不断增强国防实力，以便在国际战略格局中处于更加有利的态势。即使一些并不富裕的中、小国家，在积聚国防力量方面也不敢稍有懈怠，把增强国防实力作为提高综合国力的重要手段，以求在竞争激烈的国际社会中争得相应的地位。相比之下，中国的国防建设还存在着国防现代化水平与高技术战争不相适应的突出矛盾，国家可能提供的财力、物力还难以满足国防建设的客观需求。如果认为在市场经济条件下国防建设可以“自我保障，自我发展”，或者认为“经济发展了，国防就会自然而然地强大起来”，甚至认为反正大战打不起来，国防建设可以“缓一缓、放一放”等思想，都是十分有害的。不仅会导致国防建设停滞不前，进一步拉大同发达国家国防现代化水平的差距，而且会丧失经济建设持续发展的基本条件。促进国防建设与经济建设的协调发展，既是新形势下国防现代化建设的必由之路，又是促进和保障经济建设的关键所在。国防建设作为国家整体利益的一个内在需求，可以而且必须同经济建设协调一致地发展起来。

当前，中国正在致力于建设中国特色社会主义，进行着一场深刻的社会变革。在今后较长一段时间里，世界大战和危及中国命运的全面战争可以避免。但是，中国在按照自己的模式发展社会主义市场经济、维护国家领土主权和实现祖国统一的伟大事业中，还面临着霸权主义和强权政治的压力，面临着现代技术特别是高技术条件下局部战争的威胁，面临着国内外敌对势力制造分裂、破坏稳定的挑战。由此决定了在新的历史条件下，维护我国生存与发展的任务仍然十分艰巨。因此，中国的国防现代化建设只能加强，不能削弱。正确的认识和抉择应该是：把国防现代化建设纳入国家现代化建设的总体规划和历史进程之中，借助科学的国家总体战略布局，实现国防建设与经济建设的协调发展；在国民经济不断发展的基础上，相应改善武器装备，加速国防现代化，不断增强军队在高技术条件下的防卫和应急作战能力；遵循国防建设与经济建设协调发展的客观规律，努力探寻一条具有中国特色、反映时代特征的国防现代化建设道路。

三、新世纪新阶段人民军队的历史使命

军队的历史使命，是一支军队在某个历史时期所必须完成的基本任务和必须发挥的特殊作用，它规定着一支军队建设的发展方向、奋斗目标和指导原则。军队与使命共生，与使命同在。翻开五千年编年史，“使命在身，万死不辞”的英雄壮举史不绝代，“矢志不渝，不辱使命”的绚丽篇章绵延至今。对人民军队来说，使命至高无上。人民军队的光荣，来自使命的神圣；人民军队的自豪，来自责任的重大。忠实履行使命，就像一根红线，贯穿于人民军队成长壮大的全部实践和全部历史。从“红旗卷起农奴戟”的土地革命，到“几多艰险建殊功”的抗日战争；从“百万雄师过大江”的解放战争，到“东方红日照寰宇”的新中国成立初期；从捍卫新生红色政

权的“保家卫国”，到“东方风来满眼春”的改革开放，党和人民在不同时期赋予的神圣使命，像嘹亮的号角，激励人民军队将士跨过万水千山，战胜千难万险；如铿锵的战鼓，鼓舞全军官兵前仆后继，勇往直前，从胜利走向胜利，使人民军队成为一支名扬中外的雄师劲旅。总之，人民军队的性质宗旨，是在履行使命中体现的；人民军队的凝聚力、战斗力，是在履行使命中形成的；人民军队的地位和作用，是在履行使命中展现的。

(一)新世纪新阶段人民军队所处的历史条件和国内外环境

新世纪新阶段，我国经济持续快速发展，包括国防实力在内的综合国力显著提高，国内政治稳定、社会和谐的局面更加巩固，我国的国际影响力日益增强，国家安全总体处于稳定状态，可以保持相当长的和平时期。但也应看到，和平与安全是不同的概念。当前及未来一个时期，我国虽然有可能处于和平状态，但不安全因素却始终存在，国家安全将面对多元威胁，安全形势依然严峻。

其一，我国面临政治安全和社会安全的复杂形势。我国是当今世界上最大的社会主义国家，正处在社会变革的矛盾凸显期，从而使我国面临着前所未有的政治安全和社会安全问题。从国内情况看，随着改革不断深化和经济结构调整不断推进，妥善处理社会利益关系的难度加大，影响社会和谐稳定的矛盾和问题比较突出。从国际情况看，西方国家不会放弃对我国“西化”和“分化”的战略，境内外敌对势力打着所谓“民主”“自由”“维权”的旗号，利用人民内部矛盾进行煽动和破坏，对社会稳定和国家安全构成新的威胁。尤其应该看到，当前及未来一个时期，国内因素和国际因素互动性将进一步增强，境内外敌对势力加紧勾联，呈现出基地在外、活动在内、内外呼应的态势，一些国内问题处理不当可能演变为国际问题，一些国际问题也可能诱发国内社会稳定问题，国家政治安全、制度安全和社会安全的复杂性在增大。

其二，我国承受着和平发展过程中来自外部的战略遏制和战略围堵。中华民族正在和平发展的道路上步入伟大复兴时期。然而，西方大国对我国的遏制战略将长期不会改变，许多国家特别是一些亚太地区国家对我国的遏制战略将长期不会改变，把我国视为21世纪的主要竞争对手或潜在威胁，对我国抱有疑虑，并施以防范乃至战略遏制和围堵。这种情况，使中国面临的安全压力比其他一些大国要大得多。同时，随着综合国力的不断提高，我国在国际上的地位和作用将日益重要，很容易与霸权主义和强权政治发生冲突，一些国家，尤其是超级大国很可能将我国从潜在对手提升为现实对抗对象，从而对我国构成更加直接、更加严重的威胁。

其三，反对民族分裂、维护祖国统一面临严峻挑战。2008年，随着马英九的上台，台海形势发生了有利于遏制“台独”的积极变化，两岸关系开始步入和平发展轨道。但同时必须看到，影响台海局势稳定的根源并未消除。“台独”分裂势力不甘心失败，仍在伺机反扑。民进党顽固坚持“台独”立场，并可能在极端“台独”路线上越走越远。“台独”分裂势力及其活动仍是对国家安全的主要现实威胁。此外，境内外敌对势力加紧勾联聚合，分裂势力活动猖獗。当前，对我国国家安全构成危害的民族分裂主义主要是来自新疆、西藏等地的“东突”和“藏独”分裂主义势力、宗教极端势力、暴力恐怖势力及境外国际敌对势力，对我国民族地区安定团结的政治局面和国家安全构成严重危害。冷战结束后特别是新世纪以来，境内外的“东突”分裂主义势力在西方一些国家的敌对势力纵容或支持下，加紧进行政治宣传与恐怖主义活动，分裂主义活动进入了一个新的活跃时期，成为危害新疆社会稳定与安全的主要因素。目前，达赖集团加速推动“西藏问题”国际化，利用年轻的“藏独”分子阴谋制造暴力恐怖事件，破坏民族团结的安定局面，严重危害祖国边疆安全和国家长治久安。

其四，我国处于复杂地缘安全环境，与有关国家存在着多元争端。我国背陆面海，在陆上与十余个国家接壤，在海上与若干国家相邻。在我国周边，世界三大火药桶之一的南亚与我国相邻，世界四大军火市场之一的东南亚与我国在南海问题上有争议。日本针对我国钓鱼岛的挑衅行动持续发酵。我国周边有7个国家或地区拥有核武器或核生产能力，使我国实际处于潜在的“核武器圈”的包围之中。我国的陆地疆域为960万平方千米，是亚洲诸国中邻国最多、地缘矛盾最多、与邻国关系最复杂的国家。由于历史的原因，我国与周边某些国家存在着大量领海和海洋权益争端。在我国拥有主权和管辖权的300万平方千米的海洋面积中，有一半以上同周边国家存在争议。我国在黄海、东海、南海海域同相关国家的划界问题尚未解决。这些争端与争议情况复杂，并且往往有企图牵制和遏制我国发展的国际势力插手，解决起来难度很大。如果处置不当，就有可能造成我国与周边一些国家关系紧张，甚至有可能引发武装冲突和局部战争。

其五，我国周边热点逐步升温。新世纪新阶段，我国周边地区安全形势总体稳定，但也应该看到，一些周边热点问题正在逐步升温，我国仍面对一些突出威胁。中亚方向安全形势日趋复杂。美国逐步实施所谓“大中亚计划”，即以阿富汗为中心，主要通过安全、民主、经济、交通和能源等合作，形成一个以美国为主导，以中亚五国和阿富汗为主要成员，有印度、巴基斯坦、土耳其等国参与的新的地区组合，而把中俄两国排除在外，最终达到全面控制中亚的目的。这将对上海合作组织和中国西北地区的稳定和发展构成新的潜在威胁。中印方向的多复杂因素，特别是印度极力保持在中印边境的常规军事优势，强化对边境争议区的实际控制，蚕食我国领土，对我国构成现实安全威胁。朝鲜半岛形势错综复杂。朝核问题、美朝关系、韩朝关系都很难有重大突破。朝核问题如何解决，朝鲜政权的未来走向，是影响半岛形势发展的关键。朝鲜半岛未来形势发展对我国安全构成的真正挑战，不仅仅是不确定因素在增多，更突出的问题是我国影响半岛形势发展的能力和手段有限，控制危机的难度日益增大。

分析表明，国际国内形势总体上对我国安全和发展有利，但我国安全问题的综合性、复杂性、多变性进一步增强。我国是当今世界多种基本矛盾的交汇点，单极与多极的矛盾、新东西方矛盾、南北矛盾、民族宗教矛盾等都涉及我国。可以说，新世纪新阶段中国国家安全问题的总体态势，可以概括为“四个交织”：传统安全威胁与非传统安全威胁交织，现实安全威胁与潜在安全威胁交织，军事安全问题与其他安全问题交织，国内安全问题和国际安全问题交织。这种复杂的安全态势向国防和军队建设提出了新的挑战。人民军队已经从革命战争时期在党的领导下为夺取全国政权而进行武装斗争的重要力量，成为社会主义建设时期巩固人民民主专政的坚强柱石、保卫社会主义祖国的钢铁长城和建设社会主义的重要力量。世界形势和国际战略格局变了，党和人民军队所处的历史方位变了，其历史使命也必须因势而变，与时俱进。

总之，中国共产党要团结带领全国人民实现继续推进现代化建设、完成祖国统一、维护世界和平与促进共同发展三大历史任务。

(二)新世纪新阶段加强国防和军队建设的根本目标和方向

根据形势和任务的要求科学确定军队历史使命，是中国共产党对军队实行正确领导的基本保证。早在土地革命战争时期，毛泽东就提出工农红军要执行打仗消灭敌人、打土豪筹款子、做群众工作三大任务。抗日战争时期，三大任务发展成为打仗、做群众工作、生产三项。在解放战争全面胜利前夕，毛泽东又将人民军队的职能使命概括为战斗队、工作队、生产队。1954 年毛泽东主持制定的新中国第一部宪法明确规定，中华人民共和国武装力量要"保卫人民革命和国家建设的成果，保卫国家的主权、领土完整和安全"。①改革开放后，邓小平要求人民军队肩负起"保卫社会主义祖国、保卫四化建设的光荣使命"②。世纪之交，江泽民根据国际国内形势的发展进一步提出，军队要为国家的安全统一和全面建设小康社会提供坚强有力的保障。

进入 21 世纪后，党中央根据新世纪新阶段我国安全形势及世

---

① 《建国以来重要文献选编》第 5 册，中央文献出版社 2011 年版，第 453 页。

② 《邓小平文选》第 2 卷，人民出版社 1994 年版，第 395 页。

界军事潮流的变化，从完成党的执政使命、维护国家和民族根本利益的战略高度明确提出，军队要为党巩固执政地位提供重要力量保证，为维护国家发展的重要战略机遇期提供坚强安全保障，为维护国家利益提供有力战略支撑，为维护世界和平与促进共同发展发挥重要作用。党的十八大进一步指出："要适应国家发展战略和安全战略新要求，着眼全面履行新世纪新阶段军队历史使命，贯彻新时期积极防御军事战略方针，与时俱进加强军事战略指导，高度关注海洋、太空、网络空间安全，积极运筹和平时期军事力量运用，不断拓展和深化军事斗争准备，提高以打赢信息化条件下局部战争能力为核心的完成多样化军事任务能力。"①

党的十八大以来，习近平站在时代发展和战略全局高度，提出了党在新形势下的强军目标，奏响了实现强国梦强军梦的最强音。他指出："建设一支听党指挥、能打胜仗、作风优良的人民军队，是党在新形势下的强军目标。"②"中国人民解放军全体指战员，中国人民武装警察部队全体官兵，要按照听党指挥、能打胜仗、作风优良的强军目标，提高履行使命能力，坚决捍卫国家主权、安全、发展利益，坚决保卫人民生命财产安全。"③这不仅开辟了军队历史使命认识的新境界，而且指明了当前加强国防和军队建设的根本目标和方向，赋予人民军队历史使命新的时代内涵，成为国防和军队建设紧扣时代脉搏、顺应发展需要的重要指针。

党在新形势下的强军目标具有深刻内涵，其中，听党指挥是灵魂，决定军队建设的政治方向；能打胜仗是核心，反映军队的根本职能和军队建设的根本指向；作风优良是保证，关系军队的性质、宗旨、本色。全军要准确把握这一强军目标，用以统领军队建设、

① 胡锦涛：《坚定不移沿着中国特色社会主义道路前进 为全面建成小康社会而奋斗——在中国共产党第十八次全国代表大会上的报告》，人民出版社 2012 年版，第 42 页。

② 《习近平关于国防和军队建设重要论述选编》，解放军出版社 2014 年版，第 89 页。

③ 《习近平关于国防和军队建设重要论述选编》，解放军出版社 2014 年版，第 103 页。

改革和军事斗争准备，努力把国防和军队建设提高到一个新水平。要铸牢听党指挥这个强军之魂，坚持党对军队绝对领导的根本原则和人民军队的根本宗旨不动摇，确保部队绝对忠诚、绝对纯洁、绝对可靠，一切行动听从党中央和中央军委指挥。要扭住能打仗、打胜仗这个强军之要，强化官兵当兵打仗、带兵打仗、练兵打仗思想，牢固树立战斗力这个唯一的根本的标准，按照打仗的要求搞建设、抓准备，确保部队召之即来、来之能战、战之必胜。作风优良是人民军队的鲜明特色和政治优势。要把改进作风工作引向深入，贯彻到军队建设和管理每个环节，真正在求实、务实、落实上下功夫，夯实依法治军、从严治军这个强军之基，保持人民军队长期形成的良好形象。

强军目标赋予了军队建设发展新的历史使命，体现了党对新形势下军队建设特点规律的深刻把握，反映了实现党的执政使命对军队的新要求，反映了军队捍卫国家主权安全、维护大国地位的重大责任，彰显了推进军队现代化建设的自觉自信。

强军目标具有重大实践意义，对军队建设发挥重大作用。一是思想警醒作用。强军目标具有很强的现实针对性，其背后蕴含着新形势下人民解放军在听党指挥、能打胜仗、作风优良三个根本问题上所面临的严峻挑战与风险。深刻把握强军目标的时代背景与现实针对性，必将激发人民解放军官兵强烈的忧患意识、危机意识、责任意识，从而使之清醒起来、警醒起来、发奋起来，做到以高度的强军自觉，正视挑战，认清风险，不断提高自己的思想政治素质和军事能力，始终保持人民军队的优良作风，为建设一支听党指挥、能打胜仗、作风优良的人民军队贡献力量。二是凝聚意志作用。党的强军目标是党的意志在军队的集中体现，是党在军事领域的重要行动纲领，是党树立起来的一面建军治军的旗帜，规定了军队建设的基本前进方向。人民解放军历来以党的意志为意志，以党的旗帜为旗帜，以党的方向为方向，“两个一百年”的强国目标激发全国人民万众一心、众志成城，共同为实现中华民族伟大复兴的“强国梦”而奋斗，强军目标必将把全军官兵的精神和意志凝聚起来，行动和步伐统一起来，投身伟大的强军实践，为实现“强军梦”而努力奋斗。三是引领发展作用。它必将以巨大的目标牵引作用，引领全军深入贯彻落实科学发展观和习近平总书记系列重要讲话精神，加快转变战斗力生成模式，加快军队革命化、现代化、正规化建设步伐，使人民军队的各项建设和工作始终符合强军目标的要求。

(三)强军梦支撑中国梦

习近平指出："实现中华民族伟大复兴是我们的强国梦，对军队来讲也是强军梦。"①强军梦支撑中国梦。新世纪新阶段习近平提出的强军目标，为强军梦的实现指明了发展方向，是新形势下军队建设的根本遵循。

1. 新中国成立以来强军目标提出的历程

军队建设目标，历来是关系党、国家和军队前途命运的重大理论和实践问题。按照党的中心工作、国家发展大局和安全形势需要，明确提出军队建设的目标任务，是党在取得执政地位后领导人民军队发展壮大的基本经验。毛泽东领导制定了建设一支优良的现代化革命军队的总方针，1950 年 9 月，毛泽东为全国战斗英雄代表会议题词："为建设强大的国防军而奋斗！"②这既是毛泽东为新中国军事工作规定的任务，也是为人民军队规定的发展目标，是当时全党全军思考新的历史条件下军队建设的重要理论依据。邓小平提出了建设一支强大的现代化正规化革命军队的总目标。江泽民提出了政治合格、军事过硬、作风优良、纪律严明、保障有力的总要求。胡锦涛提出了按照革命化现代化正规化相统一的原则加强军队全面建设的重要思想。习近平提出了建设一支听党指挥、能打胜仗、作风优良的人民军队这一新形势下的强军目标。习近平关于新

① 《习近平关于国防和军队建设重要论述选编》，解放军出版社 2014 年版，第 45 页。

② 《毛泽东年谱》(1949—1976)第 1 卷，中央文献出版社 2013 年版，第 198 页。

形势下强军目标的重要思想，是对毛泽东、邓小平、江泽民和胡锦涛建军治军思想的继承和发展，是党的军事指导理论的又一次重大历史性创新。

习近平关于新形势下强军目标的重要思想，把马克思主义军事指导理论与新形势下人民军队建设具体实践结合起来，把党的意志、国家安全需求和军队建设规律统一起来，深刻总结党建军治军的成功经验，深刻把握国际战略形势和国家安全环境的发展变化，深刻揭示新形势下国防和军队建设的内在规律，集中反映和凝结了马克思主义战争观、军队建设论和军事方法论，是党的军事指导理论创新的最新成果。它回答了在世界形势发生深刻复杂变化、我国全面建成小康社会进入决定性阶段新的历史条件下为什么要强军、强军目标是什么、怎样走中国特色强军之路的重大课题，是对毛泽东、邓小平、江泽民、胡锦涛建军治军思想的继承和发展。

2. 强军目标的内涵

党在新形势下的强军目标，明确了加强军队建设的聚焦点和着力点，听党指挥、能打胜仗、作风优良不仅各具丰富的思想内涵，而且三者互相依存、互为条件、互为目的、不可分割，统一于实现强军梦的伟大实践，构成一个科学、严谨、完整的思想理论体系，其中，听党指挥是灵魂，能打胜仗是核心，作风优良是保证。习近平对此作了系统阐述。

其一，人民军队作为执行党的政治任务的武装集团，必须把听党指挥作为军队建设的首要。必须毫不动摇地坚持党对军队的绝对领导，听从党的绝对指挥，永远听党的话、跟党走。这深刻阐明了强军首先强政治，实现强军目标内在地包含着从思想上政治上建设和掌握部队的要求。如果丢掉了这一条，军队就会变质，就不可能有战斗力。80 多年来，人民军队之所以始终保持强大的凝聚力、向心力、战斗力，经受住各种风险考验，不断从胜利走向胜利，最根本的就是靠党的坚强领导。坚持党对军队的绝对领导，关系人民军队的性质和宗旨，关系社会主义前途命运，关系党和国家长治久安，是人民军队的立军之本、建军之魂，是人民军队的生命所系、力量所在。

其二，军队首先是一个战斗队，必须坚持一切建设和工作向能打胜仗聚焦。必须按照打仗这个标准搞建设抓准备，确保军队能够做到召之即来、来之能战、战之必胜。这深刻阐明了强军的要义是强战斗力，军队必须不断提高打赢能力。离开这一点，军队就失去了存在的价值和意义。古往今来，不管国际形势、安全环境、战争形态、作战方式怎样变化，准备战争、遏制战争、打赢战争始终是军队的使命任务。当前，随着科学技术和世界新军事革命加速发展，战争形态、作战样式、战斗力生成模式发生深刻变革，对人民军队能打仗打胜仗提出新的更高要求。历史经验表明，能战方能止战，准备打才可能不必打，越不能打越可能挨打。我们要牢固树立战斗力这个唯一的根本的标准，紧紧扭住能打仗、打胜仗这个强军之要，强化官兵当兵打仗、带兵打仗、练兵打仗思想。密切关注国家安全形势，紧盯作战对手动向，把战备工作提升到战略高度，提高快速反应能力，始终保持箭在弦上、引而待发的高度戒备态势。

其三，作风优良是人民军队的鲜明特色和政治优势，必须把作风建设作为一项基础性长期性工作抓紧抓实，永葆人民军队政治本色。必须保持严明的作风和铁的纪律，确保部队的高度集中统一和安全稳定。作风优良是人民军队的鲜明特色和政治优势，也是强军兴军的保证。人民军队在长期实践中培育和形成的一整套光荣传统和优良作风，贯穿渗透于军队建设的各个方面和环节，是圆满完成使命任务的独特政治优势，是战斗力构成的重要因素，是人民军队从胜利走向胜利的重要保证。

3. 强军目标提出的意义及其对中国梦的影响

习近平提出的建设一支听党指挥、能打胜仗、作风优良的人民军队的强军目标，从政治和战略的高度，回答了国防和军队建设带根本性、方向性、全局性的重大问题，为国防和军队建设提供了基本遵循。强军目标规划了军队建设的发展路径，明确了实现军队现代化的战略布局和路线图；打开了破解军队建设发展难题的战略视野，明确了军队建设的总体要求和主要任务；描绘了军队建设发展的宏伟蓝图，明确了走中国特色强军之路的方向引领，吹响了加快推进国防和军队现代化的时代号角，为解决军队建设面临的突出矛盾和问题、加快推进国防和军队现代化提供了强大动力和科学指南。

党在新形势下的强军目标，是对人民军队地位作用、使命任务、发展方向的战略新定位，指明了人民军队建设发展的时代主题，具有很强的政治性、战略性、方向性和指导性，极富战略远见、战略定力和战略智慧，充分展示了党中央统筹推进中国梦强军梦的坚定决心和意志，为新形势下加强国防和军队建设提供了根本遵循。

习近平指出，实现中华民族的伟大复兴，是中华民族近代以来最伟大的梦想。可以说，这个梦想是强国梦，对军队来说，也是强军梦。国防和军队建设是中国特色社会主义事业总体布局的重要组成部分，这决定了强军战略是强国战略的重要组成部分。中国梦是强军梦的目标指向，强军梦是中国梦的战略支撑，两者是一个有机统一的整体。强军目标顺应了时代发展的要求，拓展了中华民族伟大复兴的科学内涵，是托起中国梦的重大战略支撑。

四、积极推进中国特色军事变革

中国特色军事变革以信息化为核心，以缔造一支信息化部队、打赢未来信息化战争从而保卫国家和人民利益为目标，主要指中国人民解放军必须坚持中国共产党的领导、必须认真贯彻落实人民军队爱人民、人民军队靠人民的宗旨，必须根据我国的国情制定军队的指导方针，在此基础上打造一支现代化、信息化、数字化的人民军队。积极推进中国特色的军事变革，是应对世界新军事变革挑战的重大战略抉择。面对新的形势，人民解放军只有紧跟世界军事变革的步伐，充分借鉴世界文明的先进成果，大胆吸取营养，才能保证变革的顺利开展和有效推进。

(一)加速推进中国特色军事变革和做好军事斗争准备

实现军队现代化，建设强大国防，是新中国成立后中国共产党矢志不移的奋斗目标。新中国成立后不久，毛泽东郑重提出建设现代化国防军的历史任务，指引人民军队走上现代化建设的新征程。改革开放新时期，邓小平提出建设强大的现代化正规化革命军队的总目标，确立了现代化在军队建设全局中的中心位置，开创了中国特色精兵之路。世纪之交，江泽民深刻把握信息化时代军队现代化建设的基本规律，提出了积极推进中国特色军事变革战略思想。新世纪新阶段，胡锦涛提出按照革命化现代化正规化相统一原则加强军队全面建设的重要思想。新形势下，习近平从历史与现实、理论与实践的结合上，科学总结中国共产党建军治军成功经验，从实现中华民族伟大复兴中国梦的战略高度，鲜明提出建设一支听党指挥、能打胜仗、作风优良的人民军队这一党在新形势下的强军目标，并强调要深入推进中国特色军事变革。

人民解放军要适应新形势，肩负新使命，关键是要扎根中国特色军事变革和军事斗争准备的新实践，大力提高全军官兵的素质本领。要根据当今时代军事斗争和军队建设的新特点，着眼推动部队整体建设和长远发展，全面提高各级领导干部的战略素养和战略筹划能力。要切实转变传统管理模式，在军队建设各个领域积极引入先进适用的管理方法、技术和手段，建立健全科学的管理机制，不断提高领导干部科学管理能力和部队正规化建设水平。要切实把军事训练摆在战略地位，坚持从难从严从实战需要出发进行训练，在近似实战的环境和条件下摔打磨练部队，不断提高领导干部指挥信息化战争的能力。要切实把中国特色军事变革和军事斗争准备中的重点难点问题搞清楚，扭住重点抓落实、扭住难点求突破，扎扎实实地提高领导干部抓重点、解难题、谋打赢、促发展的实际本领，带领部队完成好各项任务。

(二)加快构建中国特色现代军事力量体系

习近平强调："要深入推进中国特色军事变革，努力构建中国特色现代军事力量体系。"①构建中国特色现代军事力量体系，总的就是要调整优化作战力量结构，建设有利于联合作战的体制机制，形成精干、联合、多能、高效的信息化军事力量体系。

在调整优化作战力量结构方面，海军力量建设将进一步加快航母形成战斗力步伐，加强海军航空兵和海军陆战队建设，开展常态化的远洋训练，不断拓展海军活动范围，有计划地向深蓝挺进，逐步实现由"近海防御"型的"黄水"海军向"远海防卫"型的"蓝水"海军转变。空军力量建设将加强以战略预警、空中进攻、防空反导、战略投送为重点的作战力量体系建设，加快空军由"国土防空"型空军向"空天一体、攻防兼备"型转变。第二炮兵将积极推进战略威慑与实战能力建设，深化发展战略研究，以推进信息化转型、增强核常兼备打击能力为核心，进一步提升快速反应、有效突防、精确打击、综合毁伤和生存防护能力。陆军力量建设将进一步完善快速机动、立体突击的陆军打击力量，增强轻型机械化部队、信息对抗部队和特种作战部队，尤其是着力加强陆军航空兵建设，实现陆军由区域防卫型的机械化部队向全域机动型的数字化、模块化、智能化陆军转变。同时，要高度关注海洋、太空、网络空间安全，加快新型作战力量建设。

(三)以推进信息化建设为核心

1978年，党的十一届三中全会吹响了中国改革开放的号角。人民解放军乘国家改革浪潮之势，进入了改革时代。人民解放军把信息化作为现代化建设的发展方向和战略重点，坚持应用主导、创新求实、人才为本、跨越发展的总体思路，积极开展信息化建设的

---

① 习近平：《习近平谈治国理政》，外文出版社2014年版，第216页。

研究和实践。30多年来，改革一直没有中断，使人民军队从摩托化走向了“机械化和信息化”的跨越式发展阶段，国防现代化建设取得了举世瞩目的成就。人民解放军以指挥自动化建设为重点，着力提高军队作战领域的信息化水平。组织实施了一批军事信息系统重点工程，信息基础设施建设取得长足进步，各级指挥机关和作战部队指挥手段明显改善，计算机等信息技术设备在军队日常业务工作中日益普及，作战信息保障能力有了很大提高，主战武器系统信息技术含量不断增加。2000年、2001年，中央军委先后批准颁布《中国人民解放军指挥自动化建设纲要》、《中国人民解放军指挥自动化条例》，明确了指挥自动化建设目标和有关政策法规。

新世纪新阶段，人民解放军要紧紧抓住重要战略机遇期，致力于全面推进以军事信息系统和信息化主战武器系统建设为主体、以信息化基础设施建设为支撑和保障的军队信息化建设。在信息化建设中，一是要坚持战斗力标准，坚持一体化发展方向，加强集中领导和统筹规划，创新军事理论和作战思想，优化管理体制和部队编制，完善法规和标准体系，重视培养信息化人才。二是要加强军事信息系统建设，加快主战武器装备的信息化改造，充分开发利用各类信息资源，注重提高系统互联互通和信息共享能力。三是要利用国家和社会信息化发展的有利条件，建立军民结合的科研生产体制和信息动员机制，实现军队信息化建设与国家信息化建设的相互促进。

（四）加快武器装备现代化进程

积极推进中国特色军事变革，军队不能单打独斗，必须依赖国家战略能力和科学技术的进步。实践一再表明，推进军事变革和国家改革是一个有机联系的整体，两者相互影响，相互制约。当今社会，国防经济和社会经济、军用技术和民用技术高度融合，形成了相互兼容、相互促进的良性互动关系。军事变革以军事领域的改革为主，但不能仅仅局限于军事领域，必须广泛动员和依赖国家政治、经济、科技、文化等综合力量的支持，在发展方向、重点、目标上与国家战略能力相协调、相同步，在此基础上进行目标和力量的凝聚。比如，可以通过国家的经济和社会发展计划，把军事设施建设同地方基础设施建设结合起来，在铁路、公路、机场、码头等大型基本建设中贯彻军事要求；国防科研也可以加入国家科技创新体系，把一些基础项目纳入国家科技战略和发展规划，实现成果共享。此外，提高军队官兵的综合素质特别是科学文化素质，包括军官的学历教育、通用人才培养等，都可以依托国民教育来展开；军队信息化建设必须依托国家信息基础设施建设，军队信息技术体制也应与国家信息技术体制相一致，只有这样，才能实现相互融合、相互兼容和共同受益。

人民军队把武器装备作为加速推进中国特色军事变革的重要物质技术基础，依托国家经济发展和科技进步，适应国家安全需要，不断加快武器装备现代化进程。为增强打赢信息化条件下局部战争的能力，人民解放军武器装备建设注重顶层设计，坚持走以信息化为主导、机械化信息化复合发展的道路，努力建设规模适度、结构合理、精干高效、整体优化的现代化武器装备体系。要优先发展高新技术武器装备。加大科研攻关力度，增强自主创新能力。研发新型信息化作战平台和精确制导弹药，研制新型电子对抗装备，着力增强精确打击能力和信息作战能力。要加快改造老旧装备。有选择、有重点、有步骤地改造部分现役主战装备。要不断提高装备综合保障水平。坚持立足现有装备，把武器装备成建制、成系统形成作战能力和保障能力建设摆在重要位置。要适应主战装备发展，配套研制新型通用和专用保障装备，加强以新装备为重点的维修和技术支援力量建设，重点加快培养新装备的使用、维修和管理人员，使部队装备的综合保障水平有新的提高，保证军事斗争准备的需要。

军事变革作为国家改革的重要组成部分，它的一举一动对于国家改革的全局也有着不可轻视的影响。例如，军队调整精简，不但是军队深化改革的一个重大步骤，对保证人民军队沿着有中国特色的精兵之路胜利前进具有深远意义，而且对国家的经济建设和改革开放也将起到积极的促进作用。再如，国防经费投入并不是纯消耗性的，通过发展军事科学技术，发展国防工业，启动战场基础设施建设等，也有助于拉动内需，推动科技进步，促进经济社会发展。军事变革与国家的整体改革要保持协调同步，军队既要支持国家改革，也要主动适应国家改革。随着社会主义市场经济体制不断完善，军队的组织管理体制、武器装备研制采购体制、后勤保障体制等，也要相应地进行调整改革。如果滞后于国家其他方面的改革，就会影响军队现代化建设的进程，也会影响到国家的整体发展战略。因此，要根据社会主义市场经济和军队建设的规律，积极稳妥地推进军事变革。在推进中国特色军事变革的进程中，既要考虑到当前国家的承受能力，自觉服从和服务于国家改革发展的大局，又要在这个大前提下尽力而为，为加速军队的现代化建设不断做出新的更大的贡献。

第八章
中国梦与港澳台同胞、海外侨胞

中国梦是全体中华儿女包括港澳台同胞、海外侨胞共同的梦。港澳台同胞、海外侨胞是实现中国梦的重要力量，他们共同构成了中国梦的力量源泉。唯有凝聚包括港澳台同胞、海外侨胞在内的所有中华儿女的共同力量，才能让梦想变为现实，进一步推动中国梦的实践进程，实现中华民族的伟大复兴。

一、实现中国梦是华夏儿女的共同心愿

(一)中国梦是每个中国人的梦

中华民族五千年来历经磨难、生生不息，靠的是强大的民族凝聚力。中国共产党领导中国人民通过新民主主义革命彻底结束近代中国内忧外患、积贫积弱的悲惨命运，通过社会主义革命、建设和改革取得举世公认的伟大成就，使中华民族以崭新的姿态跻身于世界民族之林，这一切都离不开全体中华儿女的爱国奋斗。港澳台同胞和海外侨胞凭着对中华民族的深厚感情，积极支持、大力参与中华民族的伟大复兴事业，作出了积极贡献。

当前，我们要在中国特色社会主义道路上实现中华民族伟大复兴的中国梦，更加需要凝聚港澳台同胞和海外侨胞的共同梦想，发挥港澳台同胞和海外中华儿女的共同作用，实现海内外全体中华儿女的大团结。

(二)港澳同胞的中国梦

香港、澳门自古以来就是中国的领土，香港同胞、澳门同胞历来是香港、澳门繁荣发展的主体力量。在长期的殖民统治下，尽管华人当家做主的愿望受到压制，但他们始终是香港、澳门长期发展的社会中坚力量，正是他们的勤劳和创新，造就了香港、澳门的繁荣富裕。从香港、澳门回归祖国的那一刻起，两地的前途命运就更加紧密地与祖国内地的前途命运联系在一起。他们和内地同胞一样都是中华儿女，都有着共同的愿望，那就是国家富强、民族振兴、人民幸福。

香港的命运与国家的前途紧密相连，与中国梦有着不解之缘，在实现中国梦的过程中扮演了重要角色。香港是孙中山先生领导辛亥革命的重要基地，“振兴中华”就是孙中山先生在香港创建兴中会时首次提出来的，反映了中国人民的共同意愿，在历史发展进程中产生了巨大的精神力量，迄今对实现中华民族伟大复兴的中国梦仍有着重要的启迪意义。在相当长的一个时期，近代中国积贫积弱，被列强瓜分，香港也被强占。鸦片战争后的半个多世纪，香港被分阶段割让和租借给英国。由此，香港和中国内地既断裂又连接，一方面，香港在政治体制、生活方式、社会人心、文化样貌上，都走上了自己的独特道路，发展出了独特的香港模式。另一方面，中国内地的居民在不同历史时期涌进香港，形成了多元复杂的移民社会，但中华文化仍是香港文化的底蕴，香港同胞的命运与内地人民始终紧密相连。国家昌盛才能洗雪国耻，才能实现香港回归；民族振兴，才能金瓯补缺，助推中国梦的实现。香港是实践“一国两制”伟大方针、率先为祖国统一大业垂范的地区。香港的顺利回归是洗雪百年国耻和中华民族振兴的重要标志，是国家富强的重要体现。可以说，香港回归是实现中国梦过程中的重要里程碑。回归以来，香港不仅继续保持原有的优势，继续保持自由港和国际金融、贸易、航运中心的地位，而且从祖国内地获得更强有力的支持，形成了与祖国内地优势互补、共同发展的良好局面。今天的香港经济持续发展，社会保持稳定，政治发展有序推进，社会事业全面进步，民生不断改善，公众信心明显增强，国际影响日益扩大。“一国两制”的伟大实践取得了举世公认的成功，成为推动中国梦发展进程中的一个重要篇章。实现中国梦符合香港同胞的共同利益和理想，也只有融入国家的发展大潮之中，香港的前程才能不断走向辉煌。

澳门的发展和命运与祖国息息相关，实现中华民族伟大复兴的中国梦，是包括澳门居民在内的所有中国人的共同追求和历史责任。澳门特别行政区作为国家的一部分，必然与祖国命运相连、繁荣共建、盛世共荣、平安共享。“一国两制”的伟大构想赋予了澳门新的生机和活力。澳门已成为“一国两制”伟大实践的率先发展区和示范区，没有澳门梦，中国梦就不圆满。实现中国梦和实现澳门梦密切相关，澳门梦是中国梦的一个不可缺少的部分。澳门400多年的兴衰变迁历史昭示人们，祖国好，澳门就好；祖国兴盛，澳门就兴盛。澳门自回归祖国以来，经济快速增长，居民生活水平大幅提高，社会保持和谐稳定，各方面制度日益完善。同时，澳门同胞没有满足于现状，而是胸怀美好梦想，继续推进特区的繁荣稳定。澳门同胞作为祖国大家庭的成员，作为澳门特区事业的建设者，在实现“中国梦”“澳门梦”的伟大事业中已经并将继续发挥重要作用。对于澳门同胞来说，实现“中国梦”“澳门梦”的首要任务，就是顺应国家发展大势，立足本地发展蓝图，保障澳门社会的持续繁荣稳定，不断改善民生，增进社会福祉，共享和谐康泰。

（三）台湾同胞的中国梦

台湾自古以来就是中国不可分割的一部分，和大陆是休戚与共的命运共同体。历史上，由于中华民族国力孱弱，腐败的清政府于

1895 年与日本签订了丧权辱国的《马关条约》，将台湾和澎湖列岛割让给日本。台湾由此沦为日本的殖民地，开始了长达 50 年的日据时期。但是，从 1895 年台湾沦陷，到 1945 年台湾光复的整整半个世纪中，不堪忍受亡国奴生活的台湾同胞，为了维护中华民族的尊严，保疆卫国，光复失地，与日本侵略者进行了长期的、不屈不挠的英勇斗争，从而在中国人民抗战史上谱写了光辉而壮丽的篇章。他们用鲜血和生命来证明自己是中国人，是中华民族大家庭中不可分割的成员。新中国成立以来，两岸虽然尚未统一，但台湾同胞坚守中华民族之魂，与大陆人民一起共谋民族振兴之道。

两岸同胞同属于中华民族，是血脉相连的命运共同体。两岸同胞一家亲，根植于共同的血脉和精神家园，扎根于共同的历史和文化传统。这是与生俱来、浑然天成的，是不可磨灭的。正如习近平所说，不论是几百年前跨越“黑水沟”到台湾“讨生活”，还是几十年前迁徙到台湾，广大台湾同胞都是中国大陆的骨肉至亲。两岸同胞同根同源，两岸文化同根同源，血脉相连，心之相系、情之相融，同属中华民族，是血脉相连的一家人。两岸同胞命运与共，虽然隔着一道海峡，但命运从来都紧紧连在一起。民族强盛，是同胞共同之福；民族弱乱，是同胞共同之祸。两岸虽然尚未统一，但同属一个国家、同属一个民族从来没有改变，也不可能改变。中国梦是中华民族的伟大复兴之梦，其核心是中华民族梦，也就是振兴中华之梦。实现中华民族伟大复兴，实现国家富强、民族振兴、人民幸福，是近代以来中国人民的夙愿。中华民族之梦必然是包括台湾同胞在内的整个中华民族之梦，也是两岸之梦，与海峡两岸同胞息息相关、密不可分。

台湾问题至关重要，事关中国国家统一和领土完整，事关中华民族前途命运。实现中国梦，实现中华民族复兴，振兴中华，其核心目标之一是实现中国的统一。没有统一的国家，就不会成为一个完整的、强大的国家。没有海峡两岸的统一，中国梦就无法真正实现。因此，两岸统一是中华民族走向伟大复兴的历史必然。一起促进两岸和平统一，共同实现中华民族的伟大复兴，两岸走近、同胞团圆，这是两岸同胞的共同心愿，没有什么力量能将之割裂开来。

推进两岸关系和平发展，解决台湾问题、实现祖国完全统一，关系全中国人民的感情，关系中国的主权和领土完整，关系中国的发展，这是包括台湾同胞在内的全体中华儿女的强烈愿望和不可动摇的意志，也是不可阻挡的历史潮流。台湾的前途系于国家统一，台湾同胞的福祉离不开中华民族的强盛。从这个意义上说，解决好台湾问题，是实现中国梦的关键之所在。

中国梦就是中华民族的伟大复兴之梦，是发展之梦，是富国之梦，是人民幸福之梦。这是两岸同胞的共同愿景。台湾人民是中华民族的组成部分，台湾梦与中国梦不可割裂，更不可对立。同样，实现中国梦，台湾同胞不能缺席，需要凝聚全体台湾同胞的智慧与力量，需要台湾同胞的共同参与，共同努力，共同分享，这是包括台湾人民在内的全体中国人的光荣使命。两岸同胞共同来圆“中国梦”，是两岸中华儿女朝思暮盼的梦想和中华民族梦寐以求的愿望，是两岸骨肉同胞多年来的不懈追求。唯有两岸同胞团结一致，协同合作，奋发有为，才能形成一股强大的力量，将中国梦从理想变为现实。

（四）海外侨胞的中国梦

实现中国梦是中华民族近代以来最伟大的梦想，是多少年来中华民族矢志不渝的梦想，也是广大海外侨胞多年来的夙愿。海外侨胞的梦想是中国梦不可或缺的组成部分，他们对中国梦的理解和认识，丰富了中国梦的内涵。尽管每一个海外侨胞心中都有着自己的梦想，对中国梦的理解也不尽相同，但无论他们如何理解和诠释中国梦，都是因为有了海外侨胞的参与，中国梦才更完整，内涵也更加丰富。海外侨胞是实现中国梦的重要力量，他们的积极参与对早日实现中国梦有着重要的助推作用。

海外侨胞与祖国命运密切相连。国兴侨兴，国强侨强。中国国力增强、中华民族的伟大复兴会给海外侨胞带来更多机遇和更加美好的未来。祖国的国力强弱在很大程度上决定了海外侨胞在当地的地位高低，他们更加期待中国早日实现国家富强，迫切希望祖国能够繁荣富强。只有祖国强大了，他们才能在海外获得更多的认可和支持。中国梦的实现过程，也是向世界展示一个更加文明、更加进步的中国国家形象的过程。中国的强大，中国梦的逐渐实现，提升了海外侨胞的国际地位。只有民族振兴、祖国富强，海外侨胞才能安心。中国是海外华侨最强大的后盾。祖国富强，海外华侨骄傲荣光；人民安康，海外华侨无须牵肠；海外华侨身在海外，情系中华。中华民族的伟大复兴、中国人民的幸福和谐是海外侨胞的中国梦。正是由于海外侨胞对中华民族命运的担忧，对中华民族伟大复兴的热烈期盼，所以他们无时无刻不关心祖国的发展，关注中国的成长。他们充分认识到，强大的祖国不仅是实现其个人梦想的有力保障，也为其个人圆梦提供了广阔舞台。因此，海外侨胞的民族情、爱国心与中国梦的实现是相辅相成的。

海外侨胞是中国革命、建设和改革的重要力量。从辛亥革命到抗日战争再到新时期的改革开放，为了民族独立和国家富强，海外侨胞在人力、智力和物力方面都给予了祖国巨大支持，作出了重要贡献。长期以来，海外侨胞秉承中华民族优秀传统，发扬爱国爱乡的赤子情怀，为实现中国繁荣富强、推进祖国和平统一大业、传播中华民族优秀文化、促进中外友好交流等，发挥了重要而独特的作用。他们用自己的实际行动，为祖国统一、政治文明建设和经济社会发展贡献自己的力量。事实充分证明，广大归侨侨眷和海外侨胞不仅为挽救民族危亡、建设独立民主的新中国作出了历史性贡献，而且是建设中国特色社会主义的宝贵资源，是实现中华民族伟大复兴的重要力量。中国梦感动了千万海外侨胞，激起了他们心灵深处的强烈共鸣，同时也激发了海外侨胞的爱国爱乡热情，增强了海外侨胞的自豪感和自信心。在当代中国，中国梦是一面旗帜，能够起到汇聚侨心、凝聚侨志的作用。

在中国梦旗帜的引领之下，海外侨胞将比历史上任何时期都更有信心来关心和参与祖国现代化建设及和平统一大业，也必定将继续发扬热爱中华、振兴中华的爱国爱乡传统，把民族的梦想、祖国的梦想化为个人的梦想、家庭的梦想，把自己的发展和人生的追求融入祖国的发展和民族的追求之中，以每个人、每个家庭的努力奋斗汇聚成实现民族梦、祖国梦的磅礴力量，为实现中华民族伟大复兴的中国梦作出独特贡献。

二、港澳台同胞、海外侨胞是增强中华民族凝聚力的重要力量

港澳台同胞、海外侨胞同属炎黄子孙，是增强中华民族凝聚力的重要力量。五千多年来，中华民族之所以能历经风云变幻而屹立不倒，正是因为中华民族拥有一种坚韧的民族凝聚力。这种民族凝聚力是维护祖国统一和民族团结的强大力量。当前，我国正处于全面深化改革的新时期，需要全体中华儿女同心同德，奋发向上，共同为实现中华民族伟大复兴的中国梦而奋斗。

（一）中华民族凝聚力是多元一体的民族大家庭的凝聚力

凝聚力原本是物理学中的一个概念，是指物质结构中，能使分子与分子之间、原子与原子之间、基本粒子与基本粒子之间牢牢黏合在一起的内在力量。凝聚力若存在，物质会保持原来的结构和性质；凝聚力若消失，物质的内部结构就被改变，事物就产生质变。后来这一概念被引申到民族学中，出现了“民族凝聚力”这一概念。民族凝聚力是包含着情感、愿望、记忆、理想、价值观等在内的一种观念形态，它蕴藏在每一个民族成员之中。

中华民族是生活在中华大地上所有的民族及海外华人的统称，具有悠久的历史和高度的文明。中华民族是世界上人口最多的民族，历史上经历过多个朝代的更迭交替，面临着一次次外敌的侵扰，经受着各种异邦文化的冲击，却依然岿然屹立，充满生命的活力。为什么疆域辽阔、人口众多的中华民族能够历遭劫难而生生不息？为什么中华文化和民族精神源远流长而又能够与时俱进？这是因为中华民族拥有一种坚韧的民族凝聚力。中华民族凝聚力是把全体中华民族成员凝聚成统一的有机整体并促使中华民族生存、发展的内在力量。任何事物只有内部是统一的、有机的，它才能真正成

为整体，才能生存和发展。中华民族之所以历经艰难而奋进不止，饱受磨难仍巍然挺立，始终是一个有机的统一整体，其根本原因就是存在于民族内部顽强而持久的凝聚力。

中华民族不是一个单一的民族，是多元一体的民族大家庭。中华民族凝聚力是多元一体民族大家庭的凝聚力。春秋战国以后，中华民族先后出现过三次民族大迁徙、大融合。到清代，国内各民族之间的融合才有了更进一步的发展，形成了既有统一意识又有各民族特色的丰富多彩的中华民族文化，获得了更大程度上的民族认同，并确定了中国的地理版图。中华民族凝聚力是一种合力，合力的载体是中华民族大家庭。构成中华民族这一共同体的，包括存在于不同地域的阶级、阶层、团体、单位和家庭，它们都是中华民族凝聚力的载体。"中华民族是包括中国境内 56 个民族的民族实体，并不是把 56 个民族加在一起的总称，因为这些加在一起的 56 个民族已结合成相互依存、统一而不能分割的整体，在这个民族实体里所有归属的成分都已具有高一层次的民族认同意识，即共休戚、共存亡、共荣辱、共命运的感情和道义。"①数以千万计的港澳台同胞和海外侨胞，也是实现国家现代化和祖国统一的重要力量。增强中华民族凝聚力，是全国各族人民的共同责任，有赖于发挥全国各族人民，包括港澳台同胞、海外侨胞共同的力量。

（二）港澳台同胞、海外侨胞为增强中华民族凝聚力作出了重要贡献

港澳台同胞是指居住在我国香港特别行政区、澳门特别行政区和台湾地区的中国同胞。他们都是中华民族大家庭的重要成员，近代历史上曾经为反抗殖民侵略，维护祖国统一、民族团结和促进国家经济发展、共同繁荣作出了重要贡献，是增强中华民族凝聚力的重要力量。

---

① 费孝通：《中华民族多元一体格局》修订版，中央民族大学出版社 1999 年版，第 1 页。

第一，港澳台同胞为维护国家统一、促进经济发展做出了突出贡献。

近代以来，经过工业革命的西方资本主义国家，在谋求原料和商品市场的过程中，把侵略的矛头指向了中国。他们蚕食中国领土，侵害各族群众，激起了中国人民的强烈愤慨和抗争。

香港、澳门和台湾就是较早被殖民者所侵略和奴役过的地区。从19世纪40年代开始，英国通过与清政府签订的《南京条约》，开始了对香港长达一百多年的殖民统治。英国侵占香港的过程，也是香港同胞团结一致反抗殖民压迫和奴役的过程。英国对香港的侵略每扩大一步，都遭到香港人民英勇顽强、不屈不挠的反抗。第二次鸦片战争期间，英法联军以香港为军事基地攻占广州。香港同胞看到故乡无辜的居民和商人惨遭屠杀，他们的住宅被炮火夷为平地时，不由义愤填膺，纷纷行动起来，配合内地人民开展反侵略斗争。他们烧毁英国人住处，杀死作恶多端的洋人，给侵略者以沉重打击。1857年初，有人将毒药掺入主要供应外国侵略者的面包中，结果有几百英国人中毒呕吐。尤其是香港工人阶级的反侵略斗争更富于组织性和战斗力，表现出维护祖国统一的爱国主义精神，在香港历史和中国革命史上都写下了光辉的一页。20世纪20年代，在中国共产党影响和推动下的香港海员大罢工和省港大罢工，使英帝国主义在华经济利益遭受巨大损失，有力地打击了殖民主义的统治。

澳门从16世纪中期被葡萄牙占据，到1999年回归祖国，历经400多年。在此期间，澳门人民反对殖民主义的斗争一直没有停止过。当澳门被窃据之初，澳门官员和民众就曾向明朝政府提出各种斗争策略，他们放火烧毁侵略者的居室，直接展开抗暴斗争。在鸦片战争前的禁烟运动中，他们配合内地的禁烟活动，给澳门的外国烟商以沉重打击，展示出澳门同胞维护祖国领土完整的坚强决心和强大的民族凝聚力。

1642年，荷兰殖民者强占了台湾，殖民者不仅强迫台湾人民服劳役、缴纳苛捐杂税，而且还派遣传教士从精神上控制人民。残酷的殖民统治激起了台湾同胞的强烈不满，台湾人民自发组织起来进行反抗，仅史料记载的较大规模的反抗斗争就有二三十起。高山族和汉族群众互相呼应，斗争火焰燃遍台湾全岛。在一系列共同抗击殖民统治的战斗中，各族人民不仅加深了彼此的情谊，也为增强中华民族凝聚力做出了重要贡献。这种以鲜血凝结而成的民族情感使中华民族的凝聚力得以升华，为后来的郑成功收复台湾、维护祖国统一奠定了基础。1895 年，清政府与日本签订的《马关条约》将台湾及澎湖列岛割让给日本。噩耗传至，台湾各族人民"若夜午暴闻轰雷，惊骇无人色，奔走相告，聚哭于市中，夜以继日，哭声达于四野"。"愿人人战死而失台，决不愿拱手而让台。""数十百万生灵皆北向而哭，闾巷妇孺莫不欲食倭人之肉，各怀不共戴天之仇，谁肯甘心降敌?!"①面对这场全民族的灾难，大陆同胞同样悲愤之极，坚决主张与侵略者斗争到底，全国各民族同仇敌忾，生死与共，民族凝聚力和向心力空前增强。1945 年抗日战争胜利后，台湾回到祖国怀抱。

中华人民共和国成立后，由于种种原因，香港和澳门没有立即回归祖国，台湾则被国民党当局占据，祖国的统一大业没有完成。中国共产党为实现祖国统一，进行了长期不懈的努力。1982 年 1 月，邓小平首次提出了"一个国家，两种制度"的概念。经过中国共产党的长期努力和包括台湾同胞在内的中国人民的共同奋斗，1987 年 11 月，祖国大陆迎来了第一批回乡探亲的台湾同胞，打破了海峡两岸长达 38 年之久的隔绝状态。之后在大陆人民和台湾同胞的共同努力下，两岸的交流与合作蓬勃发展，提升了两岸的经济发展实力。港澳台的经济发展水平和发展潜力位居亚洲前列，其经济发展为带动祖国的经济发展做出了突出贡献。尤其是改革开放以来港澳台同胞积极参与祖国的投资建设，投身创新创业，成为中国现代化进程中的重要生力军，在促进中国经济发展，增强民族凝聚力方面发挥了重要作用。

在"一国两制"基本方针的指导下，香港和澳门分别于 1997 年

---

① 陈碧笙：《台湾地方史》增订本，中国社会科学出版社 1990 年版，第 186 页。

和1999年顺利回到了祖国的怀抱。事实证明，“一国两制”方针的贯彻实施，增强了香港、澳门在新世纪的发展活力。2001年4月，在一项对全球123个国家和地区经济自由度进行的调查中，香港成为全球经济自由指数最高的地区。香港回归十几年以来，保持了经济的稳定增长，1997—2010年本地生产总值年均增速为2.0%，2004—2010年(除2008—2009年受金融危机影响外)增速均在6%以上，高于同期的韩国等地。经济规模显著扩大，1997年香港本地生产总值为13650亿港元，至2010年末达到17439亿元，增幅达到28%。人均GDP稳居世界前列，由1997年的210350港元提高到2010年的246733港元，增幅达17.3%，在亚洲排名第四位，世界排名第二十三位。香港回归以来的发展势头，巩固了它作为国际金融、贸易和航运中心的地位。① 澳门回归以来，在澳门特区政府和澳门同胞的共同努力下，澳门经济发展迅速，成为全球最具活力的经济体之一。2001—2010年十年间，澳门本地生产总值平均增幅为14.5%，2007年澳门人均本地生产总值首次超过香港；2010年，澳门本地生产总值达到51000美元，位居亚洲第一；2011年澳门人均本地生产总值以64700美元继续稳居“亚洲首富”的宝座。② 这些充分说明，香港、澳门回归以来，港澳同胞贯彻“港人治港”、“澳人治澳”、高度自治的原则，与内地加强了经济、科技、贸易与文化的交流，不仅促进了港澳地区的经济发展，而且为提升民族凝聚力和国家综合国力做出了重要贡献。

中国台湾是亚洲经济的重要成员，为亚洲经济发展作出了突出的贡献，起着示范和带头作用。自改革开放以来，经过三十余年的发展，两岸经贸往来取得了巨大成就，从最初的中草药贸易开始发展到现在每年1000多亿美元的贸易总量。自2008年国民党重新执政开始，两岸贸易不断向前发展，全面实现了两岸“三通”，与大

---

① 国家统计局：《中国统计摘要》，中国统计出版社2010年版，第187~192页。

② 国家统计局：《中国统计摘要》，中国统计出版社2011年版，第184页。

陆签订了《海峡两岸经济合作框架协议》(ECFA)，使得两岸贸易发展进入了新的阶段。台商对大陆的投资力度也逐渐加大，台商对大陆的投资在地域分布上选择以长三角、珠三角为重点的东部沿海地区，在产业上偏向于出口导向为主的高科技产业。近年来，台商的投资由最初的东南沿海地区越来越深入祖国大陆，为带动投资地经济发展贡献了重要力量。

第二，海外侨胞为传播中华文化、支持祖国发展及维护祖国统一作出了突出贡献。

海外侨胞是指定居在海外的保留中国国籍的中国公民。他们四海为家，在侨居国同当地人民和睦相处，共同辛勤劳动，促进了当地经济、社会和文化的发展。海外侨胞是增进中国同世界各国人民友谊的桥梁，在中国的历史发展进程中一直发挥着重要作用。海外侨胞还在传承中华文化，开展民间外交，宣传介绍中国国情和发展模式，支持和解释中国国家政策与行为，展示和塑造中华民族海外形象等方面发挥着不可替代的作用。因此，凝聚侨心、发挥侨力，已经成为增强民族凝聚力的重要内容，坚持和发展中国特色社会主义事业的一条宝贵经验。

海外侨胞是反对外来侵略、争取民族独立的重要力量。1937年卢沟桥事变的爆发，使中华民族与日本帝国主义的矛盾上升为中国社会的主要矛盾，抗日战争全面展开。在侵略者面前，只有全民族团结一致才是中华民族的生存出路，由此国共两党实现了第二次合作，建立了抗日民族统一战线，团结了全国各阶层人民。不仅广大工人、农民、知识分子加入了抗日大军，海外侨胞也表现出空前的爱国热情。他们不仅捐赠钱物，而且组织直接回国参战。仅爱国华侨陈嘉庚发起的“南洋华侨筹赈祖国难民总会”，就组织了3000多名司机和机工回国服务。包括海外同胞在内的抗日民族统一战线的建立，大大增强了中国各民族、各阶层之间的凝聚力和联合抗日的战斗力。顽强进取、不屈不挠的民族精神在战争中充分表现，民族凝聚力高度提升，并最终取得了战争的胜利。新中国成立后，包括科学家和知识分子在内的广大海外侨胞纷纷回到祖国怀抱，成为社会主义革命、建设和改革的一支重要力量，为增强中华民族凝聚力、加快社会主义现代化建设贡献了十分重要的力量。

长期以来，中华文化得以在海内外逐渐传播和发展，一个很重要的原因就是海外侨胞的推动。海外侨胞主要通过教育机构和华文传媒来进行中华传统文化教育及中华文化传播。遍布世界各地的唐人街、中餐馆、中医诊所、中华武馆等成为展示中华文化的重要场所，而春节、中秋节等节庆及华人的婚丧习俗活动，让西方人有了零距离接触中华文化的机会。海外侨胞还在吸收当地文化元素的基础上发展了中华文化，形成了颇具特色的海外华人文学和创新艺术。

海外侨胞不仅积极在海外传播中华文化，而且积极宣传介绍中国现实国情和发展模式，塑造中华民族海外形象。改革开放 30 多年来，中国经济发展取得了举世瞩目的成就。2008 年，全球经济一片萧条，中国经济保持较好的增长势头。世界的眼光聚焦于中国的经济制度与发展模式。海外华文媒体、华人社团、文化中心和华侨华人纷纷以不同方式介绍中国国情和发展模式，尤其是海外华文媒体不断扩大版面和加大报道力度，介绍中国政治昌明、经济发展、文化繁荣、社会稳定的国情，有些国家的华文传媒还专设介绍中国的当地语版特别节目。

海外侨胞具有既熟悉中国文化又熟悉西方文化的双重优势，因而他们回国投资的同时也传播了现代企业文化，成为引进国外先进技术和管理文化的主体力量。改革开放以来，海外侨胞不仅带来了先进的中国建设所需要的资金，而且带来了先进的技术和管理经验，从制度和观念等层面对中国经济社会产生了深刻影响，促进了中国从计划经济向市场经济的转变。海外侨胞最早回到祖国投资，最先把市场经济的企业运作模式和管理方式带进来，同时也带来了先进的企业文化，成为中国发展市场经济的启蒙者和重要推动者。改革开放初期，进入内地的侨资企业首先在劳动制度和市场意识上对内地的民众产生了很大的冲击，在用工制度、工资制度和企业效益等方面树起了新的标尺。

据统计，1979 年至 1992 年，中国吸收海外华资合计 179. 32 亿美元。在闽粤等侨乡省份，海外华资对当地经济发展贡献更大。

改革开放以来，广东省连续30年保持年均13.8%的经济增长速度，经济总量连续23年居全国首位，外贸进出口总额连续22年居全国首位。之所以能取得如此辉煌的成就，海外侨胞功不可没。30多年来，海外侨胞、港澳同胞累计在广东省直接投资1200多亿美元，创办企业近4万家，约占全省实际吸收外资总量的70%。① 巨额侨汇也是侨乡的重要发展动力。据国家外汇管理局福建分局统计，2001—2004年，福建省因私涉外收入共111.25亿美元，折合人民币920亿元，相当于同期全省本外币储蓄存款增加额的59.2%。侨汇已经成为福建省民间游资和银行存款的重要来源，以侨汇为主要资金来源的民间借贷成为福建省民间投资、县域经济、中小企业的主要资金来源之一，2004年全省民间投资占全社会固定资产投资的比重达36.8%。② 大量侨汇的汇入，为侨乡的经济发展提供了重要的资金来源。

海外留学人员也是中华民族凝聚力的重要力量，他们在国外学成归来后，利用所学知识为中国的现代化建设作出了重要贡献。在鼓励海外留学人员回国服务的一系列政策号召下，“海归”人数逐年递增。

海外侨胞还是维护祖国统一，反对民族分裂的重要力量。在海外侨胞跨国经济活动增多、与中国发生密切互动的同时，他们对中国的政治认知也开始发生变化。很多海外侨胞利用自身的有利条件，向居住国政府、社会介绍中国社会日趋稳定、繁荣的客观事实，并与海外的“台独”“藏独”和“疆独”势力展开有力的斗争，捍卫祖国的和平统一。1991年，全球华人华侨自发组建“中国和平统一促进会”。据统计，到2007年，海外侨胞成立的中国和平统一促进会组织已有170多个，分布在全球80多个国家和地区。该组织的宗旨是实现中国统一，维护领土主权完整。2010年9月21日，以“推进和平发展，

① 《30年投资千亿美元　华侨华人对广东发展贡献大》，《人民日报》(海外版)2009年9月19日。

② 陈长森：《全省每年海外汇款200亿　省外证券公司纷纷来闽设机构》，《福州日报》2005年6月13日。

促进和平统一，实现民族复兴”为主题的全球华侨华人促进中国和平统一大会在香港开幕，大会通过的《香港宣言》成为凝聚全球华侨华人意志、促进中国和平统一的一个重要文件。

近十几年以来，针对一些分裂势力进行的“台独”分裂活动、散布的“台独”分裂言论，海外同胞通过举办座谈会、请愿、集会游行、发表声明、撰写文章等多种形式，进行了针锋相对的斗争。他们强烈谴责“台独”分子企图分裂祖国的图谋，认真学习并宣传中国领导人一系列对台工作的重要讲话精神，坚定地支持中国政府为维护中国主权和领土完整所采取的一切行动和措施。2008 年 3 月拉萨“打砸抢烧”事件发生后，海外侨胞积极行动起来，反击西方某些媒体和政客对拉萨事件的歪曲报道。国内外的华人网民在第一时间将西方某些媒体发表的一批恶意篡改事实的照片一一识别并清理出来发在互联网上，让世界人民认清事情的真相。多国的中国留学生自发组织起来举办各种形式的宣讲活动，向民众诠释了真实的中国、真实的西藏。2009 年 3 月，新西兰奥克兰地区 28 个华人团体联合发表反对“藏独”公开信，呼吁新西兰官方和媒体不要支持达赖集团及其在新西兰代理人所举办的各种活动；指出自古以来西藏就是中国领土不可分割的一部分。50 年来，西藏的民主改革取得了巨大成绩。达赖集团及其在新西兰的代理人在新西兰的破坏活动，目的是实现“西藏独立”，恢复神权政治和封建农奴制。2009 年 7 月，“疆独”分裂分子在乌鲁木齐制造了暴力事件，广大海外侨胞纷纷谴责“疆独”势力的分裂和破坏活动，呼吁国际社会共同抵制和打击“世维会”等恐怖组织。海外侨胞对推动中国的经济发展和和平统一发挥了积极作用，有力维护了中国在海外的政治形象，促进了中国在国外政治环境的安全稳定，是增强中华民族凝聚力的一支重要力量。

第三，积极促进海内外同胞和谐发展，不断增强中华民族凝聚力。

2012 年 11 月 29 日，习近平首次提出中国梦的概念，并指出实现中华民族伟大复兴是中华民族近代以来最伟大的梦想。这个梦想，凝聚了几代中国人的夙愿，体现了中华民族和中国人民的整体利益。港澳台同胞、海外侨胞是增强中华民族凝聚力的重要组成部分，是增强中华民族凝聚力的重要力量，也是实现中国梦的重要力量。必须要积极促进海内外同胞关系和谐发展，不断凝聚民族向心力，增强实现中国梦的力量。

“认同”是民族凝聚力形成和发展的前提条件，在多种形式的认同中，最重要的是民族认同、文化认同和国家认同。文化是民族的血脉，文化认同是民族认同存在的根基。要大力开展文化认同活动，不断增强海内外同胞的民族认同和国家认同。要积极开展中华文化教育，弘扬中华文化，以中华文化为纽带来团结凝聚港澳台同胞和海外侨胞。要积极开展海内外汉语教育，这不仅能够使海内外同胞持久保持自身的民族特性，增强中华民族的凝聚力，还有利于海内外同胞弘扬中华文化传统，促进他们对中华文化的认同。要积极开展寻根问祖活动，增强海内外中华儿女的民族认同。改革开放以来中国发生的巨大变化和取得的伟大成就使海内外同胞产生了强烈的自豪感和荣誉感，港澳台同胞和定居海外的华侨华人纷纷回归祖籍故里，寻根问祖，亲眼目睹新中国日新月异的变化，展现出了四海之内中华儿女血浓于水的骨肉亲情。应充分利用祖国丰富的根亲文化资源，大力开展形式多样的寻根文化活动，增强海内外中华儿女同根同源的民族情感。

三、同心协力，共圆中国梦

中国梦是对百年来中华民族为实现复兴而不懈奋斗历程的浓缩和概括，也是对当下包括港澳同胞、台湾同胞和海外侨胞在内的全体中华儿女面向未来所有感情和力量的表达和凝聚。只有全体中华儿女同心协力，共同奋斗，凝聚越来越多的智慧和力量，中华民族复兴的伟大梦想才能够早日顺利实现。

（一）坚持“一国两制”，维护港澳平稳发展

中国梦的实现离不开港澳同胞的努力，他们在实现中国梦的过

程中能够发挥独特的、不可替代的作用。正如习近平所说，实现中国梦“需要香港、澳门与祖国内地坚持优势互补，共同发展；需要港澳同胞和内地人民坚持守望相助，携手共进”①。

1. 全面准确理解和贯彻落实“一国两制”方针政策

“一个国家，两种制度”是中国政府为解决祖国和平统一的问题以及对香港、澳门恢复行使主权，实现国家和平统一而提出的基本国策。香港、澳门回归以来，中央政府切实贯彻“一国两制”、“港人治港”、“澳人治澳”、高度自治的方针，严格按照香港、澳门特别行政区基本法办事，坚定不移地维护香港、澳门繁荣稳定。香港、澳门在继续保持原有的资本主义制度和生活方式的前提下，全面行使香港、澳门特别行政区基本法授予的行政管理权、立法权、独立的司法权和终审权。香港、澳门同胞享有广泛的民主权利和自由，实现了当家作主，真正成为香港、澳门的主人，“港人治港”、“澳人治澳”、高度自治变成了生动现实，香港、澳门也由此走上了同祖国内地优势互补、共同发展的宽广道路。“一国两制”率先在解决香港、澳门问题中得到成功运用的事实，充分证明了“一国两制”方针是正确的，不仅具有强大的生命力，更为两岸和平统一树立了光辉的典范。

“一国两制”是一项开创性事业，它的成功实践和发展，也是中国梦的一部分。我们要全面准确理解和贯彻落实“一国两制”方针政策，从维护国家主权、安全、发展利益，保持香港、澳门长期繁荣稳定的根本宗旨出发，将坚持一国原则和尊重两制差异、维护中央权力和保障特别行政区高度自治权、发挥祖国内地坚强后盾作用和提高香港、澳门自身竞争力有机结合起来，把“一国两制”在香港、澳门的实践继续推向前进。

首先，需要全面准确把握“一国两制”的含义。“一国两制”是完整的概念。“一国”是指在中华人民共和国内，香港、澳门特别行政区是国家不可分离的部分，是直辖于中央人民政府的地方行政

---

① 习近平：《习近平谈治国理政》，外文出版社2014年版，第227页。

区域。中华人民共和国是单一制国家，中央政府对包括香港、澳门特别行政区在内的所有地方行政区域拥有全面管治权。特别行政区享有高度自治权，但不是完全自治，也不是分权，而是中央授予的地方事务管理权，其高度自治权不是固有的，唯一来源是中央授权。“两制”是指在“一国”之内，国家主体实行社会主义制度，香港、澳门等某些区域实行资本主义制度。国家的主体必须实行社会主义制度，在这个前提下，从实际出发，充分照顾到香港、澳门等某些区域的历史和现实情况，允许其保持资本主义制度长期不变。“一国”是前提和基础，“两制”从属和派生于“一国”，并统一于“一国”之内。全面、准确地理解和实施“一国两制”方针，要求港澳同胞既要坚持“一国”原则，又要尊重“两制”差异，而不能把“一国”与“两制”相互割裂甚至相互对立。

其次，需要维护宪法和特别行政区基本法的权威。宪法和特别行政区基本法共同构成特别行政区的宪制基础。宪法作为国家的根本法，在包括香港、澳门特别行政区在内的中华人民共和国领土范围内具有最高法律地位和最高法律效力。特别行政区基本法是根据宪法制定的、规定特别行政区制度的基本法律，在特别行政区具有宪制性法律地位。在特别行政区的个人以及一切组织和团体都必须以基本法为活动准则。要全面把握、整体理解基本法的各项规定。基本法的所有规定都是特别行政区制度的有机组成部分，条文之间不是孤立的，而是相互联系的，必须把基本法的每个条文放在整体规定中来理解，放在特别行政区制度体系中来把握。

再次，需要坚定支持行政长官和特别行政区政府依法施政。作为特别行政区和特别行政区政府的“双首长”，行政长官是香港、澳门贯彻落实“一国两制”方针政策和基本法的第一责任人。发展经济、改善民生是广大香港、澳门同胞的共同愿望，是特别行政区解决社会矛盾、维护大局稳定的重要基础，是行政长官和特别行政区政府依法施政的主要任务。支持行政长官和特别行政区政府依法施政，促进特别行政区经济持续繁荣，才能不断改善民生，推动社会和谐有序发展。唯有如此，才能将港澳同胞“小我”的梦与“中国梦”的大梦有机结合，将“一国两制”事业放在实现“中国梦”的正确轨道上。

2. 以整体利益为重，维护港澳平稳发展

香港、澳门社会各阶层、各界别利益多元、诉求多样，但绝大多数港澳民众都坚持爱国爱港、爱国爱澳立场，在根本利益上是一致的。因此，在开创港澳发展新局面、共圆中国梦的过程中，港澳同胞要增强国家观念和民族意识，加强对国家发展的参与意识和责任意识，以国家的整体利益和长远利益为重，理性沟通，求同存异，不断促进经济社会发展，共享发展成果，在爱国爱港爱澳的旗帜下实现最广泛的团结，以维护港澳平稳发展。国家的整体利益，就是国家主权、国家安全、领土完整和国家统一。中国宪法确立的国家政治制度和社会大局稳定，是经济社会可持续发展的基本保障。国家的整体利益就是香港、澳门的整体利益，香港、澳门的整体利益与国家的整体利益处于同一位置。因此，港澳同胞高举爱国爱港、爱国爱澳的旗帜，紧密团结，反对一切有损于香港、澳门同胞福祉的事，就是积极促进有利于国家根本利益的事。

发展经济，改善民生是国家利益、香港澳门整体利益结合的最佳着力点。发展经济、改善民生是香港、澳门最重要的主题，是广大港澳同胞的共同心愿。只有经济不断发展，民生才能不断改善，社会才能保持稳定。香港、澳门背靠祖国，面临国家快速发展的良好机遇，港澳同胞在积极参与发展经济，改善民生的事业中具有得天独厚的有利条件。比如，抓住实施内地与香港、澳门更紧密经贸关系安排的机遇，加强同中国内地特别是泛珠三角区在经贸、科教、文化、卫生、体育等领域的交流合作，能够迅速实现优势互补、共同发展。与此同时，也要谋划长远，在巩固现有优势的同时，努力培育新的经济增长点，增强发展后劲，实施并继续采取有利于促进香港、澳门经济发展的政策措施，不断拓展合作领域、提升合作层次、完善合作机制，努力使内地同香港、澳门的合作更加富有成效，循序渐进推进香港、澳门的民生改善和民主发展。

世界上许多国家和地区的实践充分证明，民主是一个不断发展和逐步完善的过程，不可能一蹴而就。只有走得稳，才能走得远。

循序渐进推进香港、澳门的民主发展，符合民主发展的客观规律，也符合维护国家主权、安全、发展利益，更符合保持香港、澳门长期繁荣稳定的根本宗旨。唯有适合香港、澳门实际情况的民主制度，才能进一步推动中国梦的实践进程。

(二)秉持“两岸一家亲”理念，持续推动两岸关系和平发展

实现中华民族伟大复兴的中国梦，离不开台湾同胞与大陆同胞的共同努力。两岸同胞共同秉持“两岸一家亲”的理念，顺势而为，齐心协力，携手推动两岸关系和平发展，才能早日实现中华民族伟大复兴。这是两岸关系发展的主旋律，也是两岸中华儿女共同的责任和使命。

1. 共同秉持“两岸一家亲”理念

“两岸一家亲”是党的十八大以来新一届中央领导集体对台工作的核心理念。它以“共同的血脉、共同的文化、共同的连结、共同的愿景”为主要内容，是双方共同持续推进两岸关系和平发展、促进两岸关系和平统一，最终实现中华民族伟大复兴的中国梦的民意基石。“只要我们都从‘两岸一家亲’的理念出发，将心比心，以诚相待，就没有什么心结不能化解，没有什么困难不能克服。”①

共同秉持“两岸一家亲”理念，首先需要两岸同胞建立起中华民族认同和中华文化认同。两岸同胞建立起这两种认同，就是要客观正视历史和现实。正如习近平在会见国民党荣誉主席连战时谈到的：“两岸同胞一家亲，根植于同胞共同的血脉和精神，扎根于我们共同的历史和文化。”“两岸虽然尚未统一，但我们同属一个国家、同属一个民族从来没有改变，也不可能改变。因为我们的血脉里流动的都是中华民族的血，我们的精神上坚守的都是中华民族的

① 习近平：《两岸一家亲　没有什么心结不能化解》，新华网，2014 年 5 月 7 日。

魂。”也正因为如此，“不管台湾遭遇什么风雨，不管两岸关系历经什么沧桑，两岸同胞始终心心相印、守望相助。……两岸走近、同胞团圆，是两岸同胞的共同心愿，没有什么力量能把我们割裂开来”①。

共同秉持“两岸一家亲”理念，需要两岸同胞建立“命运与共”的认同。两岸同胞虽然隔着一道海峡，但命运从来都是紧紧连在一起的。近代以来的中国历史已经充分证明了这种命运的休戚与共，可谓“民族强盛，是同胞共同之福；民族弱乱，是同胞共同之祸”②。因此，台湾同胞的历史伤痛，是中华儿女心头共同的创伤。由这种历史遭遇和社会环境而形成的台湾同胞的特定心态，亦即历史悲情心结、当家作主“出头天”意识和对自己选择的社会制度和生活方式的珍视，这些也能够为今天大陆同胞所理解、尊重和体谅。对于两岸关系的现在和未来，只要两岸同胞从一家人角度出发，从中华民族整体利益的高度出发，“多一点理解，多一点尊重，多一点体谅”③，彼此用亲情抚平创伤、化解心结，结果就能“把民族的命运掌握在自己手中，做一个走到哪里都受到尊敬的堂堂中国人”④，共同开创美好未来。

共同秉持“两岸一家亲”理念，需要两岸同胞确立起实现中国梦的共同心愿。具体来说，两岸同胞从一家人的思维出发，从中华民族整体利益的高度出发，应逐渐认识到：实现以国家富强、民族振兴、人民幸福为核心的中华民族伟大复兴，是近代以来海峡两岸中国人的共同夙愿，是两岸同胞共同的梦想。两岸同胞不分党派，不分阶层，不分宗教，不分地域，顺势而为、共同扶持，做有利于增进两岸同胞福祉的事，做有利于推动两岸关系和平发展的事，做有利于维护中华民族整体利益的事，做有利于让所有中国人都过上

① 《习近平总书记会见连战一行》，《人民日报》2014年2月19日。

② 《习近平总书记会见连战一行》，《人民日报》2014年2月19日。

③ 《两岸一家亲　多理解多尊重多体谅——两岸专家学者解读俞正声海峡论坛讲话》，新华网，2014年6月16日。

④ 《习近平总书记会见连战一行》，《人民日报》2014年2月19日。

更加美好的生活的事，就是在为早日实现中国梦贡献着自己的独特力量。

2. 携手持续推动两岸关系和平发展

台湾问题及其解决的错综复杂性，决定了推进两岸关系和平发展是实现祖国和平统一的必由之路，是实现中国梦过程中不可逾越的一步。事实也证明，2008 年以来两岸由于共同选择走和平发展道路，取得了丰硕成果，是造福两岸同胞、实现中华民族复兴的正确道路。这些成果主要包括：巩固了包括坚持“九二共识”在内两岸关系和平发展的共同政治基础；两岸协商取得一系列重要成果；实现两岸全面直接双向“三通”；签署实施两岸经济合作框架协议（ECFA）；形成两岸全方位交往格局；两岸在涉外领域的内耗大幅减少，等等。① 基于此，2012 年中共十八大正式把“两岸关系和平发展”作为党和政府今后一个时期对台工作的指导思想。

2014 年 2 月 18 日，习近平在会见国民党荣誉主席连战时明确指出，两岸关系和平发展“是一条维护两岸和平、促进共同发展、走向民族复兴、造福两岸同胞的正确道路”②。当前，两岸关系和平发展已经从开创阶段发展到巩固和深化的新阶段，两岸同胞共同携手持续推动两岸关系和平发展，持续巩固和深化两岸关系和平发展的政治、经济、文化、社会基础，就是在为两岸和平统一，共圆中华民族伟大复兴的中国梦创造更加充分的条件。

首先，继续以深化维护“一个中国框架”作为两岸关系和平发展的共同政治基础。反对“台独”、认同“九二共识”，其核心内容就是“一个中国框架”（即两岸同胞共求一个中国的认同，搁置对于一个中国政治涵义认知的分歧），这是2008 年以来两岸关系和平发展的共同政治基础。两岸同胞也只有在这一共同政治基础上，才可能深化解决两岸之间长期存在的政治分歧问题，巩固和增强政治互

---

① 孙亚夫：《巩固和深化两岸关系和平发展》，《光明日报》2012 年 11 月 27 日。

② 《习近平总书记会见连战一行》，《人民日报》2014 年 2 月 19 日。

信，进一步推动两岸关系和平发展。

其次，要继续深化两岸经济交流与合作，重点推进两岸经济合作框架协议(ECFA)后续协商和有关合作，促进两岸贸易自由化，加强两岸金融和产业合作，建立健全有利于深化两岸经济合作的各种长效机制，厚植互利双赢的共同利益。这些举措是构成两岸同胞深化两岸关系和平发展的经济基础。

再次，继续扩大文化交流，尤其要重视文化交流合作的规范化和制度化，推进两岸文化交流互动，注重弘扬中华优秀文化传统，增强一脉相承的民族认同，筑牢两岸关系和平发展的文化基础。特别是两岸青年一代要通过夏令营活动、游学等各种形式加强交流，深刻认识和自觉抵制像“去中国化”之类搞民族分裂的错误教育和宣传，不断增强“大中国”“中华民族团结”的大局意识和正确观念。

最后，继续加强各个领域的制度建设，推动两岸交往的机制化，广泛听取两岸社会各界的意见建议，深入了解两岸基层民众的现实需求，推动对两岸同胞有利的务实举措，不断扩大两岸交流合作的参与面和受益面，最终不断增强两岸关系和平发展的民意基础，开创两岸关系和平发展新前景。

3. 在共圆中国梦中完成两岸和平统一大业

完成祖国统一大业是中华民族走向伟大复兴的历史必然和题中之义。换言之，没有祖国的完全统一，则称不上真正和完全意义上的民族复兴。正如2014年9月26日，习近平在人民大会堂会见台湾和平统一团体联合参访团时指出，“中华民族在探寻民族复兴强盛之道的过程中饱经苦难沧桑。‘统则强、分必乱’，这是一条历史规律”①。解决台湾问题，其核心就是实现祖国统一，其目的也是为了实现中华民族的伟大复兴。中华民族伟大复兴与两岸同胞前途命运紧密相连。台湾的前途系于国家统一，台湾同胞的福祉离不开中华民族的强盛。当前，我们比历史上任何时期都更接近中华民

---

① 《习近平总书记会见台湾和平统一团体联合参访团》，《人民日报》2014年9月27日。

族伟大复兴的目标，都更有信心、有能力实现这个目标。在实现国家和平统一和推进中华民族伟大复兴的进程中，台湾同胞同大陆同胞一道，紧密合作，相互扶持，才能够把握住伟大历史机遇，共享中华民族在世界上的尊严和荣耀。①

两岸同胞在共圆中华民族伟大复兴的中国梦中完成两岸和平统一大业，最佳的方式就是"一国两制"。这是因为：其一，1949年以来，两岸虽然尚未统一，但大陆和台湾同属一个中国的事实从未改变，也不可能改变。两岸复归统一，不是领土和主权再造，而是结束政治对立。其二，以和平的方式实现统一最符合包括台湾同胞在内的中华民族的整体利益。"一国两制"在台湾的具体实现形式会充分考虑台湾现实情况，充分吸收两岸各界意见和建议，充分照顾到台湾同胞利益的安排。其三，用"一国两制"的方式解决台湾问题，其追求的国家统一不仅是形式上的统一，更重要的是两岸同胞的心灵契合。大陆理解台湾同胞因特殊历史遭遇和不同社会环境而形成的心态，尊重台湾同胞自己选择的社会制度和生活方式，愿意用真诚、善意、亲情拉近两岸同胞的心理距离。同时，台湾同胞也需要更多了解和理解大陆13亿同胞的感受和心态，尊重大陆同胞的选择和追求。②

此外，两岸同胞在共圆中国梦中完成两岸和平统一大业需要注意两点：其一，两岸关系和平发展是通向和平统一的正确道路。其二，遏制"台独"分裂活动是确保两岸关系和平发展的必然要求。历史已经并将继续证明，"台独"之路走不通。但是，"台独"分裂势力并未善罢甘休，仍在仅仅为了一己一党一集团之私利，弃民族大义和民族整体利益于不顾，竭力煽动两岸敌意和对立，阻挠两岸交流合作，因而仍然是两岸关系和平发展的最大现实威胁。对于"台独"分裂势力的任何分裂国家的行径，两岸同胞应有清醒认识

---

① 《习近平总书记会见台湾和平统一团体联合参访团》，《人民日报》2014年9月27日。

② 《习近平总书记会见台湾和平统一团体联合参访团》，《人民日报》2014年9月27日。

和坚决抵制、遏制，以扫清实现中国梦道路上的各种障碍。

(三)凝聚海外侨胞共识，共圆中国梦

以“国家富强、民族振兴、人民幸福”为本质内涵的中华民族伟大复兴的中国梦，是包括广大海外侨胞在内的所有中华儿女的共同梦想。凝聚海外侨胞的共识、智慧和力量成为海内外中华儿女共同实现中国梦、共同享有中国梦的一个重要路径。

1. 海外侨胞在共圆中国梦中大有可为

长期以来，海外侨胞在侨居国同当地人民和睦相处，共同辛勤劳动，开发了当地的资源，促进了当地经济社会和文化的发展，成为中国人民发展同世界各国人民友谊的桥梁，在共圆中国梦中具有其他力量无可比拟的优势。

其一，发扬中华传统，与国同梦。爱国爱乡历来是海外中华儿女的光荣传统，祖国富强、民族振兴也一直是海外中华儿女的最大梦想。晚清尤其是辛亥革命以来，广大海外侨胞始终秉持中华民族的身份认同，在爱国主义旗帜下，从辛亥革命到抗日战争再到新时期的改革开放，为了民族振兴和国家富强满腔热情，不遗余力地贡献了重要力量。广大海外侨胞愈来愈认识到：“身在异乡终是客”，中华民族的印记无法消除，中华文化的影响深入骨髓，中华民族的强盛是自己享有尊严和收获幸福的坚强后盾。立足当前，面向未来，海外侨胞需要发挥各自优势，持续加大海外中文教育工作力度，以血缘、地缘、语缘、业缘、学缘为基础，以亲情、乡情、友情为纽带，着力弘扬爱国爱乡传统，增强中华民族的凝聚力和影响力，将个人梦与国家梦、民族梦紧密相连，在实现中国梦的道路上奋发有为。

其二，助推改革开放，协力铸梦。改革开放是决定当代中国命运的关键一招，也是决定实现“两个一百年”奋斗目标、实现中华民族伟大复兴的关键一招。党的十八届三中全会指出：“面对新形势新任务，全面建成小康社会，进而建成富强民主文明和谐的社会

主义现代化国家、实现中华民族伟大复兴的中国梦，必须在新的历史起点上全面深化改革。”①由此可以看出，实现中国梦是全面深化改革开放的伟大目标；全面深化改革开放则是实现中国梦的强大动力和根本途径。在当前和今后全面深化改革开放进程中，广大海外侨胞可以充分发挥自身的资金、技术、管理、智力等独特优势，以各种适宜方式为实现中国梦贡献力量。具体包括：穿针引线、铺路搭桥，促进中国与其他国家的经贸技术合作；直接回国投资兴业，尤其是发展新兴产业，参与国内产业转型升级；积极引进海外人才，特别是帮助侨胞中的高层次人才回国创新创业，服务于创新型国家建设；与国内企业合作，借助侨胞遍及全球的商业网络，帮助企业更加顺利地走出去投资经营；发挥眼界开阔、见多识广的优势，介绍可为中国借鉴的其他国家经验、理念、做法，为破解全面深化改革的发展难题建言献策。

其三，持续反“独”促统，共同圆梦。维护中国领土和主权完整、促进祖国和平统一，是中国根本利益的必然要求，也是海内外全体中华儿女追求和实现中华民族伟大复兴中国梦的题中应有之义。为此，广大海外侨胞需要充分发挥融洽同胞感情、增进民族共识的独特作用，持续反“独”促统，共同圆梦。主要内容包括：以各种形式积极地联合开展反对“台独”“藏独”“东突”分裂势力的斗争；团结一切反“独”促统的人们，壮大拥护中国和平统一的力量；加强与住在国政府、人民和社会团体及媒体的联系与沟通，增进他们对中国政府维护祖国统一各项政策的理解；传递“和平统一、一国两制”的方针理念，促进两岸同胞形成共识，共同推进两岸关系和平发展和祖国统一大业。

其四，加强对外传播，全面释梦。当今世界日益成为紧密联系的整体，中国发展越来越离不开世界。这意味着实现中国梦需要一个良好的外部环境，需要得到世界各国人民普遍的理解、信任和支持。因此，要加强对外传播，向世界呈现一个真实的中国，使世界

---

① 《中共中央关于全面推进依法治国若干重大问题的决定》，《人民日报》2014年10月29日。

能够全面了解中国悠久伟大的历史和文化、中国和平发展的现在和将来。在对外传播和分享中国梦的过程中，散居世界各地的广大海外侨胞是一支重要的依靠力量。具体说来，广大海外侨胞可以通过传播中华文化、增进中外人民友谊，进而为促进中国梦的早日顺利实现作出积极而重大的贡献。一些有益举措和做法包括：传承和弘扬中华优秀文化，展示中华民族讲信修睦、爱好和平的历史传统；积极介绍当代中国的现实国情和发展状况，讲好中国人民艰苦创业、建设国家的奋斗故事；深刻理解中国走和平发展道路的坚定选择，对外传播好中国和平、发展、合作、共赢的国家形象，以及中国梦与世界各国人民的梦想彼此相通，等等。

2. 充分发挥侨务工作的积极作用

侨务工作在服务国家大局中发挥着重要作用，主要体现为：一是为经济社会发展服务；二是为祖国统一大业服务；三是为国家外交战略服务；四是为提升国家软实力服务。无疑，这是促进中国梦早日实现的重要体现。凝聚海外侨胞共圆中国梦，需要侨务部门发挥侨务工作的积极作用。

其一，树立侨务工作理念。一是树立真心为侨、依法护侨的理念，始终把全心全意为海外侨胞服务作为全部侨务工作的出发点和落脚点；二是树立服务为先、重在涵养的理念，注重常态交往、精细服务、依法维权、科学管理，促进侨胞事业蓬勃发展；三是树立尊重人才、重用人才的理念，以政策、感情、事业吸引海外高层次创新创业人才，支持侨胞为我国发展建言献策；四是树立互利共赢的理念，使侨胞在参加中国现代化建设中得到实实在在的利益，从而增强中华民族的凝聚力。坚持把这四个理念贯彻到全部侨务政策的制定及其落实的生动实践中，对于增强华侨华人对中华民族和祖国的认同感，团结和壮大海外侨胞和归侨侨眷，最大限度地发挥海外侨胞和归侨侨眷的独特优势具有重要意义。

其二，加强侨务工作内容。一是加强维护侨胞权益。全面落实侨务政策法规，加强侨法宣传和侨务信访工作，依法维护海外侨胞在中国的合法权益，并关心和维护华人华侨在住在国的正当合法权益。二是加强海外和谐侨社建设。建立健全激励华人社团踏实服务社区、奉献社会的有效机制；扶持植根基层、服务社区、甘于奉献的侨团负责人；弘扬中华“和合”文化，构建和睦相融、合作共赢、团结友好、充满活力的海外和谐侨社。三是加强改善归侨侨眷民生。当好归侨侨眷的“贴心人”“知心人”和“娘家人”，着力救助散居困难归侨侨眷，保障归侨侨眷共享祖国改革发展成果。四是加强拓展华文教育。积极协助海外华文学校建设，加强国内侨校建设，鼓励侨胞子女学习中华文化，大力支持海外华文媒体合作，切实增强海外侨胞传播中华文化中的桥梁纽带作用和提高中华文化国际影响力的生力军作用。五是加强培育友好力量。坚持“请进来”与“走出去”相结合，加强与海外侨团领袖、科技精英、知名华商等一切对住在国主流社会有影响力的华裔杰出人士(尤其是青年华裔杰出人士)的思想文化交流力度。

其三，创新侨务工作载体。中华全国归国华侨联合会(简称侨联)是中国共产党领导的人民团体，是联系归侨侨眷和海外侨胞的桥梁纽带，是团结服务广大归侨侨眷和海外侨胞的群众组织。凝聚广大归侨侨眷和海外侨胞力量，为实现中国梦而共同奋斗，是侨联事业的时代主题和历史使命。世情、国情和侨情的变化是侨联工作与时俱进、开拓创新的基本依据。当前创新侨联工作载体应该注意三个方面：一是拓展海外联络。多渠道、多层次、多形式开展海外联谊，加强与境外侨团的联系，深交老朋友，广交新朋友。不断创新方式，建立与新出国华侨联系的渠道。倡导“侨帮侨”传统，帮助海外留学生和新华侨更好地适应当地的学习、工作和生活。深入开展“亲情中华”主题活动，组织寻根祭祖，推动海外华文教育，帮助华侨、华裔新生代增进对中华文化的了解和认同。二是拓展服务新侨。侨联要关注和了解新侨回国创新创业遇到的问题，推动有关政策、法规和服务措施的创新完善。关心国内新侨眷的工作、生活，尤其是积极帮助侨界留守儿童、空巢老人解决实际困难。加强侨情调研，听取侨界对经济社会发展的意见建议，积极倾听反映侨界情况和侨界人士的意见。三是切实加强侨联组织自身建设。侨联应以全面深化改革和开展群众路线教育实践活动为契机，改进作风、改进服务，深入基层、深入侨界群众，增强为侨服务意识，竭诚服务广大侨胞，使侨联干部真正成为归侨侨眷和海外侨胞之友，使侨联组织真正成为归侨侨眷和海外侨胞之家。①

① 李源潮：《团结动员广大归侨侨眷和海外侨胞为实现中华民族伟大复兴的中国梦作出独特贡献》，《人民日报》2013年12月3日。

第九章
中国梦与中国妇女

男女并驾，如日方东。中国梦是国家的梦、民族的梦、人民的梦，也是亿万妇女的梦。妇女的幸福发展是全面建成小康社会的重要组成部分。男女平等地参与经济社会事务，共同创造多彩的幸福生活，是人类社会发展进步题中应有之义。实现中国梦这个充满希望而又令人憧憬的目标，必将造福包括各族各界妇女在内的全体人民。经济社会持续健康发展，人民生活水平全面提高，一步步靠近中国梦的同时，妇女也将一步步平等行使民主权利，平等参与经济社会发展，平等享有改革发展成果，共同享有人生出彩的机会、梦想成真的机会、同祖国和时代一起成长与进步的机会，中国妇女的幸福指数将大幅度提高，中国妇女发展将绘就更新更美的画卷。梦想点燃希望，也指引前进的方向。中国梦承载着广大妇女的共同心声和美好憧憬，饱含着广大妇女的共同理想和最大共识，激发并凝聚起“半边天”的强大力量，迎着中国梦的曙光砥砺前行。

一、妇女是实现中国梦的“半边天”

(一)中国梦也是亿万妇女的梦

中国梦有着深厚的历史渊源。近代以降，中国沦为半殖民地半封建社会，开始了屈辱的历史。为了中华民族的伟大复兴，无数仁人志士苦苦求索、孜孜探寻。中国共产党人前赴后继、不懈奋斗，在革命、建设、改革的伟大实践中，创造了举世瞩目的巨大成就。在这波澜壮阔的历史进程中，巾帼英豪不曾缺席，贡献卓著。从新中国“站起来”，到改革开放“富起来”，再到新世纪“强起来”，中国的综合国力从来不曾如此强大，中国百姓的生活从来不曾如此富足，今天的中国比历史上任何时期都更接近中华民族伟大复兴的目标，比历史上任何时期都更有信心和能力实现这个目标。

中国梦的本质内涵是实现国家富强、民族振兴、人民幸福，内容宏大而具体，既强调国家和民族的整体，又关照每一个具体的人；既着眼于高远的理想，又立足可感的现实，它洋溢在孩童无忧无虑的脸上，流露在“半边天”独立自信的目光里，播撒在老人乐观静美的心中。每一位生于斯、长于斯的中国人，都是“梦之队”的一员，都是中国梦的参与者、书写者，都应该意识到自己身上的责任，都应该在实现中国梦的生动实践中放飞梦想，让生命在为中国梦的奋斗中焕发光彩。

中华民族是一个命运共同体，每个人的前途命运都与国家和民族的前途命运紧密相连。国家好，民族好，大家才会好。国家、民族、个人的梦想既内在统一，又互相促进。国家民族日益强盛，个人的梦想才会日益丰满。没有国家的强大，个人的幸福就是海市蜃楼；没有民族的昌盛，个人的追求就是镜花水月。中国梦的实现，必将推动两性并肩携手，共同享有人生出彩的机会，共同享有梦想成真的机会，共同享有与祖国和时代一起成长与进步的机会。只有包括广大妇女在内的全体人民有梦想，有机会，有奋斗，一切美好的东西才能够创造出来，才能成就中华民族更加辉煌的未来。

实现中国梦是一项长期任务，必须紧紧依靠人民来实现，需要一代又一代中国人共同为之努力，需要广大妇女贡献出自己的才华和汗水。每一位妇女都要把个人梦想与国家梦想联系起来，把个人利益与国家利益统一起来，把自身价值与社会价值结合起来，心往一处想、劲往一处使，一步步地向前迈进，一步步地接近目标。要敢于有梦、勇于追梦、勤于圆梦，积极投身全面建成小康社会的伟大实践。当我们把人生追求融入中国梦的共同理想时，也就找到了实现个人价值的宽广舞台；当我们万众一心为中国梦共同奋斗时，个人梦想才更有可能变成现实的存在；当每一位妇女都梦想成真时，中国妇女事业也将展开更加壮美的画卷。

肩负着实现中华民族伟大复兴的神圣使命，面对前进道路上各种艰难险阻，广大妇女必须深刻认识中国梦的丰富内涵、本质要求和实践路径，不断增强对中国特色社会主义的理论自信、道路自信、制度自信。要有一种敢为人先、敢于开拓的精神，以逢山开路、遇河架桥的意志，用艰苦奋斗、埋头苦干的努力，承续先辈英烈们所开创的伟大基业，在新的历史起点上，学习不停步、奋斗不停步、奉献不停步，不断推进理论创新、实践创新、制度创新，为实现中华民族伟大复兴而不懈努力。

(二)妇女是实现中国梦的巨大人力资源

妇女肩负着社会生产和人类繁衍的双重任务，是推动经济社会发展的伟大力量。没有妇女的广泛参与，就不可能有伟大的社会变革和文明进步。改革开放30多年来，我国各族各界妇女在改革开放和社会主义现代化建设的伟大实践中，解放思想、更新观念，立足岗位、建功立业，涌现出大批先进模范人物和优秀人才，成为我国经济建设和社会发展的“半边天”。

必须大力开发妇女人力资源，最大范围地使妇女成为物质财富的创造者。妇女的命运与国家和民族的命运紧密相连。促进经济社会又好又快发展，是包括广大妇女在内的全国人民的根本利益所在，离不开妇女的普遍参与和艰苦努力。面对建设创新型国家的新目标、新要求，只有不断激发广大妇女的创新热情和创造活力，不断提高广大妇女的整体素质和创新能力，使她们自觉地把个人的前途命运融入祖国发展的伟大事业，主动地把个人理想、个人追求同社会需要结合起来，努力将奉献社会的理念落实到具体的工作实践中，才能把妇女这一巨大的人力资源转化为人才资源优势，使之在实现中国梦的伟大实践中发挥更大的作用。

必须大力倡导社会新风，最大范围地使妇女成为精神文明的建设者。妇女是物质财富的创造者，也是精神文明的建设者。发展社会主义先进文化，巩固全体人民的共同理想和信念，培育全体人民共同的社会价值观和精神追求，都离不开广大妇女的参与和努力。广大妇女要从自身做起，树立中国特色社会主义共同理想，传承脚踏实地、锐意创新的品质，弘扬勤劳善良、奋发有为的品格，锤炼奉献友爱、互助进步的品德，倡导文明健康的生活方式，积极参与社会公德、职业道德和家庭美德建设，弘扬新风尚、展示新风貌，用自身的文明进步带动家庭的文明进步，促进社会的文明、稳定与发展。

必须充分发挥妇女在和谐家庭建设中的优势，最大范围地使妇女成为和谐社会建设的推动者。我国有 3 亿多个家庭。家庭是社会的细胞，男女平等、家庭和谐是社会和谐的基础。没有妇女的参与，就不可能有和谐的家庭、和谐的社会。和谐美满的家庭有利于每个家庭成员自由、平等和健康、全面的发展，有利于社会的和谐与进步。因此，促进社会和谐，必然需要广大妇女发挥自身在培育健康向上的下一代、营造良好家风、建设和谐家庭中的独特优势，以女性的进步促进家庭的发展，以家庭的和谐促进社会的和谐，努力创造身心健康、家庭和睦、相互关爱、各得其所、幸福美好的新生活。

（三）中国梦为广大妇女建功立业开辟了广阔舞台

党和政府历来高度重视妇女发展，全面贯彻男女平等基本国策，在坚持发展中国特色社会主义伟大事业中，不断推进妇女事业的发展进步；在全面建成小康社会的伟大实践中，不断满足妇女的物质文化需求；在构建和谐社会的历史进程中，不断促进男女平等发展；在实现中国梦的民族奋进中，不断激发妇女正能量、大展巾帼风采。伴随着国家经济社会发展的历史性进步，妇女事业呈现出阔步前进、提升跨越的崭新气象。

其一，妇女事业在国家全局中的战略地位愈加凸显。2010 年制定《国民经济和社会发展第十二个五年规划纲要》时设专节对促进妇女全面发展作出规划，2011 年国务院发布第三个中国妇女发展纲要，2012 年男女平等基本国策写入党的十八大报告，促进妇女发展的国家意志进一步强化、国家机制更加健全、国家行动计划有效实施。

其二，妇女的社会参与程度显著增强。党和政府加强对妇女就业创业的支持、服务和培训，广大妇女提高适应力和竞争力，全方位参与经济发展、社会管理、公共服务，就业状况进一步改善，主人翁意识进一步增强。时至今日，全社会就业人员中女性比例保持在 46%左右，妇女创业就业规模持续扩大、领域不断拓展、方式日益多样。妇女参与民主政治日益活跃，全国公务员中女性比例达到 40%以上。妇女参与决策和管理的水平不断提高。党的十八大女代表、第十二届全国人大女代表和全国政协女委员比例分别比上届提高 2. 9、2. 07 和 0. 18 个百分点，各层次女干部比例稳步增长，女性进村“两委”比例提高到 93. 64%，有些省实现了村村都有女委员。

其三，妇女的民生保障水平大幅提高。男女参加城乡基本养老保险和医疗保险比例基本持平，面向妇女的基本公共服务体系逐步健全。妇女健康状况明显改善，一些影响妇女健康的常见病、多发病得到有效防治，孕产妇死亡率由新中国成立之初的 1500/10 万人下降到 2013 年的 23. 2/10 万人，妇女平均预期寿命达到 77. 37 岁。① 各级各类教育中的性别结构趋于平衡，截至 2010 年，全国

① 《中国女性平均预期寿命 77. 37 岁　比男性高 4. 99 岁》，《京华时报》2014 年 11 月 7 日。

小学女童入学率达到99.54%，普通高校本专科在校女生、女硕士生和女博士生的比例分别占总数的49.86%、48.16%和34.70%，妇女文化素质明显提升，大批中青年女科技人才脱颖而出。①

其四，男女平等发展的社会环境日益优化。国家在法律政策和社会管理中积极落实性别平等意识，着力改变一些农村和基层地区存在的落后性别观念，严厉打击伤害妇女的违法犯罪活动，为妇女全面发展提供更加有力的保障。截至2014年，全国2800多个县开通12338妇女维权服务热线，建立妇女维权合议庭、维权站、维权岗、家庭暴力投诉站等各类维权服务机构25万个，推选妇联系统人民陪审员8000多名，妇女维权渠道更加畅通。② “春蕾计划”“安康计划”“母亲水窖”“母亲健康快车”等公益品牌蓬勃发展，各种新公益项目覆盖更多困难妇女群体，为改善贫困地区和边疆民族地区妇女生活质量、帮助灾区妇女重建家园送去关爱和温暖。

其五，中国妇女事业的国际影响力进一步扩大。作为世界上妇女人口最多的国家，中国的妇女事业已超越了自身，成为社会进步和人权状况的鲜明标志。近年来，我国建立了中俄、中美、中英、中欧高层次人文交流机制，妇女领域对外交流纳入机制框架，妇女文化周、妇女领导者对话、妇女论坛成为响亮品牌。中国女性以自身活力和风采展示中国形象、传播中国文化、讲述中国故事，为全球妇女事业作出了不可替代的重要贡献。

二、巾帼建新功，共筑中国梦

(一)当代中国妇女的光荣使命

实现中华民族伟大复兴的中国梦，是全党全国各族人民共同的

---

① 参见新华网：《我国妇女受教育机会不断扩大 女童小学入学率超99%》，http://news.xinhuanet.com/2010-09/17/c_13517703.htm。

② 参见新华网：《全国妇联：25万个维权机构保障妇女维权服务深入基层》，http://news.xinhuanet.com/politics/2014-06/13/c_1111139271.htm。

奋斗目标，是团结凝聚海内外中华儿女的精神旗帜，充分体现了中国共产党高度的历史担当和使命追求，让全体中华儿女感受到一份同心奋进的磅礴力量、一份追梦圆梦的重大责任。中国梦要让每个人实现人生出彩，同祖国和时代一起成长进步。这样一个梦想成真的过程，一定是男女平等依法行使民主权利、平等参与经济社会发展、平等享有改革发展成果的生动图景一步步成为美好现实的过程。全国各族各界妇女要肩负起历史赋予的光荣使命，巾帼建新功，共筑中国梦，做无愧于伟大时代的新女性。

首先，广大妇女要牢固树立实现中国梦的共同理想，激扬巾帼之志。要不断增强中国特色社会主义道路自信、理论自信、制度自信，不断增强对中国梦的认知认同，用中国梦指引人生前进的方向，做坚持中国道路、弘扬中国精神、凝聚中国力量的“半边天”。特别是在事关党和国家利益的大是大非面前，始终保持清醒的头脑，做到识大体、顾大局，坚决拥护党的路线方针政策，以实际行动筑牢团结奋斗的共同思想基础。

其次，广大妇女要积极投身实现中国梦的火热实践，奉献巾帼之力。坚持把个人梦想融入为国家富强、民族振兴、人民幸福而奋斗的实践之中，把参与经济社会发展作为提高妇女社会地位、实现妇女自我价值的根本路径，大力发扬中国妇女的优秀品格和主人翁精神，立足本职、艰苦奋斗、勇于开拓，在社会主义经济建设、政治建设、文化建设、社会建设、生态文明建设中做出实实在在的业绩，展示创新创造创优风采，用“半边天”的智慧和力量同心共筑伟大的中国梦。

再次，广大妇女要携手共创实现中国梦的幸福生活，彰显巾帼之美。要自觉培育和践行社会主义核心价值观，加强社会公德、职业道德、家庭美德、个人品德修养，认真履行法定义务，自觉承担社会责任，更好担当家庭责任，以自身的模范行为给孩子树立榜样，让家庭充满温馨，为社会和谐添彩，用自身的道德力量传递人间爱、展现真善美、积聚正能量，为开创人人相互关爱、家家幸福安康、社会和谐发展的生动局面贡献力量，同心协力建设中华民族共有精神家园。

最后，广大妇女要在实现中国梦中创造出彩人生，唱响巾帼之歌。要坚持把学习作为成长进步的阶梯，增强求知的紧迫感和自觉性，在刻苦钻研中汲取新知识、掌握新技能，在实践历练中提升新能力、练就新本领。大力弘扬自尊、自信、自立、自强精神，靠自己脚踏实地的努力、勤勤恳恳的劳动、锲而不舍的奋斗，谋求事业发展、创造幸福生活，在实现中国梦中努力实现个人的成长梦、成才梦、成功梦，使自己的人生焕发出更加绚丽的光彩、谱写更加壮美的时代赞歌。

（二）团结引领广大妇女共筑中国梦

漫漫复兴路上，中国妇女始终是推动历史发展和社会进步的重要力量，中国梦始终和妇女的梦想同步并肩而行。妇联组织是党和政府联系妇女群众的桥梁和纽带，对实现中国梦肩负着义不容辞的责任。要紧紧围绕党和国家工作大局，团结引领广大妇女，毫不动摇地走中国特色社会主义道路，把思想和行动统一到为实现中国梦而奋斗上来，弘扬以爱国主义为核心的民族精神，以改革创新为核心的时代精神，脚踏实地做好本职工作，心无旁骛地立足岗位建功立业，在经济社会发展中发挥生力军作用，继续用自己的行动，为实现中华民族的伟大复兴作出新的更大的贡献，开创中国妇女事业更加璀璨的未来。

第一，积极动员引领，充分发挥妇女在建设中国特色社会主义中的“半边天”作用。

各级党组织、政府和妇联要把妇女的智慧和力量凝聚到实现党的目标任务上来，引领妇女为党和国家的事业而奋斗。大力实施“巾帼建功行动”，动员组织妇女为推动经济持续健康发展和社会文明进步再建新功。

一是引领妇女为加快转变经济发展方式作贡献。大力推进巾帼文明岗、巾帼建功标兵的创评，发动各行各业妇女踊跃参与岗位练兵、技能比武、劳动竞赛等活动，努力在本职工作中创新创优，创造新业绩。不断丰富“双学双比”活动内涵，在促进发展新型农业经营主体中，注重培育职业女农民和致富女带头人，发挥巾帼现代农业科技示范基地的作用，大力扶持女农民专业合作组织，促进现代农业发展和新农村建设。支持女性参与科技创新，踊跃投身新技术、新产业、新业态发展，扶持女性领军人物和创新团队，激发妇女创新创造活力。

二是引领妇女有序参与政治生活和社会管理创新。积极为各级女党代表、女人大代表、女政协委员和女干部参政议政搭建平台，为她们更好地履行职责、了解民情、建言献策服务。充分调动妇女参与社会管理创新的积极性，全面推进女性进农村和社区“两委”、妇女信访代理协理、妇女议事、农村留守妇女互助等工作，广泛开展“学雷锋·巾帼志愿服务”等群众性精神文明创建活动，为开创社会和谐人人有责、和谐社会人人共享的生动局面作贡献。

三是引领妇女在家庭建设中发挥独特作用。家庭是社会的细胞。发挥妇联组织开展家庭工作的优势，大力推进家庭道德、家庭平安、家庭文化建设和家庭教育工作，深化“五好文明家庭”和“平安家庭”创建活动，大力倡导和弘扬夫妻和睦、尊老爱幼、科学教子、勤俭节约、邻里互助的文明家风，推进家庭的平安、和谐和文明，为夯实社会和谐基础、建设平安中国贡献智慧和力量。四是引领妇女积极参与生态文明建设。广泛开展“共建美丽家园行动”等主题实践活动，支持妇女向生态产业、循环经济进军，引导妇女从自己做起、从家庭做起，身体力行传播环保理念，影响他人、奉献社会，携手共建天蓝地绿水净的美丽中国。

第二，贯彻男女平等的基本国策，依法代表和维护妇女权益。

代表和维护妇女权益、促进男女平等。不断探索推动男女平等基本国策贯彻落实的有效机制和途径，大力实施“巾帼维权行动”，促进妇女合法权益得到更好保障。

一是推动社会性别意识纳入决策主流。认真落实男女平等基本国策，保障妇女合法权益，持续推动男女平等基本国策宣传教育进党校、行政院校和各级干部培训机构，增强领导干部性别平等意识和对公共政策的性别分析能力。推动建立法规政策性别平等评估机制，在法律政策顶层设计和实施的全过程充分体现性别平等。把实施《2011—2020年中国妇女发展纲要》作为重要抓手，推进重点目标攻关、监测评估和性别统计工作，促进纲要目标落实。

二是推动建设以男女平等为核心的先进性别文化。认真总结实施男女平等基本国策的成果和经验，加强对男女平等基本国策的理论与实践研究。注重发挥主流媒体和妇联宣传阵地的作用，在全社会进一步掀起宣传贯彻落实男女平等基本国策的热潮，大力宣传女性的人格尊严和社会价值，坚决抵制歧视妇女的各种文化现象，努力营造尊重妇女、关爱妇女的社会环境。

三是切实提高维权服务实效。进一步探索把维权工作做到源头，把维权服务落实到基层、送到妇女群众身边的有效途径和办法。促进与妇女利益密切相关的法律政策的出台和完善，力争在保障妇女平等就业权利、提高妇女参政水平、维护农村妇女土地权益、预防和制止家庭暴力等方面有更大突破。深化普法宣传，引导妇女学法、守法、用法，增强依法维护自身权益的意识和能力。完善多部门合作、多方面参与、多载体运行的社会化维权网络，壮大维权力量，扎扎实实帮助妇女解决维权中的重点难点问题。

第三，加大服务力度，努力使广大妇女得实惠、普受惠、长受惠。

准确把握不同妇女群体最关心最直接最现实的利益问题，争取资源、科学谋划，大力实施“巾帼关爱行动”，为妇女群众做好事、办实事、解难事，推动将条件成熟的实事项目纳入政府民生工程，增强服务的实效性和持久性。

一是服务妇女创业就业需求。以女大学生、失业失地妇女、农村妇女富余劳动力为重点，建立完善政策扶持、就业培训、创业服务相结合的工作机制，继续实施好妇女小额担保贷款财政贴息政策，大力扶持妇女小微企业，帮助妇女拓宽创业渠道、提高就业质量。教育引导妇女树立正确的就业观，理性择业、自主创业。

二是服务妇女健康需求。巩固扩大农村妇女“两癌”免费检查和救治、消除婴幼儿贫血行动、贫困地区儿童营养改善试点项目等工作成果，深入实施“母亲健康快车”、“安康计划”等，推动有效降低新生儿出生缺陷率，加强妇女精神卫生服务，注重人文关怀和心理疏导，促进提升妇女身心健康水平。

三是服务职业女性发展需求。热情关心不同职业女性群体的现实需求，畅通与她们交流的渠道，为她们在更高层次上参与发展争取政策、创造条件、排忧解难。

四是服务特殊妇女群体需求。进一步发挥妇女公益慈善平台作用，积极参与扶贫开发和对口支援，动员更多社会力量，为留守流动妇女、孤残妇女、贫困单亲母亲、老龄贫困妇女等群体提供贴心服务，加大对革命老区、民族地区、边疆地区、贫困地区以及受灾地区妇女的扶持力度，让同一片蓝天下的妇女共享改革发展成果。

第四，注重素质提升，着力帮助妇女更好地成才发展。

伟大的时代呼唤高素质妇女劳动者和高层次女性人才，要着眼于促进妇女全面发展，大力实施“巾帼成才行动”，引导妇女加强学习、终身学习，做学习型女性。

一是教育妇女提高思想道德素质。坚持用社会主义核心价值观引导妇女，组织开展形式多样的思想道德教育实践活动，引导妇女坚定理想信念、筑牢精神支柱。大力培养、树立和宣传新时期先进妇女典型，深入开展“优秀成功女性进高校”等励志教育活动，充分发挥优秀女性的感召力和带动力，激励广大妇女牢固树立“四自”精神、坚持积极向上的人生追求，在促进社会公德、职业道德、家庭美德、个人品德建设方面发挥积极作用。

二是帮助妇女提升发展能力。着力为妇女接受各类职业教育争取更多资源，促进提高妇女在政府相关培训工程中的参训比例，发挥“妇”字号基地、妇女院校等作用，探索运用新媒体、远程教育等载体打造数字化学习平台，面向不同妇女群体有针对性地开展培训，帮助妇女提高科技文化素质、增强创业就业本领。

三是促进女性人才成长发展。深化对女性人才成长发展的规律性研究，促进完善女性人才的培养和激励机制，加强女性人才库建设，加大促进女性人才培训力度，进一步推动落实县(处)级女干部和女性高级知识分子与男性同龄退休政策，拓宽联系、服务、举荐优秀女性人才的渠道，积极为女性党政人才、专业技术人才、企业经营管理人才等各类女性人才脱颖而出营造环境，激励妇女争做堪当重任的有用之才。

第五，深化统战联谊，积极促进各族各界妇女大团结。

实现中国梦，需要包括妇女在内的全体中华儿女的团结奋斗。要扎实做好统战联谊工作，用共同的爱国情凝聚妇女，用共同的民族梦激励妇女，用共同的文化根联结妇女，为实现中华民族伟大复兴的中国梦汇聚强大的巾帼力量。一是不断拓展与各族各界、各行各业妇女的联系，注重加强与一些新兴领域妇女和新的女性群体的联系。二是深入贯彻落实党的民族宗教政策，认真研究和推进民族地区妇女工作，大力开展具有地域特色的民族团结进步宣传教育，创新民族地区联系和服务妇女工作机制，团结宗教界妇女代表人士，做好信教妇女群众工作。三是扩大与民主党派、工商联、无党派妇女的联系，支持她们在参政议政、民主监督中更好发挥作用。四是拓展与海外华侨华人妇女和妇女组织的联系，引导她们把爱国之情转化为支持和服务祖国改革发展的实际行动。五是深化与港澳妇女和妇女组织的交流合作，拓展渠道、丰富内涵、凝聚共识，为保持港澳长期繁荣稳定作贡献。六是进一步加强与台湾妇女和妇女组织的往来，厚植两岸妇女姐妹情谊，在携手推动两岸关系和平发展、同心实现中华民族伟大复兴中发挥更大作用。

(三)在实现中国梦的伟大进程中绽放巾帼光彩

广大妇女要把自己的命运与党和国家的命运紧紧联系在一起，要大胆探索、勇攀高峰，在中国特色社会主义事业发展中释放女性的无限潜能，为实现中华民族伟大复兴而不懈努力。

第一，全面参与经济建设。广大妇女只有积极投身经济建设，才能为国家繁荣富强、人民幸福安康奠定坚实的物质基础，同时也才能实现经济独立，提高综合素质与竞争能力，提高社会地位，赢得自身的解放与发展。党和政府把经济持续健康发展作为全面建成小康社会的重要目标，要求进一步加快完善社会主义市场经济体制和加快转变经济发展方式，坚持走中国特色新型工业化、信息化、城镇化和农业现代化道路，把推动发展的立足点转到提高质量和效益上来。这就要求充分调动全国人民的力量，进一步重视发挥妇女的作用，开发妇女潜能，促进妇女全面参与经济建设。

第二，全面参与政治建设。发展社会主义民主政治，建设社会主义法治国家，是保障妇女政治权利、维护妇女合法权益的重要保证。人民当家作主是社会主义民主政治的本质和核心。妇女作为国家的主人，充分参与国家政治生活，同男子一样参与对国家和社会事务的管理，是社会主义民主政治建设的必然要求，也是妇女应当享有的民主权利，是实现妇女愿望、保障妇女权益的重要途径。党和政府从中国改革发展的新形势出发，对坚持走中国特色社会主义政治发展道路和推进政治体制改革提出了总体要求，明确提出了支持和保证人民通过人民代表大会行使国家权力、健全社会主义协商民主制度、完善基层民主制度、全面推进依法治国等重大战略部署，为发展更加广泛、更加充分、更加健全的人民民主确立了正确方向，也为广大妇女全面参与社会主义政治文明建设提供了广阔的舞台和坚实的政治保证。

第三，全面参与文化建设。文化是民族的血脉，人民的精神家园。建设社会主义文化强国，必须坚持社会主义先进文化的前进方向，建设面向现代化、面向世界、面向未来的，民族的、科学的、大众的社会主义文化，发挥文化引领方向、教育人民、服务社会、推动发展的作用。为了实现妇女进一步解放与发展，必须在加强社会主义核心价值体系建设的过程中，着力构建社会主义先进性别文化，努力改造落后的性别文化，坚决抵制腐朽的性别文化，为妇女进一步解放与发展营造良好的文化氛围。先进性别文化是社会主义社会男女平等关系在意识形态领域的集中表现，也是社会主义先进文化建设不可或缺的重要内容。先进性别文化的基本内涵是公正评价妇女在创造人类文明、推动社会发展中的重要作用，认为男女具有同等的价值和人格尊严，同等的权利和社会地位，主张男女平等，相互尊重，和谐相处，共同发展。

第四，全面参与社会建设。社会建设是社会和谐稳定的重要保证，其根本目的是提高人民物质文化生活水平，促进社会公平正义，使人民群众包括广大妇女学有所教、劳有所得、病有所医、老有所养、住有所居。重视社会建设、促进社会平等和谐，是男女平等和谐发展的必然要求。广大妇女在社会和家庭中扮演着重要角色，承担着重要责任，是加强社会建设促进社会和谐稳定的重要力量。加强社会建设，必须以保障和改善民生为重点，多谋民生之利，多解民生之忧，解决好人民最关心最直接最现实的利益问题。必须加快推进社会体制改革，构建中国特色社会主义社会管理体系。促进妇女全面参与社会建设，进一步促进教育公平，切实保障所有女童完成九年义务教育，不断提高女性特别是农村女性接受高中阶段教育和高等教育的水平；深化收入分配制度改革，缩小男女收入分配差距；完善社会保障体系，努力实现城乡妇女人人享有社会保障的目标，特别要关注贫困妇女、流动妇女、老年妇女、残疾妇女等弱势群体；健全医疗卫生体系，提高妇女健康水平；推动建立平等文明和谐的家庭关系，提高妇女家庭地位；加强和创新社会管理，推动广大妇女积极参与社会管理和服务。

第五，全面参与生态文明建设。建设生态文明，是关系人民福祉、关乎民族未来的长远大计，不仅对于推进中国社会主义现代化建设具有重大的现实意义，而且对于维护全球生态安全、推动人类文明进步和可持续发展具有深远意义。党和政府将生态文明建设纳入中国特色社会主义事业“五位一体”的总体布局，坚持节约资源和保护环境的基本国策，着力推进绿色发展、环保发展、低碳发展，为人民创造良好生产生活环境，为全球生态安全作出贡献。加快推进生态文明建设，将为改善妇女的生存发展环境，提高妇女的健康福祉，提供重要的条件和基础。妇女是生态文明建设的重要力量，在加快推进生态文明建设的进程中要充分发挥妇女的重要作用。促进妇女全面参与生态文明建设，要重视妇女作为生产者、消费者及家庭主要的照料者在生态文明建设中的作用，提高妇女参与生态文明建设的意识和能力；组织妇女参与植树造林、节能环保和抵制污染活动；提高妇女应对环境污染和灾害风险的能力；在生态文明建设中保障妇女参与决策和管理的权利。

三、走中国特色社会主义妇女发展道路

(一)坚持走中国特色社会主义妇女发展道路

中国特色社会主义妇女发展道路是中国特色社会主义道路的重要组成部分，是符合我国国情、促进妇女全面发展的正确道路。中国特色社会主义是党和人民90多年奋斗、创造、积累的根本成就，历经千辛万苦，付出各种代价，从根本上改变了中国人民和中华民族的前途命运，也是引领中国妇女解放和发展的光辉旗帜。在革命、建设、改革的各个历史时期，党始终坚持把实现妇女解放和发展、实现男女平等写在自己奋斗的旗帜上，始终把广大妇女作为推动党和人民事业发展的重要力量，始终把妇女工作放在重要位置，领导我国妇女运动取得了历史性成就，开辟了中国特色社会主义妇女发展道路。这条道路具有强烈的时代特征和鲜明的中国特色，是马克思主义中国化的最新成果之一，是党对马克思主义妇女观的重要贡献和发展。把握和落实好当代中国妇女运动的时代主题，关键就是要坚定不移走中国特色社会主义妇女发展道路。这不仅关乎妇女运动和妇女事业的发展，也关乎国家前途、民族命运、人民幸福。

第一，坚持党对中国妇女运动的领导。要始终不渝地坚持中国共产党的领导，高举中国特色社会主义伟大旗帜，在党和国家的发展全局中推进妇女运动发展。实践证明，坚持以马克思主义为指导，坚持党的领导，坚定不移地跟党走中国特色社会主义道路，是中国妇女运动必须遵循的基本经验和原则。中国共产党是中国特色社会主义事业的领导核心，是中国妇女发展承前启后、继往开来的领路人。从跟随党为夺取革命胜利浴血奋战到投身建设新中国，从跨入改革开放新时代到踏上科学发展新征程，中国妇女解放和发展的历程雄辩地证明，只有在党的领导下，妇女才能摆脱被压迫被奴役的悲惨境遇，翻身得解放，当家做主人。要永远铭记党带领妇女求解放、求平等、求发展走过的光辉历程，紧密团结在党的周围，自觉把个人的前途命运同国家和民族的前途命运紧紧联系在一起，以党的指导思想为行动指南，以党的奋斗目标为共同追求，为党的伟大事业不懈奋斗，沿着党指引的方向奋勇前进。

第二，团结带领妇女走中国特色社会主义道路。中国特色社会主义道路是实现国家富强、民族振兴、人民幸福的必由之路，也是中国妇女进步和发展的必由之路。全面建成小康社会，实现社会主义现代化，实现中华民族伟大复兴的中国梦，中国妇女才能实现彻底解放和全面发展。坚定不移地团结带领妇女走中国特色社会主义道路，才能更加现实地向她们展示实现人生理想、家庭幸福的美好前景，才能持续激发她们为国家和社会贡献聪明才智的热情。妇女有美好前景，才能自觉为社会贡献力量。要结合实际引导广大妇女坚定中国特色社会主义理想信念，增强“三个自信”，做中国特色社会主义的拥护者、建设者、贡献者，在中国特色社会主义发展的伟大进程中实现自身的进步和发展，把妇女个人梦、家庭梦的实现，融入中华民族伟大复兴中国梦的实现之中去。

第三，努力实现男女平等的基本国策。把男女平等作为促进社会发展的一项基本国策，这是马克思主义妇女理论与当代中国妇女运动实践相结合的产物，是中国妇女运动的显著标志，是中国共产党对马克思主义妇女观的重要贡献。中国共产党自诞生之日起就始终把实现妇女解放和男女平等作为自己的奋斗目标之一，始终把妇女工作放在重要的位置。民主革命时期，妇女解放运动就成了中国共产党领导的新民主主义革命的重要组成部分。党的二大通过的《关于妇女运动的决议》，是中国妇女运动史上第一个以政党名义通过的关于妇女运动的决议。在党的组织建制中还成立了妇女部、妇女运动委员会以领导妇女运动。新中国的成立，开创了中国妇女解放的新时代。在第一届全国政治协商会议上，具有临时宪法性质的《共同纲领》，规定了妇女在政治、经济、文化教育和社会生活各方面均享有与男子平等的权利，在以后制定并历次修订的《宪法》及《妇女权益保障法》中进一步明确了男女平等原则，为保护妇女权利提供了根本大法保障。坚持走中国特色社会主义妇女发展道路，就要充分发挥社会主义制度的巨大优越性，完善落实男女平等基本国策的体制机制。男女平等是社会主义的一个基本特征，也是中国特色社会主义妇女发展道路的基本价值追求。坚持男女平等基本国策，实现男女两性和谐发展，是构建社会主义和谐社会的必然要求。

第四，充分尊重妇女的主体地位。妇女既是推动人类文明进步的伟大力量，也是自身命运的主宰者和创造者。没有妇女自我意识的觉醒和自觉奋争，妇女的彻底解放和全面发展就不可能实现。坚持走中国特色社会主义妇女发展道路，就要尊重妇女主体地位。当前，日趋激烈的竞争使妇女的整体素质面临严峻考验，加快转变经济发展方式也对妇女劳动者的个体素质提出了更高要求。在新的时期，大力提高妇女素质，充分调动其发展的内在积极性、主动性和创造性，充分发挥妇女主体作用，显得尤其迫切和重要。要充分运用好法律的、行政的、市场的各种手段，大力推动发展有利于提高妇女素质的各项社会文化教育事业，发挥妇联教育培训阵地的作用，不断提高妇女的思想道德素质、科学文化素质和身心健康素质，努力开发和利用好妇女的人力资源和人才资源优势。广大妇女要进一步发扬自尊、自信、自立、自强精神，自觉坚持用先进理论武装思想，用现代知识充实头脑，用科学技术增长才干，不断提高素质，积极应对挑战，增强发展能力，以自身的进步与贡献赢得社会的肯定和尊重。

第五，积极发挥妇女在家庭建设中的特殊优势和作用。家庭文明是中华文明的重要内容和特殊优势，家庭和谐是社会和谐的基础。从相夫教子到赡养老人，外国人非常羡慕中国女性在家庭中所起的特殊作用。中国自古就把“修身、齐家、治国、平天下”作为安世之道，“家齐”才能“国治”天下安。在中国走向现代化的社会转型发展期，家庭文明进步促进社会和谐稳定的功能不可或缺。从更实际的角度看，家庭关系是决定中国妇女生活状况和幸福感受最有影响的社会环境之一，家庭幸福是妇女幸福的重要条件。幸福的妇女必有一个幸福的家，不幸福的家中所有的成员都不幸福。要为妇女谋幸福，必须要为她们谋求有幸福的家。妇女在教育子女品德、传续良好家风、倡导健康生活、建设幸福家庭等方面有天然优势。在多数和睦家庭中，妇女是家庭关系的主导。要注重发挥妇女在社会生活和家庭生活中的独特作用，发挥妇女在弘扬中华民族家庭美德、树立良好家风方面的独特作用，这关系到家庭和睦、社会和谐、下一代的健康成长。广大妇女要自觉肩负起尊老爱幼、教育子女的责任，追求积极向上、文明高尚的生活，做贤妻、良母、孝女、善邻，促进家庭和美、社会和谐。

第六，扩大妇女对外交流。当今世界，国家之间的联系更加紧密，妇女事务的交流合作日益广泛，促进性别平等、实现共同发展已经成为不可逆转的国际潮流。坚持走中国特色社会主义妇女发展道路，就要把握世界文明进步大势和我国深化改革开放进程，拓展国际视野，培养世界眼光，以开放、自信、包容的姿态面向世界，宣传中国妇女发展成就，加强中外妇女交流合作，学习借鉴各国妇女工作的有益经验，为国际妇女运动健康发展作出中国贡献。充分发挥国家交流机制下的妇女交流机制和文化交流品牌作用，推动中外女性领导人的高层对话和女性组织的务实合作，进一步加强与周边国家妇女间的交流交往，有针对性地多做增信释疑的友好工作，为国家关系发展奠定坚实的妇女民意基础。积极参与联合国及国际妇女事务，扩大同世界各国妇女友好组织以及联合国有关机构的往来与合作，在多边舞台上增强我国的影响力和话语权。

（二）不断推进妇女工作的改革创新

改革创新是党和国家事业发展进步的不竭动力，也是妇女解放和发展的力量源泉。坚持走中国特色社会主义妇女发展道路，就要适应新形势新挑战，以改革创新的思路谋划妇女工作，以改革创新的办法推动解决妇女问题，以改革创新的举措加强妇联组织自身建设，努力使妇女工作更好地体现时代性、把握规律性、富于创造性，努力把妇联组织建设成为党开展妇女工作的坚强阵地和深受广大妇女信赖和热爱的温暖之家。要不断创新工作体制机制和方式方法，着力建设“学习型、服务型、创新型”妇联组织，进一步发挥好党联系妇女群众的桥梁纽带和国家政权的重要社会支柱作用，以更加科学的理念、更加完善的机制、更加开阔的视野、更加务实的作为，不断开创中国妇女运动的新局面。

第一，创新组织形态。实现对妇女群众的广泛覆盖和有效联系，必须构建开放、多元、立体的妇联组织体系。要在巩固现有妇联基层组织特别是农村和社区妇联组织的同时，突破行政架构的局限，根据妇女的流动性和不同职业分工、不同兴趣爱好、不同利益需求，因地制宜创新妇联基层组织的设置形式和存在形态，探索在农村合作组织、社区商务楼宇等女性相对集中的地方建立灵活多样的妇女组织，通过组织的强大力量把广大妇女吸引过来、凝聚起来。与时俱进发展壮大妇联团体会员，认真落实与团体会员经常性工作联系的制度，支持和帮助团体会员开展工作。探索广泛联系各类女性社会组织的渠道和办法，积聚社会力量共同为各族各界妇女服务。

第二，夯实基层基础。基层是一切工作的承载者和落脚点，基层稳则全局稳，基层活则全盘活。要持之以恒地加强抓基层打基础工作，促进妇联工作更好地落实在基层、活跃在基层、见效在基层。继续大力推进“妇女之家”建设，以建好、管好、用好为目标，丰富工作内涵、拓展服务内容、加强示范创建，使“妇女之家”真正成为妇联基层组织开展各项工作的重要阵地。采取有效措施，把各方面有能力、有热情的优秀女性吸纳到妇女工作队伍中来，充实壮大基层工作骨干力量，发动和依靠妇女群众来做妇女工作。加强基层工作资源保障机制建设，充分发挥资金资源的最大效益，不断提高妇联基层组织的服务能力。适应妇女流动新变化以及互联网、手机等新媒体的迅速发展，积极探索更加符合妇女实际、妇女乐于接受的工作方式和服务载体。尊重基层首创精神，鼓励基层创新实践，总结推广基层的好做法好经验，努力使基层工作更加充满活力。

第三，加强干部队伍建设。做好新形势下的妇女群众工作，关键是要建设一支让党放心、让妇女群众满意的高素质妇联干部队伍。要以提高知大局、想长远、干实事能力为目标，加强对妇女工作者特别是专职妇联干部的教育培训和实践锻炼，坚持用科学理论武装干部头脑，提高干部的思想品德、职业精神和业务能力，切实把妇联组织建设成为培养输送优秀女干部的重要基地。引导干部解放思想、更新观念，破除传统思维定势，强化大局意识、战略意识、问题意识和服务意识，以更加开阔的视野谋划和推进妇联工作，切实增强工作的系统性和前瞻性。引导干部自觉汲取各方面知识，学习掌握群众工作方法，提高妇女工作专业化水平，切实增强工作的科学性和针对性。引导干部弘扬“开放、包容、务实、创新”的良好风气，善于调查研究，善于与不同妇女群体沟通交流，善于借机借力为妇女办实事好事，切实增强工作的创造性和实效性。

第四，改进工作作风。妇联组织作为党领导下的人民团体，如果不注重加强作风建设，同样有脱离妇女群众的危险。而脱离了妇女群众，妇联组织也就失去了存在的价值。要按照党中央统一部署，根据“照镜子、正衣冠、洗洗澡、治治病”的总要求，扎实开展以为民务实清廉为主要内容的党的群众路线教育实践活动，强化党的宗旨意识，密切与妇女群众的联系，力戒形式主义、官僚主义、享乐主义和奢靡之风，做党的群众路线的模范践行者。坚持求真务实，在县以上妇联机关常态化开展“下基层、访妇情、办实事”活动，沉下身去了解妇女意愿，静下心来思考研究问题，实事求是向党和政府反映妇女诉求，脚踏实地为妇女群众排忧解难。坚持重心下移，部署开展工作符合基层实际，创新思路举措立足活跃基层，争取更多政策、资源和条件有效服务基层。妇联各级领导机关和领导干部要带头落实中央八项规定，带头走出机关、走向基层、走进妇女群众，以优良作风赢得广大妇女的信任和拥护。

第十章
中国梦与中国青年

中国梦凝聚了几代中国人的夙愿，具有深厚历史渊源和广泛现实基础。它是在改革开放30多年的伟大实践、新中国成立60多年的艰难求索、近代以来170多年的发展历程和5000多年文化传承的基础上凝炼总结出来的。青年是祖国的未来、民族的希望，也是中国共产党的未来和希望。青年是中国共产党自我发展的重要依靠力量，也是实现中华民族伟大复兴历史使命、传承与实现中国梦的重要依靠力量。青年代表着中国的未来，应当勇担时代重任，用自己的青年梦来托举中国梦。加强学习、开拓创新、联系群众和勇于实践是青年成长的主要路径，只有通过实践，青年才能锻炼成长，在服务社会和人民中实现全面自由发展。在当代中国，最伟大的实践就是建设中国特色社会主义，实现中华民族的伟大复兴的中国梦。当代中国青年既是无比幸运的一代，又是责任重大的一代，要勇于实践，积极作为，主动投身中国梦的伟大实践，放飞自己的青春梦想。

一、青年最富有朝气、最富有梦想

“时间之河川流不息，每一代青年都有自己的际遇和机缘，都要在自己所处的时代条件下谋划人生、创造历史。青年是标志时代的最灵敏的晴雨表，时代的责任赋予青年，时代的光荣属于青年。”①胡锦涛在庆祝中国共产党成立 90 周年的大会上指出：“回顾我们党 90 年的发展历程，我们有一个共同的感觉，我们党从成立之日起，就始终代表广大青年、赢得广大青年、依靠广大青年。”②习近平在同各界优秀青年代表座谈时的讲话中，也对中国青年提出了殷切期望，强调青年最富有朝气、最富有梦想，青年兴则国家兴，青年强则国家强。广大青年要坚定理想信念，练就过硬本领，勇于创新创造，矢志艰苦奋斗，锤炼高尚品格，在实现中国梦的生动实践中放飞青春梦想，在为人民利益的不懈奋斗中书写人生华章。

(一)青年是历史风口浪尖的弄潮儿

青年，一个让人听到就感觉到活力与激情的词汇。在近代中国风起云涌的环境中，这个群体总是把国家的前途、民族的命运牢记心中，并与自己的人生规划紧密结合，执时代牛耳，引风气之先。在中国近代历史进程中，广大青年更是发挥了先锋队和主力军的作用。正如习近平在北京大学师生座谈会中所指出的一样，“五四运动以来，在中国共产党领导下，一代又一代有志青年‘以青春之我，创建青春之家庭，青春之国家，青春之民族，青春之人类，青春之地球，青春之宇宙’，在救亡图存、振兴中华的历史洪流中谱写了一曲曲感天动地的青春乐章”③。

在民族危亡之际，青年率先承担历史之使命、付诸救国救民之实际。在对腐败无能、一再丧权辱国的晚清政府彻底不抱任何希望

① 习近平：《青年要自觉践行社会主义核心价值观——在北京大学师生座谈会上的讲话》，《人民日报》2014 年 5 月 5 日。

② 胡锦涛：《在纪念中国共产党成立 90 周年大会上的讲话》，《人民日报》2011 年 7 月 2 日。

③ 习近平：《青年要自觉践行社会主义核心价值观——在北京大学师生座谈会上的讲话》，《人民日报》2014 年 5 月 5 日。

后，忧民族之前景、背图存之重担的孙中山组建兴中会，此时他才28岁，此后其致力革命凡30年，为了救国救民奉献一生。在诸种救国道路屡试不通的情况下，广大进步青年开始传播并选择马克思主义。在十月革命后的一段时间，李大钊(此时不到30岁)相继发表了《法俄革命之比较观》《庶民的胜利》《布尔什维主义的胜利》《我的马克思主义观》《再论问题与主义》等大量宣传十月革命和马克思列宁主义的著名文章和演说，阐述十月革命的意义，讴歌十月革命的胜利，陈独秀、李达(29岁)、李汉俊(29岁)、毛泽东(27岁)等也在这一过程中，选择马克思主义作为自己的追求和信仰。1921年7月，13个年轻人，在上海法租界召开会议，宣告了中国共产党的成立，点燃了中国革命的星星之火。他们之中，除何叔衡和董必武年龄稍大外，其他都是二三十岁的青年人，具备蓬勃的朝气和满腔救国的热血，最小的刘仁静还不到20岁。他们只是万千爱国青年的杰出代表。此外，宣布工人阶级登上历史舞台，使中国革命面貌从此焕然一新的五四爱国运动；掀起中国人民抗日救亡运动新高潮的一二·九运动；抗日战争胜利后国民党统治区的爱国青年和进步学生的爱国民主运动等等，青年均走在时代前列。正是由于一代又一代青年满怀革命理想、饱含爱国热情、怀抱民族尊严，不怕流血牺牲、不怕困难挫折，前赴后继、紧密团结，中华民族才能从千疮百孔中迎来转危为安的希望。

在社会主义革命和建设时期，积极响应中国共产党和人民政府号召的是青年，全心全意无私奉献的是青年。新中国成立后所取得的种种成就离不开广大青年的拼搏奋斗。在中国共产党的领导下，青年群体书写了无数重整山河的壮丽诗篇。被周恩来评价为新中国两大奇迹之一的林县红旗渠，在3.7万林县青壮年民工的日夜开凿下，劈开山头1250座，凿通隧洞180个，架设渡槽150座，共挖砌土石方2500多万方，终于实现了千百年来，林县人民渴望水的梦想。据统计，红旗渠建成40年以来，总引水量达到85亿立方米，历年来灌溉面积达到8000万亩次，共增产粮食31.8亿斤，发电4.7亿度，创效益17亿元，相当于总投资的23倍。而它的总设计师杨贵，当年也只有 32 岁。① 沈阳军区某部运输连班长雷锋，在平凡的工作岗位上，以“甘当螺丝钉”的精神，全心全意为人民服务。他工作勤勤恳恳，吃苦耐劳，刻苦钻研技术；他艰苦朴素，廉洁奉公，处处为人民利益着想。他为人民群众做了数不清的好事，真正做到了毫不利己，专门利人。他在日记中这样写道：“人的生命是有限的，可是为人民服务是无限的，我要把有限的生命，投入到无限的‘为人民服务’之中去。”1962 年 8 月 15 日，雷锋不幸因公殉职，年仅 22 岁。邢燕子、侯隽等优秀知识青年代表走上上山下乡之路，他们的行动激励了广大知识青年。在三线建设中，无数青年科技工作者和技术工人奔赴祖国大西北，为国防工业建设和科技事业的发展默默奉献出青春年华。历届大学毕业生们怀着报效祖国的心愿，加入到物质条件艰苦的水利工程、地质勘探、矿山开采等基础设施建设之中，忠诚地实践了为祖国建设添砖加瓦的誓言。后来，他们中的许多人锻炼成为国家的栋梁之才。20 世纪 60 年代青年人的志向，可以用“好儿女志在四方”来概括。为了社会主义建设，他们积极响应党的号召，“到农村去，到边疆去，到祖国最需要的地方去”。这些青年人物在各自平凡的生活和工作中创造出了不平凡的业绩。他们以自己的理想、信念和价值观，给中国社会以深刻影响，也塑造了整个时代的社会风尚。

在改革开放时代浪潮中，勇于创新创造的是青年。党的十一届三中全会的召开，开启了改革开放和社会主义现代化建设的新征程，一批思想活跃、敢想敢拼的青年成为新时代的弄潮儿。开创联想传奇的柳传志、将海尔公司从资不抵债带进世界五百强的张瑞敏、开发百度搜索引擎的李彦宏、开启阿里巴巴奇迹的马云，还有李开复、张朝阳、陈一舟等时代潮流的开创引领者，在那个艰难创业的年代大都还不到三十岁。在科学技术领域，青年人才已经成为攻坚力量，在航天科技领域攻坚克难的科研人员，平均年龄都只有 30 岁左右。除了这些时代弄潮儿，还有数以万计的普通青年，特

---

① 《中国共产党历史》第 2 卷(下册)，中共党史出版社 2011 年版，第 695 页。

别是来自农村和偏远地区的打工青年，是他们背井离乡、走进改革开放的最前沿，用自己的青春和汗水为中国经济长期高速增长的奇迹贡献了自己的力量。

中华民族近代以来的历史充分表明，青年是我国社会发展中一支最为活跃、最有生气的力量。正是由于一代又一代青年的接力奋斗，我们的国家才能从山河破碎走向繁荣昌盛，我们的民族才能从历尽屈辱走向兴旺发达，我们的人民才能从饱尝艰辛走向意气风发。

(二)当代中国青年的新面貌

当今世界正在发生广泛而深刻的变化，当代中国正在发生广泛而深刻的变革。前所未有的机遇和前所未有的挑战，使当代中国青年呈现出新的面貌，其多元化的价值观，多维的思维方式，强烈的现代意识，坚定的理想信念，过硬的知识素质，突出的创新能力，高尚的道德品质等崭新的特质，使他们成为承接、践行中国梦的可靠力量，成为实现中国梦的生力军。

其一，新时代青年有自信、有活力。

1977 年，当 570 多万名考生一同走进久违的高考考场时，知识改变命运的大门从此向青年人敞开。1978 年 6 月，邓小平发出要“成千成万地派”学生到国外留学的号召，短短几年内，异国寻梦、创造斑斓人生成为广大青年的现实选择。1994 年，中央国家机关第一次面向社会公开招聘 5000 多名国家公务员，从计划时代的“组织选人”到市场经济中的“人选组织”，高墙大院的机关也给青年人提供了公平竞争的平台。作为“中国的第二次革命”的改革开放，对中国社会的撼动无疑是前所未有的。随着整个社会管理体制变得宽松与开放，社会流动变得频繁与常态，从沿海到雪域，从南疆到北国，任何一个拥有抱负和追求的青年，都可以无拘无束地编织自己的青春花环。当有近 1 亿的农村青年跨越城乡结构的二元鸿沟，以多种不同的职业身份，成为现代都市文明不可或缺的创造者时，他们不约而同地发出了共同的心声：新时代青年的人生道路在中国特色社会主义道路上将越走越宽广，越走越自信。

1979年，“从我做起，从现在做起”，作为清华大学某团支部“建设社会主义”讨论会的主题口号，一经提出便不可阻挡地飞离清华园。1981年，中国女排七战七捷勇夺第三届世界杯女排冠军，北大学生喊出的“团结起来，振兴中华”迅即从北京传向全国。两句口号形成一个时代撼天动地、席卷神州的力量，激起了新时代青年的热血和激情。在改革开放和社会主义现代化建设中，中国青年用自己的青春为祖国和人民奏响了一曲曲时代的壮歌。从共青团中央发出的社会爱心事业“希望工程”到弘扬社会文明新风的“青年文明号”，从建筑工地上始终飘扬的“青年突击队”旗帜到为了中华民族未来而实施的“保护母亲河行动”，在一批又一批优秀青年的影响下，更多青年加入到“奉献、友爱、进步、互助”的行列。中国青年的身影活跃在祖国建设的各条战线，定格在整个社会关注和期许的目光中。

新时代的青年更懂得青春的价值就在实现中国梦的奋斗中，青春的风采就在为了国家富强、民族振兴、人民幸福而无怨无悔的奉献中。这是当代青年用生动实践在爱国主义这面大旗上写下的赤子情怀。

其二，新时代的青年是建设创新型国家的排头兵。

科学是一个国家振兴、发展和强盛的不竭动力。青年是推动科学进步的重要力量，是建设创新型国家的排头兵。1978年3月18日，全国科学技术大会开幕，来自各条战线的优秀科技工作者、技术革新能手和科学种田模范出席了这次科学史上的盛会。邓小平提出“四个现代化，关键是科学技术的现代化”，成为鼓舞新一代青年奋斗的巨大精神力量。充满生机与活力的时代，永远属于开拓创新的年轻一代。打造“中国芯”的创新英雄胡伟武，带领“龙芯”研制组研制出我国首枚拥有自主知识产权的通用高性能微处理芯片；被誉为“杂交玉米之父”的李登海，三十多年时间6次开创和刷新我国夏玉米的高产纪录，成为紧凑型玉米研究的创始人；着力打造令国人骄傲的国际品牌的华旗资讯总裁冯军，旗下的“爱国者”成为中国优秀的民族IT品牌，成功打入国际市场；还有为中华民族的飞天梦想做出举世瞩目成就的神舟飞船、载人航天运载火箭和“嫦娥一号”探月工程的那些年轻精干的科研团队，等等。据统计，在第一届至第六届“中国青年科技创新奖”获得者中，就有620名优秀青年科技工作者。此外，“青年星火带头人”，大学生“挑战杯”科技创新，“中国青年科学家奖”等活动中，还涌现出成千上万名优秀青年科技标兵，他们在国际国内同行业领域中，都创造了独特而卓越的成就。跟上世界科技进步的步伐，加快科技创新、知识创新，必须靠一批又一批优秀的青年脱颖而出。全面建成小康社会要靠科学理论的指引，现代化建设更离不开先进科技的武装。在科学技术日新月异的今天，最富改革精神与创新意识的当代青年拥有独一无二的科技创新制高点，在创新型国家建设中，他们永远是时代追逐的闪光点。

其三，新时代青年勇于解放思想、改革创新。

改革开放三十多年来，中国迈上了一个新的台阶，走到了一个新的起点。然而，面对经济全球化和政治多极化的风云变幻，在实现全面建成小康社会的目标中，如何进一步解放思想、改革开放，仍有大量新情况新变化需要我们认识和研究，有大量新课题新考验需要我们解决和应对。如果说三十多年前的改革起步需要青年勇开风气之先、敢闯敢冒敢为的精神，那么，今天的发展则需要国际眼光、战略思维和全局观念，要求青年不仅要有理想、激情、勇气和斗志，还要有理性、务实、和谐、效率和科学的观念与思维。青年是一个社会自我更新的活力所在，争当思想解放的先锋，争当科学发展的鼓手，历史使命义不容辞、任重道远。

青春代表着理想，代表着希望，代表着力量，代表着信心，代表着美好的明天。一个富有远见的民族，总会把关爱的目光投向青年；一个富有远见的政党，总会把培养青年作为自己崇高的历史使命。从一代代青年身上，我们可以预见国家和民族的未来。青年一代有理想、有担当，国家就有前途，民族就有希望，实现我们的发展目标就有源源不断的强大力量。青年是时代的弄潮儿，有梦想才有希望，有希望才会为之奋斗。青年人的梦想有多大，中国未来的发展就有多大。今天中国的青春能量，要靠中国梦去激发，为实现中国梦奉献智慧和力量。目前，我国还处在社会主义初级阶段，经济文化相对落后于发达国家，社会事业、经济建设、科技教育、管理体制等诸多方面还面临着严重的困难。所有这一切要求青年要有一种勇于拼搏的精神，有一种埋头苦干、负重前进的实践精神。把远大的理想同艰苦奋斗的精神统一起来，把个人价值的实现同服务祖国人民统一起来，投身实现中华民族伟大复兴的实践之中，磨练意志、砥砺品质、提高素质、建功立业。

二、中国共产党历来重视青年和青年工作

“在革命、建设、改革各个历史时期，中国共产党始终高度重视青年、关怀青年、信任青年，对青年一代寄予殷切期望。中国共产党从来都把青年看作是祖国的未来、民族的希望，从来都把青年作为党和人民事业发展的生力军，从来都支持青年在人民的伟大奋斗中实现自己的人生理想。”①青年是希望的符号，是未来的表征，从人类历史的发展来看，任何一个有远见的政党总是把关注的目光投向青年，总是把青年看作推动历史发展和社会前进的重要力量。中国共产党是中国人民和中华民族的先锋队，是中国特色社会主义事业的领导核心，是马克思主义的先进政党。中国共产党的先进性决定了它必然会高度重视青年和青年工作，必然最善于把关注的目光投向青年。回首中国革命、建设、改革的各个历史时期，中国共产党始终以马克思主义青年思想为指导，紧密结合中国实际和时代特征，高度重视青年在各个历史时期的作用和工作。

以毛泽东为首的第一代中央领导集体对青年群体的态度一直是高度赞美、极其喜爱的，并要求青年与工农大众相结合，在革命和建设的历史进程中做人民大众的先锋队，起引领示范作用。在毛泽东看来，青年是新生力量，比老年人更具革命性、进取性、创造性和主动性，更具希望，这是自然辩证法的规定：“世界是青年的，

---

① 习近平：《在同各界优秀青年代表座谈时的讲话》，《人民日报》2013年5月5日。

长江后浪催前浪，譬如积薪、后来居上。”①“我们要承认这一条。”②他在《中山县新平乡第九农业生产合作社的青年突击队》按语中，着重强调了青年的特点：“青年是整个社会力量中的一部分最积极最有生气的力量。他们最肯学习，最少保守思想，在社会主义时代尤其是这样”③。青年革命性、创造性、向上性的特质、青年人自身的青春朝气与活力，与毛泽东本人自始至终高昂的战天斗地的斗争精神、不懈探索的人生态度也是相吻合的，这也是他喜爱青年、更喜欢和青年交谈、互动的原因之一。毛泽东第二次访苏时接见中国留苏大学生时说：“世界是你们的，也是我们的，但是归根结底是你们的。”“你们青年人朝气蓬勃，正在兴旺时期，好像早晨八、九点钟的太阳。希望寄托在你们身上。”“一起动手，人人振奋，移风易俗，改造我们的国家。”这些对青年寄予厚望与喜爱的话语在当时传遍了神州大地，一直流传到今天，还要传到永远。④这都可以看出毛泽东对青年的偏爱、认同、歌颂，以及从哲学辩证法的维度对其进行把握的态度。

改革开放新时期，邓小平统揽世界政治经济大格局，站在关系党、国家和民族前途命运的战略高度，以建设中国特色社会主义事业作为观察和思考问题的根本出发点，针对我国青年和青年工作新时期面临的新情况、新问题，以无产阶级战略家的眼光，高度重视青年工作，提出了一系列重要的青年论述。青年是社会主义事业的未来和希望，努力把青年培养成社会主义事业的接班人，是马克思主义青年观的基本内容。邓小平瞄准现代世界对人的素质要求这个关键问题，同时又根据建设中国特色的社会主义这个实际，提出了要把青年培养成“有理想、有道德、有文化、有纪律”的社会主义

---

① 《建国以来毛泽东文稿》第7册，中央文献出版社1992年版，第195页。

② 《建国以来毛泽东文稿》第7册，中央文献出版社1992年版，第383页。

③ 《毛泽东文集》第6卷，人民出版社1999年版，第466页。

④ 逄先知、金冲及：《毛泽东传》四，中央文献出版社2011年版，第1724页。

事业的建设者和接班人，他明确指出，要使建设中国特色社会主义事业不断推向前进，“需要我们几代人，十几代人，甚至几十代人坚持不懈地努力奋斗”①。1984年10月，在我国社会主义现代化建设“三步走”的发展战略拟定之后不久，邓小平就语重心长地告诫全党：“成功不成功就看我们能不能够发现一批年轻人。……其他方面出这个那个毛病不要紧，但是这个问题解决不好，将来要出大问题，要犯大错误。……年轻的上不了，事业怎么能兴旺发达。”②培养青年，教育青年是事关社会主义事业后继有人的大事，基于这样一种高屋建瓴的考虑，邓小平高度重视青年工作，一再要求，要注意下一代接班人的培养，“青年一代的成长，正是我们事业必定发达的希望所在”③，从战略上确立了青年和青年工作的地位。

江泽民作为党的第三代中央领导集体的核心，面对世界性竞争的挑战，站在中华民族兴衰存亡的历史高度，以深邃的战略眼光，时刻关注着青年，关心着青年，指引着青年。特别是在世纪交替之际，面对国际风云变幻和改革开放的新形势，他以新的历史条件下我国青年和青年工作面临的新情况、新问题为依据，高瞻远瞩地提出了一系列体现时代主题，体现社会发展规律和青年自身发展规律的科学论述，为青年一代的茁壮成长指明了方向。江泽民继承毛泽东和邓小平的青年观，立足中国实际，着眼世界发展的未来趋势，把青年视为国家的未来和民族的希望。1990年5月3日，江泽民在首都青年纪念五四报告会上指出：“青年是社会中最富有活力的部分，是我们事业的希望。二十一世纪是你们的世纪。中国社会主义现代化建设的重任，历史地落到了你们的肩上。”④1998年5月，他在与团中央新一届领导班子和团的十四大部分代表座谈时强调指

---

① 《邓小平文选》第3卷，人民出版社1993年版，第379~380页。

② 《邓小平文选》第3卷，人民出版社1993年版，第92页。

③ 《邓小平文选》第2卷，人民出版社1994年版，第95页。

④ 江泽民：《爱国主义和我国知识分子的使命——在首都青年纪念五四报告会上的讲话》，《人民日报》1990年5月4日。

出：从一定意义上讲，青年兴则国家兴，青年强则国家强，青年有希望，未来的发展就有希望。“青年是祖国的希望所在，是中国未来的曙光”，“未来世界谁主沉浮？就是青年一代”①。他对青年说：“二十一世纪是你们的世纪。中国社会主义现代化建设的重任，历史地落在你们的肩上。老一代牺牲奋斗取得的成果，需要你们去巩固和发展。老一代坚持革命斗争方向的英勇精神，需要你们去继承和发扬。社会主义祖国的美好未来，需要你们去创造。”②“希望广大青年和全国人民一道，在党的基本理论和基本路线的指引下，同心同德，勇于开拓，向着新世纪前进。”③1998 年 5 月 4 日，在北大百年校庆大会上，江泽民再一次表达了对青年一代的无限信任：“祖国的未来是无限美好的，青年的未来也是无限美好的。祖国和民族的希望寄托于青年。”④江泽民站在社会和历史发展的高度，对青年寄予了热情的期望和无限的信任。

以胡锦涛为总书记的党中央，面对国际国内新形势，立足于中华民族伟大复兴和社会主义现代化建设的战略高度，针对新时期我国青年和青年工作面临的新情况、新问题和新挑战，时刻关注青年、关心青年、指引青年、重视青年。早在 2000 年 7 月 11 日，胡锦涛在全国青联九届一次全委会和全国学联二十三大上的祝词中指出：“广大青年和青年学生主动适应时代的要求，刻苦学习，积极实践，自强不息，艰苦创业，在社会主义物质文明和精神文明建设中发挥着越来越重要的作用，在人生和事业的道路上迈出了新的可喜的步伐。特别是在百年未遇的特大洪涝灾害的严峻考验面前，在新中国成立 50 周年和香港、澳门回归祖国的喜庆日子里，在捍卫

① 共青团中央，中共中央文献研究室：《毛泽东，邓小平，江泽民论青少年和青少年工作》，中央文献出版社 2000 年版，第 262 页。

② 共青团中央，中共中央文献研究室：《毛泽东，邓小平，江泽民论青少年和青少年工作》，中央文献出版社 2000 年版，第 235 页。

③ 共青团中央，中共中央文献研究室：《毛泽东，邓小平，江泽民论青少年和青少年工作》，中央文献出版社 2000 年版，第 318 页。

④ 《江泽民在庆祝北京大学建校一百周年大会上的讲话》，《人民日报》1998 年 5 月 4 日。

国家主权和尊严、维护祖国统一的复杂斗争中，广大青年和青年学生的高度社会责任感和强烈爱国主义精神、敢于战胜一切困难的巨大勇气和顽强毅力得到了集中的体现。事实充分证明，当代青年的确是奋发向上、大有希望的一代，是开拓进取、大有作为的一代。党和国家为有这样一代青年而感到欣慰和自豪。"①同年，12 月 19 日，胡锦涛在共青团十四届四中全会上指出："青年是整个社会中一部分最积极最有生气的力量青年人朝气蓬勃，思维敏捷，敢为人先，最少陈旧观念，最具创造活力，是创新的希望所在。"②2005 年 2 月，胡锦涛给澳门劳工子弟学校学生回信："你们正处在风华正茂的年代，在你们身上，寄托着国家和民族的希望。"③2007 年 5 月，胡锦涛在人民大会堂会见耶鲁大学百名师生代表团指出，青年不仅肩负着开创本国人民美好未来的使命，而且肩负着开创世界人民美好未来的使命。这一系列论述，表明了中国共产党人对青年及青年工作的强调和重视。

以习近平为总书记的党中央多次提出，青年是祖国的未来，民族的希望，是党和人民事业发展的生力军，是实现中国梦的重要力量。习近平同毛泽东、邓小平、江泽民、胡锦涛等历届领导人一样，重视青年在民族和国家发展中的重要地位和作用，其在 2013 年 5 月 4 日同各界优秀青年代表座谈时发表的重要讲话中指出："历史和现实都告诉我们，青年一代有理想、有担当，国家就有前途，民族就有希望，实现我们的发展目标就有源源不断的强大力量。"④不仅如此，在当今社会，全民共筑中国梦的历史时期，习近

---

① 《在实现中华民族伟大复兴的进程中谱写更加壮丽的青春之歌——在全国青联九届一次全委会和全国学联二十三大上的祝词》，《光明日报》2000 年 7 月 12 日。

② 《胡锦涛在共青团十四届四中全会上的讲话》，《中国青年报》2000 年 12 月 20 日。

③ 《胡锦涛给澳门劳工子弟学校学生回信》，参见新华网 http://news.xinhuanet.com/newscenter/2005-02/21/content_2600794.htm。

④ 习近平：《在同各界优秀青年代表座谈时的讲话》，《人民日报》2013 年 5 月 5 日。

平进一步提出，青年是实现中国梦的重要力量。他在给北京大学学生回信中勉励当代青年："当代青年建功立业的舞台空前广阔、梦想成真的前景空前光明，希望大家努力在实现中国梦的伟大实践中创造自己的精彩人生。"①

中国共产党主要领导人关于青年一以贯之的论述，充分体现了中国共产党一如既往、一以贯之的关心青年成长成才，高度重视青年工作，对青年一代寄予厚望的中国共产党青年观的本质。当代青年唯有积极响应党的号召，紧密团结在党的周围，刻苦学习，努力奋斗才能在中国特色社会主义事业的伟大实践中焕发绚丽的光彩，谱写青春壮美的诗篇。

三、中国梦与青年梦是统一的

青春之路有千万条，但青年的奋斗只有与国家和民族的需要有机结合，才能创造出更大的功业，焕发出更绚丽的光彩。实现国家富强、民族振兴、人民幸福的中国梦与实现自我发展、自我价值、自我梦想的青春梦是统一的。

(一)中国梦与青年梦的根本精神是统一的

对于青年来说，中国梦首先应该是成才之梦。实现自身的全面发展，成为合格的建设者和接班人，成为对国家、社会有用的人，这其实是青年最朴素的理想和追求。有了这个理想和追求，青年才可能真正地建立起与中国梦的对接。中国梦具有多个维度，从价值维度来看，就是在民族复兴的伟大进程中，更好地实现人的全面发展。青年要有责任意识，要勇于担当，自觉地把个人成才和国家发展、社会进步联系在一起；还要注重多元复合的知识积累，将思想政治素质、科学文化素质、身心健康素质的协调发展结合起来，真

① 习近平：《青年要自觉践行社会主义核心价值观——在北京大学师生座谈会上的讲话》，《人民日报》2014 年 5 月 5 日。

正成为德智体美全面发展的建设者和接班人；要将基础知识的广博与专业知识的精深结合起来，不仅掌握本学科基本的理论、知识和技能，还要兼修其他学科的知识，并且形成综合性的知识结构体系；要自觉接受系统严格的实践训练，注重将实践经验积累与理论升华结合起来，到西部，到基层，到艰苦的地方去，“增益其所不能”，让青春和生命在祖国最需要的地方闪光。让知识通过实践的作用，外化为卓越的事业和成就，内化为自身的素质和能力，在人生奋斗的历程中，实现自身的价值。

对于青年来说，中国梦更是报国之梦。建设中国特色社会主义的共同理想是中华民族在实践中形成的、对未来社会和自身发展的向往和追求，是中华民族在现阶段奋斗目标的集中体现。历史告诉我们，广大青年的命运时刻都同国家、民族和人民的命运紧紧相连。要自觉树立和坚持崇高的理想信念，将个人发展与国家需要紧密结合起来，心有国家，不畏艰难，锐意进取，为祖国和人民建功立业，在报效国家的过程中成就事业。“一个大国，绝不可能指望只在掌声中前进”，一个大国的青年也不能在没有掌声的时候迷失了方向。能否正确地应对前进中的喧嚣和挫折，是对广大青年能否准确把握中国梦的内涵，坚持道路自信、理论自信、制度自信，培养大局意识和理性智慧的考验。

对于青年来说，中国梦也是创新之梦。一个民族、一个国家的创新精神在很大程度上，需要在对青年的教育进程中逐步培育。中国梦的实现需要迎接世界科技革命的严峻挑战，需要大批具有开拓能力的创新型人才。创新型人才，不仅仅表现为智力或创造性思维的突出，更表现为创造性人格的卓越。美国心理学家韦克斯勒对诺贝尔奖获得者青少年时代智商资料的研究表明，诺贝尔奖获得者大多数不是高智商，而是中等或中上等智商，但他们的人格与一般人有很大区别。所以，广大青年在学习成长中，不仅要重视培养创造性思维，而且要特别关注创造性人格的养成，不仅要有推陈出新、和而不同的智慧与才能，也要着力培养敢于创新、善于成事、勇于面对困难和失败的进取精神与探索精神。

英国天文学家普罗克特曾说：“梦想一旦被付诸行动，就会变得神圣。”梦想需要奋斗，要实现中华民族伟大复兴的中国梦，必须脚踏实地，抓住每一个今天。中国梦是国家的、民族的，也是每一个中国人的。“得其大者可以兼其小”，当代青年只有通过正确认识国家与民族的昨天、今天、明天，将“小我”的追求融入“大我”的梦想中，把青春的梦想融于共筑中国梦之中，把美好青春投入到实现民族复兴的伟大事业，加倍努力、不懈奋斗，才能谱写人生的精彩、事业的成功、无悔的青春。

(二)中国梦与青年梦的历史流脉是统一的

当年梁启超在《少年中国说》中，曾激情寄望青年“如朝阳，如乳虎”。回顾近代以来的中国历史，我们这个国家之所以能够屹立不倒并走向伟大复兴，离不开一代又一代青年怀揣梦想、挥洒激情、奉献牺牲。青年始终是最积极、最活跃、最有生气的力量。在新时代成长的一代青年，朝气蓬勃、充满生机，预示着我们国家更加美好的未来。

从历史的纵轴上看，中国梦就是青年渴望的强国梦。近代以来，为了实现民族独立、国家富强、人民幸福，一代代青年前赴后继，书写了中华民族伟大复兴的壮丽篇章。从“为中华崛起而读书”的开国元勋，到为了成功研制“两弹一星”甘愿在大漠中隐姓埋名的海归青年科学家群体，每一代爱国青年都在中国共产党的领导下燃烧激情岁月，为实现祖国富强而英勇奋斗。可以说，中国青年运动的轨迹与实现中国梦的历程相互交织，其内在逻辑是相统一的，对于青年来说，实现中国梦，谁都不是看客，更不应是过客，而应该是乘客。

从改革开放的横轴上看，中国梦也是青年追求的成才梦。尽管不同时期不同个体青年的梦想千差万别，但立志成才却是大家共唱的“同一首歌”。从独领风骚的IT精英占领财富榜，到普通修脚女工成为全国人大代表，没有30余年改革开放和社会创新的“变革之梦”，不会有今日青年百舸争流的成才环境。中国梦对青年而言，就是一种休戚相关的发展红利。

从未来发展的趋势上看，中国梦更是青年共享的幸福梦。中国梦是国人美好梦想的汇集和体现，每个中国人自身的各种梦想，也只有在中国梦实现的前提下，才能充分具备实现条件。放眼望去，从现在起到本世纪中叶是实现中国梦的关键时期，也是当下青年人从青年步入中年的黄金时期。这意味着，现在的青年既是中国梦奋斗过程中的参与者，也是中国梦实现后四海同庆的分享者。

中国梦，寄托着中华民族永不褪色的集体记忆和意志情怀，昭示着中华民族崇高的目标理想和美好未来，激励着广大青年振兴祖国的必胜信念和壮志豪情。“长风破浪会有时，直挂云帆济沧海。”青年是国家的未来、民族的希望，广大青年在历史的新起点上，定会躬身力行、不辱使命，为实现中华民族伟大复兴贡献智慧和力量！

(三)中国梦与青年梦的实现路径是统一的

梦想是美好的，但实现梦想却是艰难的。如同望远镜可以帮助我们看清远方的目标，但却代替不了我们行走的路程。因此，最快的行走不是跨越，而是持续；最慢的行走也不是小步，而是徘徊。在如今这个信息多元化、价值功利化、利益分众化、理想碎片化的社会情境下，美好的梦想之光，如何照进我们的现实之窗，值得每一个青年深思。

实现中国梦与青年梦，就要坚定不移地走中国特色社会主义道路。中国梦的实现，有赖于对正确道路的选择。近代历史上，康有为、梁启超、谭嗣同、孙中山等先进的中国人都曾有过中国梦，并为之英勇奋斗过，有的甚至献出宝贵的生命，然而他们的努力无一例外地都失败了，原因就在于没有找到正确的道路。现在，实现中国梦的正确道路已经开辟，这就是中国特色社会主义道路。历史已经证明，这条道路是实现中华民族伟大复兴的唯一正确的道路。当代有志青年要坚定理想信念，增强对中国特色社会主义的理论自信、道路自信、制度自信，坚定不移、义无反顾地沿着这条民族复兴之路为伟大梦想的实现而奋斗。

实现中国梦与青年梦，就要坚定不移地跟着中国共产党走。中国共产党是中国特色社会主义事业的坚强领导核心。90多年来，党始终关注青年、关心青年、关爱青年，始终同广大青年在一起。中国青年运动发展的历史和现实昭示人们：只有坚持中国共产党的领导，中国青年运动才能沿着正确方向蓬勃发展；只有坚定不移地跟中国共产党走，广大青年才能在正确的人生道路上迅跑。在实现民族复兴的奋斗中，当代有志青年要成就远大抱负，同样不能离开中国共产党的领导，必须坚定不移地高举中国特色社会主义旗帜跟党走，做到党有号召、我有行动。

青年之于国家，意味着未来。青年之兴衰决定民族之兴衰，青年之未来决定中国之未来。中国共产党人始终高度重视青年，把党和人民的事业寄望于青年。习近平总书记对当代青年的深情嘱托和殷切期望，必将极大地激励广大青年播种梦想、点燃梦想，勇于追梦、实干圆梦，让美好青春为实现壮丽的中国梦而绽放。

四、实现中国梦是青年义不容辞的使命与担当

(一)中国梦指引青年成长成才

人的成长与发展需要有正确的方向指引，需要强大的动力支撑，也需要坚实的现实根基。作为与实现中国梦两个“百年目标”合拍同行的当代青年，需要以高度的历史责任感主动担当起实现中国梦的神圣使命，并以中国梦指引自身的成长成才之路。

第一，中国梦指引青年确立科学的人生理想。

理想作为一种人类特有的精神现象，是人类社会实践的产物。人们在改造客观世界和主观世界的实践活动中，在努力满足当下物质和精神需求的同时，还会不断产生关于未来的美好憧憬和向往，并以此作为自己改造现状、走向未来的追求目标的动力源泉。从本质上讲，理想就是人们在实践中形成的、有可能实现的、对未来社会和自身发展的向往与追求，是人们的世界观、人生观和价值观在奋斗目标上的集中体现。人作为一个生成中、过程中的存在，理想

是人永远走在为未来而前行的路上的根本原因。孔子说："三军可夺帅也，匹夫不可夺志也。"志向之所以重于三军之帅，是因为即使对于一介凡夫俗子而言，理想的丧失亦意味着他作为一个过程中的人其"生成"的终结。因此，理想之于人生，不是风花雪月的浪漫，而是人之为人的必需。

然而，所谓"人各有志"就是讲人们的理想有很多种类型，"南辕北辙"的典故告诉人们，目标和方向的偏失往往导致最根本的错误。那些缺乏现实基础、没有实现可能，或者无益于个体与社会发展进步的"理想"，我们称为空想、幻想甚至妄想，具有一定的虚幻性和不科学性，会将人们引入误区。反之，只有那些紧紧植根于社会现实、具有现实可能性的目标才称为科学的理想，只有科学的理想才能够推动个体与社会发展进步。既然科学的理想基于现实并推动现实改造和发展，它就理应体现出个体理想与社会理想的有机统一。因此，人类不仅仅需要理想，而且需要在众多理想中选择科学的理想来为人生导航定向；人们不仅仅需要个体理想，而且需要在与社会理想的有机统一中选择个体理想并以此保证其现实可能性。

当代青年正处于人生发展定向的关键阶段，能否选择和确立科学的人生理想，是关系到未来走什么路、做什么人的人生重大问题。青年要树立科学的人生理想，就要正确认识和深刻理解当代中国的社会现实和基本国情，并以此为基点设定人生的奋斗目标和努力方向。当代中国最大的现实就是中国特色社会主义的伟大实践，最切实的社会发展目标就是中国特色社会主义的共同理想，这也是以"两个一百年"目标为标志的实现中华民族伟大复兴的中国梦的题中之义。这个最大的现实提供了当代青年产生、选择和确立人生理想的社会基础和现实规定，这个宏伟的共同理想则为青年选择和确立个体理想指明了方向和参照。当代青年人生理想的确立需要中国梦的指引。正如习近平在同各界优秀青年代表座谈会上所指出的："理想指引人生方向，信念决定事业成败。没有理想信念，就会导致精神上'缺钙'。中国梦是全国各族人民的共同理想，也是青年一代应该牢固树立的远大理想。中国特色社会主义是我们党带领人民历经千辛万苦找到的实现中国梦的正确道路，也是广大青年应该牢固确立的人生信念。”①

第二，中国梦提供青年成长成才的人生动力。

在物理世界里，物体运动状态的改变需要受到外力的作用。在人生的成长历程中，人生状态的改变同样需要有强大的人生动力作为支撑。正如海伦·凯勒曾说：一个人拥有了高飞的冲动，就再也不会满足于在地上爬行。这种“高飞的冲动”就是青年成长成才的人生动力。

那么，人生动力的源泉又来自哪里？有人为一己之私利而奋斗，他所有的人生动力便来自一切有助于增进个体私利的诱惑，权力、地位、金钱、美食、声色等都可成为其奋斗的动力源泉。然而这些一己之私，正如老子所言：五色令人目盲，五音令人耳聋，五味令人口爽，驰骋畋猎令人心发狂，难得之货令人行妨。沉溺个人物欲私利的追求没有止境，是一条令人“目盲、耳聋、口爽、心狂、行妨”的人生绝境。冯友兰将人生划分为“自然、功利、道德、天地”四重境界，一个只停留于物欲私利的人，只是局限于低级的自然、功利境界中，而人生境界的提升则需要朝向道德与天地境界挺进。有道德境界的人能了解到社会的存在，自觉自己是社会整体的一部分，并自觉为社会利益做事。天地境界则是一个人了解到超乎社会整体之上宇宙的存在，并自觉为宇宙利益做事的最高人生境界。因此，一个人要获取人生发展的前进动力而又不至于在不断追逐物欲私利中迷失自我，就需要跳出自然、功利的低级境界，努力向自觉为社会乃至宇宙服务的道德境界、天地境界提升。

在当代青年的成长成才过程中，自觉为社会服务的道德境界，实质上就是自觉地将个体的成长成才融入中华民族复兴的洪流伟业之中，在为中国梦努力奋斗的历程中实现自我的人生价值。正如习近平所说：“中国梦是国家的梦、民族的梦，也是包括广大青年在内的每个中国人的梦。得其大者可以兼其小。只有把人生理想融入

① 习近平：《在同各界优秀青年代表座谈时的讲话》，《人民日报》2013年5月5日。

国家和民族的事业中，才能最终成就一番事业。”①

第三，中国梦明确青年报效祖国的责任担当。

中国梦不能靠做梦实现，理想也不能靠冥想达成。实干兴邦，空谈误国。即使理想离我们只有一步之遥，幸福也不会主动来敲门。走向理想的每一步都需要艰辛的奋斗，都需要一步一个脚印的实干。事实上，未来十年将是实现中华民族伟大复兴第一个“百年目标”最为宝贵和关键的十年，也是中国改革开放涉入深水区、进入攻坚阶段的艰难时刻。我国劳动力红利正在消失，“中等收入陷阱”风险加大，经济与社会双重转型的风险与挑战难以回避，一些西方国家的遏制以及周边国家的冲突合围不断，一些国家贸易保护主义不断抬头，经济全球化掩饰下的西方意识形态渗透从未停歇。这一切都警示我们，即使在经济全球化席卷世界的背景下，民族国家仍旧是国际秩序的基本主体，国家仍旧是每一个公民最坚实的后盾与屏障，国家利益也仍旧是个体利益最可靠的捍卫者和守护人，热爱祖国、保卫祖国、报效祖国的爱国主义精神仍旧是时代强音。

因此，一切怀抱远大理想的青年，其人生发展与价值实现都必须植根于祖国繁荣强大的沃土之上。报效祖国是每一个公民，当然也是青年义不容辞的责任担当。历史和现实都告诉我们，青年一代有理想、有担当，国家就有前途，民族就有希望，实现发展目标就有源源不断的强大力量。“中国梦是历史的、现实的，也是未来的”，“是国家的、民族的，也是每一个中国人的”，“是我们的，更是你们青年一代的”②。这个道理，无论在救亡图存的近代中国历史上，还是在今天改革开放和社会主义现代化建设年代，其实质都是一样的。孙中山为代表的资产阶级革命党人“亟拯斯民于水火，切扶大厦于将倾”，甘为“四万万同胞受死”；无数共产党人只因“中华民族到了最危险的时候”，甘愿视死如归地“冒着敌人的炮

① 《习近平给北京大学学生回信勉励当代青年勇做走在时代前面的奋进者开拓者奉献者》，《人民日报》2013 年 5 月 5 日。

② 习近平：《在同各界优秀青年代表座谈时的讲话》，《人民日报》2013 年 5 月 5 日。

火前进”；有“娃娃博士”之称的邓稼先，在美国获得博士学位9天之后便谢绝师友挽留毅然回国投入祖国原子弹事业……他们无一不是将个人事业与祖国命运紧密结合在一起的典范。祖国因他们的奉献而独立解放、繁荣昌盛，他们的名字则因之而永远镌刻在历史丰碑之上。

今天的中国，奥运梦、世博梦、高铁梦，梦已成真，神话传说般的飞天梦、潜海梦、航母梦，梦已初圆，广大青年正是这一支支追梦大军的主力和中坚。未来中国，还有更多更美的梦想在向当代青年发出召唤。正如党的十八大指出的：“中国特色社会主义事业是面向未来的事业，需要一代又一代有志青年接续奋斗。”①这要求广大青年珍惜宝贵的青春，以爱国之情、强国之志、报国之才勇敢担当起建设青春中国的神圣使命，让青春焕发出绚丽的光彩。

(二)传承与实现中国梦是青年义不容辞的使命与担当

“建设富强民主文明和谐的社会主义现代化国家，是我们的目标，也是我们的责任，是我们对中华民族的责任，对前人的责任，对后人的责任。”②青年是祖国的未来，是民族的希望，“中国梦”的实现离不开青年力量的强力付出和支持。中国共产党历来重视青年工作，党自成立之日起，“就始终代表广大青年、赢得广大青年、依靠广大青年”。“青年是祖国的未来、民族的希望，也是我们党的未来和希望。全党都要关注青年、关心青年、关爱青年，倾听青年心声，鼓励青年成长，支持青年创业。党对青年寄予厚望，人民对青年寄予厚望。全国广大青年一定要深刻了解近代以来中国人民和中华民族不懈奋斗的光荣历史和伟大历程，永远热爱我们伟大的祖国，永远热爱我们伟大的人民，永远热爱我们伟大的中华民

① 《十八大以来重要文献选编》上，中央文献出版社2014年版，第44页。

② 习近平：《青年要自觉践行社会主义核心价值观——在北京大学师生座谈会上的讲话》，《人民日报》2014年5月5日。

族，坚定理想信念，增长知识本领，锤炼品德意志，矢志奋斗拼搏，在人生的广阔舞台上充分发挥聪明才智、尽情展现人生价值，让青春在为党和人民建功立业中焕发出绚丽光彩。”①习近平亦指出：“广大青年对五四运动的最好纪念，就是在党的领导下，勇做走在时代前列的奋进者、开拓者、奉献者，以执着的信念、优良的品德、丰富的知识、过硬的本领，同全国各族人民一道，担负起历史重任，让五四精神放射出更加夺目的时代光芒。”②青年要在中国共产党的领导下，艰苦奋斗、自强不息，为实现中华民族的伟大复兴贡献青春和才智。

其一，要坚定理想信念，永远跟党走，把中国特色社会主义事业不断推向前进。

理想信念问题是一个至关重要的带根本性的问题，关系到我们举什么旗、走什么路，关系到党和国家的前途命运，也关系到青年的成长进步。理想信念是共产党人的精神支柱和根本动力，也是青年群体的政治灵魂和向度坐标。古人讲，“人生如屋，信念是柱”。正确的理想信念是建立在科学理论基础之上的，理论上的坚定清醒是政治上坚定清醒的前提和基础。“不闻大论，则志不宏；不听至言，则心不固。”只有把理想信念建立在科学理论的基础上，才能“任凭风起浪涌，我自岿然不动”。这就要求青年要认真学习马克思主义基本原理，认真学习毛泽东思想和中国特色社会主义理论体系，掌握辩证唯物主义和历史唯物主义的思想武器。只有牢固树立马克思主义的世界观和方法论，才能正确观察事物、判断形势、分析问题，善于从纷繁复杂的现象中看到事物的本质和主流；才能在实现中国梦的艰难路途中坚守政治立场，做到不迷路、不退缩、不怀疑，在践行中国梦的伟大道路中奋勇前行。

其二，认清现实，保持谨慎，不断提升科学文化素养，提高创

① 胡锦涛：《在庆祝中国共产党成立 90 周年大会上的讲话》，《人民日报》2011 年 7 月 2 日。

② 习近平：《青年要自觉践行社会主义核心价值观——在北京大学师生座谈会上的讲话》，《人民日报》2014 年 5 月 5 日。

新创造能力。

改革开放以来，中国梦的实现迎来了千载难逢的契机。从外部环境来看，虽然国际局势正在经历着冷战结束以来最为深刻的变化，不稳定、不可测的因素在增多，但是国际形势还是朝着总体和平、稳定、缓和的方向发展。和平与发展仍然是当今时代的主题，求和平、谋发展、促合作已经成为不可阻挡的时代潮流。于此同时，随着经济全球化的进一步深入发展，全球科技突飞猛进及交流不断加深。这种以往新兴大国所不具备的时代条件，为中国通过和平发展道路、实现民族振兴、人民幸福的中国梦提供了难得的历史机遇。但是我们必须清醒认识到，中国梦实现的前路艰难险阻。从人口上来看，中国是人口大国还不是人力资源大国，也没有发展到人才强国的地步。由于有 13 亿人口，不管多么可观的财力物力，只要除以 13 亿那就成为很低的人均水平。从技术水平上看，“中国制造”无处不在，但只是“在中国制造”，而不是“由中国创造”。中国自己的世界名牌屈指可数，中国具有自主创新能力的企业仅为 0.3%，目前我国的科技进步贡献率为 39%，而美国、日本等主要发达国家的科技贡献率现已达到 80%左右。有数据表明：尽管今天我国的科技论文数量世界第一，专利申请世界第一，工程师数量世界第一，但这并未改变我国自主创新能力不足的整体格局，并未形成在全球人才竞争中的优势和产业发展中创新驱动的持续态势。从军事实力看，中国与美俄的战略核力量相差数百倍，主要常规武器装备同日本、印度也有一定差距。毋庸赘言，如果这些状态不能加速改变，在科技与社会发展日新月异的当代，实际上就是在加剧落后。一定程度上，它们已构成我们实现中国梦的重大障碍。这就期待着当代中国青年，作为站在知识与信息前沿的群体，一定要在学习过程中着眼自身素养的全面提升，着力学科视野的综合拓展，着手创新实践的大胆探索。自己不仅要成为一个有知识的人，更要成为一个有见识、有胆识的人，不是空怀激情地呐喊，而是脚踏实地地奉献。这就要求青年在中国改革开放所取得的巨大成就面前保持冷静的态度，时刻谦虚谨慎，加强学习和锻炼，不断提高与时代发展和事业要求相适应的创新素质和创新能力，刻苦学习，长期积累，坚持不懈，踏踏实实，勤勤恳恳，为实现民族复兴不懈奋斗。

其三，上下求索、开拓进取，在平凡的岗位上作出不平凡的成绩。

中国特色社会主义事业是伟大的事业，也是艰巨的事业。推进和完成这一事业，需要广大青年具有坚定的事业观，具有为推进事业而顽强奋斗的精神力量和实践能力。当然，广大青年职业不同，岗位不同，发挥的作用也不同，但我们的目标是一致的。中国特色社会主义事业是时代的要求、人民的愿望，是当代中国发展进步的事业，是全党全国各族人民包括广大青年为之团结奋斗的事业。因此，广大青年在学习、工作中，要以高尚的职业道德和高度的事业心、责任感，勤勤恳恳、扎扎实实地做好本职工作。

其四，带头倡导良好社会风气。

广大青年要切实解决好保持高尚的道德情操和健康的生活情趣问题。道德问题是做人的基本问题，古人说“百行以德为首”，讲的就是这个道理。广大青年要大力加强思想道德建设，自觉践行社会主义核心价值观，培养高尚的道德情操和健康生活情趣，始终保持蓬勃朝气、昂扬锐气、浩然正气，用自己的模范行为和高尚人格感召群众，引领社会风尚，才能在践行中国梦的伟大征程中发挥更大的引领和创造作用。

(三)在实现中国梦的奋斗中彰显青年人生价值

中国梦是青年追求人生价值的共同支点。马克思主义认为，人的本质是社会关系的总和，每一个人自身价值的实现都离不开其所存在的时代环境所提供的客观基础，都要紧密契合时代洪流前进的历史方向。青年是特殊的群体，最富激情，最富梦想，最有创造力，其人生理想的设定和人生价值的实现需要认清历史发展大势，通过自身刻苦努力，将人生的前进道路与时代发展的前进方向统一起来。当今中国正处在全面实现“两个一百年”奋斗目标的历史时期，正处在实现中国梦的历史时期，青年群体人生理想的树立和实现自身价值的努力，都应该融入实现中华民族伟大复兴的时代潮流之中，为实现“中国梦”增添正能量。

其一，青年要在实现中国梦的奋斗中彰显人生价值，就要积极投身于中国特色社会主义事业。

只有把人生理想融入国家和民族的事业中，才能最终成就一番事业。以习近平为总书记的党中央希望广大青年珍惜韶华、奋发有为，勇做走在时代前面的奋进者、开拓者、奉献者，努力使自己成为祖国建设的有用之才、栋梁之材，为实现中国梦奉献智慧和力量。实现中国梦，靠坐而论道、纸上谈兵是不行的。空谈只能雾里看花，误国误民，害莫大焉。实现中华民族伟大复兴，需要一种精神支持和具体行动。这种精神就是中国精神，即以爱国主义为核心的民族精神和以改革创新为核心的时代精神。这种行动就是扎扎实实地实干。中国精神只有转化为强国行动才能彰显出真正力量。

在当前日益激烈的国际竞争中，在实现民族复兴的艰辛历程中，实现中国梦，说到底就是要把自己的事情做好。青年人只有脚踏实地的实干，才能把美丽的梦想变成光辉的现实。习近平指出：“全国广大青少年，要志存高远，增长知识，锤炼意志，让青春在时代进步中焕发出绚丽的光彩。”①广大青年要牢记教诲，永远热爱我们伟大的祖国，永远热爱我们伟大的人民，永远热爱我们伟大的中华民族，刻苦学习、勇于实践，求真务实、艰苦奋斗，敢于吃苦、勇挑重担，与时俱进、开拓创新，用自己勤劳的双手收获成功、托起中国梦。实现中国梦，青年正当时。一切有志于实现中国梦的时代青年，都应扬帆起航、中流击水，在党的指引下把握方向、围绕大局，服务经济发展，促进社会和谐，在全面建成小康社会的奋斗中书写璀璨篇章，在实现中国梦的征程上留下青春的脚印！

其二，在实现中国梦的奋斗中彰显人生价值，就要将自己的梦想统一到中国梦上来。

尽管每位青年都有各自不同的具体梦想，但“好梦才能成真”。

---

① 习近平：《在第十二届全国人民代表大会第一次会议上的讲话》，《人民日报》2013年3月18日。

所谓“好梦”就是具有现实性的理想，就是反映社会发展规律，体现时代精神，符合社会发展需要的理想，而中国梦正是这样的梦，它把握社会前进脉搏，洞悉时代发展规律，反映了中国人民的共同心声，凝聚中华民族的共同意志。因而青年要自觉以中国梦为指引，将个人梦想汇聚到中国梦之中，只有这样才能实现自己的梦想与人生价值。中国梦归根结底是每个中国人的梦，只有将中国梦具体化为每个人的奋斗目标，中国梦才能得以真切地展开，才能“好梦成真”。这是每个青年的历史使命，“广大青年要勇敢肩负起时代赋予的重任，志存高远，脚踏实地，努力在实现中华民族伟大复兴的中国梦的生动实践中放飞青春梦想”①，我们必须以崇高的历史使命感和社会责任感将中国梦落实为自己的奋斗目标，投身到中华民族伟大复兴的实践之中。

其三，在实现中国梦的奋斗中彰显人生价值，就要做到艰苦奋斗、知行合一。

梦想照进现实，关键在于行动、在于实干。要想实现国家富强、民族复兴、人民幸福，就必须依靠青年一代的矢志奋斗。艰苦奋斗、知行合一是中国共产党的优良传统和作风品格，身处深化改革新时期的青年，一定要牢记“忧劳兴国、逸豫亡身”的道理，敢于吃苦、勇挑重担，依靠自己的辛勤努力开辟人生和事业的前进道路；牢记“天下大事、必作于细”的道理，从小事做起、从基础做起，用埋头苦干的行动创造实实在在的业绩；牢记“艰难困苦、玉汝于成”的道理，迎难而上、百折不挠，在千磨万砺中历练人生、收获成功。青年一代时刻要把认同中国梦、践行中国梦、实现中国梦作为坚定的价值取向和自觉的行动追求，主动到基层一线去，到艰苦环境中去，到祖国和人民最需要的地方去，唯有在实践的熔炉中增长见识、砥砺品质、强化本领，才能成为可堪大用、能负重任的栋梁之材，才能彰显自我的人生价值。

青年在践行中国梦的历程中，必须充满道路自信、理论自信、

① 习近平：《在同各界优秀青年代表座谈时的讲话》，《人民日报》2013年5月5日。

制度自信，沿着中国特色社会主义道路奋勇前进，自觉践行社会主义核心价值观，认真学习文化科技知识，努力提高综合素质，积极投身社会实践，凝聚智慧和力量，自强不息，埋头苦干，用青春谱就中国梦想成真的乐章，“当代中国青年一定能够担当起党和人民赋予的历史重任，在激扬青春、开拓人生、奉献社会的进程中书写无愧于时代的壮丽篇章”,① “必将同全国各族人民一道共同见证、共同享有中国梦的实现”②!

---

① 习近平:《青年要自觉践行社会主义核心价值观——在北京大学师生座谈会上的讲话》,《人民日报》2014 年 5 月 5 日。

② 习近平:《在同各界优秀青年代表座谈时的讲话》,《人民日报》2013 年 5 月 5 日。

第十一章
中国梦与各民主党派

习近平在十二届全国人大一次会议闭幕式上讲话指出，“中国梦是国家的、民族的，也是每一个中国人的”①。实现中华民族伟大复兴的中国梦，是全国人民的共同理想，也是当代中国发展进步的最强音。中国梦的实现，一方面需要中国共产党肩负起历史重任，带领中国人民不懈地努力和奋斗；另一方面需要民主党派为中国建设和改革事业作出积极贡献。我国的八个民主党派分别为中国国民党革命委员会、中国民主同盟、中国民主建国会、中国民主促进会、中国农工民主党、中国致公党、九三学社和台湾民主自治同盟。各民主党派作为中国共产党领导的多党合作和政治协商制度中的参政党，具有政治协商、参政议政及民主监督等职能，在实现中国梦的伟大实践中肩负着重要责任和历史使命，是推动实现中国梦的重要政治力量。

---

① 习近平：《在第十二届全国人民代表大会第一次会议上的讲话》，《人民日报》2013年3月18日。

一、各民主党派是实现中国梦的重要政治力量

作为参政党的民主党派是中国革命、建设和改革事业的重要力量，在实现中国梦过程中也责无旁贷，对坚持和发展中国特色社会主义作出突出贡献，同时民主党派的核心价值观与支撑中国梦的中国精神一致，民主党派广泛的代表性决定其作为同心共筑中国梦的重要力量。因此，实现中华民族伟大复兴的中国梦，必须发展和壮大爱国统一战线，发挥民主党派的政治作用。

(一)民主党派对中国道路的贡献

1. 民主党派政治协商职能促进中国特色社会主义终极目标的实现

民主党派的政治协商职能是指各民主党派充分运用人民政协的各种协商方式，对国家和地方的大政方针以及政治、经济、文化和社会生活中的重要问题，对各民主党派参加人民政协工作的共同性事务、政协内部的重要事务以及有关爱国统一战线的其他重要问题，在决策之前和决策执行过程中进行协商讨论，提出科学性意见和建议。《中国人民政治协商会议章程》规定，“中国人民政治协商会议全国委员会和地方委员会可根据中国共产党、人民代表大会常务委员会、人民政府、民主党派、人民团体的提议，举行有各党派、团体的负责人和各族各界人士的代表参加的会议”，对各领域议案进行充分协商。政治协商制度有利于发展社会主义民主政治，有利于发展社会主义经济和文化，有利于构建社会主义和谐社会，同时有利于推进祖国和平统一大业，最终推动中国特色社会主义终极目标的实现，而这一终极目标与中国梦的最终目标是一致的。

民主党派与中国共产党目标的一致性、法律地位上的平等性以及其本身组织结构、党员构成的特征，使得民主党派在政治协商过程中，一方面代表着其成员以及与之相联系的社会群体的利益，另一方面又能够协助中国共产党维护和实现社会公共利益。因此，民

主党派对中国特色社会主义建设以及中国梦的实现具有无可替代的作用。

2. 民主党派民主监督职能促进中国特色社会主义和谐社会的构建

民主党派的民主监督是指在坚持四项基本原则的基础上，通过提出意见、批评和建议的方式进行政治监督，它是我国社会主义监督体系的重要组成部分。由于中国共产党处于领导和执政地位，更加需要自觉接受民主党派的监督。民主党派民主监督的内容为：国家宪法和法律法规的实施情况；中国共产党和政府重要方针政策的制定和贯彻执行情况；党委依法执政及党员领导干部履行职责、为政清廉等方面的情况。民主党派通过提出建议和批评协助中国共产党和国家机关改进工作方式，提高工作效率，克服官僚主义。

由于民主监督属于“自下而上”的非权力性监督，不具备法律约束力和强制性，其意义和作用往往不易被人们所理解，在实际生活中也往往被某些领导干部和工作部门所忽视，但实际上民主监督是中国共产党领导的多党合作和政治协商制度的必然要求。民主党派和中国共产党具有共同的发展目标，因此其监督是以维护和巩固中国共产党执政地位为目的的政治监督，是代表人民群众对中国共产党领导干部的监督，是为帮助中国共产党在执政过程中协调各种关系，为加快和谐社会的构建进程，为建设中国特色社会主义奠定广泛的群众基础，为实现人民幸福提供保障，为实现中国梦创造良好环境。首先，民主党派的民主监督为民主法治的建设提供了保障，通过制度化的形式体现人民民主，而民主法治是实现社会主义和谐社会的重要条件；其次，民主党派的民主监督能够促进社会公平正义的实现，为和谐社会创造优越政治条件；再次，民主党派的民主监督能够营造诚信友爱的社会风尚，促进政党之间形成和谐融洽的氛围，进而引领和谐社会的建设。

3. 民主党派参政议政职能促进中国特色社会主义政党制度的建设

民主党派的参政议政职能是指在中国共产党的领导下，各民主党派参加国家政权，参与国家大政方针和国家领导人选的协商，参与国家事务的管理，参与国家方针政策、法律法规的制定和执行（简称为"一个参加、三个参与"）。民主党派成员在各级人大代表、人大常委会委员和人大专门委员会委员中占有适当比例，在各级人大领导班子成员中占有适当数量，在涉及行政执法监督、与群众利益密切相关、紧密联系知识分子、专业技术性强的政府工作部门领导班子中担任领导职务，对政治、经济、文化和社会生活中的重要问题以及人民群众普遍关心的问题，开展调查研究，及时反映社情民意，积极进行协商讨论，能够通过调研报告、提案、建议案或其他形式，向中国共产党和国家机关提出意见和建议。

参政议政是民主党派的基本职能和中心任务，能够弥补中国共产党在社会管理创新过程中由于所处位置局限、掌握的技术力量不足等而导致的认识和实践方面的不足；民主党派的参政议政促进国家决策民主化，适应了社会和时代要求，具有重要的价值内涵；民主党派的参政议政满足我国社会经济发展新变化提出的社会需求，实现公民政治参与的有序性和多样化。民主党派对中国特色社会主义政党制度的建设具有积极的促进作用，能够有效地推进中国特色社会主义政治文明建设，为中国政治的稳定、社会的发展、国家的富强、民族的复兴提供制度前提和保证，同时为中国梦的实现奠定坚实的制度基础。

（二）民主党派对中国精神的弘扬

1. 民主党派的核心价值观对爱国精神的体现

民族精神是反映在长期的历史进程和积淀中形成的民族意识、民族文化、民族习俗、民族性格、民族信仰、民族宗教，民族价值观念和价值追求等共同特质，是民族生命力、创造力和凝聚力的集中体现，也是民族赖以生存、共同生活、共同发展的核心和灵魂。中华民族五千年的悠久历史，经历朝代的更迭、外敌的入侵、灾害的侵袭，仍然能在苦难和挫折前创造屡次的辉煌和奇迹，主要原因在于每个中华儿女的身上都保留着以爱国主义为核心的团结统一、勤劳勇敢、自强不息的民族精神。民族精神在历史发展中薪火相传，近代以来为捍卫国家领土完整与民族统一，争取民族独立、人民解放和国家富强、人民富裕，中国人民形成了井冈山精神、长征精神、延安精神以及新中国成立以来的“两弹一星”精神、奥运精神等，这些皆是民族精神的真实写照。

纵观民主党派的发展史可以发现，各民主党派从成立之日起，其命运和兴衰就同国家与民族的命运和兴衰紧紧联系在一起。在与中国共产党一道为争取民族独立和人民解放而斗争、为实现民族复兴而奋斗的伟大历程中，民主党派形成了爱国的优良传统和价值理念，成为其凝聚成员的精神纽带、不断发展和进步的思想基础和精神原动力。根据民主党派与中国共产党在长期合作过程中所形成的精神传统和价值观念，民主党派的核心价值观可以用“爱国、民主、合作、求实、奉献”来加以概括，① 其中爱国是最根本的政党意识，民主党派的核心价值观具有与中国共产党“同心同德、同舟共济、同荣同辱、同进同退”的特点。在战争年代，为拯救国家和人民，寻找富国强民之路，民主党派不断在困难中探索；在社会主义时期，民主党派为实现国家发展繁荣，积极投身中国特色社会主义建设，将个人事业与国家富强、民族振兴、人民幸福联系起来，为实现中华民族伟大复兴不懈努力和奋斗。正是由于高举爱国主义和中国特色社会主义两面旗帜，民主党派成员将炙热的爱国情怀转化为建设中国特色社会主义的不竭动力。

2. 民主党派的历史进程对时代精神的体现

民主党派的发展历史实际上就是追寻中国梦的历史，在追寻中国梦的过程中，民主党派以行动向人民展示了其所拥有的改革创新的时代精神。各民主党派大多成立于抗日战争和解放战争时期，其建立和发展的历程表明，对爱国、民主、科学、进步、合作的追求促使民主党派在各个历史时期紧跟时代发展的步伐，在政治上实现

---

① 袁廷华：《参政党核心价值观探析》，《团结报》2010 年 5 月 25 日。

从同情和倾向中国共产党到公开表示接受中国共产党的领导。新中国成立以后，民主党派性质发生根本变化，成为在中国共产党领导下的参政党，在长期的实践中经过比较和鉴别，民主党派认识到只有中国特色社会主义道路才是实现中国梦的正确道路，最终从爱国主义和新民主主义的道路走向社会主义道路。这些根本性的转变体现出民主党派的进步性，而支撑民主党派发生转变的价值追求和精神动力就是对时代精神的不懈追求和探索，是对不同时期时代精神的实践和共同理想的体现。在选择道路的历史过程中，民主党派一直坚持着改革创新的时代精神，根据所面临的困难和挑战以及时代背景，不断地进行改革和创新，形成坚持中国特色社会主义道路的坚定信念，为实现中国梦不断改革创新，保持进步性和创造性。

(三)民主党派对中国力量的凝聚

1. 民主党派蕴含中国力量

从现实社会情况来看，我国的民主党派是以知识分子为主体的群体，其成员涵盖科技工作者、文艺工作者、教师、医生等职业，历来具有“天下为公”的社会理想和“为天地立心、为生民立命”的济世情怀。改革开放新时期，民主党派组织各自成员积极参与社会主义现代化建设，反映和代表各自所联系群众的具体利益和要求，同香港特别行政区同胞、澳门特别行政区同胞、台湾同胞和海外侨胞有着广泛联系，是发展先进生产力、社会主义民主政治、社会主义先进文化和构建社会主义和谐社会的一支重要力量，也是实现祖国统一、民族振兴的一支重要力量。民主党派成员热爱国家与人民，追求社会公平与正义，提倡人道、民主和自由，具有高尚的道德情操和无私的奉献精神、具有高水平的文化素质、积极参与社会公共事务。他们对中国特色社会主义道路坚信不疑，对中国特色社会主义具体实践有着深刻的理解和认识，充分地履行政治协商、参政议政和民主监督等职能，对中国特色社会主义道路建设过程中的机遇与挑战能够做出及时而正确的把握与回应，通过独特和多维的视角审视问题，能够站在特定的政治高度结合实际分析问题，积极协助中国共产党实现中华民族的伟大复兴，成为实现中国梦过程中不可缺少的政治力量。

2. 民主党派凝聚人民力量

人民群众是历史的创造者，人民群众不仅是物质财富和精神财富的创造者，而且是社会变革的决定性力量。中国力量对内具有鲜明的人民性，其发展壮大离不开全国人民的团结奋斗，必须依靠民智的开发、民意的汇集、民力的凝聚和良政善治。首先，民主党派的政治价值不仅反映了党派内部部分知识分子的利益、愿望和要求，同时也反映了与党派成员相联系的其他群体的利益、愿望和要求。其次，中国共产党虽然能够带领广大人民群众坚定不移地走中国特色社会主义道路，但在某些方面由于其阶级属性、所处地位以及组织队伍的原因，与拥有行业精英的民主党派相比具有一定的局限性，因而可能出现难以统筹兼顾的局面。作为参政党的民主党派能够发挥人民群众和中国共产党之间桥梁的作用，通过政治职能的履行，一方面，对中国共产党难以周全的方面进行补充，通过提出意见与建议完善中国共产党决策机制，及时发现和解决存在的各类问题，协助中国共产党建设中国道路、创建中国精神、凝聚中国力量；另一方面，汇集人民群众最为迫切的愿望和要求向执政党反映，着力解决广大人民群众面临的现实问题，维护群众根本利益。民主党派通过这两种方式，成为中国共产党和人民群众联系沟通的渠道，形成上情下达、下情上达的双向运行机制，增强自身政治亲和力。在此基础之上，民主党派成员将个人梦融入到中国梦之中，使中国梦和个人梦有机结合，协助中国共产党凝聚民意民智民力，践行群众路线，使最广大人民群众成为实现中国梦的力量源泉。

中国梦的实现需要全体中国人民合作和团结，发挥所有个体的力量，使之汇聚成为能够战胜任何困难的中国力量。无论是作为中国力量的组成部分，还是作为凝聚中国力量的政党，民主党派对中国梦终极目标的实现都起着相当重要的作用。为此，中国共产党应该重视和正确认识民主党派在实现中国梦过程中的作用，坚持和完善中国共产党领导的多党合作和政治协商制度，加强民主党派的建设，通过推进多党合作和政治协商的规范化、制度化发展，增强民主党派的民主监督功能，优化民主党派政治资源的配置等，使民主党派能够充分发挥其在实现中国梦过程中的作用，为中国梦的实现贡献出应有的力量。

二、坚持和完善中国特色政党制度

中国特色政党制度是具有中国特色的民主政治制度，它以自身的国情适应性和巨大优越性在世界政治文明中独树一帜，为人类政治文明的多样性发展作出巨大贡献。中国特色政党制度与我国人民民主专政的国体相适应，具有独特内涵、鲜明特征和重要意义。随着我国经济体制转型、政治体制改革和社会结构的变化，中国特色政党制度面临诸多挑战，这已成为完善与发展中国特色政党制度的客观根据和内在要求。

(一)中国特色政党制度的内涵和特征

1. 中国特色政党制度的内涵

中国特色政党制度就是中国共产党领导的多党合作和政治协商制度。2007 年的《中国的政党制度》白皮书指出："中国实行的政党制度是中国共产党领导的多党合作和政治协商制度，它既不同于西方国家的两党或多党竞争制，也有别于有的国家实行的一党制。"①中国特色政党制度深深植根于革命、建设和改革实践，是中国共产党同各民主党派一道，在中国革命、建设和改革的长期实践中确立和发展起来的。民主革命时期，中国共产党与各民主党派携手合作，取得民主革命的伟大胜利，并共同缔造出新中国，这是中国特色政党制度得以形成的历史基础；新中国成立后，中国共产党与各民主党派亲密合作，共同致力于中国特色社会主义事业，并取得举

---

① 中华人民共和国国务院新闻办公室：《中国的政党制度》，《人民日报》2007 年 11 月 16 日。

世瞩目的伟大成就，这是中国特色政党制度得以存续的必要前提。中国特色政党制度是符合中国国情的新型政党制度，是具有中国特色的社会主义政党制度。中国共产党领导的多党合作和政治协商制度由三个要素构成，分别为中国共产党的领导，多党合作和由各党派、界别参与的政治协商，这也是中国特色政党制度内涵的三个层面。

一是中国共产党的领导。这是中国特色社会主义政党制度的政治前提、核心内容和关键所在。中国共产党的领导是包括各民主党派、各团体、各民族、各阶层、各界人士在内的全体中国人民的共同选择，是中国特色社会主义最本质的特征，也是人民政协事业发展进步的根本保证。① 中国共产党的领导地位是在长期革命、建设、改革实践中形成、确立和发展起来的，是历史的选择。中国共产党代表中国先进生产力的发展要求，代表中国先进文化的前进方向，代表中国最广大人民的根本利益。只有坚持中国共产党的领导，才能始终保持现代化建设的社会主义方向；才能维护国家的统一、民族的团结，并为社会主义现代化建设创造稳定的社会环境；才能最广泛、最充分地调动一切积极因素进行社会主义现代化建设。

二是多党合作。中国共产党领导的多党合作以四项基本原则为共同的政治基础，以政治协商为合作的基本方式，以“长期共存、互相监督、肝胆相照、荣辱与共”为合作的基本方针，以宪法为根本的活动准则，这些重要内容缺一不可。民主党派作为各自所联系的一部分社会主义劳动者、社会主义事业建设者和拥护社会主义爱国者的政治联盟，属于人民的范畴，他们在中国共产党的领导下参政议政，是人民民主的重要体现。我国的民主党派是在中国共产党领导的多党合作和协商制度的实践中参与国家政权建设、参与国家事务管理、参与国家大政方针政策制定的党派，既非执政党，也非反对党和在野党，民主党派同执政的中国共产党亲密合作又相互监

① 习近平：《在庆祝中国人民政治协商会议成立65周年大会上的讲话》，《人民日报》2014年9月22日。

督，是社会主义制度框架下多党参政的新型政党。

三是政治协商。该层面的内容表明中国共产党对民主党派的领导方式是政治协商，而并非强制命令。政治协商主要包括两条基本轨道，一是中国共产党与各民主党派之间的政治协商，二是中国共产党在人民政协同各民主党派和各界代表人士之间进行的协商，两者相辅相成，同步进行，使政党制度和政治协商与人民政协紧密地联系在一起。作为政治协商的重要机构和场域，人民政协的政治协商是中国共产党领导和多党合作的重要体现，政治协商是政党制度的重要内容。

2. 中国特色政党制度的特征

2005 年颁布的《中共中央关于进一步加强中国共产党领导的多党合作和政治协商制度建设的意见》(即中发(2005)5 号文件，以下简称"中发(2005)5 号文件")明确指出："这一政党制度的显著特征是：共产党领导、多党合作；共产党执政、多党派参政。"它"反映了人们当家做主的社会主义民主的本质，体现了中国政治制度的特点和优势，具有巨大的优越性和强大的生命力。"中国特色社会主义政党制度是崭新的政党制度模式，是中国近现代历史发展的必然选择，体现了中华民族和而不同、兼容并蓄的优秀文化传统，具有鲜明的中国特色。同时，中国特色政党制度和人民代表大会制度这两种民主政治有机结合，也是两种人民民主的形式即协商式民主和票决式民主的结合，成为中国特色政党制度的利益表达、政治整合、民主监督功能和人大制度的代表民意、立法决策、法律监督功能的结合。中国特色政党制度在三个方面同西方资本主义政党制度存在着本质区别：

其一，执政与参政、领导与合作关系，此关系反映出党派地位性质的特色。在地位关系内部存在执政者和参政者、领导者和合作者的区分，这是根本不同于西方资本主义政党制度中执政党与在野党、反对党的一个最重要、最鲜明的特征。在中国特色政党制度中，中国共产党不仅是执政党，而且还是领导者，其领导权恰恰就是其执政权的合法性或是正当性的来源。各民主党派作为接受中国共产党领导的参政党，拥有的政治权力是参政权，这种参政权并非是对中国共产党执政权的分割或分享，而是相对于中国共产党所拥有的执政权，属于辅助性的权力。中国政党制度的一党执政、多党参政形式具有体制独特性，是对世界政党制度的丰富和完善。

其二，合作协商关系，它反映政党制度的运行机制特色，突显出中国特色政党制度的实质。由于我国的民主党派是在中国共产党领导下共同致力于中国特色社会主义事业的亲密友党，民主党派参政议政的政治前提是接受中国共产党的领导，在社会与国家政权之间的各政党只能建立和保持合作共事的关系，中国特色政党制度的运行机制只能是合作协商而并非竞争的机制。在中国共产党的领导下，各民主党派在国家重大问题上进行民主协商、科学决策，集中力量办大事，这也与西方资本主义国家的政党制度存在显著差异。

其三，互相监督关系，此关系反映政党制度的功能作用特色，主要侧重于民主党派对中国共产党的监督。中国特色政党制度中的民主党派对中国共产党的监督，通过提意见、作批评的途径，主要目的是为完善中国共产党执政方式，巩固和维护中国共产党的领导地位和执政地位，以保证最集中地代表最广大人民群众的根本利益，而根本区别于西方资本主义国家政党制度中“我上台，你下台”的互相拆台、互相攻讦式的“生死监督”。此外，中国特色政党制度中的互相监督是一种权利对权力的非权力性监督，党派之间是以“肝胆相照、荣辱与共”的精神和态度进行“互相监督”的。

(二)中国特色政党制度的优势和意义

中国共产党将马克思主义政党理论与中国实际相结合，并在政党制度化、程序化、规范化方面作不懈的探索，使中国特色的政党制度发展成为一种与西方两党制和多党制相区别的新型政党模式，这是中国人民和中国共产党的伟大创举。中国特色政党制度优势在于：

一是有利于促进生产力的发展。工人阶级代表着当代先进的社会生产力，而中国共产党又是中国工人阶级的先锋队，因此，中国共产党始终代表中国先进生产力的发展要求。民主党派在中国共产党的领导下，紧扣社会经济发展主题，坚持把促进发展作为团结奋斗的第一要务，就国家经济和社会发展中的某些重大问题，积极认真地履行参政议政和民主监督职能，提出诸多具有战略性、前瞻性、科学性的建议。在中国特色政党制度框架内，各民主党派充分发挥人才荟萃、智力密集的优势，为促进国家经济社会、城乡区域协调发展积极开展活动，为促进社会经济社会协调发展发挥重要作用。

二是有利于发挥社会主义制度的优越性。中国共产党的先进性与社会主义的优越性具有内在的一致性。全心全意为人民服务，立党为公，执政为民，是中国共产党同一切剥削阶级政党的根本区别，这也是社会主义对于其他剥削社会的区别和优势。各民主党派的进步性和广泛性是由其政治联盟的性质决定的，这种进步性和广泛性赋予它们自身独特的政治特色和强大的政治优势，也奠定了中国特色社会主义政党制度坚实的政治基础，决定了中国特色社会主义政党制度具有显著的先进性和优越性。

三是有利于发展社会主义民主政治。民主是社会主义的本质要求，人民当家作主是社会主义的本质和核心。中国共产党领导的多党合作和政治协商制度是人民当家作主在政党关系层面上的体现，其发挥了政治协商、民主监督、参政议政职能，拓宽了各民主党派、各社会阶层、各社会团体有序的政治参与和社会利益表达渠道，对于推动中国的政治民主化具有积极作用。

四是有利于政治稳定和社会和谐。社会和政治的稳定对发展中国家来说，是最为难得又最为宝贵的保障条件。中国特色社会主义政党制度作为我国的一项基本政治制度，具有结构上的稳定性和运行上的有序性。历史经验和现实情况证明：中国特色社会主义政党制度是符合中国政治稳定和政治发展要求的，充分体现人民当家作主，具有强大的政治稳定功能优势，有利于我国政治稳定与社会和谐。

五是有利于实现人民群众的根本利益。在中国特色政党制度内部，中国共产党具有集中而普遍的代表性，民主党派具有特殊而广泛的代表性，两者相互结合、相互补充、相得益彰，能够更好地代表和实现最广大人民的根本利益。中国共产党代表着全国各族人民的根本利益，各民主党派是一部分社会主义劳动者和拥护社会主义爱国者组成的政治联盟，代表和反映着各自所联系群众的利益。在重大方针和政策上，中国共产党从全局和整体的角度考虑问题，各民主党派则反映各自所掌握的部分和局部的情况，经过协商后作出的决策则集中了社会各方面的智慧，既尊重多数，又照顾少数，既维护了人民的根本利益和长远利益，又能够照顾与协调好各个方面的具体利益和眼前利益，尤其使处在社会转型期的弱势群体的利益受到保护，有利于实现和维护最广大人民的根本利益，这就促使中国特色政党制度最大程度地体现公平和公正的优势。

（三）坚持和完善中国特色政党制度的路径选择

中国共产党领导的多党合作和政治协商制度具有独特的功能和优势，是符合中国国情、具有中国特色的政党制度。当前中国经济体制改革的深入和社会主义现代化的发展，要求国家在坚持四项基本原则的前提下与时俱进，推进政治体制改革，完善和发展中国特色政党制度，以适应社会主义事业发展的需要。完善和发展中国特色政党制度需要自觉坚持改革创新，加强政党自身建设；坚持正确方针原则，完善运行机制；发挥和拓展功能，完善和优化结构；培育和谐政治文化，增强社会影响。

第一，坚持改革创新，加强政党自身建设。

改革创新是新时期最鲜明的特点和时代精神的核心，同时也是中华民族繁荣发展的灵魂，是国家兴旺发达的不竭动力。改革创新贯穿于中国新民主主义革命、社会主义革命与建设、改革开放与社会主义现代化建设的始终，铸就了国家追求现代化进程中的系列辉煌。政治体制改革是社会主义政治制度自我完善和发展的根本途径，也是政党制度自我完善和发展的根本途径。从根本上说，通过改革创新推动中国特色政党制度进一步完善与发展，就是要以马克思主义政党制度理论特别是中国特色政党制度的创新理论为指导，准确把握时代脉搏、中国政治发展趋势和中国特色政党制度建设的客观要求，系统总结中国特色政党制度建设的实践经验，进一步推进中国特色政党制度的法制化、规范化和程序化。执政党和参政党要以改革创新的时代精神为旗帜，解放思想，实事求是，与时俱进，对中国特色政党制度进行改革创新，以适应国内和国际形势发展的要求，凝聚和引导各级组织和广大成员加强自身建设。

中国共产党的领导是中国特色政治制度的核心，也是多党合作和政治协商的首要前提和根本保证。中国共产党的领导地位和执政地位，决定其自身建设在中国政治运行包括政党政治的发展中具有决定性的作用。中国特色政党制度的完善与发展，首先要从中国共产党自身建设来考虑，只有不断提高中国共产党建设的科学化和现代化水平，才能够不断推进中国特色政党制度的完善与发展。以科学理论指导中国共产党的建设，坚持用马克思主义中国化的最新成果指导自身建设，把坚持马克思主义同发展马克思主义有机结合起来，不断推进理论创新，为提高自身的建设科学化水平提供科学的理论指导和强大的精神动力。以科学制度保障中国共产党的建设，要立足实际，推进各项事务的制度建设，建立健全以党章为根本、以民主集中制为核心，内容完备、结构合理、功能健全、科学管用的制度体系。坚持中国共产党的领导、人民当家做主、依法治国有机统一，进一步明确中国共产党对民主党派的领导是政治领导，即政治原则、政治方向和重大方针政策的领导，改革和完善中国共产党的领导方式。要坚持“长期共存、互相监督、肝胆相照、荣辱与共”的方针，进一步完善党同民主党派合作共事的机制，支持民主党派更好履行职能；要善于通过广泛深入的协商和讨论，使中国共产党的主张成为各民主党派的共识；要充分发扬社会主义民主，支持民主党派加强自身建设和独立自主地处理内部事务，促进政党关系的和谐。

民主党派是具有政治联盟性质的为社会主义服务的政治力量，也是多党合作和政治协商的基本主体，具有进步性和广泛性的特点。加强民主党派自身建设，一方面，中国共产党的各级党组织要进一步贯彻落实中央关于民主党派和政党制度的重要文件精神，不断加大对民主党派自身建设的支持力度，切实帮助民主党派解决思想建设、组织建设、制度建设、能力建设等方面的困难和问题，不断改善民主党派的工作环境，进一步解决活动场所、经费、设施等方面的困难，使民主党派能够更好地组织活动、履行职能、发挥作用。完善中国共产党同各民主党派的政治协商，认真听取各民主党派和无党派人士意见。完善各民主党派中央直接向中央提出建议制度。① 另一方面，各民主党派尤其是各级领导干部必须牢牢把握民主和团结这两大主题，不断增强责任意识、职能意识和发展意识，结合自身建设的目标、原则、内容、特点和优良传统，结合时代发展的要求，结合中国特色社会主义事业发展的需要，不断提高政治判断、参政议政、合作共事、组织协调的基本能力；各民主党派组织要不断培养和选拔优秀人才，巩固和扩大自身的阶级基础和群众基础，增强对广大成员尤其是新生力量的思想教育、组织管理和能力培养，增强广大成员参政议政、民主监督、利益表达、服务社会的积极性和主动性，提高多党合作、政治协商和民主监督的科学性和实效性，探寻更多更好实现自我发展的新途径和新方法。

第二，坚持正确方针原则，完善运行机制。

坚持正确的方针原则是多党合作与政治协商的前提，也是中国特色政党制度得以正常运行的基本条件。继续坚持“长期共存、互相监督、肝胆相照、荣辱与共”的方针，这一方针表明中国共产党同各民主党派长期合作的真诚愿望和决心，也表明多党合作将在新的历史条件下得以进一步深化和发展。邓小平对这一方针给予充分肯定，强调“我们一定要坚持‘长期共存、互相监督、肝胆相照、荣辱与共’的方针，加强同各民主党派、无党派民主人士和一切爱国的党外朋友们的合作”②。此后，中国共产党历届领导人江泽民、胡锦涛和习近平都强调坚持和完善中国共产党领导的多党合作和政

① 《中共中央关于全面深化改革若干重大问题的决定》(2013 年 11 月 12 日中国共产党第十八届中央委员会第三次全体会议通过)，《人民日报》2013 年 11 月 16 日。

② 《邓小平论统一战线》，中央文献出版社 1991 年版，第 250 页。

治协商制度必须继续坚持这一方针。

现阶段完善和发展中国特色政党制度，必须毫不动摇地坚持在长期实践中形成的一些重要政治准则，制定和完善相关法律制度，以法律规定，调节和保障各党派在国家政治生活中的地位和作用、基本权利和义务、党际关系、共同遵守的政治准则等。“中国共产党和各民主党派在多党合作和政治协商的长期实践中形成了一些重要政治准则，必须认真坚持和遵循。”①这主要包括：坚持以马克思列宁主义、毛泽东思想和中国特色社会主义理论体系为指导，坚持中国共产党的领导，坚持社会主义初级阶段的基本路线、基本纲领、基本经验和基本要求，坚持长期共存、互相监督、肝胆相照、荣辱与共的基本方针，保持宽松稳定、团结和谐的政治环境。中国共产党和各民主党派都必须以宪法为根本活动准则，负有维护宪法尊严、保证宪法实施的职责。这些政治准则既是对中国长期实行多党合作和政治协商宝贵经验的科学总结，也为新时期进一步加强多党合作和政治协商提供了根本的政治规范和原则。

良好的制度设计和完善的运行机制，是政党制度功能得以充分发挥的重要条件和基本保证。完善政党运行机制的主要内容包括以下几个方面：首先，建立健全领导班子考核机制，将重点工作纳入政党领导班子考核的重要内容，通过民主生活会、年终评议和届中述职等方式，加强对领导班子的监督与考核。其次，建立健全参政议政的长效激励机制，将参政议政工作奖惩情况纳入每位党派成员的考核体系中，作为提拔、晋升的重要参考依据，形成全员参与的工作机制。再次，建立健全考察调研机制，议案建议的选题从内容上来说必须是围绕国家大政方针、关系国计民生的课题，领导班子要注重做好调研工作的组织、协调和服务，在人员、经费、时间和设备等方面给予保证。最后，建立健全组织运行机制，就是政党组织在各级机构的领导下，履行职能和发挥作用、日常运作的各项制度和机制。运行机制有效运转至少应包含三个条件：①健全的组织

① 《十六大以来重要文献选编》中，中央文献出版社 2006 年版，第 673 页。

系统，包括完整的组织机构和责任分工；②完善的制度体系，不仅完整齐全，而且相互关系要科学、规范，达到系统化；③必要的保证、监督和考核体系。①

第三，发挥和拓展功能，完善和优化结构。

《中国的政党制度》白皮书将中国特色政党制度的价值和功能概括为政治参与、利益表达、社会整合、民主监督、维护稳定五个方面②，这些功能既各有侧重又紧密联系，在中国特色政党制度整体功能的发挥中相互促进、缺一不可。充分发挥中国特色政党制度的功能，必须站在整体的高度，从政党制度结构体系和功能体系的系统层面深入思考和整体把握。同时，中国特色政党制度还具有其他方面的功能，比如"防御功能"③等。随着改革开放和社会主义市场经济的深入发展，中国特色政党制度的功能会显示出更为重要的作用，需要从理论和实践上作进一步探索，通过政党制度的结构优化和完善促进其充分发挥。

中国特色政党制度功能的拓展和结构优化必须立足国情、适应时代，既要深刻总结本国的实践经验，又要善于借鉴和吸收其他国家政党制度运行中的有效方法。例如，根据当前全球化和信息化的时代特征，不断提高中国政党适应和开发网络媒体等新技术的能力，各党派成员要积极利用信息平台、网络博客、平面媒体等多种途径搭建政党与政党之间、政党与广大人民群众之间、政党与其他社会团体和社会组织之间广泛联系的互动平台，通过新兴媒体技术提高公民文化教育、社会舆情引导、组织动员群众等方面的效果。此外，还要根据中国经济和社会结构变化的具体实际，不断调整和优化政党制度的结构。在人民政协和国家机构中始终保持执政党和参政党合理的比例和适度的张力，兼顾精英与群众的双重性，打破

---

① 郑宪等:《中国参政党建设新论》，中共中央党校出版社 2006 年版，第 173 页。

② 中华人民共和国国务院新闻办公室:《中国的政党制度》，《人民日报》2007 年 11 月 16 日。

③ 参见孙信:《中国特色政党制度的防御功能》，《当代世界与社会主义》2008 年第 5 期。

职业界别的限制，扩大民主党派的阶级基础和群众基础，保持参政党的进步性和广泛性，通过引入竞争性选举、扩大选拔领域、合理配备民主党派成员新老比例等多种途径，提高人民政协等组织结构的包容性和适应力，增强其生机与活力，为中国特色政党制度功能的合理拓展和充分发挥建构良好的结构模式。

第四，培育和谐政治文化，增强社会影响。

任何政党制度都产生并生长在一定的政治文化环境之中，政治文化是政党制度赖以生存的土壤，并在很大程度上决定了政党制度的类型和形式。完善和发展中国特色政党制度，应注重加强与中国特色政党制度相关的政治文化建设，改变主体的心理、思想、态度和行为方式，营造民主和谐的政治氛围。“如果一个国家的人民缺乏一种能赋予这些制度以真实生命力的广泛的现代心理基础，如果执行和运用着这些现代制度的人，自身还没有从心理、思想、态度和行为方式上都经历一个向现代化的转变，失败和畸形发展的悲剧结局是不可避免的。”①

作为合作型政党模式的中国特色政党制度，正是以求同存异、体谅包容为原则，传承了中华传统文化源远流长的“多元一体”“和而不同”的“和合”文化观。培育民主和谐的政治文化能够推进民主发展、增进党际和谐、维护社会稳定，进而为中国政治发展包括政党制度的发展提供有力的文化支撑。要继承和发展优秀传统文化，创新政治文化体系，增强主流政治文化的引导力和整合力，增进社会主义核心价值体系和社会主义核心价值观的社会共识，为中国政党制度存在和发展的合理性、合法性提供有力的文化论证和充分的理论阐释。中国共产党和各民主党派既要坚持以马克思主义及其中国化的理论为指导，又要做中华民族优秀传统文化的传承者，尊重差异，包容多样，求同存异，顾全大局，以和为贵，以民为本，以国为尊，共同营造民主法治、开放有序、安定团结、宽松和谐的政治生态环境。树立全社会的和谐理念，培育全社会的和谐精神，营

---

① ［美］阿历克斯·英格尔斯：《人的现代化——心理、思想、态度、行为》，四川人民出版社 1985 年版，第 4 页。

造全社会的和谐舆论氛围，塑造全社会和谐心态。

一定的政治文化可以通过影响民众对政治制度和政党制度的认知和评价，指导民众的政治判断和政治行为，从而在一定程度上影响政治制度和政党制度的存在和发展。在建设社会主义政治文明，发展和完善中国特色政党制度过程中，营造一个合适的良好的政治文化环境具有举足轻重的作用。现阶段中国公民政治文化建设与社会主义民主政治建设的需要仍存在一定差距，特别是由于政治文化本身具有相对稳定性及相对政治体制变革所表现出来的滞后性，公众意识与国家主流意识形态相对分离，价值观念多样化等状况，严重影响着现代政治制度包括中国特色政党制度的完善与发展。

民众的政治意识和政治参与意识对于国家的政治文明建设至关重要。在培育民主和谐政治文化的过程中，各政党机构、政府机关和社会组织应加强对中国特色政党制度的阐释论证和宣传教育，加强主流政治文化和和谐文化思想的传播，提高社会对中国特色政党制度相关内容的认知水平。针对部分民众思想道德上的层次性，坚持用先进的思想文化来引领全体社会成员在思想道德上不断提升、共同进步。既体现思想文化建设上的先进性要求，又体现思想道德建设上的广泛性要求；既坚持先进文化的前进方向，又符合不同层次群众的思想状况；既体现一致的愿望和追求，又涵盖不同的群体和阶层。在频繁的政治参与中不断提升公民意识和主体意识，不断增强中国特色政党制度的社会影响力，从而使其在公民政治文化建设和中国政党政治的实践中得以完善和发展。

三、加强参政党建设

中发〔2005〕5号文件明确提出：“支持民主党派根据各自章程规定的参政党建设目标，按照坚持中国共产党的领导、发扬社会主义民主、体现政治联盟特点、体现进步性和广泛性相统一的原则，以思想建设为核心，以组织建设为基础，以制度建设为保障，把自身建设提高到新的水平。”胡锦涛于2007年12月24日在同各民主党派中央、全国工商联新老主要领导人座谈时强调指出，“重视和加强自身建设，是一个政党永葆生机活力的重要保证。民主党派作为致力于中国特色社会主义事业的参政党，也需要不断加强自身建设，切实解决好政治交接、提高参政党履行职能和发挥作用能力的历史性课题”①。参政党应以马克思列宁主义、毛泽东思想和中国特色社会主义理论为指导思想，以中国共产党领导的多党合作和政治协商制度为前提基础，不断加强思想建设、组织建设、制度建设和能力建设。参政党建设的四个方面各有重点、相对独立，又有机联系，不可分割，共同构成参政党建设的整体格局。

(一)参政党的思想建设是核心

1989年《中共中央关于坚持和完善中国共产党领导的多党合作和政治协商制度的意见》(即中发〔1989〕14号文件)明确指出：“为了坚持和不断完善中国共产党领导的多党合作和政治协商制度，民主党派需要加强思想建设。”②思想建设处于参政党建设的中心地位，是参政党自身建设中带根本性的建设。新形势下国际国内环境变化带来思想上的挑战，要求加强参政党思想建设，“搞好思想性建设是民主党派实现政治交接的重要基础和保证，也是巩固和完善共产党领导的多党合作和政治协商制度的重要基础和保证”③。

中发〔2005〕5号文件提出参政党思想建设的根本任务是：学习邓小平理论、“三个代表”重要思想和科学发展观，提高参政党成员的政治素质和思想道德水平，增强对建设中国特色社会主义的共识，提高接受中国共产党的领导和贯彻基本路线、基本纲领的自觉性，深化对参政党地位、性质和历史使命的认识，在大是大非问题上，保持坚定正确的政治方向，为巩固和发展同中国共产党的团结

---

① 《中共中央召开各民主党派中央、全国工商联新老主要领导人座谈会》，《人民日报》2007年12月25日。

② 《十三大以来重要文献选编》中，人民出版社1991年版，第824页。

③ 郑宪等著：《中国参政党建设新论》，中共中央党校出版社2006年版，第85页。

合作奠定坚实的思想基础。① 民主党派思想建设的重点是继承和发扬民主党派老一辈成员与中国共产党长期团结合作形成的政治信念、优良传统和高尚风范，关键是增强接受中国共产党领导的自觉性和坚定性，核心是坚持中国特色社会主义政治发展道路。思想建设的根本目的是引导民主党派各级组织和广大成员高举中国特色社会主义伟大旗帜，坚持中国特色社会主义道路不动摇，坚持中国特色社会主义理论体系不动摇，坚持中国特色社会主义制度不动摇。

第一，深入开展中国特色社会主义主题教育活动，扎实搞好政治交接。

中国特色社会主义是全国人民团结奋斗的共同理想，是民主党派思想建设的永恒主题。各民主党派应坚持以中国特色社会主义理论体系为指导，正确理解和准确把握中国梦的精神实质和丰富内涵，坚定道路自信、理论自信、制度自信，坚定不移沿着正确的中国道路奋勇前进，以服务大局为宗旨，用梦想引领行动，脚踏实地履行好参政党的职能。学习中共中央和国家领导人关于统一战线的重要论述和重要文件精神，准确把握统一战线面临的形势任务，切实增强统战工作的责任感。在新的历史起点上，全面建成小康社会进而实现中华民族的伟大复兴，必须坚定不移地走中国特色社会主义道路，毫不动摇地坚持和发展中国特色社会主义。加强民主党派思想建设，深入开展中国特色社会主义主题教育活动，通过学习中国特色社会主义理论，提高广大成员的政治素质和思想道德水平，牢固树立中国特色社会主义的共同理想和坚定信念，提高贯彻基本路线和基本纲领的自觉性。深入开展民主党派政治交接，深化对参政党地位、性质和历史使命的认识，为巩固和发展同中国共产党的团结合作奠定坚实的思想基础。

第二，坚持以社会主义核心价值体系引领各种思潮，形成民主党派共同的价值理念。

社会主义核心价值体系是社会主义意识形态的本质体现，是民

---

① 《十六大以来重要文献选编》中，中央文献出版社 2006 年版，第 676 页。

主党派思想建设的重要内容。在社会主义核心价值体系中，马克思主义中国化的最新成果是灵魂，中国特色社会主义共同理想是主题，民族精神和时代精神是精髓，社会主义荣辱观是基础。加强民主党派思想建设，要坚持以社会主义核心价值体系引领各种思潮和各种思想观念，并将其贯穿到理论宣传、教育培训、组织建设和履行职能等各个工作环节之中，在尊重差异中增进共识，在包容多样中实现和谐，形成以中国特色社会主义共同理想、接受中国共产党领导的高度自觉、对中国特色政治制度和政党制度的普遍认同为主要内容的共同价值理念。

第三，注重参政党成员的思想教育和引导工作，树立和培养正确的政治意识。

首先，参政党组织应从思想上贴近成员，紧密结合党派成员的思想实际，摸准成员思想脉搏，从他们关心的热点、难点问题出发，将热情服务与引导教育结合起来，使思想政治工作更富人情味，与成员进行真诚的交流沟通和深入细致的分析研究，了解成员的所思所想，所虑所忧，从而掌握每个成员的实际思想状况，把握其思想矛盾的主要方面，并根据不同的思想状况和性格特点采取不同的教育方式和教育内容，做到有的放矢，对症下药。其次，开展民主党派历史、章程教育、多党合作理论学习等，加强正面引导，使广大成员在思想上和中国共产党同心同德，始终做到坚持中国共产党的领导，坚持中国特色社会主义道路、理论体系和制度，自觉践行社会主义核心价值观。最后，树立为成员服务的意识，坚持以人为本，把广大党派成员的根本利益放在首要位置，关心党派成员的思想状态、工作状况，关注反映所联系群众的呼声，凡是涉及成员和所联系群众切身利益的问题都要当作大事来对待，凡是他们提出的意见都要真心实意去听取，帮助他们解决工作和生活中的困难，维护他们的合法权益，成员及家属生病或生活遇到困难时，及时走访慰问，使党员感受到组织的关心，体会到组织的温暖。

第四，积极应对网络政治发展的影响，创新开放环境下思想建设的工作方法和工作机制。

面对日益开放的社会环境和网络政治日益发展的新情况，不断创新工作方法和工作机制，是民主党派思想建设的新课题新要求。紧紧围绕可能对民主党派成员思想造成影响的前瞻性问题，紧紧抓住可能影响全局、带有倾向性和普遍性的思想问题，认真分析其特征、内容、形式、现实影响和形成根源，及时采取有针对性的措施，引导其向积极健康的方向发展；要关注网络舆情，对于利用境外网站发表错误观点的要及时加以教育引导，对拒不改正的要及时采取措施予以处理。

第五，按照制度化、程序化、规范化的要求，健全和完善思想建设的各项制度。

制度建设带有根本性、全局性、稳定性和长期性，健全的制度是民主党派思想建设的根本保障。要总结思想建设的做法和经验，尤其是被实践证明是成熟有效的做法和经验，并将其及时上升为制度规范；健全和完善领导班子谈心会制度、中心组学习制度，加强领导班子的思想政治建设，以领导班子建设带动整个队伍建设；健全教育培训制度，加强对民主党派各级领导班子成员和骨干成员的培训；完善组织制度，把好成员发展的“入口关”；健全思想态势分析制度，完善内部监督制度，及时掌握队伍的思想动态，有针对性地做好工作。

(二)参政党的组织建设是基础

参政党的组织建设是指参政党根据形势的发展和政治任务的要求，遵循所确定的组织原则和组织路线，发展壮大组织力量，不断改进和加强组织制度、组织机构、组织纪律、领导制度，提高干部队伍素质和成员素质的系列建设性工作，因而具有政治性、政策性和实践性。组织建设是参政党提高自身素质的基础和载体，也是参政党组织功能和凝聚力的综合反映，既关系到参政党的政治面貌、社会形象和作用发挥，又关系到中国共产党领导的多党合作和政治协商制度的长期存在与发展。组织建设是参政党自身建设的重要内容和基础性工作，有利于参政党思想的不断提高、同中国共产党团结合作政治基础的巩固、参政议政和民主监督作用的发挥。

参政党组织建设主要有四个方面的基本任务：一是贯彻民主集中制原则，提高领导班子成员的政治把握能力、参政议政能力、组织领导能力和合作共事能力；二是要着眼于多党合作事业的长远发展，加强民主党派后备干部队伍建设；三是按照以协商确定的范围和对象为主，以大中城市为主，以具备代表性的人士为主即“三个为主”原则、注重质量、保持特色、组织发展与后备干部队伍建设相结合的原则，做好民主党派组织发展和成员的教育管理工作；四是加强民主党派机关建设，配备机关工作班子，健全以岗位责任制为核心的管理机制，提高工作质量和工作效率。为实现组织建设的基本任务，参政党的组织建设应着重机关建设、领导班子建设、后备干部培养和基层组织建设。

其一，加强参政党机关建设。参政党机关在党派组织中具有特殊的重要地位，是党派各项工作有效运转的中枢机构，其作用的发挥关系着党派工作效率、服务质量以及参政党职能的履行和政治任务的完成。建立健全规章制度，探索各项新方法和新机制，逐步形成配套的措施和规定，以改革促提高，通过机构改革加强机关建设，以机构改革作为基本途径和发展契机，将机构改革和机构建设有机结合起来，促进机关工作规范化、制度化和程序化。参政党的机关建设还要提高服务意识、大局意识和业务水平，努力提高工作效率，形成良好工作作风，指导和规范基层工作，理顺基层组织之间关系，解决实际工作中长期困扰的一些问题，切实发挥党派机关的组织协调、参谋助手作用。

其二，加强参政党领导班子建设。提高机关领导干部整体素质是参政党内部有效运行的重要保证，加强领导班子建设是党派加强自身建设的关键环节，只有建设一个强有力的领导班子，才能更好地履行参政党职能，不断提高参政议政、民主监督、服务社会的水平。加强领导班子建设的重点是做好政治交接，按照民主集中制的原则建立健全领导班子领导机制和工作制度，发挥集体智慧，提高决策水平和办事效率，加强领导班子工作制度化、程序化和规范化建设，增强领导集体的团结，形成各司其职、互相支持、团结协作、共同努力的和谐氛围。建立健全领导班子议事制度、会议制度、工作程序和培训机制，进一步优化机关干部年龄和知识结构，选拔干部参加各级行政学院和社会主义学院培训，培养学习型、思考型、创新型、民主型、实干型的领导干部。注重机关干部的选拔和培养，健全干部选拔任用制度，按照国家公务员的有关法律法规，将政治素质好、业务能力强的优秀成员选拔到领导岗位，通过教育培训、轮岗交流、挂职锻炼等途径，加强对机关干部的培养。

其三，加强对后备干部培养和新成员的吸纳。首先，要尽快解决民主党派后备干部队伍建设乏力问题，建立健全民主党派后备干部的选拔、培养、使用等一系列工作机制，建立相应的制度，使这项工作具有长期性、稳定性和可操作性。党派组织应尽量为其代表人物的产生、成长、成熟创造机制，提供展示能力的舞台，使之得到应有的锻炼。其次，为始终保持民主党派组织的蓬勃生机和旺盛活力，应高度重视新党派成员的发展工作，在政治素质与工作业绩的关系上，要坚持政治素质为主、思想入党为先，强调德才兼备。深入贯彻落实好中共中央《关于加强新形势下党外代表人士队伍建设的意见》(即中发〔2012〕4 号文件)，着力抓好人才发现、培养、使用和管理中的各个环节，为民主党派代表人士和人才干事创业搭建更完善的平台，提供更加良好的环境，激励民主党派成员在履行职能上发挥更大作用，努力培养造就一支数量充足、结构合理、素质优良的党派人才队伍，为早日实现中国梦提供更加有力的人才支撑和智力支持。

其四，加强参政党基层组织建设。基层组织是民主党派的组织基础和工作基础，是联系广大党派成员的桥梁和纽带。基层组织建设是参政党自身建设的一个重要组成部分，是贯穿参政党各项工作的重要环节，关系到参政议政工作的质量和水平，对统一思想、凝聚人心、维护安定团结发挥积极作用。① 充分发挥基层组织的组织协调作用，形成上下沟通、纵横联系的网络，建立健全各项工作规章，保证基层组织工作持续有效地开展。不断丰富组织生活，探索

---

① 参见刘延东主编:《民主党派成员读本》，中国致公出版社 2002 年版，第 36 页。

创新活动内容方式，将基层组织生活与成员本职工作相结合、与履行参政议政、民主监督职能相结合、与党派的社会服务相结合、与党派内部的党务工作相结合、与现代信息网络相结合，让广大党派成员便于参与、乐于参与。

其五，创造执政党与参政党、各民主党派之间和谐的组织氛围。一方面，在中国特色政党制度中，执政党与参政党有共同的目标，两者共同致力于中国特色社会主义伟大事业，其合作是在政治利益一致、奋斗目标一致基础上的合作。因此，民主党派应主动、及时地与各级中国共产党组织沟通，征求意见，就主要活动、重要问题和人事安排及时与中国共产党组织沟通信息，增进诚挚、融洽的关系。另一方面，建立各民主党派之间的协作制度。从参政的方式看，各民主党派作为参政党，整体参政面较窄，参政领域集中在各民主党派熟悉的较有优势的经济、文化、卫生、教育等领域，对于政治领域，特别是政治体制改革领域的参与较少，参政视野不够开阔。因此，各民主党派应在立足自身的党派特色、巩固参政优势领域的基础上，加强各民主党派之间的协作和交流，实现民主党派在各方面的广泛参与。定期就民主党派的组织发展、机关建设、基层组织等自身建设问题进行沟通、交流，取长补短，共同提高。

参政党组织建设工作是一项政治性和政策性很强的工作，必须严格依照相关程序和制度进行。继续坚持“三个为主”的组织发展原则，积极稳妥地发展新成员，改善党派结构过于单一的状况，将保持特色和坚持广泛性统一起来。作为参政党的民主党派将在思想政治条件方面具备要求，拥护中国共产党的领导，对党派历史和多党合作的历史应有正确认识和深刻理解，切实将政治素质好和参政议政能力强的代表人士吸收进入民主党派，保证参政党成员数量和质量的共同提高。中国共产党组织支持和帮助参政党组织建设，是由中国共产党的执政地位和多党合作的政党制度决定的。中国共产党要加强对参政党组织工作的领导，向其宣传自己的路线、方针、政策，充分调动参政党建设社会主义的积极性，帮助参政党加强思想政治工作，引导其成员明确政治方向和坚定政治立场。同时中国共产党为参政党开展活动提供必要的条件，还可以推荐德才兼备的党外优秀知识分子加入民主党派，并在政治、思想、生活和工作中关心其成长，帮助他们在实践中磨炼提高个人能力，更快地成熟起来，使执政党建设与参政党建设相互促进，更好地统一于多党合作、共筑中国梦的历史进程中。

（三）参政党的制度建设是保障

制度建设是解决多党合作和政治协商面临各种问题的根本保证，是增强多党合作和政治协商制度功能的客观要求。参政党的制度建设是参政党建设中带根本性、长期性和保障性的建设，参政党的制度建设与宏观层面的中国共产党领导的多党合作和政治协商制度、微观层面的参政党自身建设紧密联系，不仅关系着中国政党制度发展完善，而且决定着参政党自身发展和政治能力的提升。只有将多党合作和政治协商进一步规范化和制度化，才能使合作和协商更加科学化。民主党派各级组织应通过建章立制，进一步加强自身建设，使各项工作有章可循、按章实施，进一步增强民主党派的吸引力、凝聚力。

参政党的制度建设有利于将民主党派建设成为与中国共产党通力合作、致力于中国特色社会主义事业的参政党，不断提高其履行基本职能的能力和水平，有利于中国共产党领导的多党合作和政治协商制度的巩固和完善，有利于推进社会主义政治文明。参政党制度建设的目标，是逐步建立一套适合民主党派自身特点，有利于促进民主党派工作规范化和科学化运行的制度，健全参政党的工作机制，提高参政能力和实现健康发展。当前完善和发展中国特色政党制度，加强参政党制度建设应着重从四个方面入手：

其一，完善民主党派干部培养选拔任用制度。多党合作和政治协商的主体是中国共产党与各民主党派特别是其各级领导机构和领导成员。完善中国特色政党制度的运行机制，首先要健全和完善民主党派干部的培养选拔使用机制，解决其主体方面的问题。要坚持公开公正公平的原则和德才培训、实践锻炼、轮岗交流等具体形式，提高对民主党派干部的培养力度，适当增加并确保民主党派成员在各级行政和司法机关领导岗位中的人数比例，充分发挥民主党派干部在国家事务中的积极作用。

其二，健全和完善民主党派参与民主协商制度。要推进民主协商制度化、规范化、程序化建设，努力使中国共产党与各民主党派的民主协商制度化、规范化、程序化。加强同民主党派的政治协商。把政治协商纳入决策程序，坚持协商于决策之前和决策之中，增强民主协商实效性。① 充分发挥人民政协作为协商民主重要渠道的作用，根据多党合作发展的进程适时制定相关的法律法规来保证政治协商的有序运行，保证民主党派以及无党派人士献言献策、发表意见建议、表达利益要求等各种形式的参政议政的基本权利。要拓展协商内容、丰富协商形式，建立健全协商议题提出、活动组织、成果采纳落实和反馈机制，更加灵活、更为经常开展专题协商、对口协商、界别协商、提案办理协商，探索网络议政、远程协商等新形式，提高协商实效，努力营造既畅所欲言、各抒己见，又理性有度、合法依章的良好协商氛围。②

其三，健全和完善民主党派参与民主监督制度。民主监督特别是各民主党派对共产党的监督，是多党合作制度的重要功能，也是中国特色政党制度设计的重要初衷，是中国共产党历届领导集体都高度重视的大事。当前完善民主监督机制，最重要的就是落实这些规定，提高民主党派对民主监督重要性的认识，强化民主党派的主体监督意识，充分发挥民主党派的民主监督职能，并把民主党派的民主监督与党内监督、法律监督、行政监督、舆论监督和群众社会监督等有机结合起来，发挥监督体系的合力作用，提升民主监督的约束力和实效性。

其四，健全和完善民主党派参政议政制度。要根据“一个参

---

① 胡锦涛：《坚定不移沿着中国特色社会主义道路前进　为全面建成小康社会而奋斗——在中国共产党第十八次全国代表大会上的报告》，人民出版社 2012 年版，第 26~27 页。

② 习近平：《在庆祝中国人民政治协商会议成立 65 周年大会上的讲话》，《人民日报》2014 年 9 月 22 日。

加、三个参与”的基本要求，明确领导职责、畅通参议渠道，建立规范合理的信息沟通平台，广泛收集并整理民主党派成员的意见和建议，及时反馈、处理或者采用不同的意见和建议，保证不同的利益要求和意志通过合法的渠道进行表达；同时要进一步规范并明确各种形式的协商会、咨询会、座谈会、情况通报会、谈心会等协商民主会议的基本程序、基本要求和基本规范，保证各民主党派和无党派人士参政议政职能作用的充分发挥。

参政党的制度设计和制度创新应遵循三条原则：一是多党合作制度的明确性和具体化。民主党派参政议政要按照规则和程序办事，尤其要加强“一个参加、三个参与”的操作性，明确政治权限和活动范围，明确自身在国家政治生活中的地位、作用、权利和义务。参政党应就如何接受领导、如何合作协商、如何参政议政和相互监督等方面加强与中国共产党的合作，完善相关制度和程序，使多党合作的优越性得到充分实现。二是恰当处理总体性制度与民主党派内部制度之间的关系。以中国共产党和国家相关法律法规文件等为根本和基础，健全和完善民主党派内部制度规则，加强民主党派作风制度、干部和组织制度、机关管理制度、参政议政制度等方面的建设。三是以法律保障作为后盾。多党合作和政治协商的规范化、制度化建设的最高形式是法治化，在全面推进依法治国、建设社会主义法治国家的进程中，通过实践经验的总结，将多党合作和政治协商制度中的更多内容在宪法中得到体现，并使基本政治制度纳入社会主义法治的轨道。

（四）参政党的能力建设是关键

能力建设是参政党存在价值的重要体现，也是参政党生存和发展的必要条件，参政党能力建设应符合民主党派自身的发展要求，符合我国社会主义民主政治的发展要求，符合中国共产党领导的多党合作和政治协商制度的发展要求。参政党能力建设的重点是参政能力建设，它是参政党影响力、生命力所在，也是参政党思想建设、组织建设和制度建设的直接目的。2004 年 9 月刘延东在中央社会主义学院秋季开学典礼报告中，系统地提出加强民主党派的参政能力建设，指出参政党要着眼国际国内形势的变化，不断提高政治把握能力；着眼于国家经济社会的发展，不断提高建言献策能力；着眼多党合作政治格局的巩固，不断提高合作共事能力；着眼执政党“两大历史性课题”的解决，不断提高民主监督能力；着眼参政党自身优势的发挥，不断提高组织协调能力。简而言之，参政党的参政能力建设主要包括五个方面：政治把握能力、建言献策能力、合作共事能力、民主监督能力和组织协调能力。

其一，深化政治共识，提高政治把握能力。要使广大民主党派成员充分认识到，在当代中国，只有中国特色社会主义旗帜而不是别的什么旗帜，能够最大限度地团结和凝聚不同社会阶层、不同利益群体的智慧和力量；只有中国特色社会主义道路而不是别的什么道路，能够指引中华民族实现伟大复兴；只有中国特色社会主义理论体系而不是别的什么主义能够引导中国发展进步。要用中国特色社会主义理论体系教育民主党派成员，努力提高广大成员的思想政治素质和民主党派的整体素质，加强对中国特色社会主义道路、理论、制度和实现中华民族伟大复兴的中国梦的认同；要始终保持参政党的进步性，深化对参政党地位、性质和历史使命的理性认识。

其二，发挥智力优势，提高建言献策能力。提高参政党建言献策的能力，需要参政党深入社会，密切联系群众，深入开展调研；并以勤于思考、乐于建言的精神，谋长远之道，建有用之言，献务实之策，切实推动中国共产党和人民政府决策的科学化、民主化，使参政党的职能和作用在建言献策中切实得以体现。参政党建言献策在以促进发展为第一要务的同时，还要坚持自身特色，保持本党在该领域建言献策的特点和优势，发挥本党独特的建言献策能力和作用。立足本党的特色和优势，围绕以经济建设为中心、服务国家工作大局的方针，做好建言献策的工作。各民主党派汇集众多专家学者，具有人才荟萃、智力密集的优势，具有实践能力强，联系群众广泛的特色，以及按照客观规律和科学规律多角度剖析问题的优势，可以及时解决改革和社会建设中的新情况新问题，发挥参政党不可或缺的咨询建议作用。

其三，弘扬优良传统，提高合作共事能力。中国共产党同各民主党派在社会主义建设事业中、在国家政权中的合作共事，是中国共产党长期坚持的一项基本政策，是坚持和完善中国共产党领导的多党合作和政治协商制度的必然要求和重要体现。各民主党派成员和无党派人士担任各级政府和司法机关的领导职务，也是参政党履行职能的重要途径和发挥政党作用的表现。合作共事的过程既反映最广大人民群众的意志，又照顾各民主党派和无党派人士所联系群众的具体利益。提高参政党与中国共产党合作共事能力，需要通过学习中国共产党领导的多党合作和政治协商制度，学习新时期统一战线理论，不断加强对中国共产党先进性的认识，坚定自觉地接受中国共产党领导的信念；需要通过不断继承和发扬民主党派与中国共产党亲密合作、团结奋斗、互相监督的优良传统，更好地发挥政治优势，为中国共产党领导和执政提供支持，在实现共同奋斗目标中发挥自身作用，在亲密合作中实现互相促进、共同进步。

其四，畅通知情渠道，提高民主监督能力。执政党和参政党互相监督，是我国政党政治重要的理念设计和制度安排，其中民主党派对中国共产党的监督是我国政党监督的核心部分。民主监督主要是参政党对执政党在国家宪法、法律和法规的实施情况，对国家权力机关制定的重大方针政策的贯彻执行情况，对国家机关及其工作人员在履行职责、遵纪守法、为政清廉方面的情况，通过建议和批评进行监督。提高参政党的民主监督能力，应首先从畅通知情渠道下手，积极发挥党派的界别优势，重点监督和关注涉及本党派所联系和代表的那部分人民群众利益的法律和政策的制定实施，完善相关的监督工作机制。参政党成员应加强监督领域专业知识的学习和调研，从提升自身素质的层面提高民主监督能力。

其五，发挥整合功能，提高组织协调能力。政党的整体力量大于组织内部个体力量，参政党成员来自不同的社会阶层和群体，反映和代表着不同社会阶层和群体的利益，是国家与社会之间的政治传输桥梁。参政党在新形势下应以强烈的紧迫感和责任感，进一步提高组织协调能力，将广大成员及其他各种资源系统有效地整合起来，使参政党成为团结协调、配合默契的集体，团结带领党派成员，为实现这一美丽而崇高的中国梦而奋斗。参政党的组织协调能力建设包括五个方面内容：一是把教育引导作为提升组织协调能力的切入点；二是把以人为本作为提高组织协调能力的出发点；三是把促进党际和谐作为提高组织协调能力的着眼点；四是把履行党派职能，共同实现中国梦作为提高组织协调能力的落脚点。参政党提高组织协调能力，还要致力于增进所联系群众的团结，广求共识，以期推动经济和社会的和谐发展；要致力于广泛开展社会服务活动，既为老百姓做好事做实事，也借以了解民生、知晓民情、体察民意，为开展参政议政、民主监督奠定基础。

多党合作事业的发展离不开执政党建设，也离不开参政党建设，两者相互促进、共同发展才能促进政党关系和谐发展。参政党只有不断学习和借鉴执政党各方面能力建设，不断提高参政议政能力，才能真正发挥社会主义协商民主的重要主体作用，才能始终成为与中国共产党通力合作，致力于中国特色社会主义事业的参政党。实现中国梦必须凝聚起强大的中国力量，将所有个体的梦想汇聚起来，形成推动中国现代化的强大正能量，民主党派在成就伟大中国梦的进程中担负着重大的政治责任，也能够大有作为。坚持和完善中国特色政党制度，切实加强民主党派思想、组织、制度和能力方面建设，充分发挥民主党派的整体作用，对于全面建成小康社会宏伟目标、实现中华民族伟大复兴的中国梦具有重要意义。

第十二章 中国梦与中国共产党

实现中华民族伟大复兴的中国梦，是中国共产党自成立以来就不断追求探索并为之奋斗的目标。建党 90 多年来，中国共产党领导人民完成了新民主主义革命和社会主义革命，进行了改革开放新的伟大革命，开创、坚持、发展了中国特色社会主义。现在，我们比历史上任何时期都更接近中华民族伟大复兴的目标，比历史上任何时期都更有信心、有能力实现这个目标。当前，我们继续推进中国特色社会主义伟大事业，实现“两个一百年”的奋斗目标和中华民族伟大复兴的中国梦，必须全面加强党的建设，充分发挥共产党员的先锋模范作用，建设学习型服务型创新型的马克思主义执政党，确保党始终成为中国特色社会主义事业的坚强领导核心。

一、中国共产党是实现中国梦的坚强领导核心

中国共产党是实现中国梦的坚强领导核心，这是近现代中国历史发展的必然，是人民的选择。自从有了中国共产党，中国革命面貌就焕然一新，中华民族伟大复兴就呈现出光明前景。

(一)创造实现中国梦的根本政治前提

1840年鸦片战争爆发后，中国逐步沦为半殖民地半封建社会，并由此步入了屈辱的近代。近代以来，中华民族面临着两大历史任务：争取民族独立和人民解放，实现国家富强和人民富裕。为了完成这两大历史任务，早在中国共产党成立之前，先进的中国人就进行了不屈不挠、可歌可泣的斗争，进行了不懈的探索。地主阶级提出了“师夷长技以制夷”的主张，开展了以“自强”和“求富”为目标的洋务运动。农民阶级先后发动了太平天国运动和义和团运动，沉重打击了资本—帝国主义和封建主义。资产阶级先后发动了维新变法运动和辛亥革命，传播了资产阶级的先进思想和文化，推翻了封建君主专制制度，建立了亚洲第一个资产阶级民主共和国。这些探索有力地推进了中华民族伟大复兴的历史进程，但无一例外均遭到了失败。事实证明，不触动封建根基的自强运动和改良主义，旧式的农民战争，资产阶级革命派领导的革命，照搬西方资本主义的其他种种方案，都不能完成中华民族救亡图存的民族使命和反帝反封建的历史任务。①

辛亥革命后，先进的中国人继续探索国家独立和民族复兴的道路。1915年，新文化运动兴起。这期间，第一次世界大战和俄国十月革命爆发。它们给先进的中国人以新的启示：实现中华民族伟大复兴需要依靠新的领导阶级、以新的革命思想为指导、走新的革命道路。对此，毛泽东指出：“十月革命一声炮响，给我们送来了马克思列宁主义。十月革命帮助了全世界的也帮助了中国的先进分子，用无产阶级的宇宙观作为观察国家命运的工具，重新考虑自己的问题。走俄国人的路——这就是结论。”②在十月革命的启示下，具有初步共产主义思想的知识分子领导发动了五四运动，建立了中

---

① 胡锦涛：《在庆祝中国共产党成立90周年大会上的讲话》，《人民日报》2011年7月2日。

② 《毛泽东选集》第4卷，人民出版社1991年版，第1471页。

国工人阶级的政党——中国共产党。中国共产党的诞生，标志着中华民族伟大复兴的历史进程掀开了新的一页。

中国共产党成立后，立即领导人民开展了革命斗争。建党和大革命时期，党制定了彻底的民主革命纲领，领导工农运动，与国民党进行第一次合作，开展北伐战争，基本推翻了北洋军阀的统治。土地革命战争时期，党领导人民开展了土地革命，建立了农村革命根据地，在实践中走出一条农村包围城市、武装夺取政权的革命道路。抗日战争时期，党成为抗日战争的中流砥柱，领导人民取得了抗日战争的最后胜利，极大地推进了中华民族伟大复兴的历史进程。解放战争时期，党领导人民推翻了帝国主义、封建主义和官僚资本主义的统治，建立了新中国，为实现中华民族伟大复兴扫清了障碍、创造了根本的政治前提。新中国的成立，标志着近代中国第一大历史任务的完成，中华民族实现了梦寐以求的民族独立和人民解放，中华民族伟大复兴开启了新的历史纪元。

(二) 奠定实现中国梦的制度基础和物质基础

新中国成立后，中国共产党的历史方位和政治地位发生了根本性变化。党由一个领导人民为夺取全国政权而奋斗的党，转变为一个领导人民掌握全国政权并长期执政的党。新中国成立之初，党领导人民在恢复国民经济的基础上，采取社会主义革命和社会主义建设同时并举的方针，开展了对农业、手工业和资本主义工商业的社会主义改造，进行了大规模的“一五”计划建设。1956 年，伴随着三大改造的完成，社会主义制度在我国基本确立，我国进入了社会主义社会，党也成长为“领导我们事业的核心力量”①。这是中国历史上最深刻最伟大的社会变革，也是 20 世纪中国又一次划时代的历史巨变。它确立了以生产资料公有制为基础的社会主义经济制度，极大地提高了工人阶级和广大劳动人民的积极性和创造性，为经济社会发展开辟了广阔的道路。它初步确立了人民代表大会制

① 《毛泽东文集》第 6 卷，人民出版社 1999 年版，第 350 页。

度、中国共产党领导的多党合作和政治协商制度、民族区域自治制度等社会主义基本政治制度，为实现中华民族伟大复兴奠定了重要政治前提和制度基础。

从1956年开始，党领导人民进行了长达20多年的社会主义建设，开启了在社会主义条件下实现中华民族伟大复兴的历史征程。其中既取得了一系列重大成就，缩小了中国与发达资本主义国家的差距，极大地推进了中华民族的伟大复兴，期间也犯了“大跃进”、“文化大革命”等“左”的错误，使实现中华民族伟大复兴的历史进程遭受严重挫折。总体上看，社会主义建设时期我国已经初步建立了一个独立的比较完整的工业体系和国民经济体系，教育、科学、文化、卫生、体育等社会事业获得了长足发展，积累了在中国这样一个社会生产力水平十分落后的东方大国进行社会主义建设的重要经验，从而为实现中华民族伟大复兴提供了宝贵经验、理论准备和物质基础。

（三）开创实现中国梦的正确道路和伟大成就

1978年中共十一届三中全会果断地停止了“以阶级斗争为纲”的错误方针，把党和国家工作重心转移到社会主义现代化建设轨道上来。由此，我国进入了改革开放和社会主义现代化建设新时期。这一时期，中国共产党领导人民实行改革开放，开创、坚持、发展了中国特色社会主义，找到了实现中国梦的正确道路。经过改革开放30多年的发展，党和国家各项事业取得了举世瞩目的伟大成就，从根本上改变了中国人民和中华民族的前途命运。中华民族伟大复兴沿着中国特色社会主义道路逐步变成现实。我们锐意推进各方面体制改革，使我国成功实现从高度集中的计划经济体制到充满活力的社会主义市场经济体制的伟大历史转折；不断扩大对外开放，使我国成功实现了从封闭半封闭到全方位开放的伟大历史转折；坚持以经济建设为中心，综合国力迈上新台阶；着力保障和改善民生，人民生活总体上达到小康水平；大力发展社会主义民主政治，人民当家作主权利得到更好保障；大力发展社会主义先进文化，人民日益增长的精神文化需求得到更好满足；我们大力发展社会事业，社会和谐稳定得到巩固和发展；扎实推进生态文明建设，资源节约和环境保护全面推进；坚持党对军队的绝对领导，国防和军队建设取得重大成就；成功实施"一国两制"基本方针，祖国和平统一大业迈出重大步伐；坚持奉行独立自主的和平外交政策，全方位外交取得重大成就；坚持党要管党、从严治党，党的建设新的伟大工程全面推进，党的建设科学化水平不断提高，党在中国特色社会主义事业中的领导核心作用不断增强。

总之，经过改革开放 30 多年的不懈奋斗，我国顺利实现了社会主义现代化建设"三步走"发展战略的前两步目标，正在向第三步战略目标阔步前进。这为我们实现中国梦奠定了坚实基础。"现在，我们比历史上任何时期都更接近中华民族伟大复兴的目标，比历史上任何时期都更有信心、有能力实现这个目标。"①

(四)领导人民为实现"两个一百年"的目标和中国梦而奋斗

目前，经过改革开放 30 多年的发展，我国已经进入全面建成小康社会新阶段。从现在起到 21 世纪中叶，我们将按照"三步走"发展战略部署，继续为实现"两个一百年"的奋斗目标和中国梦而努力奋斗。"两个一百年"的奋斗目标，即到中国共产党成立一百年时全面建成小康社会，到新中国成立一百年时建成富强民主文明和谐的社会主义现代化国家。中国梦，就是要实现国家富强、民族振兴、人民幸福。

当前，经过改革开放 30 多年的发展，中国梦正在逐步成为现实。但同时，前进道路上也存在一系列不容忽视的问题，影响着中国梦的顺利实现。主要有：发展中不平衡、不协调、不可持续问题依然突出，科技创新能力不强，产业结构不合理，农业基础依然薄

① 习近平：《承前启后 继往开来 继续朝着中华民族伟大复兴目标奋勇前进——在参观〈复兴之路〉展览时的讲话》，《人民日报》2012 年 11 月 30 日。

弱，资源环境约束加剧，制约科学发展的体制机制障碍较多，深化改革开放和转变经济发展方式任务艰巨；城乡区域发展差距和居民收入差距依然较大；社会矛盾明显增多，教育、就业、社会保障、医疗、住房、生态环境、食品药品安全、安全生产、社会治安、执法司法等关系群众切身利益的问题较多，部分群众生活比较困难；一些领域存在道德失范、诚信缺失现象；一些干部领导科学发展能力不强，一些基层党组织软弱涣散，少数党员干部理想信念动摇、宗旨意识淡薄，形式主义、官僚主义问题突出，奢侈浪费现象严重；一些领域消极腐败现象易发多发，反腐败斗争形势依然严峻。①

上述问题的解决，需要我们以改革创新的精神全面加强党的建设，全面提高党的建设科学化水平，确保党始终成为中国特色社会主义事业的坚强领导核心。

二、共产党员是托起中国梦的脊梁

中国梦是中华民族的梦，也是每个中国人的梦。“众人拾柴火焰高。”实现中国梦必须凝聚中国力量。中国力量就是全国各族人民团结的力量。中国共产党是中国工人阶级的先锋队，同时是中国人民和中华民族的先锋队，是中国特色社会主义事业的坚强领导核心。共产党员是中国工人阶级中具有共产主义觉悟的先锋战士。共产党员是托起中国梦的脊梁。其思想和行为关系着党的路线、方针、政策的贯彻和执行，代表着党的形象，影响着人民群众。其能否保持先进性、发挥创造性，一定程度上决定着中国梦能否实现。

（一）共产党员是中国革命建设改革的主心骨

民主革命时期，为了实现民族独立、人民解放，无数共产党员

---

① 胡锦涛：《坚定不移沿着中国特色社会主义道路前进　为全面建成小康社会而奋斗——在中国共产党第十八次全国代表大会上的报告》，人民出版社 2012 年版，第 5 页。

带领广大人民群众为推翻三座大山而奋斗。他们既是党的路线、方针、政策的制定者，又是党的革命事业的推动者和践行者，还是广大人民群众利益的代表者和维护者。其中不少人前仆后继，不顾个人安危，为中国革命献出了宝贵的生命，从而缔造了新中国。比如，李大钊、蔡和森、何叔衡、方志敏、邓中夏、邓恩铭、向警予、罗亦农、苏兆征、林祥谦、陈赞贤、施洋、顾正红、马本斋、叶挺、杨靖宇、彭湃、左权、刘伯坚、吉鸿昌、夏明翰、杨匏安、王荷波、肖楚女、蒋先云、郭亮、周文雍、陈铁军、赵一曼、于方舟、罗学瓒、毛泽民、杨殷、宣侠父、郭隆真、江竹筠、刘胡兰、董存瑞……他们分布于从建党初期到解放战争各个时期，其中既有党的各级领导人，又有普通党员，既有工农运动领袖，又有军队指战人员。

社会主义革命和建设时期，为了尽快实现国家富强和人民富裕，广大共产党员身先士卒，在保卫和巩固新生的人民政权、率领人民群众建设社会主义的过程中作出了卓越贡献，涌现出了一大批优秀共产党员。比如，县委书记的好榜样焦裕禄、把有限的生命投入到无限的为人民服务之中的雷锋、特别能战斗的矿山工人马万水、新中国第一代全国劳动模范马恒昌、“铁人”王进喜、“两弹一星”研制者邓稼先、农民致富的领头人史来贺、“全家都在城，自己愿留乡”的邢燕子、鞍钢老英雄孟泰、爱民英雄欧阳海、“纺织战线上的骄傲”赵梦桃、钢铁战士麦贤得、“宁肯一人臭，换来万户香”的时传祥，等等。他们中既有党员干部，也有普通党员，既有工人农民，也有知识分子和解放军，遍布社会主义建设的各条战线。正因为这些普通党员的存在和其先锋模范作用，我国社会主义建设才取得了一系列重大成就。即使在党和国家出现“左”倾错误的困难时期，广大党员仍坚定理想和信念，为实现“四个现代化”而努力奋斗，为纠正和结束“左”倾错误积蓄力量。

改革开放和社会主义现代化新时期，为了在21世纪中叶把我国建设成为一个富强、民主、文明、和谐的社会主义现代化国家，广大共产党员继续发挥先锋模范作用，带领人民群众开创了中国特色社会主义事业新局面，取得了中国特色社会主义建设辉煌成就，极大地推进了中华民族伟大复兴的历史进程。在这一过程中，同样涌现出了一大批先进典型。比如，新时期领导干部的楷模孔繁森，忠诚党的创新理论的模范教员方永刚，“宁可把心血熬干，也要让油田稳产再高产”的王启民，牺牲在抗击“非典”战场上的护士叶欣，“警界女神警”任长霞，“天下第一村”领头人吴仁宝，为党分忧、为民解难的公仆吴天祥，乡镇党委书记的榜样吴金印，人民满意的好法官宋鱼水，勇于献身的优秀大学生张华，轮椅上的“当代保尔”张海迪，“雪域神医”李素芝，“辛苦我一人，方便千万家”的徐虎，“小巷总理”谭竹青，等等。他们分布于改革开放新时期的各个历史阶段，既有党政领导干部，又有各行各业普通党员。他们以自己的实际行动，展现了新时期共产党员的为民、务实、清廉的形象，铸造了伟大的时代精神。

(二)共产党员要为全面推进中国特色社会主义事业而奋斗

当前，全国各族人民正紧密团结在以习近平为总书记的党中央周围，为实现中华民族伟大复兴的中国梦而努力奋斗。共产党员是实现中国梦的脊梁，根本地要体现在推动中国特色社会主义伟大事业科学发展上。

第一，共产党员要做中国特色社会主义经济建设的组织者和推动者。经济建设是中国特色社会主义建设的中心，为中国梦的实现奠定物质基础。我们必须继续坚持以经济建设为中心不动摇，以加快转变经济发展方式为主线，推动经济又好又快发展。共产党员的先进性和模范带头作用，根本地体现在促进经济科学发展上。共产党员既肩负着不断提高自身驾驭社会主义市场经济的能力，推动党和国家做出科学的经济决策的责任，又要以自己的实际行动投身到中国特色社会主义经济建设中，促使社会主义市场经济体制更加完善，为实现国家富强而贡献自己的力量。

第二，共产党员要做中国特色社会主义政治建设的领导者和主力军。政治建设是中国特色社会主义建设的关键，为中国梦的实现提供政治保证。我们必须继续坚持走中国特色社会主义政治发展道路，积极稳妥地推进政治体制改革，建设社会主义民主政治。在中国特色社会主义政治建设中，中国共产党是领导核心。共产党员是党的细胞，不仅肩负着提高自身政治能力和政治素质，增强党发展社会主义民主政治的能力的责任，而且是中国特色社会主义政治建设的主力军，是推动党内民主、人民民主、基层民主发展的重要力量。

第三，共产党员要做中国特色社会主义文化建设的引领者和示范者。文化建设是中国特色社会主义建设的灵魂，为中国梦的实现提供思想保障、精神动力和智力支持。从现在起到 21 世纪中叶，我们必须进一步深化文化体制改革，推动社会主义文化大发展大繁荣，建设社会主义文化强国。共产党员在中国特色社会主义文化建设中，居于引领者地位，发挥着先锋模范作用。共产党员既肩负着坚持马克思主义在意识形态领域的指导地位，不断提高党建设社会主义先进文化的能力的使命，而且在培育和践行社会主义核心观、提高全民族思想道德文化素质、丰富人民精神文化生活方面发挥着风向标和示范带头作用。

第四，共产党员要做中国特色社会主义社会建设的参与者和推动者。社会建设是中国特色社会主义建设的支撑，为中国梦的实现创造和谐稳定的社会环境。从现在起到 21 世纪中叶，我们必须在改善民生和创新社会管理中加强社会建设，构建社会主义和谐社会。共产党员是中国特色社会主义建设的生力军，是社会主义和谐社会的构建者。共产党员不仅肩负着最广泛最充分地调动一切积极因素，提高党构建社会主义和谐社会能力的任务，而且能够在日常工作中践行党的宗旨，贯彻党的路线方针政策，发挥推动发展、服务群众、凝聚人心、构建和谐的积极作用。

第五，共产党员要做中国特色社会主义生态文明建设的倡导者和践行者。生态文明建设是中国特色社会主义建设的根基，为中国梦的实现提供自然载体和环境条件。从现在起到 21 世纪中叶，我们必须把生态文明建设放在突出位置，融入到经济建设、政治建设、文化建设、社会建设各方面和全过程，努力建设美丽中国，实现中华民族永续发展。共产党员是中国特色社会主义生态文明建设的积极倡导者和实践者。他们不仅要带领广大人民群众树立尊重自然、顺应自然、保护自然的生态文明理念，而且要以自身行动促进资源节约和环境保护，彰显共产党员的先锋模范作用。

共产党员是托起中国梦的脊梁，还体现在时刻以更高标准严格要求自己，不断提高自身思想道德水平、政治素质和业务能力，始终保持共产党员的先进性和纯洁性。

其一，共产党员必须认真学习马克思列宁主义、毛泽东思想、邓小平理论、“三个代表”重要思想、科学发展观以及习近平总书记系列重要讲话精神，学习党的路线、方针、政策及决议，学习党的基本知识，学习科学、文化、法律和业务知识，不断提高自身的领导能力和执政水平，为实现中国梦奠定思想基础，提供智力保障。

其二，共产党员要坚决贯彻党的基本路线、基本纲领、基本经验、基本要求，带头参加改革开放和社会主义现代化建设，带领群众为经济发展和社会进步艰苦奋斗，在生产、工作、学习和社会生活中发挥先锋模范作用，为实现中国梦凝聚力量。

其三，共产党员要贯彻为民、务实、清廉的基本要求，做践行党的群众路线的模范。要坚持国家和人民的利益高于一切，吃苦在前、享乐在后；要向群众宣传党的主张，遇事同群众商量，及时向党反映群众意见和要求，维护群众正当利益，为实现中国梦赢得坚实的群众基础。

其四，共产党员要做坚持和贯彻依法治国基本方略的模范，自觉遵守国家的法律法规，认真执行党和国家的各项决策，积极完成党和国家分配的各项任务，要积极支持和推动党的建设制度改革，为实现中国梦创造良好的制度环境。

其五，共产党员要做弘扬民族精神和时代精神的楷模。共产党员既要挖掘和继承我国古代长期以来形成的民族精神和优秀传统，又要学习和弘扬我国近代以来形成的革命精神和时代精神，尤其是要自觉践行社会主义核心价值观，不断提高自身道德素质，发扬社会主义新风尚，为实现中国梦提供精神动力。

其六，共产党员要积极投身改革事业，发扬“钉钉子”精神，抓铁有痕、踏石留印，为全面建成小康社会、全面深化改革、全面依法治国、全面从严治党作出应有的贡献，为实现中国梦创造良好的外部条件。

三、建设学习型服务型创新型的马克思主义执政党

中国共产党担负着团结带领人民全面建成小康社会、推进社会主义现代化、实现中华民族伟大复兴的重任。只有党坚强有力，中国特色社会主义事业才能兴旺发达，国家才能繁荣昌盛，人民才能幸福安康。因此，党的十八大提出了“建设学习型、服务型、创新型的马克思主义执政党，确保党始终成为中国特色社会主义事业的坚强领导核心”的建设目标。这是中国共产党应对形势的发展、事业的开拓、人民的期待所作出的正确选择，是对自身建设目标的科学定位。

（一）党的建设面临的新考验和新危险

改革开放新时期，党的历届领导人高度重视党的建设，以改革创新的精神，全面推进党的建设新的伟大工程，党的建设科学化水平逐步提高。当前，从总体上看，党的领导水平和执政水平、党的建设状况、党员队伍素质总体上同党所肩负的历史使命是适应的。同时，党内也存在着不少不适应新形势新任务要求、不符合党的性质和宗旨的问题。比如，一些干部得过且过，一些基层组织软弱涣散，不能发挥模范带头作用和战斗堡垒作用。一些党员干部作风问题比较突出，有的严重脱离群众，对群众疾苦漠然置之，甚至欺压群众、侵害群众利益；形式主义、官僚主义问题较为普遍地存在，奢侈浪费现象严重。一些领域消极腐败现象易发多发，不仅大案要案时有发生、令人触目惊心，而且发生在群众身边的腐败现象较多存在。一些党员干部信仰缺失，对共产主义心存怀疑，对社会主义

前途命运丧失信心，是非观念淡薄、原则性丧失、正义感退化。① 因此，党面临的执政考验、改革开放考验、市场经济考验、外部环境考验是长期的、复杂的、严峻的。精神懈怠的危险、能力不足的危险、脱离群众的危险、消极腐败的危险更加尖锐地摆在全党面前，落实党要管党、从严治党的任务比以往任何时候都更为繁重、更为紧迫。

当前党的建设面临的新考验和新危险，要求中国共产党必须以改革创新的精神全面推进党的建设新的伟大工程，全面提高党的建设科学化水平。党的十八大对此提出的具体要求为：以执政能力建设、先进性和纯洁性建设为主线，坚持解放思想、改革创新，坚持党要管党、从严治党，全面加强党的思想建设、组织建设、作风建设、反腐倡廉建设、制度建设，增强自我净化、自我完善、自我革新、自我提高能力，建设学习型、服务型、创新型的马克思主义执政党，确保党始终成为中国特色社会主义事业的坚强领导核心。

(二)以执政能力建设和先进性、纯洁性建设为主线

党的建设主线就是指在党的建设中居于主导地位，贯穿于党的建设各个方面和全部过程的根本建设。党的十七大提出，党的建设主线是执政能力建设和先进性建设。党的十八大进一步把纯洁性建设列为党的建设主线，从而使党的建设主线内容更加丰富，更具时代性和针对性。

党的执政地位不是与生俱来的，也不是一劳永逸的。过去拥有不等于现在拥有，现在拥有不等于永远拥有。因此，党的执政能力建设是党执政后的一项根本建设。党的执政能力，就是指党提出和运用正确的理论、路线、方针、政策和策略，领导制定和实施宪法和法律，采取科学的领导制度和领导方式，动员和组织人民依法管理国家和社会事务、经济和文化事业，有效治党治国治军，建设社

① 中共中央宣传部：《习近平总书记系列重要讲话读本》，学习出版社、人民出版社 2014 年版，第 158~161 页。

会主义现代化国家的本领。党的执政能力包括驾驭社会主义市场经济的能力、发展社会主义民主政治的能力、建设社会主义先进文化的能力、构建社会主义和谐社会的能力、应对国际局势和处理国际事务的能力。当前加强党的执政能力建设，必须立足现实、着眼长远、抓住重点、整体推进，不断研究新情况、解决新问题、创建新机制、增强新本领，全面加强和改进党的建设，使党的执政方略更加完善，执政体制更加科学、执政基础更加巩固。①

先进性是马克思主义政党的本质属性，是马克思主义政党的生命所系、力量所在。党的先进性是历史的具体的，既是一以贯之的，又是与时俱进的。过去先进不等于现在先进，现在先进不等于永远先进。这就决定了保持和发展党的先进性是党的建设的根本任务和永恒主题。党的先进性建设就是要通过推进党的思想建设、组织建设、作风建设、反腐倡廉建设和制度建设，使党的理论和路线、方针、政策顺应时代发展的潮流和我国社会发展进步的要求，反映全国各族人民的利益和愿望，使各级党组织不断提高创造力、凝聚力、战斗力，始终发挥领导核心和战斗堡垒作用，使广大党员不断提高自身素质、始终发挥先锋模范作用，使党永葆与时俱进的品质、始终走在时代前列，不断提高执政能力、巩固执政地位、完成执政使命。加强党的先进性建设，必须准确把握时代脉搏，保证党始终与时代发展同步伐；必须把最广大人民的根本利益作为党全部工作的出发点和落脚点，保证党始终与人民群众共命运；必须使党的理论和路线方针政策不断与时俱进，保证党的全部工作始终符合实际和社会发展规律；必须围绕党的中心任务来进行，保证党始终引领中国社会进步；必须坚持党要管党、从严治党，保证党始终具有蓬勃生机和旺盛活力；必须始终抓好保持和发展党员队伍的先进性这个基础工程，必须始终抓好党员队伍这个主体，充分依靠全党同志共同努力。

纯洁性是马克思主义政党的本质属性。党的纯洁性不是空洞抽

---

① 《十六大以来重要文献选编》中，中央文献出版社 2006 年版，第 276 页。

象的，而是具体实在的，不是固定不变的，而是与时俱进的。纯洁性建设始终是党的本质要求。党的纯洁性是指党员干部和党组织在思想、政治、组织、作风、行为等方面与党的性质、宗旨的一致性，即符合工人阶级先锋队性质和为大多数人谋利益的宗旨。党的纯洁性，体现在党的思想、政治、组织和作风各个方面。新形势下保持党的纯洁性的基本要求是：坚持党要管党、从严治党，坚持强化思想理论武装和严格队伍管理相结合、发扬党的优良传统和加强党性修养与党性锻炼相结合、坚决惩治腐败和有效预防腐败相结合、发挥监督作用和严肃党的纪律相结合，不断增强自我净化、自我完善、自我革新、自我提高能力，始终保持党的性质和宗旨，永葆共产党人政治本色。①

执政能力建设、先进性和纯洁性建设相辅相成、不可分割。纯洁性是先进性的前提和基础，先进性是纯洁性的体现和保证。执政能力建设是党的先进性和纯洁性的客观标志和外在的具体体现，党的先进性和纯洁性建设是党的执政能力建设的内在基础和决定因素。当前，中国共产党加强自身建设，必须以执政能力建设和先进性建设为主线，并将其贯穿于党的思想建设、组织建设、作风建设、反腐倡廉建设和制度建设之中，统一于党的建设新的伟大工程的实践基础之上。只有这样，才能确保党始终成为中国特色社会主义事业的坚强领导核心，才能有力推动中国梦的实现。

（三）全面加强党的建设

中国特色社会主义伟大事业与党的建设伟大工程相辅相成，相得益彰。当前，我们正处在全面建成小康社会，实现中国梦的关键阶段。因此，我们必须在全面推进中国特色社会主义伟大事业中，全面加强党的建设，全面提高党的建设科学化水平。

---

① 参见胡锦涛：《切实做好保持党的纯洁性各项工作深入推进党风廉政建设和反腐败斗争》，《人民日报》2012 年 1 月 10 日。

1. 加强思想建设，为实现中国梦提供坚强的思想保证和智力支持

思想建设是党的建设的根本和首要任务。党在领导全国人民实现中国梦的征程中，必须以思想建设为根本，继承和发扬善于学习、勇于学习、勤于学习的优良传统，建设马克思主义学习型政党。这是党的思想建设的内在要求和重要内容，应按照科学理论武装、具有世界眼光、善于把握规律、富有创新精神的要求予以实施。

第一，推进马克思主义中国化、时代化、大众化。

推进马克思主义中国化、时代化、大众化，是建设马克思主义学习型政党的首要任务。应坚持把马克思主义作为立党立国的根本指导思想，紧密结合我国国情和时代特征大力推进理论创新，紧密结合党员干部和人民群众思想实际，推动马克思主义大众化。

一方面，紧密结合我国国情和时代特征，大力推进实践基础上的理论创新。一是准确把握当今世界发展大势。要准确把握我国发展面临的机遇和挑战，深入研究人类面临的共同问题，学习和研究世界各国执政党治国理政的经验。二是准确把握社会主义初级阶段的基本国情。深入分析研究我国发展的阶段性特征在政治建设、经济建设、文化建设、社会建设和生态文明建设中的具体表现、存在问题、解决对策等。三是准确把握改革发展实际。当前，我国社会正在经历深度、广度和难度都前所未有的改革，呈现出成就与问题并存、长期性矛盾与阶段性矛盾交织、可以预料与难以预料情况交织的复杂局面。如何认识这种局面，解决发展中诸如不平衡、不协调、不可持续问题的任务依然严峻。因此，围绕这些问题做出针对性的回答，提出新思想、新观点、新主张，增强实际工作中的原则性、系统性、有效性，是推动马克思主义中国化的重要生长点。四是及时总结党领导人民创造的新鲜经验。既要系统总结新中国成立以来党领导人民进行革命、建设和改革积累的经验教训，揭示社会主义建设的整体规律，又要分别总结各地区、各部门、各领域的新鲜经验，提高指导具体工作的针对性。既要注重借鉴成功经验，更要注重吸取惨痛教训。既要运用科学的理论和方法总结经验，又要尊重人民群众的首创精神，向群众学习、向实践学习。五是不断作出新的理论概括。既要对马克思主义进行新的理论创造和现代性转换，又要适时把改革发展过程中的新鲜经验系统化上升为理论。既要发挥党的领导人的主导作用，又要发挥马克思主义理论工作者的主体作用，更要尊重广大党员干部和人民群众的主体地位。

另一方面，紧密结合党员干部和人民群众思想实际，推动马克思主义大众化。马克思主义大众化要求把马克思主义理论用简单质朴的语言讲清楚、用群众喜闻乐见的方式说明白，使之更好地为广大党员和人民大众所理解和接受。这就要求：深入实施马克思主义理论研究和建设工程，建设充分反映马克思主义中国化最新理论成果的学科体系和教材体系，培养造就一大批马克思主义理论家特别是中青年理论家，推动中国特色社会主义理论体系进教材、进课堂、进头脑，增强科学理论教育引导群众的作用。既要加强对马克思主义基本原理的深入研究，又要对干部群众关心的现实问题和理论问题开展重点研究；既要忠实于马克思主义，又要为老百姓所喜闻乐见，贴近群众、贴近实际、贴近生活；既要做到政治性与学术性的统一，又要做到理论性与普及性的统一。

第二，用中国特色社会主义理论体系武装全党。

用科学理论武装全党，是建设马克思主义学习型政党的基本要求和本质特征。中国特色社会主义理论体系是当代中国的马克思主义，是马克思主义中国化的最新理论成果。用科学理论武装全党，重点就是用中国特色社会主义理论体系武装全党。其一，要坚持以党员领导干部为重点，使广大党员干部全面掌握中国特色社会主义理论体系。党员领导干部要在学习中国特色社会主义理论体系过程中发挥先锋模范作用，做到真学真信真懂真用。要系统把握中国特色社会主义理论体系的基本内涵和主要内容，全面理解中国特色社会主义建设的宝贵经验，学会运用贯穿在中国特色社会主义理论体系中的立场、观点和方法。其二，要大力弘扬理论联系实际的学风。理论的价值在于实践，学习的目的在于应用。用中国特色社会主义理论体系武装全党，必须联系当前我国改革和发展实际来学习、结合我国改革和发展实际来运用。要使科学理论真正成为指导工作和决策的思想武器，成为推动科学发展、促进社会和谐、开创事业新局面的强大动力；要使党员干部把学习理论同研究解决人民最关心最直接最现实的利益问题、本地区本部门改革发展稳定的重大问题、党的建设突出问题结合起来，增强工作的原则性、系统性、预见性、创造性；要使广大党员干部紧密结合自身实际改造主观世界，坚定对马克思主义信仰，增强对中国特色社会主义的信心，提高贯彻党的路线、方针、政策的自觉性和主动性，树立党的意识、责任意识、宗旨意识、执政意识、大局意识。

第三，开展社会主义核心价值体系学习教育，培育和践行社会主义核心价值观。

社会主义核心价值体系是兴国之魂，是社会主义先进文化的精髓，决定着中国特色社会主义发展方向。党的十七届四中全会提出，建设马克思主义学习型政党，要开展社会主义核心价值体系学习教育。党的十七届六中全会强调，把社会主义核心价值体系融入到党的建设全过程。党的十八大再次强调，社会主义核心价值体系是兴国之魂，决定着中国特色社会主义发展方向，要加强社会主义核心价值体系建设。党的十八大还凝炼了“富强、民主、文明、和谐，自由、平等、公正、法治，爱国、敬业、诚信、友善”共24字的社会主义核心价值观。这就为建设马克思主义学习型政党指明了方向和路径。

一是把理想信念作为全党学习社会主义核心价值体系的重中之重。“革命理想大于天”，“理想信念是共产党人精神上的‘钙’”。要引导党员着力增强贯彻党的基本理论、基本路线、基本纲领、基本经验、基本要求的自觉性和坚定性，增强走中国特色社会主义道路、为党和人民事业不懈奋斗的自觉性和坚定性，做共产主义远大理想和中国特色社会主义共同理想的坚定信仰者；必须深入开展形势政策教育、国情教育、革命传统教育、改革开放教育、国防教育，组织学习中国近现代史特别是党领导人民进行革命、建设和改革的历史，坚定广大人民群众对中国特色社会主义的信心和信念；必须深入推进马克思主义理论研究和建设工程，实施中国特色社会主义理论体系普及计划，加强重点学科体系和教材体系建设，推动中国特色社会主义理论体系进教材、进课堂、进头脑，加强和改进学校思想政治工作。

二是加强党的意识形态工作和思想政治工作。当前党的意识形态工作和思想政治工作存在着一些不容忽视的问题。意识形态工作方面，出现了如民主社会主义、新自由主义、历史虚无主义等反马克思主义和非马克思主义思潮。意识形态工作是党的一项极端重要的工作。我们必须坚持巩固壮大主流思想舆论，弘扬主旋律，传播正能量，激发全社会团结奋进的强大力量。要紧密结合中国特色社会主义成功实践，联系干部群众思想实际，针对社会热点难点问题，从理论和实践结合上作出有说服力的回答，引导干部群众在重大思想理论问题上划清界限，澄清模糊认识，有力抵制各种错误和腐朽思想影响。思想政治工作方面，还存在着有效性不高、针对性不够、感染力不强、说服力不足的问题。因此，要改进思想政治工作的方式和方法，坚持从党员干部的关注点和兴奋点入手，着眼于激发党员干部的情感共鸣，把社会主义核心价值体系的内容和要求大众化、时代化，努力增强学习教育的有效性、针对性、感染力、说服力。

三是弘扬民族精神和时代精神。当前广大党员干部的精神风貌是健康的，积极向上的，但也有少数党员干部精神颓废、思想空虚、缺乏生机和活力，因此，要在党员干部中大力弘扬民族精神和时代精神。首先要坚持历史性和时代性相结合的原则，尊重历史。对广大党员干部开展多种形式、生动活泼、主题鲜明的中国近现代史、中国革命史和中共党史教育。要按照时代特征和现实需求，对民族精神进行现代性转换。其次要坚持理论引导和实践培育相结合。要充分挖掘、利用、开辟新的党史和革命史资源，开展党史和革命史教育活动；利用传统节日，弘扬中华民族的传统文化，开展民族精神教育。再次要坚持继承和创造相结合的原则。党员干部既是民族精神和时代精神的接受者和传播者，又是民族精神和时代精神的继承者和创造者。党员干部要在弘扬民族精神和时代精神的过程中，不断创造新的时代精神和民族精神。

四是加强思想道德建设。当前广大党员干部的思想道德水平较高，较好地保持了共产党员的先进性和纯洁性，发挥了共产党员的先锋模范作用。但也有少数党员干部思想道德水平不高，党的意识不强，其行为甚至与党的性质和宗旨严重脱离。因此，当前对党员干部要加强以社会主义荣辱观为核心的思想道德教育。加强思想道德教育，要与党员干部学习党章党规和国家法律结合起来；要坚持知与行的统一，自觉践行社会主义荣辱观；要把自律与他律结合起来，强化新闻舆论监督、开展党风政风评议活动、褒扬廉洁从政行为、惩治不良现象等手段，规范党员干部的思想道德和行为。

五是加强社会主义核心价值观宣传教育活动。深入开展中国特色社会主义和中国梦宣传教育，不断增强人们的道路自信、理论自信、制度自信，坚定全社会全面深化改革的意志和决心。把社会主义核心价值观学习教育纳入各级党委(党组)中心组学习计划，纳入各级党委讲师团经常性宣讲内容。深入研究社会主义核心价值观的理论和实际问题，深刻解读社会主义核心价值观的丰富内涵和实践要求，为实践发展提供学理支撑。加强社会思潮动态分析，强化社会热点难点问题的正面引导，在尊重差异中扩大社会认同，在包容多样中形成思想共识。

第四，建设学习型党组织。

党的十七届四中全会就如何建设学习型党组织，提出了一系列具体措施。2010 年 2 月 8 日，中共中央办公厅印发《关于推进学习型党组织建设的意见》，进一步明确了建设学习型党组织的重要意义、总体要求、主要原则、主要内容、建设方法和基本途径等。当前，要在充分认识建设学习型党组织重要性的基础上，不断探索创建学习型党组织的新方法和新途径。

一是创新建设学习型党组织的方法。既要继承以往行之有效的方式和方法，又要结合新的实际不断探索新的方式和方法。一是加强和改进党委(党组)中心组学习，严格规范管理，增强学习效果。二是加强和改进务虚研讨，深入研究重大问题和难点热点问题。三是加强和改进专题调研，深入总结实践经验，形成改进工作的思路和举措。四是加强和改进主题宣讲，面对面地解答党员干部思想认识上的困惑。五是加强和改进形势政策教育，深入解读国家发展形势和重大方针政策。六是加强和改进个人自学，引导党员干部养成良好学习习惯。七是加强和改进专题讲座、报告会、专题电视片、主题教育等学习教育方式，鼓励和支持参加各种形式的成人教育、函授教育、网络教育，不断增强建设学习型党组织活动的吸引力凝聚力，扩大覆盖面和参与度。①

二是完善建设学习型党组织的途径。建设学习型党组织要通过创新学习载体、丰富学习形式、组织学习活动、搭建学习平台来推进。一是开展多种形式的日常读书学习活动。具体包括推荐学习书目、举办各个层次的干部培训班、开展学习读书活动、设立学习讲坛、加强学习教育网络建设等。比如，党的十七届四中全会尤其是党的十八大以来，为推动学习型党组织建设取得实效，中共中央宣传部理论局、中共中央组织部干部局先后分多批向党员干部推荐学习书目，效果明显。二是利用党和国家重大政策出台、重大活动开展和重大节庆纪念日，不断丰富完善学习党组织建设工作抓手。比如，可以围绕“五一”、“五四”、“七一”、“八一”、“十一”等重要节庆日以及重大历史事件纪念日，组织开展党的历史、新中国历史以及党的优良传统、民族精神和时代精神、促进民族团结和军民团结等方面的专题学习教育。

三是拓宽学习型党组织建设的阵地，形成多种渠道、多种资源共同建设的合力。一要充分发挥党校、行政学院、干部学院在教育培训中的主渠道、主阵地作用。二要发挥高等学校、社科研究机构以及部门和行业培训机构的作用。三要充分运用好各级各类新闻媒体和互联网、手机等新闻媒体，引导其发挥自身优势。四要积极运用信息网络技术手段，加强党员干部远程教育、电化教育等学习教育网络建设，加强数字图书馆、数字出版物等网络学习教育平台建设，推进文化信息资源共享工程建设，不断提高党员干部学习教育的信息化水平。

---

① 参见中共中央办公厅：《关于推进学习型党组织建设的意见》，《人民日报》2010年2月9日。

四是健全建设学习型党组织的制度。当前推进学习型党组织建设，要总结党员干部学习教育的经验，进一步明确学习教育的时间、内容、目标、责任以及相关的考勤、交流、通报等要求，推进党员干部学习教育的科学化、制度化、规范化。一要建立健全党组织集体学习制度，领导班子要定期务虚，保证集体学习每个季度不少于1次，提高学习质量。二要建立健全培训制度，科学安排岗前培训、业务培训、晋职培训、理论培训等，县处级以上党政领导干部参加脱产培训每年一般不少于110学时。三要建立健全调查研究制度，省部级领导干部到基层调研每年不少于30天，市、县级领导干部不少于60天，领导干部要每年撰写1至2篇调研报告。四要建立健全党员个人自学制度，明确要求制订学习计划和目标，强化党员干部的日常学习，激发个人自学的内在动力。五要建立健全主题教育制度，形成运用重大节庆日纪念日等组织党员干部学习的工作机制。六要建立健全学习考核制度，把学习情况作为民主评议党员、综合考核评价领导班子和领导干部的重要内容，把理论素养、学习态度和学习能力作为选拔任用领导干部的重要依据，形成注重学习的用人导向。七要建立健全学习成果转化制度，通过集体交流、媒体宣传、内参反映等多种形式，促进学习教育成果及时运用于党委和政府决策中。①

2. 加强组织建设，为实现中国梦提供有力的组织保证和人才支撑

实现中国梦，关键在人，关键在高素质的干部队伍。因此，必须大力加强党的组织建设。组织建设是指党根据形势发展和党的政治任务的要求，遵循党的组织原则和组织路线，不断改进和加强党的组织制度、组织机构、组织纪律、领导制度，提高干部队伍素质和党员队伍素质的活动。其主要包括党内民主建设、基层组织建设、干部队伍建设和党员队伍建设等内容。

---

① 参见中共中央办公厅：《关于推进学习型党组织建设的意见》，《人民日报》2010年2月9日。

第一，积极发展党内民主，增强党的创造活力。

党内民主是党的生命。发展党内民主是以改革创新精神加强党的建设的重要内容，也是以改革创新精神加强党的建设的重要条件。当前加强党内民主建设，要坚持民主集中制，健全党内民主制度体系。一是保障党员主体地位，健全党员民主权利保障制度，开展批评和自我批评，营造党内民主平等的同志关系、民主讨论的政治氛围、民主监督的制度环境，落实党员知情权、参与权、选举权、监督权。二是完善党的代表大会制度，提高工人、农民代表比例，落实和完善党的代表大会代表任期制，试行乡镇党代会年会制，深化县(市、区)党代会常任制试点，实行党代会代表提案制。三是完善党内选举制度，规范差额提名、差额选举，形成充分体现选举人意志的程序和环境。四是强化全委会决策和监督作用，完善常委会议事规则和决策程序，完善地方党委讨论决定重大问题和任用重要干部票决制。五是扩大党内基层民主，完善党员定期评议基层党组织领导班子等制度，推行党员旁听基层党委会议、党代会代表列席同级党委有关会议等做法，增强党内生活原则性和透明度。

第二，深化干部人事制度改革，建设高素质的干部队伍。

政治路线确定之后，干部就是决定的因素。建设和发展中国特色社会主义，实现中华民族伟大复兴的中国梦，关键在于建设一支政治坚定、能力过硬、作风优良、奋发有为的干部队伍。一是坚持五湖四海、任人唯贤，坚持德才兼备、以德为先，坚持注重实绩、群众公认的原则，把各方面优秀人才集聚到党和国家事业中来。二是按照信念坚定、为民服务、勤政务实、敢于担当、清正廉洁的要求，着力培养选拔党和人民需要的好干部。三是坚持凭实绩使用干部，让能干事者有机会、干成事者有舞台，不让老实人吃亏，不让投机钻营者得利，让所有优秀干部都能为党和人民贡献力量。四是深化干部人事制度改革，形成系统完备、科学规范、有效管用、简便易行的选人用人制度机制。五是加强和改进干部教育培训，提高干部素质和能力。六是加大培养选拔优秀年轻干部力度，重视培养选拔女干部和少数民族干部，鼓励年轻干部到基层和艰苦地区锻炼成长。七是要从严管理干部，坚持从严教育、从严管理、从严监督，对干部身上出现的苗头性、倾向性问题，要及时提醒和纠正。

第三，创新基层党建工作，夯实党执政的组织基础。

基层党组织是团结带领群众贯彻党的理论和路线方针政策、落实党的任务的战斗堡垒，是党全部工作和战斗力的基础。加强党的组织建设必须扎实做好抓基层、打基础的工作。一要落实党建工作责任制，强化农村、城市社区党组织建设，加大非公有制经济组织、社会组织党建工作力度，全面推进各领域基层党建工作，扩大党组织和党的工作覆盖面，以党的基层组织建设带动其他各类基层组织建设。二要建立严密的基层党组织工作制度，推动服务群众、做群众工作制度化、常态化、长效化，使基层党组织领导方式、工作方式、活动方式更加符合服务群众的需要。三要以增强党性、提高素质为重点，加强和改进党员队伍教育管理，健全党员立足岗位创先争优长效机制，推动广大党员发挥先锋模范作用。四是严格党内组织生活，健全党员党性定期分析、民主评议等制度。五是改进对流动党员的教育、管理、服务。提高发展党员质量，重视从青年工人、农民、知识分子中发展党员。健全党员能进能出机制，优化党员队伍结构。

第四，坚持党管人才原则，把各方面优秀人才集聚到党和国家事业中来。

广开进贤之路，广纳天下英才，是保证党和人民事业发展的根本之举。一要尊重劳动、尊重知识、尊重人才、尊重创造，加快确立人才优先发展战略布局，造就规模宏大、素质优良的人才队伍，推动我国由人才大国迈向人才强国。二要统筹推进各类人才队伍建设，实施重大人才工程，加大创新创业人才培养支持力度，重视实用人才培养，引导人才向科研生产一线流动。三要打破体制壁垒，扫除身份障碍，让人人都有成长成才、脱颖而出的通道，让各类人才都有施展才华的广阔天地。四要完善党政机关、企事业单位、社会各方面人才顺畅流动的制度体系。健全人才向基层流动、向艰苦地区和岗位流动、在一线创业的激励机制。五要加快形成具有国际竞争力的人才制度优势，完善人才评价机制，增强人才政策开放度，广泛吸引境外优秀人才回国或来华创业发展。

3. 加强作风建设，为实现中国梦营造良好的党群关系和社会风气

建设服务型的马克思主义执政党，要求党的各级组织和广大党员争当人民的勤务员、甘做人民的服务员，始终把人民放在最高位置来对待、把群众利益作为最大利益来维护、把民生疾苦作为最大问题来解决，通过改进服务作风、提高服务质量、完善服务措施，让人民群众生活得更加有质量、更加有尊严，进而使党更成熟、更坚定。

第一，党员干部要牢固树立以人为本、执政为民的服务理念。

为人民服务是党的根本宗旨，以人为本、执政为民是检验党一切执政活动的最高标准。在中国革命、建设和改革的长期实践中，中国共产党正是坚持依靠人民、为了人民、服务人民，才赢得广大人民群众的支持和拥护。当前，广大党员干部的宗旨意识和服务理念总体上较好，但在一些地区和部门也存在着脱离实际、脱离群众、损害群众等不良现象。因此，必须围绕保持党的先进性和纯洁性，在全党深入开展以为民务实清廉为主要内容的党的群众路线实践教育活动。广大党员干部必须牢记，密切联系群众是中国共产党的最大政治优势，脱离群众是中国共产党执政后的最大危险。全党必须始终把人民利益放在第一位，把实现好、维护好、发展好最广大人民根本利益作为一切工作的出发点和落脚点，做到权为民所用、情为民所系、利为民所谋。每一个共产党员都要把人民放在心中最高位置，尊重人民主体地位，尊重人民首创精神，拜人民为师，把政治智慧的增长，执政本领的增强深深扎根于人民的创造性实践之中。

第二，以推动发展、服务群众、凝聚人心、促进和谐为目标，建设服务型基层党组织。

党的工作重心在基层，执政基础在基层，活力源泉也在基层。基层组织是党全部工作和战斗力的基础，是贯彻落实党的路线方针政策和各项工作任务的战斗堡垒。当前，一些基层党组织软弱涣散，不能发挥模范带头作用和战斗堡垒作用。因此，必须要以推动发展、服务群众、凝聚人心、促进和谐为目标，创建服务型基层党组织。要坚持问政于民、问需于民、问计于民，真诚倾听群众呼声，真实反映群众愿望，真情关心群众疾苦，依法保障人民群众经济、政治、文化、社会等各项权益；党组织要从思想、工作、生活上关心党员，做好党员服务工作，健全党内激励、关怀、帮扶机制，健全党内表彰制度，加强对老党员、生活困难党员的关怀帮扶。农村基层党组织要把发展现代农业、培养新型农民、带领群众致富、维护农村稳定贯穿组织活动始终；城市街道社区基层党组织要把服务群众、凝聚人心、优化管理、维护稳定贯穿组织活动始终；机关党组织要把服务中心、建设队伍贯穿组织活动始终；高等学校党组织要把全面贯彻党的教育方针、培养社会主义建设者和接班人贯穿组织活动始终；民族地区基层党组织要在团结各族群众推动发展、促进和谐、反对分裂、维护稳定中发挥战斗堡垒作用。①

第三，建立健全服务群众的制度和机制。

制度带有根本性、全局性、长期性和稳定性。当前，建设服务型的马克思主义执政党，要以建立健全科学的服务群众制度和机制为保障。一是健全服务群众制度，充分发挥党组织和党员在服务群众中的带头、推动、监督、保证作用。二是健全联系群众制度，创新联系群众方式，机关工作要重心下移，基层干部要坚守一线，领导干部要定期深入基层特别是经济落后、问题较多的地方调查研究，了解群众疾苦，倾听群众呼声，帮助解决困难。领导干部下基层要轻车简从，不扰民，不搞层层陪同，不组织群众迎送。三是拓宽社情民意反映渠道，加强和改进信访工作，健全信访联席会议制度，坚持领导干部定期下访、定期接访、及时阅处群众来信，注意分析网络舆情。四是健全党和政府主导的维护群众权益机制，认真解决群众反映强烈的教育医疗、环境保护、安全生产、食品药品安全、企业改制、征地拆迁、涉农利益、涉法涉诉等方面的突出问题。五是完善矛盾纠纷排查化解机制，引导群众依法表达合理诉

---

① 《中共中央关于加强和改进新形势下党的建设若干重大问题的决定》，《人民日报》2009年9月28日。

求，切实维护群众权益。六是支持工会、共青团、妇联等人民团体充分发挥桥梁纽带作用，更好反映群众呼声，维护群众合法权益。

第四，改进工作作风，密切联系群众。

广大党员干部的作风如何，对党风政风乃至整个社会风气都有重大影响。中国共产党要想真正赢得广大人民群众的支持和拥护，必须下大力气改进工作作风，切实解决广大人民群众反映强烈的问题，始终保持党同人民群众的血肉联系。

当前改进工作作风，密切联系群众，就是要大兴求真务实之风、艰苦奋斗之风、批评与自我批评之风，其中重点就是贯彻落实党中央关于改进工作作风、密切联系群众的八项规定：(1)要改进调查研究，切忌走过场、搞形式主义；要轻车简从、减少陪同、简化接待；(2)要精简会议活动，切实改进会风；提高会议实效，开短会、讲短话，力戒空话、套话；(3)要精简文件简报，切实改进文风，没有实质内容、可发可不发的文件、简报一律不发；(4)要规范出访活动，严格控制出访随行人员，严格按照规定乘坐交通工具；(5)要改进警卫工作，减少交通管制，一般情况下不得封路、不清场闭馆；(6)要改进新闻报道，中央政治局同志出席会议和活动应根据工作需要、新闻价值、社会效果决定是否报道，进一步压缩报道的数量、字数、时长；(7)要严格文稿发表，除中央统一安排外，个人不公开出版著作、讲话单行本，不发贺信、贺电，不题词、题字；(8)要厉行勤俭节约，严格执行住房、车辆配备等有关工作和生活待遇的规定。①

当前改进工作作风，密切联系群众，还应建立健全改进作风常态化制度。作风问题具有反复性和顽固性，不可能一蹴而就，只能锲而不舍长久抓下去。要以踏石留印、抓铁有痕的劲头抓作风建设。必须建立健全有效管用的体制机制，自觉接受群众和社会的监督。一是健全领导干部带头改进作风、深入基层调查研究机制，完善直接联系和服务群众制度。二是改革会议公文制度，从中央做起

---

① 《中共中央政治局召开会议审议关于改进工作作风、密切联系群众的有关规定，分析研究 2013 年经济工作》，《人民日报》2012 年 12 月 5 日。

带头减少会议、文件，着力改进会风文风。三是健全严格的财务预算、核准和审计制度，着力控制“三公”经费支出和楼堂馆所建设。四是完善选人用人专项检查和责任追究制度，着力纠正跑官要官等不正之风。五是改革政绩考核机制，着力解决“形象工程”、“政绩工程”以及不作为、乱作为等问题。六是规范并严格执行领导干部工作生活保障制度。七是完善并严格执行领导干部亲属经商、担任公职和社会组织职务、出国定居等相关制度规定。①

第五，建立健全服务群众评价机制和指标体系。

建设服务型的马克思主义执政党要通过建立健全日常的监督评价体系，提高和保障服务质量，确保党始终与人民群众保持密切联系。要把人民群众满意不满意、高兴不高兴、答应不答应，作为检验党的工作的最高标准。要注意倾听群众的意见和声音，并把它们作为改进党的工作的动力。要加强党的工作过程监督，适时调整方针和策略，更好服务人民群众，提高执政能力和执政水平。

4. 加强反腐倡廉建设，为实现中国梦提供健康的领导肌体和组织力量

反腐倡廉建设是指党以预防和惩治权力滥用为中心内容、以防止和反对腐败，保持党的各级组织廉洁为主要目标的实践活动。反腐倡廉建设关系着人心向背和党的生死存亡。这个问题解决不好，就会对党造成致命伤害，甚至亡党亡国。因此，实现中国梦必须加强党的反腐倡廉建设，确保党坚强有力，肌体健康。

第一，反腐倡廉必须常抓不懈，拒腐防变必须警钟长鸣。

党的十八大以来，中国共产党以坚决的态度重拳反腐，坚持“老虎”、“苍蝇”一起打，取得了反腐败斗争的阶段性胜利。但是，我们也要看到反腐败斗争的长期性、复杂性和艰巨性。当前，滋生腐败的土壤依然存在，反腐败形势依然不够乐观，一些腐败问题和不正之风影响恶劣，亟待解决。因此，要“以猛药去疴、重典治乱

---

① 《中共中央关于全面深化改革若干重大问题的决定》，《人民日报》2013 年 11 月 16 日。

的决心，以刮骨疗毒、壮士断腕的勇气，坚决把党风廉政建设和反腐败斗争进行到底”①。一要始终保持惩治腐败高压态势，坚持以零容忍态度惩治腐败。做到有案必查、有腐必惩。不管涉及什么人，不论权力多大、职位高低，只要触犯党纪国法，都要受到严肃追究和严厉惩处。二要严格依纪依法查处各类腐败案件，既坚决查处发生在领导机关和领导干部中的滥用职权、贪污受贿、腐化堕落、失职渎职案件，又着力解决发生在群众身边的腐败问题，严肃查处损害群众利益的各种案件。

第二，建立健全惩治和预防腐败体系。

建立健全惩治和预防腐败体系是反腐败国家战略和顶层设计。一要坚持中国特色反腐倡廉道路，坚持标本兼治、综合治理、惩防并举、注重预防方针，全面推进惩治和预防腐败体系建设。二要把建立健全惩治和预防腐败体系这项重大任务，贯穿到改革发展稳定各项工作之中，以改革精神加强反腐败体制机制创新和制度保障。三是要坚定不移转变作风，坚定不移反对腐败，建设廉洁政治，努力实现干部清正、政府清廉、政治清明。

第三，推进反腐败体制机制创新。

党的十八大和十八届三中全会针对建立和完善反腐败体制机制做出了一系列重大部署，有力地保障和推动了党的反腐倡廉建设。一是推动党的纪律检查工作双重领导体制具体化、程序化、制度化，强化上级纪委对下级纪委的领导。查办腐败案件以上级纪委领导为主，线索处置和案件查办在向同级党委报告的同时必须向上级纪委报告。各级纪委书记、副书记的提名和考察以上级纪委会同组织部门为主。二是落实党风廉政建设责任制，党委负主体责任，纪委负监督责任，制定实施切实可行的责任追究制度。各级纪委要履行协助党委加强党风建设和组织协调反腐败工作的职责，加强对同级党委特别是常委会成员的监督，更好发挥党内监督专门机关作用。三是全面落实中央纪委向中央一级党和国家机关派驻纪检机构，实行

---

① 习近平：《强化反腐败体制机制创新和制度保障　深入推进党风廉政建设和反腐败斗争》，《人民日报》2014 年 1 月 15 日。

统一名称、统一管理。派驻机构对派出机关负责，履行监督职责。改进中央和省区市巡视制度，做到对地方、部门、企事业单位全覆盖。四是健全反腐倡廉法规制度体系，完善惩治和预防腐败、防控廉政风险、防止利益冲突、领导干部报告个人有关事项、任职回避等方面法律法规，推行新提任领导干部有关事项公开制度试点。健全民主监督、法律监督、舆论监督机制，运用和规范互联网监督。五是强化权力运行制约和监督体系。坚持用制度管权管事管人，让人民监督权力，让权力在阳光下运行，把权力关到制度的笼子里，形成不敢腐的惩戒机制、不能腐的防范机制、不易腐的保障机制。①

第四，加强反腐倡廉教育和廉政文化建设。

反腐倡廉建设既要靠制度约束，又要靠教育引导。对党员干部特别是领导干部进行反腐倡廉宣传教育，是加强党的思想政治教育建设的重要内容，是党风廉政建设和反腐败斗争的基础性工作，是从源头上预防和治理腐败的重要途径。一是要抓好思想理论建设，抓好党性教育和党性修养、抓好道德建设，教育引导广大党员干部坚定理想信念，坚守共产党人精神家园，不断夯实廉洁从政的思想道德基础，筑牢拒腐防变的思想道德防线。二是各级领导干部既要严于律己，又要加强对亲属和身边工作人员的教育和约束，决不允许搞特权。三是采取行之有效的方式对人民群众进行反腐败工作的方针、政策、形势的宣传，开展廉政知识和法制教育，引导人民群众正确看待反腐败斗争形势，增强监督意识和政策法律观念，积极有序地参与反腐败斗争。

当前加强党的建设，还需要严明党的组织纪律和政治纪律，教育引导党员、干部自觉维护中央权威，始终在思想上政治上行动上同党中央保持高度一致，维护党的团结统一。各级党组织和广大党员、干部特别是主要领导干部，应坚决贯彻党的理论和路线方针政策，保证中央政策畅通，决不允许“上有政策、下有对策”，决不允许有令不行、有禁不止。

---

① 参见《中共中央关于全面深化改革若干重大问题的决定》，《人民日报》2013 年 11 月 16 日。

5. 加强制度建设，为实现中国梦提供制度保障

制度带有根本性、全局性、稳定性和长期性。因此，必须加强制度建设，以科学的制度保障党的建设。制度建设在党的建设中居于根本性地位。制度建设就是把长期以来党的领导工作中和党内生活中的经验教训加以总结和概括，形成全党必须遵守的党内法规、条例、规则等党的制度，并狠抓贯彻落实。制度建设主要包括领导制度建设、组织制度建设、法规制度建设等。

第一，加强和完善党的领导制度建设。

党的领导制度是指党的领导工作与活动的规则和程序。它主要包括党的自身领导制度和党对国家政权机关和其他非党组织的领导制度。当前，加强和完善党的领导制度建设，具体要求有：一是完善党的领导体制和执政方式。党要民主执政、科学执政、依法执政，充分发挥党总揽全局、协调各方的领导核心作用，提高党的领导水平和执政能力。二是要全面推进依法治国，把党的领导贯彻到依法治国全过程和各方面。党既要依据宪法法律治国理政，又要依据党内法规管党治党。必须坚持党领导立法、保证执法、支持司法、带头守法，把依法治国基本方略同依法执政基本方式统一起来，把党总揽全局、协调各方同人大、政府、政协、审判机关、检察机关依法依章程履行职能、开展工作统一起来，把党领导人民制定和实施宪法法律同党坚持在宪法法律范围内活动统一起来，善于使党的主张通过法定程序成为国家意志，善于使党组织推荐的人选通过法定程序成为国家政权机关的领导人员，善于通过国家政权机关实施党对国家和社会的领导，善于运用民主集中制原则维护中央权威、维护全党全国团结统一。三是健全党领导依法治国的制度和工作机制，完善保证党确定依法治国方针政策和决策部署的工作机制和程序。①

第二，加强和完善党的组织制度建设。

党的组织制度是指对党的组织原则、组织结构和组织纪律用党

---

① 参见《中共中央关于全面推进依法治国若干重大问题的决定》，《人民日报》2014 年 10 月 29 日。

规党法的形式固定下来，并要求所有党的组织和党员共同遵守的，按一定程序办事的组织规程。它主要包括党的民主集中制度、党的代表大会制度、党的干部制度、党员管理制度、党员权利保障制度、党员教育和培训制度、党内选举制度、党内议事制度、党内决策制度。当前，加强和完善党的组织制度建设，具体要求为：坚持民主集中制，健全党内民主制度体系；完善党的代表大会制度，落实和完善党的代表大会代表任期制，试行乡镇党代会年会制，深化县(市、区)党代会常任制试点，实行党代会代表提案制；健全党员民主权利保障制度；完善党内选举制度，完善常委会议事规则和决策程序，完善地方党委讨论决定重大问题和任用重要干部票决制；完善党员定期评议基层党组织领导班子制度。

第三，加强和完善党内法规制度建设。

党内法规是由党的权力机关或授权机关按照法定程序制定和颁布的，反映全党整体意志，以权利和义务为主要内容，以实现党的各方面建设规范化、法制化为目的的行为规范体系。它既是管党治党的重要依据，也是建设社会主义法治国家的有力保障。当前，加强和完善党内法规制度建设，具体要求为：完善党内法规制定体制机制，加大党内法规备案审查和解释力度，形成配套完备的党内法规制度体系；注重党内法规同国家法律的衔接和协调，提高党内法规执行力，运用党内法规把党要管党、从严治党落到实处，促进党员、干部带头遵守国家法律法规；党章是最根本的党内法规，全党必须一体严格遵行；党的纪律是党内规矩，党规党纪要严于国家法律，党的各级组织和广大党员干部不仅要模范遵守国家法律，而且要按照党规党纪以更高标准要求自己，坚定理想信念，践行党的宗旨，坚决同违法乱纪行为作斗争；依法依纪反对和克服形式主义、官僚主义、享乐主义和奢靡之风，形成严密的长效机制；完善和严格执行领导干部政治、工作、生活待遇方面各项制度规定，着力整治各种特权行为。①

---

① 参见《中共中央关于全面推进依法治国若干重大问题的决定》，《人民日报》2014 年 10 月 29 日。

参考文献

1.《马克思恩格斯选集》第1—4卷，人民出版社2012年版。

2.《马克思恩格斯全集》第23卷，人民出版社1972年版。

3.《马克思恩格斯全集》第46卷，人民出版社1980年版。

4.《马克思恩格斯军事文集》第1卷，战士出版社1981年版。

5.《列宁军事文集》，战士出版社1981年版。

6.《毛泽东选集》第1—4卷，人民出版社1991年版。

7.《毛泽东文集》第1—8卷，人民出版社1993—1999年版。

8.《建国以来毛泽东文稿》第7册，中央文献出版社1992年版。

9.《毛泽东军事文集》第6卷，军事科学出版社、中央文献出版社1993年版。

10.《周恩来选集》上、下卷，人民出版社1980年、1984年版。

11. 中共中央统一战线工作部、中共中央文献研究室：《周恩来统一战线文选》，人民出版社1983年版。

12.《邓小平文选》第1—3卷，人民出版社1994年、1994年、1993年版。

13.《江泽民文选》第1—3卷，人民出版社2006年版。

14. 中共中央文献研究室：《江泽民论有中国特色社会主义(专

题摘编)》，中央文献出版社 2002 年版。

15. 中共中央文献研究室：《建党以来重要文献选编》第 1—26 册，中央文献出版社 2011 年版。

16. 中共中央文献研究室：《建国以来重要文献选编》第 1—20 册，中央文献出版社 2011 年版。

17. 中共中央文献研究室：《三中全会以来重要文献选编》，人民出版社 1982 年版。

18. 中共中央文献研究室：《十二大以来重要文献选编》，人民出版社 1986 年、1988 年版。

19. 中共中央文献研究室：《十三大以来重要文献选编》，人民出版社 1991 年、1993 年版。

20. 中共中央文献研究室：《十四大以来重要文献选编》，人民出版社 1996 年、1998 年版。

21. 中共中央文献研究室：《十五大以来重要文献选编》，人民出版社 2000 年、2003 年、2004 年版。

22. 中共中央文献研究室：《十六大以来重要文献选编》，中央文献出版社 2005 年、2006 年、2008 年版。

23. 中共中央文献研究室：《十七大以来重要文献选编》，中央文献出版社 2009 年、2011 年、2013 年版。

24. 中共中央文献研究室：《十八大以来重要文献选编》上册，中央文献出版社 2014 年版。

25. 中共中央宣传部：《中国特色社会主义学习读本》，学习出版社 2013 年版。

26. 中共中央宣传部：《科学发展观学习纲要》，学习出版社、人民出版社 2013 年版。

27. 中央党的群众路线教育实践活动领导小组办公室：《党的群众路线教育实践活动学习文件选编》，党建读物出版社 2013 年版。

28. 中共中央文献研究室：《习近平关于实现中华民族伟大复兴的中国梦论述摘编》，中央文献出版社 2013 年版。

29. 中共中央宣传部：《习近平总书记系列重要讲话读本》，学习出版社、人民出版社 2014 年版。

30.《习近平谈治国理政》，外文出版社 2014 年版。

31.《习近平关于国防和军队建设重要论述选编》，解放军出版社 2014 年版。

32.《中共中央关于全面推进依法治国若干重大问题的决定》（2014 年 10 月 23 日中国共产党第十八届中央委员会第四次全体会议通过）

33.《中共中央国务院印发〈关于加大改革创新力度加快农业现代化建设的若干意见〉》（2015 年 2 月 1 日）。

34.《中共中央国务院关于构建和谐劳动关系的意见》（2015 年 3 月 21 日）。

35. 中共中央组织部、中共中央文献研究室：《知识分子问题文献选编》，人民出版社 1983 年版。

36.《土地革命文献选编（1927—1937）》，中共中央党校出版社 1987 年版。

37. 陈碧笙：《台湾地方史》增订本，中国社会科学出版社 1990 年版。

38. 中共中央文献研究室：《邓小平论统一战线》，中央文献出版社 1991 年版。

39.《新时期宗教工作文献选编》，宗教文化出版社 1995 年版。

40. 中共中央统一战线工作部、中共中央文献研究室：《新时期统一战线文献选编（续编）》，中共中央党校出版社 1997 年版。

41. 中共中央文献研究室：《邓小平思想年谱（1975—1997）》，中央文献出版社 1998 年版。

42. 费孝通：《中华民族多元一体格局》修订版，中央民族大学出版社 1999 年版。

43. 中共中央党史研究室：《中国共产党历史》第一卷，中共党史出版社 2002 年版。

44. 中共中央文献研究室：《西藏工作文献选编》，中央文献出版社 2005 年版。

45. 李瑞环：《学哲学，用哲学》上册，中国人民大学出版社

2005 年版。

46. 杨凤城：《中国共产党的知识分子理论与政策研究》，中共党史出版社 2005 年版。

47. 张凤莲：《民族论》，山东人民出版社 2005 年版。

48. 金炳镐：《民族纲领政策文献选编》，中央民族大学出版社 2006 年版。

49. 何虎生：《中国化马克思主义宗教观研究》，华文出版社 2007 年版。

50. 毛公宁：《民族问题新论》，民族出版社 2009 年版。

51. 叶笃初、卢先福：《党的建设辞典》，中共中央党校出版社 2009 年版。

52. 吴雁南等：《中国近代社会思潮 1840—1949》第一卷，湖南教育出版社 2010 年版。

53. 中国人民解放军总政治部：《国防和军队建设贯彻落实科学发展观重要论述选编》，解放军出版社 2010 年版。

54. 国家统计局：《中国统计摘要》，中国统计出版社 2010 年版。

55. 国家统计局：《中国统计摘要》，中国统计出版社 2011 年版。

56. 中共中央党史研究室：《中国共产党历史》，第二卷，中共党史出版社 2011 年版。

57. 逄先知、金冲及：《毛泽东传》，中央文献出版社 2011 年版。

58. 陈声柏：《宗教对话与和谐社会》，宗教文化出版社 2012 年版。

后　记

党的十八大以来，习近平总书记提出了实现中华民族伟大复兴的中国梦重大战略目标，指出实现中国梦必须坚持中国道路，弘扬中国精神，凝聚中国力量。为了更准确地把握中国梦的内涵及实现中国梦的基本要求，武汉大学马克思主义学院与武汉大学出版社联合推出中国梦系列丛书。本书既是该系列丛书中的一本，也是国家社科基金重大课题“新形势下党的建设科学化研究”的阶段性成果之一。

本书写作组于 2013 年 7 月启动编写工作，于 2013 年 10 月各章撰稿人提供了第一稿。之后经过多次修改，并增加了若干章节，形成目前 12 章的格局。本书由武汉大学丁俊萍教授根据丛书编撰的统一要求确定编写方案及写作大纲，并多次对全书进行统一修改。武汉大学马克思主义学院副教授李向勇协助主编承担了大量具体工作。武汉大学、华中师范大学、武汉理工大学、华中农业大学、湖北中医药大学、长江师范学院、北京师范大学珠海分校等高校的从事中共党史研究和马克思主义中国化研究的中青年教师与个别博士生参加了编撰工作。各章撰写人如下：导论：丁俊萍、付克新；第一章：谭晓玲；第二章：聂继红；第三章：吕惠东；第四章：卢勇；第五章：易振龙；第六章：胡永干；第七章：高喜平；

第八章：常泓；第九章：万军杰；第十章：代红凯；第十一章：王智；第十二章：王小静、李向勇。付克新、胡永干、许春涛、李磊、杨力源参与了书稿的校对工作。

本书在编撰过程中，参阅了理论界学术界已有的研究成果；武汉大学出版社的领导和编辑部对本书的出版给予了大力支持和帮助，在此一并表示感谢。由于参与撰写的人员较多，学识和水平、时间和精力有限，因此本书难免会存在许多不足，未必能够达到既定的写作目标，敬请读者批评指正。

丁俊萍

2015 年 4 月于武昌珞珈山